Skandinavische Kunst
um 1900

Rudolf Zeitler

Skandinavische Kunst

um 1900

VEB E. A. Seemann Verlag Leipzig 1990

Auf den Abdruck dänischer, norwegischer und schwedischer Originaltexte mußte verzichtet werden; bei den Übersetzungen handelt es sich nicht um Nachdichtungen, sondern um möglichst wortgetreue Wiedergaben durch den Autor.

ISBN 3-363-00410-9

Zeitler, Rudolf:
Skandinavische Kunst um 1900 –
1. Aufl. – Leipzig: E. A. Seemann Verl., 1990 –
240 S.: 95 Ill. (z. T. farb.)

Inhalt

Die norwegischen Maler Erik Werenskiold und Harald Sohlberg 131

Edvard Munch 146

Bildnismalerei 182

Neue Architektur 193

Plastik und Kunsthandwerk 214

Ein Rückblick 229

Literaturverzeichnis 231

Register 232

Vorwort

In diesem Buch stelle ich einzelne Kunstwerke vor, die ich in Zusammenhang mit ihrer Zeit, aber auch mit der vorhergehenden Zeit bringen möchte.

Warum ich gerade diese Werke gewählt habe? Sie sind mir durch ihre Neuartigkeit, ihre Originalität, verglichen mit der damals herrschenden Kunst, aufgefallen. Ich versuche, diese Neuartigkeit von ihrem geschichtlichen Zusammenhang her zu erfassen. Diese Werke setzen nicht nur die frühere Kunstübung fort, sondern wenden sich auch gegen sie und verneinen gewisse ihrer Eigenschaften. Damit weise ich also auf Veränderungen hin. Indem ich ferner zeige, daß diese Veränderungen mit anderen Veränderungen in der gleichen Zeit zusammengehen, schildere ich Geschichte. Nicht die ganze Geschichte jener Zeit vor und um 1900, sondern eine Teilgeschichte.

Gern hätte ich die ausgewählten Kunstwerke in eine Gesamtgeschichte hineingestellt, in der das Leben und die Träume der körperlich und materiell Arbeitenden und das Leben der Künstler und Dichter, die ihre Träume wenigstens annähernd in ihr Werk umsetzen können, zusammenhängen. Aber das kann ich nicht, denn ich weiß – wir wissen – viel zu wenig von dem Leben und den Träumen der Millionen arbeitender Menschen jener Zeit. Es wäre vermessen zu glauben, daß die sogenannte repräsentative Kultur (Wissenschaft, Rechtswesen, Kunst, Religion, Ideologie, schriftlich fixierte Weltanschauung usw.) die Kultur der Arbeiter einschlösse.

Die Historiker können mit Hilfe der Statistik ein allgemeines Bild vom einstigen Leben des Durchschnitts der arbeitenden Massen geben, die Ethnographen können das materielle Milieu dieser Menschen rekonstruieren und in Stichproben im Museum aufstellen; aber an die Träume der Individuen kommen sie nicht heran. Einen Einblick in die innere Welt der körperlich Arbeitenden und der darbenden Millionen geben uns erst die nordischen sogenannten »Proletär«-Dichter, wie Martin Andersen Nexö, Eyvind Johnsson, Harry Martinsson, Moa Martinsson, Ivar Lo-Johansson, Sara Lidman, Väiniö Linna usw. Aber sie schrieben und schreiben erst in unserem Jahrhundert, und ihr Zeugnis gilt erst für die Zeit nach 1900, meist sogar erst für die Zeit nach 1918. Am nächsten steht der hier behandelten Zeit noch Andersen Nexö.

Die in diesem Buch angestellten Untersuchungen lassen uns erkennen, daß in einzelnen Werken der 1890er Jahre eine deutliche Abkehr von der Form und den Inhalten der Kunst des ganzen vorhergehenden 19. Jahrhunderts zu erkennen ist. Eine neue Geisteshaltung – eine neue Seele – spricht sich aus, die nicht länger Ich und Welt unterscheiden kann. Subjekt und Objekt stehen sich nicht mehr eindeutig gegenüber, Raum und Zeit mit ihren meßbaren Abständen (dort und hier; einst und jetzt) zerrinnen. An die Stelle des Ich tritt aber kein Wir, und mit der Auflösung des bewußten Ich verschwindet auch die Gesellschaft (und mit ihr die soziale Frage) aus der Kunst.

Das ist im Rückblick auf das 18. Jahrhundert, das Jahrhundert der Aufklärung, und das 19. Jahrhundert, als das Jahrhundert des Fortschritts und der erstarkenden Demokratie, ein beunruhigender Befund. Er ist es nicht weniger, wenn wir die Folgen des Biologismus und Vitalismus beachten: Ludwig Klages, der den »Geist als Widersacher der Seele« beschrieb, und die furchtbare Lehre von »Blut und Boden« gehen auf Ideen des späten 19. Jahrhunderts zurück. Indessen darf man historische Erscheinungen nicht für spätere Folgen allein verantwortlich machen.

Von der neuen Auffassung des Lebens her kritisierte man in den 1890er Jahren den Rationalismus und damit Stücke der Aufklärung. Aber man schaffte die Aufklärung nicht ab (das haben spätere Reaktionäre versucht). Man sah damals eine Möglichkeit, Licht in die halbbewußten Schichten der Seele – in die Vorgänge des Nervensystems – zu bringen: Licht – ohne dabei die Seele, von der man mehr wissen wollte, zu blenden oder auszulöschen. Den Ablauf eines Willensaktes kann man beschreiben, das Auftauchen von Empfindungen nicht – man kann es umschreiben, andeuten, künstlerisch formen, aber es muß bei fließenden Formen bleiben, mit klaren Konturen kann man da nichts ausrichten.

Der Stoff, den der Titel unseres Buches nennt, ist zu groß, als daß man ihn in einem lesbaren Buch darstellen könnte; er würde ein Handbuch, ein Nachschlagewerk erfordern. Aber dabei ginge die Übersicht verloren, abgesehen davon, daß ein einzelner ein solches Werk heute überhaupt nicht mehr schreiben könnte. In einem lesbaren Buch kann man nur einzelne Kunstschöpfungen hervorheben und sie auf solche Weise interpretieren, daß der Leser versteht, warum sie ihm hier als bemerkenswert vorgelegt werden.

Die nordischen Länder – Dänemark, Norwegen, Schweden und Finnland – liegen am Rand Europas. Es sind kleine Nationen, deren Mitbürger nicht damit rechnen können, daß die großen europäischen Kulturnationen genau Bescheid über sie wissen. Deshalb geht es mir darum, ein Stück von der Kultur der nordischen Länder so zu zeigen, daß es Interesse erweckt – nicht als ein Kuriosum, sondern als etwas mit der Kultur des übrigen Europa Verwandtes – verwandt und doch von eigener Art.

Von der Kunst der nordischen Länder

Die Absicht des Buches besteht darin, Kunstwerke in ihrem historischen Zusammenhang zu interpretieren. Was dabei herauskommen soll, ist zwar dem Verfasser klar, aber nicht dem Leser (falls er nicht das Buch von hinten her liest). Wenn der Verfasser nun seine Darstellung mit dem sogenannten Zusammenhang oder Hintergrund der Kunst, mit der Gesellschaft und den Ideen, begänne, wäre das ein Stolperweg für den Leser, der nicht wissen kann, wohin dieser Weg führen soll. Darum möchte ich ein paar Kunstwerke, sowohl Dichtungen wie Gemälde, an den Anfang stellen und einige Beobachtungen an ihnen machen, die im nächsten Abschnitt ihre Stütze in den Notizen über Gesellschaft und Ideen jener Zeit finden werden.

Daß in einem Buch über bildende Kunst Dichtungen herangezogen und interpretiert werden, hat seinen Grund in dem Unterricht unserer Schulen und in der allgemeinen Bildung, die in erster Linie sprachlich – verbal und literarisch – ist. Der Sinn für die Anschaulichkeit von Bildern und Bauten und für die Hörbarkeit von Musik wird viel weniger ausgebildet. Soweit Wort- und Bildkunstwerke einen verwandten Ausdruck tragen (das tun sie natürlich nur zum Teil, und die Verwandtschaft ist zu verschiedenen Zeiten verschieden stark oder schwach), läßt sich dieser Ausdruck für Leser von heute leichter an Wortkunstwerken erläutern als an Bildschöpfungen. Gerade in der hier zu behandelnden Zeit sind die Übereinstimmungen, die sich zwischen Wort und Bild ergeben, besonders groß.

Zu einem Text aus »Pan« von Knut Hamsun

Den Anfang soll ein Text von Knut Hamsun machen. Sein Buch *Pan – fra løitnant Thomas Glahns papirer*, 1894 (Pan – aus den Aufzeichnungen des Leutnants Thomas Glahn) beginnt folgendermaßen:

»In den letzten Tagen habe ich an den ewigen Tag des Nordlandsommers gedacht und gedacht. Ich sitze hier und denke an ihn und an eine Hütte, in der ich hauste und an den Wald hinter der Hütte und ich fange an, etwas niederzuschreiben, um die Zeit zu verkürzen. . . . Von meiner Hütte konnte ich ein Gewirr von Inseln und Inselchen und Schären sehen, ein wenig vom Meer, ein paar blaue Bergzinnen, und hinter der Hütte lag der Wald, ein ungeheurer Wald. Ich war voller Freude und Dank über den Duft der Wurzeln und des Laubes, den harzigen Dunst der Föhren, der an den Geruch von Knochenmark erinnert; erst im Wald sank alles in mir zur Ruhe, meine Seele wurde eben und füllte sich mit Macht. Ich ging Tag um Tag in die Berge mit Äsop an meiner Seite und wünschte nichts besseres, als daß es dabei bliebe, daß ich hier Tag um Tag ging, obwohl noch Schnee lag und Schlamm sich über den halben Boden ausbreitete . . . Oft am Abend, wenn ich nach der Jagd in die Hütte heimkehrte, konnte ein warmes Zuhausegefühl mich oft von oben bis unten durchlaufen, ja, mein Inneres in mildes Zittern bringen, und ich plauderte mit Äsop, wie gut wir es doch hätten....

Stille, kein Laut ringsum. Ich liege am Abend und sehe zum Fenster hinaus. Ein Feenglanz lag um diese Zeit über Erdboden und Wald, die Sonne war untergegangen und färbte den Horizont mit einem fetten roten Licht, das still stand wie Öl. Der Himmel war überall offen und rein, ich starrte in dieses klare Meer hinein und mir war, als läge ich von Angesicht zu Angesicht auf dem Grund der Welt und als ob mein Herz innerlich gegen diesen reinen Grund schlüge und wäre dort zu Hause.

Immer still. Ich stehe auf und gehe, setze mich und stehe wieder auf. Es ist etwa vier Uhr. Wenn es gegen sechs geht, will ich nach Haus und schauen, ob ich jemanden treffe. Es sind noch zwei Stunden bis dahin und ich bin schon ein wenig unruhig und bürste Heide und Moos von meinen Kleidern. Ich kenne die Stellen, an denen ich vorbeigehe. Bäume und Steine stehen da wie früher in der Einsamkeit. Das Laub raschelt unter meinen Füßen. Das eintönige Sausen und die bekannten Bäume und Steine sind zuviel für mich, ich bin voll von einer seltsamen Dankbarkeit, alles läßt sich mit mir ein, vermischt sich mit mir, ich liebe alles. Ich nehme einen abgestorbenen Zweig und halte ihn in der Hand und schaue ihn an, während ich sitze und an meine Dinge denke. Der Zweig ist beinahe verfault, seine arme Rinde macht Eindruck auf mich, ein Mitgefühl wandelt durch mein Herz. Und beim Aufstehen und Weggehen werfe ich den Zweig nicht weit weg, sondern lege ihn nieder und stehe und mag ihn gern; schließlich schaue ich ihn ein letztes Mal mit nassen Augen an, bevor ich ihn dort liegen lasse.«

Ich möchte niemanden dazu überreden, das Ich dieser Erzählung, den Leutnant Thomas Glahn, dessen Stellung und Namen wir nur dem Untertitel des Buches entnehmen können, mit Sympathie zu betrachten. Die Rangbezeichnung besagt nicht, daß Glahn aktiver Offizier ist. Er ist bloß Leutnant der Reserve, gehört also, wie man damals sagte, den gehobenen Ständen an. Da er keinen bürgerlichen Titel trägt, müssen wir davon ausgehen, daß er keinen Beruf ausübt und kein Examen hat; ein Mann mußte aber in der damaligen nordischen Gesellschaft einen Titel haben, der seine soziale Stellung bezeugte. Glahn gehört zu den gehobenen Ständen auch in dem Sinn, daß er Geld besitzt, denn er kann sich eine Hütte im Nordland mieten und ein zeitlich offenbar unbegrenztes Feriendasein führen. (Man mag sich hierbei erinnern, daß in denselben Jahren, als Hamsun den »Pan« schrieb, einer der Gründer der Soziologie in Amerika, Thorstein Veblen, Sohn norwegischer Einwanderer, sein Anstoß erregendes Buch *The leisure clas*, 1889 (Die Freizeitklasse) verfaßte.) Freizeit-Existenzen dieser Art waren im damaligen Norwegen selten. Es ist denkbar, daß Hamsun sich dieser sozialen Erscheinung in seinen amerikanischen Jahren bewußt geworden ist. Er – wie auch Veblen – stammte aus einer pietistischen norwegischen Familie – der Soziologe betrachtete die Freizeitklasse mit Ingrimm, Hamsun dagegen sah wenigstens einen ihrer Vertreter mit Sympathie an. Thomas Glahn hat zwar das Gymnasium besucht – sonst hätte er nicht Leutnant werden können – aber wir erfahren nichts, das darauf schließen ließe, daß er den »gebildeten« Ständen angehörte.

Pan ist eine Ich-Erzählung, wie sie damals in der Literatur noch ziemlich selten war. Dabei handelt es sich nicht um eine Autobiographie, ein Bekenntnisbuch, wie – wenigstens zum Teil – bei Hamsuns erster wichtiger Erzählung *Sult* (Hunger) 1890. Wie »Hunger« handelt auch »Pan« ausschließlich von den Empfindungen und Gefühlen des erzählenden Ich, und zwar mit erstaunlicher Ausschließlichkeit. Alles, was es an Außenwelt und äußeren Ereignissen in diesen Büchern gibt, wird konsequent vom empfindenden Individuum her geschildert. Dieses Ich lebt jeweils intensiv im Augenblick. Gleich zu Anfang des »Pan« erfahren wir zwar, daß Glahn »Erinnerungen« an einen Sommer im Nordland niederschreibt. Aber sonst hat Glahn kein Gedächtnis, erinnert sich nie an Früheres, an Kindheit, Eltern, Jugendkameraden. Er hat auch keine Pläne und Ziele für die Zukunft. Er reflektiert nie über sich selbst. Wenn er überhaupt über eine äußere Gegebenheit reflektiert, dann geschieht das augenblickshaft, ohne Rückblicke oder Vorausblicke. Er lebt im Augenblick, hier aber höchst intensiv, alles wird ihm zum sinnlichen Eindruck, er empfindet, er fühlt – Wohlbefinden, Schmerz, Aufgehen in der Natur, Lust, erotische und sexuelle Anziehung, unmittelbare Zuneigung oder Abstoßung gegenüber anderen Menschen, Eifersucht, Niedergeschlagenheit, Haß. Er reagiert sofort auf seine Eindrücke, »instinktiv«, ohne Überlegung, Berechnung, Bewußtheit. Zuweilen ist er von länger währenden Stimmungen erfüllt. Hamsun schildert die Außenwelt um Glahn nie anders als durch Glahns unmittelbare Reaktionen auf sie. Er hält sich streng an das, was Glahn auffaßt. Und Glahn selber beschreibt nie objektiv, was er sieht und hört: er nimmt nie Abstand von dem augenblicklichen inneren wie äußeren Zustand – es gibt hier keine Distanz in Raum und Zeit.

Kein Dichter vor Hamsun hat eine solche Weltsicht und Erlebnisweise vor uns hingestellt. Daß daraus überhaupt ein Buch werden konnte, das den Leser gefesselt hält, beruht darauf, daß Glahn sich verliebt und die wechselnden Stimmungen des Liebenden schildert. Es ist keine romantische Liebe, sie ist triebhaft und sinnlich. Und sie kommt nicht zum Ziel. Sie führt zu einer Niederlage für Glahn. Hätte er Edvarda erobert, hätte er gar keinen Grund, sich ein paar Jahre später diesen Nordlandsommer ins Gedächtnis zu rufen und seine damaligen Empfindungen niederzuschreiben. Er schreibt, weil er eine Wunde davongetragen hat. Auch dieses einschneidende Ereignis bringt ihn nicht zur Reflexion über sich und Edvarda. Glahn beschreibt nie, wie Edvarda aussieht, noch weniger, was sie denken oder fühlen mag. Er kann nur ihre Blicke und Bewegungen ablesen und ihre Wirkung auf ihn selbst beschreiben. Nicht einmal die Liebe kann ihn dazu treiben, Ich und Du, Ich und Welt aus einem gewissen Abstand, als Begegnung in Zeit und Raum zu erfassen.

Welt als gefühlte Welt, Leben als Empfindung, Menschentum ohne Bewußtheit von Zeit und Raum. Davon wird in diesem Buch öfter die Rede sein.

Wie neu die Schreibweise Hamsuns ist, sieht man schnell bei einem Vergleich mit einem Roman, der in traditioneller Weise erzählt. Er entstand ungefähr gleichzeitig mit »Pan«, stammt aber von einem Dichter, der mehr als fünfzig Jahre älter war als Hamsun: *Vapensmeden, hägringar från reformationstiden*, 1891 (Der Waffenschmied, Spiegelungen aus der Reformationszeit) von dem Schweden Victor Rydberg.

Eine Naturschilderung von Victor Rydberg

Das erste Kapitel heißt *Der Harfner und sein Sohn* und beginnt mit einem Lied, das der Harfner Svante seinem kleinen Sohn singt:

»Die Luft schwer und der Tag warm.
Über Heide mußte ich wandern,
das Kind auf meinem einen Arm,
die Harfe auf dem andern,
die Harfe des Saitenspiels müde,
der Sohn müde von sandtiefem Weg.
Ruhe gönne ich gern
der Harfe und meinem Gunnar.

Jetzt ein meilenweiter Tempelsaal,
gebaut aus Tannen und Kiefern,
öffnet sich mit Schatten kühl,
und ich lausche, wie
der Bach plätschert klar und rein,
der Zeisig zwitschert auf seinem Zweig,
das Kieferndunkel raunt
meinem kleinen Gunnar.«

»Die Nadelbäume stiegen in diesem Wald aus einem fruchtbareren Erdboden als auf den Strecken, die Svante der Harfner jüngst zurückgelegt hatte, wo die offenen trokkenen Stellen zwischen den Stämmen kaum mit anderem als Heide und verkrüppelten Büschen bedeckt waren und die sumpfigen Niederungen mit trauriger aschgrauer Weide, ja, wo er über weite Strecken hin den Boden bloß mit Flechten bekleidet gesehen hatte, grüngelben, weißen oder grauen, und mit den borstigen Blättern der Schmiele.

Aber hier war eine kleine Wiese mit dichtem Gras und mit Anemonen, die an manchen Stellen so reich standen, daß sie von weitem Schneewehen glichen. Ein schöneres Wiesenstück hatte der Harfner auf dieser Fahrt längs der Königsstraße durch das Lagatal nicht gesehen. Faulbäume mit Knospen, die zur Blüte bereit waren, beschatteten einen Hang zu einem Bach hinunter, der mit durchsichtigem Wasser über das helle Sandbett floß. Er lockte den Harfner, mit seinem Jungen zu baden. Danach Aufbruch, denn man wollte vor der Nacht die Herberge Talavid in den Hügeln westlich von Jönköping, nicht weit vor dem Stadttor erreichen.«

Der Literaturkenner wird schnell bemerken, daß die Wiese mit den Faulbäumen und dem Bach der alte *locus amoenus* ist, der liebliche Platz, der aus der Dichtung der Antike stammt und den Petrarca in die europäische Dichtung eingeführt hat. Bei Rydberg ist dieser Platz aber nur ein Anhalt auf einer Wanderung, von dem aus der Wanderer auf seinen Weg zurückblickt und sich der durchwanderten Strecken erinnert. Es ist ein naturkundiger Wanderer, der Bäume und Pflanzen zu benennen weiß, als hätte er die Flora Linnés in der Schule studiert. Rydberg macht genaue Angaben über Raum und Zeit, über Vergangenheit, Gegenwart und Zukunft, über Nähe und Ferne, Weg und Ziel. Bei Hamsun gibt es nichts dergleichen. Hamsuns Ich notiert seine eigenen Empfindungen und Gefühle, die Dinge der Außenwelt, die sie hervorrufen, werden nur knapp und ohne jede Genauigkeit benannt, Zeit und Raum verbleiben dabei undeutlich.

Rydberg dagegen ist, nach herkömmlicher Erzählart, allwissender Berichterstatter, der nicht nur die Figuren der Erzählung in ihrer räumlichen Umgebung und ihrem zeitlichen Zusammenhang sieht, sondern auch in ihr Inneres blickt.

Daß Victor Rydbergs Landschaftsschilderung der herkömmlichen Landschaftsmalerei des 19. Jahrhunderts entspricht (als schwedisches Beispiel wäre Johan Edvard Berg zu nennen), wie auch seine Geschichtsauffassung sich mit der besten Historienmalerei des 19. Jahrhunderts vergleichen läßt (ein schwedisches Beispiel: Johan Fredrik Höckert), soll hier nicht weiter ausgeführt werden.

Aber hat Hamsuns Beschreibung des Erlebens von innen her, mit ihrem Undeutlichwerden von Raum und Zeit, mit ihrer eigentümlichen Intensität und Dichte der Empfindung, Gegenstücke in der Malerei? Sehen wir uns bei den schwedischen Malern Prinz Eugen, Eugène Jansson und Karl Nordström um!

»Der Wald« von Prinz Eugen

Prinz Eugen schuf das Gemälde *Der Wald* im Herbst 1892 auf dem Herrenhof Fjällskäfte im Kirchspiel Floda in Sörmland. Es ist ein ganz gewöhnlicher Kiefernwald, und er hätte ihn auch sonst irgendwo in Schweden malen können. Ist es ein realistisches Waldbild? Wir erfahren nur wenig über die forstlichen Eigenschaften dieses Waldstükkes. Es ist Kulturwald, Monokultur, etwa vierzig Jahre alt. Die Dämmerung ist natürlich nicht für genaues Zusehen geeignet. Realistische Dämmerungs- oder Nachtstücke sind ein Widerspruch in sich selbst. Impressionismus, sei es auch ein verspäteter, ist der Stil dieses Gemäldes auch nicht. Zwar haben die französischen Impressionisten das eine oder andere Mal abendliche oder nächtliche Impressionen gemalt, aber da wird dann schnell ein »Nocturne« daraus – dieses Thema hat James Mac Neill Whistler kultiviert – wobei es sich dann nicht mehr um Impressionismus handelt . . . Eugens Bild ist aber auch kein »Nocturne«. Jugendstil? Synthetismus? Symbolismus? Sehen wir das Bild erst einmal genauer an.

Abb. 1

Eugens *Wald* gibt dem Betrachter keinen sicheren Standort vor der Szene. Man weiß nicht, in welchem Abstand man sich von den vordersten Bäumen befindet, ja, ein Begriff wie »die vordersten Bäume« erscheint hier nicht angemessen. Der Raum, den die Stämme bilden, erstreckt sich nach allen Seiten, nach oben und unten, nach vorn und hinten, nach links und rechts – ohne eindeutigen perspektivischen Bezugspunkt. Es handelt sich zwar um räumliche Erstreckungen, aber sie sind nicht genau auszumessen. Man kann keine bestimmten Distanzen erfassen. Man ist diesem Wald ausgeliefert, versinkt in ihm. Kann man auf diesem Boden gehen? Tragen die Bäume Kronen? Ist da noch Himmel über ihnen?

Es dunkelt, das Licht verglimmt hinten zwischen den Stämmen. Das ist eine Zeitangabe. Die Zeit wird mit dem verlöschenden Licht ins Dunkel versinken. Sie wird zwar nicht aufhören, aber wir empfinden Zeit im Dunkeln anders als Zeit im Tageslicht. Ist diese Szene beklemmend? Stirbt das Licht und läßt uns in Kälte und Trauer zurück? Nein, es ist viel Wärme an und zwischen den Stämmen geblieben. Sie verspricht Geborgenheit.

Nehmen wir dieses Gemälde als Bild eines Seelenzustandes, als einen Blick nach innen, können wir es als ein Bild des Zutrauens zum Leben deuten. Dieses Leben wächst und spannt sich im Raum, ohne Ursprung, Grenzen und Ziel. Es pulsiert rhythmisch in den Abständen der Stämme, und dieser Rhythmus hört nicht an den Bildgrenzen auf.

Eugens Gemälde zeigt uns eigentümliche Varianten des Erlebens von Raum und Zeit. Statt genauer Perspektive und meßbarer Abstände gibt es ungenaue Erstrekkungen, statt Zeit gibt es einen Rhythmus, der sich nicht in Taktzählung umsetzen läßt. Es ist leicht, sich vorzustellen, daß wir nicht *vor* diesem Wald stehen, sondern von ihm umschlossen sind. Er ist um uns und in uns. Er ist Leben außer uns und Lebensempfindung in uns.

Wenn Hamsuns Leutnant Glahn im *Pan* hätte malen können – und wenn der Wald im norwegischen Nordland ähnlich aussehen würde wie der Wald im schwedischen Sörmland – er hätte ihn vielleicht so gemalt wie Prinz Eugen.

Ist dieser Wald noch ein Freilichtgemälde? Nein. Wir erfahren aus Eugens Briefen, daß das Gemälde – sicher nach einem ursprünglichen Natureindruck – im Atelier, und zwar langsam, entstanden ist. Er schrieb im September 1892 aus Fjällskäfte an Helena Nyblom:

»Gegenwärtig arbeite ich an einem großen Wald, gerade Föhrenstämme, gegen ein Abendrot, das zwischen den Bäumen hervorleuchtet. Ich habe mich jetzt eine Zeit damit abgemüht, aber es ist schwer und geht mit Widerstand, so daß es mir passiert, daß ich im Wald stecken bleibe.«

Etwas später schrieb er: »Mein Waldgemälde will gar nicht gehen, und ich war dabei, es liegen zu lassen, aber dann kam mir ein Licht, und das Gemälde kam wieder in Gang. Jetzt arbeite ich den ganzen Tag, so daß ich an Armen und Beinen müde bin. Das schlechte Wetter hindert mich nicht, da ich meist drinnen male und nur zuweilen hinausgehe und mir die Natur ansehe.«

Es ist also klar, daß es dem Maler nicht um Realismus und Naturstudien zu tun war. Worum es ihm ging, hat er nicht gesagt, aber er hat es gemalt. Hat Eugen hier eine Sagenstimmung malen wollen? So wie es Böcklin getan hat? Aber dazu paßt gar nicht, daß der Wald bei Eugen ein planmäßig angelegter, noch nicht ganz reifer Kulturforst ist, der keinen Gedanken an Märchen erweckt. Dieser Wald hat keine Geschichte. Wir sind in der Gegenwart und stehen zunächst wohl betroffen: »Was ist das? Wo sind wir?« Dieses Betroffensein kann längere Zeit anhalten, aber es mündet zum Schluß in die Empfindung: Wir sind im Wald, und der Wald ist zugleich in uns.

Das ist etwas anderes als die herkömmliche Landschaftsmalerei, etwas anderes auch als der Impressionismus, den Eugen in Paris gesehen hatte. Zeitlich gehört das Gemälde in die Jahre des Symbolismus. Aber was Symbolismus meint, hat noch nie jemand ordentlich definieren können. Es steht also dem, der so will, frei, Eugens Gemälde zum Symbolismus zu rechnen. Nur ist damit nichts Brauchbares gesagt. Man muß genauer hinsehen und fragen, was der Maler hier anschaulich aus den Erlebniskategorien Raum und Zeit gemacht hat.

Bilder der Stadt am Wasser von Eugène Jansson, unwirtliche Küstenlandschaften von Karl Nordström

Ein einzelnes Bild wie Eugens *Wald* reicht natürlich nicht als Beleg für weiterreichende kunstgeschichtliche Betrachtungen. Tatsächlich fehlt es in der nordischen Kunst nicht an Zeugnissen ähnlicher Art. Eugène Jansson hat während mehrerer Jahre immer wieder Bilder des nächtlichen Stockholm gemalt. Wüßten wir nicht durch die Bildunterschriften, daß es sich um »Stadtlandschaften« handelt, würde es uns schwer fallen, uns angesichts der Bilder zurechtzufinden.

Der Betrachter ist auch von diesem Bild Eugène Janssons zunächst einmal betroffen: »Was ist das? Wo sind wir?« Nahe am unteren Bildrand sieht er eine Reihe gelber Wirbel auf tiefdunkelblauem, unruhigem Grund – aber es ist schwierig, hier Figur und Grund zu unterscheiden. Wie weit diese Wirbel von ihm entfernt sind, kann er nicht ausmachen. Die tiefblaue, ungenau nuancierte Farbe dehnt sich über einen großen Teil der Bildfläche, den wir sonst als Mittelgrund bezeichnen würden. Nach hinten hin wird diese Fläche durch einen unregelmäßigen gelben Lichtsaum begrenzt. Über ihm, sehr undeutlich, erscheint etwas wie die Silhouette einer Stadt, darüber der Nachthimmel.

Abb. 2

Auch hier gibt es Erstreckungen, unten und oben, nach den Seiten, näher und ferner – aber keine ist meßbar. Erst allmählich können wir mit Hilfe von älteren Erfahrungen vermuten, daß die gelben Wirbel vor uns die Spiegelungen von Laternen in unruhigem Wasser sind. Wir stehen also an (richtiger: erhöht über) einer Uferstraße – wie hoch die Kaimauern sind, wie tief das Wasser unter uns liegt, bleibt ungewiß – und blicken über eine breite Wasserfläche – unsicher, wie breit sie ist – zu einer nächtlichen Stadt am jenseitigen Ufer hin.

Es wäre falsch, das Bildthema als »tote Stadt« zu bezeichnen, welches Motiv damals, seit Georges Rodenbachs Roman *Bruges-la-morte*, 1892, bei Dichtern und Malern beliebt war. Eine tote Stadt ist eine Stadt mit einer Geschichte, aber darum handelt es sich bei Eugène Jansson offenbar nicht. Seine Stadtbilder wecken keine historischen Assoziationen. Sie sind Gegenwart, aber einsame Gegenwart; die Stadt ist ohne Menschen, eine Art von Natur, in der der Betrachter mit seinen Eindrücken einsam bleibt. Der Raum ist unsicher, und die Zeit zieht in Wirbeln vorbei oder schlägt mit ihren Wellen an den Strand. Jedenfalls gibt es hier keine meßbare Aufeinanderfolge von Augenblicken.

Sehr charakteristisch scheint mir an Eugène Janssons Gemälden, außer ihrer Unschärfe, die geringe Zahl der dargestellten Objekte zu sein. Um so stärker ist der Eindruck der Farben, die fast gegenstandslos in wenigen Tönen und großen uneinheitlichen Flächen oder markanten Wirbeln und Bändern auftreten.

Auch bei Eugène Jansson bleibt es offen, ob sich der Betrachter vor oder im Bildraum befindet, ob Lichter, Wasser, Stadt außer oder in ihm sind. Es ist eine empfundene, nicht bewußt klar erfaßte Stadt am Wasser.

Auch Eugène Janssons Bild löst eine anhaltende Empfindung aus, wie bei Prinz Eugen, aber sie ist von viel mehr Unruhe erfüllt, einer Unruhe, die sich bis zur Furcht verdichten könnte.

Einen verwandten Stimmungsinhalt wie bei Eugène Jansson finden wir bei Karl Nordström in den 1890er Jahren. Er malte damals zusammen mit Nils Kreuger in Varberg an der schwedischen Westküste und wählte wiederholt die alte Festung Varberg auf ihrem Felsen als Motiv. Er sieht sie im Dämmerlicht, zuweilen vom Meer Abb. 3
oder einer Landzunge her, zuweilen gegen die untergehende Sonne hin. Auch er malt den Vordergrund so, daß der Betrachter keinen festen Platz bekommt, von dem aus er die Abstände in die Bildtiefe hinein messen könnte. Ungewiß bleibt auch, wo der Burgfelsen im Gelände zu steigen beginnt und wo die Burgmauern auf ihm aufsitzen. Strand, Felsen, Burg wachsen zusammen. Das sinkende Licht läßt uns keine Einzelheiten erkennen. Die Festung – wie die ganze Szene – wirkt düster. Zugleich gibt es auch hier eine verhaltene Wärme in den übersättigten Farben, die sehr dicht aufgetragen sind (im Gegensatz zu impressionistischer Technik).

Auch Nordström zeigt uns wenige, aber große Objekte, die alle, ganz gleich ob Wasser, Stein oder Luft, über das ganze Gemälde hin mit derselben dichten Verwebung der Pinselstriche wiedergegeben sind. Das Ergebnis ist durchaus nicht langweilig, sondern im Gegenteil höchst eindringlich. Wir sehen, wie nie zuvor in der Malerei, was ein Künstler aus scheinbarer Eintönigkeit machen kann. (Man mag sich hier freilich an den Einheitston der Landschaften Jan van Goyens erinnern – aber die Wirkung ist dort ganz anders; die Stille bei Jan van Goyen hat nichts mit der monumentalen Schwermut der Bilder der schwedischen 1890er Jahre gemein: Zeit und Raum bezeichnen im 17. Jahrhundert immer eine klare, bestimmte Welt mit ihren Gegenständen.)

Indessen sind Nordströms Bilder doch räumlich reicher als die des Prinzen Eugen oder Eugène Janssons. Und sie enthalten Zeit in Form von Geschichte. Die Festung Varberg erinnert an eine kampferfüllte Vergangenheit – indessen nicht an bestimmte historische Ereignisse der langen Kämpfe zwischen Dänemark und Schweden. Der Betrachter denkt hier sicher nicht an den endgültigen Sieg Schwedens. Es ist aber klar, daß an Nordströms Burg Schicksal haftet. Und das tut es auch bei seinen Landschaftsbildern, die bloß aus Naturszenen bestehen. Es geht Nordström nicht um Geschichte als Taten oder Leiden der Menschen, sondern um Schicksal, das auch die Natur teilt, indem sie Klippen und Berge hochtreibt und abträgt, Stürme dahinziehen und mächtige Wolken über dem Land aufsteigen läßt.

Vergleich zwischen zwei Gedichten, von Vilhelm Ekelund und von Goethe

Sehen wir uns noch einmal nach vergleichbaren Inhalten in der Dichtung jener Zeit um, so finden wir neben Hamsun nicht viel. Immerhin ist ein kurzes Gedicht des Schweden Vilhelm Ekelund brauchbar, das er 1902 in dem Gedichtband *Melodier i skymning* (Melodien in der Dämmerung) veröffentlichte.

Der Baum

Blau wie ein Meer war die Luft hinter dem Baum,
blau wie ein Meer und tief von mächtiger Stille
und der großen Klarheit des Nachmittagsglanzes –
Ein Baum wie alle anderen, und doch – seltsam! –
empfinde ich noch das Zittern jeder Linie
in diesem stummen Spiel von Licht, das rann;
und wie ein Blitz, eine rätselhafte Offenbarung,
stand diese große Seelenhaftigkeit vor mir,
deren Wesen ich nicht deuten kann, aber mich freue,
mich ihr nähern und sie ahnen zu dürfen.

Die Überschrift stellt zwar einen Baum vor uns hin, aber dann verlieren wir ihn zunächst aus der Sicht, und »blau«, »Meer«, »Luft« benennen uns eine unermeßliche Weite und Tiefe, von der nur gesagt wird, daß sie sich »hinter dem Baum« ausdehnt. Danach zeigt das Gedicht wieder ein »Meer«, das »tief« ist und von »mächtiger Stille«, glänzend im klaren Nachmittagslicht. Die räumliche Unbestimmtheit bleibt bestehen, aber wir bekommen eine Zeitangabe. In der vierten Zeile kehrt der Baum wieder, jedoch wird er keineswegs näher beschrieben, sondern vielmehr aufgelöst in zitternde Lichtlinien. Danach folgt schnell wie ein Blitz ein Umschlagen von außen nach innen, vom Baum im Licht zur Seele. Deuten läßt sich diese Offenbarung nicht. Die Seele des Sprechenden hat sich für einen Augenblick dem Weltgrund oder der Weltseele nähern dürfen. Das ist eine alte Erfahrung der Mystiker. Hier wird sie mit einem Minimum an Konkretheit und einem Maximum an Empfindung geschildert. Es ist zu bemerken, daß es hier keine Vereinigung der Seele mit dem Weltsinn gibt (wie bei den meisten Mystikern) – bloß Annäherung und Ahnung. Dem entspricht der Mangel an allen bestimmten Angaben. Man erfährt nicht, was das für ein Baum ist und wo in der Landschaft er steht. Als Zeit wird der Sommernachmittag in einer unbestimmten Vergangenheit erwähnt.

Wie merkwürdig die räumliche und zeitliche Unbestimmtheit der Empfindung bei den genannten Malern und bei den Dichtern Hamsun und Ekelund ist, vermag ein Blick zurück auf ein bekanntes Gedicht Goethes, das für viele andere steht, klarzumachen; es wurde 1780 geschrieben, der Dichter war 31 Jahre alt:

Wanderers Nachtlied

Über allen Gipfeln
ist Ruh.
In allen Wipfeln spürest du
kaum einen Hauch.
Die Vögelein schweigen im Walde.
Warte nur, balde
ruhest du auch.

Von Anfang an herrscht hier räumliche und zeitliche Bestimmtheit. Der Wanderer steht vor Abend auf einer Höhe und blickt über die Bergeshöhen hin. Es handelt sich sicher um einen Ort im deutschen Mittelgebirge, denn er sieht vor (möglicherweise unter) sich die Baumkronen eines Waldes. Sie sind fast unbewegt, der Wind hat sich gelegt. Auch die Vögel sind gegen Abend verstummt. Es hat wohl früher am Tag Unruhe, Wind, Vogelrufe gegeben. – Nach diesen Angaben über die Dingwelt kommt die Wendung nach innen. Auch der Wanderer wird Ruhe finden, im Schlaf oder schließlich im Tod. Von den konkreten Erscheinungen aus, die – ohne daß das gesagt wird – als Gleichnis betrachtet werden, wird ein gedanklicher Schluß gezogen.

Die Welt bei Goethe (und bei seinen Zeitgenossen) ist ein Gleichnis des Geistes oder der Seele. Seele und Welt sind zweierlei, Kontakt zwischen ihnen wird nur durch das Gleichnis geschaffen. Anders bei Ekelund, der mit einem Gleichnis zwischen zwei enormen irdischen Erscheinungen, Meer und Luft, anfängt, einen Baum »wie alle anderen« wenig konkret vor uns hinstellt und ihn sofort in zitterndes und rinnendes Licht auflöst, in dem sich Seele offenbart – wessen Seele? Die des Menschen? Die des Baumes? Des Lichtes? Des Alls? Hier gibt es keine Zweiteilung. Freilich auch keine bleibende Ruhe und Vereinigung.

Das Baumgedicht des 21jährigen Ekelund steht in seinem Werk vereinzelt da, wenn er auch in mehreren anderen Gedichten sozusagen auf dem Weg zu dieser »Seelenhaftigkeit« ist. Er kannte natürlich Hamsun und die ganze Diskussion über den Symbolismus. Auch mag er schon angefangen haben, sich mit einzelnen Schriften der Mystik zu beschäftigen. Trotzdem ist dieses einfache, starke Gedicht höchst merkwürdig.

Stille Zimmer von Vilhelm Hammershøj, lebenerfüllte Zimmer von Carl Larsson

Vilhelm Hammershøj ist berühmt wegen seiner Bilder völlig stiller Innenräume. Es sind bürgerliche Stuben, vermutlich in Fachwerkhäusern, gut proportioniert, nicht sehr geräumig, mit wenigen, oft weißen Möbeln und mit ebenfalls weißen Fenstern und Türen, Zimmer, die offenbar aus dem späten 18. Jahrhundert stammen. Es gibt keine gemusterten Tapeten an den Wänden, die einfarbig gestrichen oder mit einfarbigem Papier bespannt sind. Es gibt nur selten Gardinen an den Fenstern. Man sieht meist gerade in den Raum hinein, die Rückwand verläuft meist parallel zur Bildfläche, ohne barocke Schrägperspektive. Ganz selten malte Hammershøj einen Menschen in einem solchen Interieur, und wenn, so wendet er uns meist den Rücken zu. Manchmal gibt es ein Musikinstrument im Zimmer. Die Fenster bieten keinen großen Ausblick – vielleicht den Blick auf ein Stück des gegenüberstehenden Hauses. Fernlandschaften sieht man nie durch Hammershøjs Fenster. Das Spiel zwischen Drinnen und Draußen, das für die Maler der deutschen Romantik so wichtig war, fehlt hier völlig.

Abb. 4

Hammershøjs Farben sind immer gebrochen, und zwar mit Weiß oder hellem Grau. Es sind Mischtöne, gern untersättigt und dünn aufgetragen. Der Maler breitet große, einheitliche Farbflächen aus und vermeidet die impressionistische Fleckentechnik. – Es herrscht verhaltene Stille, eine Stille der Erinnerung, vielleicht auch ein wenig des Wartens. Diese Stuben sind nicht tot, es sind Menschen in ihnen gewesen, und es können wieder Menschen in ihnen auftreten.

Hammershøj gibt uns keine Bilder des damals, um 1900, aktuellen Wohnstils, denn der hatte ja Vorhänge an den Fenstern, Teppiche auf dem Boden, Tapeten an den Wänden. Auch war der damalige moderne Wohnstil entschieden heller und wollte ein viel größeres Luftvolumen im Zimmer haben. Dementsprechend fehlt bei Hammershøj auch die Ornamentik des Jugendstils. Der Maler lebte selbst gern in solchen Räumen, wie er sie gemalt hat. Für ihn waren sie Gegenwart, aber doch eine Gegenwart, die sich von der Jetztzeit der damaligen Moderne unterschied. Man muß sich hier wohl eine Gegenwart voller Erinnerungen denken, aber nicht an bestimmte Dinge, Menschen oder Ereignisse, sondern Erinnerungs-Stimmung, noch ehe Vergangenes mit deutlichen Zügen auftaucht, oder eine nachklingende Stimmung, wo das konkret Erinnerte wieder aus der Aufmerksamkeit verschwunden ist. Für letzteres sprechen die Einfachheit und Gleichmäßigkeit dieser Bilder, in denen kein einzelnes Objekt aus dem Zusammenhang herausgehoben ist. Die Möbel, Fenster, Türen sind auch nie scharf konturiert, ein ganz leichter Schleier bindet alles zusammen, ohne daß die Einzeldinge verundeutlicht würden.

Abb. 5, 6 Betrachten wir dagegen einzelne der vielen Interieurbilder, die Carl Larsson von seinem Haus in Sundborn gemalt hat! Auch er zeigt uns etwa in dem Aquarell der Küche einen einfachen Kastenraum mit einer zur Bildfläche parallelen Rückwand, aber er füllt den Raum mit vielen Möbeln und Gegenständen, mit Gardinen an den Fenstern, Farben oder Vertäfelungen an den Wänden usw. Larssons Innenräume sind zwar ebenfalls hell, aber er verwendet gern einzelne starke, meist ungebrochene Farben, die nie zu einem Ganzton verschmelzen. Larsson zeigt uns oft seine Frau und seine Kinder in den Zimmern, und wenn diese für den Augenblick menschenleer sind, sieht man doch die Spuren jüngst unterbrochenen Tuns, Arbeitsgerät oder Spielzeug. Bei Larsson ist alles froh erlebte und wache Gegenwart, kein stilles Nachsinnen oder Vorausträumen wie bei Hammershøj. Blickt man auf Hammershøjs Kunst im Vergleich mit der des Prinzen Eugen oder Eugène Janssons, erkennt man, daß auch er seelische Regungen festhält, die vor oder unterhalb der rationalen Geistestätigkeit liegen.

Edvard Munch

Im Jahr 1886 malte Edvard Munch – er war 22 Jahre alt – *Das kranke Kind*, *Am Tag danach*, *Pubertät* und *Madonna* (die drei letzteren Bilder sind verlorengegangen, und nur Zweitfassungen von 1892 und den folgenden Jahren sind erhalten).

Abb. 51 Nic Stang beschreibt *Pubertät* wie folgt: »Die angsterfüllte Begegnung eines jungen Mädchens mit dem Leben, von dessen Herannahen es eine unklare Vorstellung hat. (Munch) malte nicht die Erwartung, sondern die Angst selbst, die sich in der schmächtigen Jungmädchengestalt ausdrückt, die ihre Schenkel zusammenpreßt und den geheimnisvollen Schoß mit den mageren Armen verdeckt. Die Umgebung mit dem blutbefleckten Laken (auf der Fassung von 1892 nicht zu erkennen) und der summarischen Andeutung des Betts, auf dem das Mädchen sitzt, ist denkbar vereinfacht. Alles Interesse konzentriert sich auf sie, die . . . frontal mit weitgeöffneten, furchtsamen Augen geradeaus starrt« (Nic Stang, Edvard Munch, Oslo 1972, Dresden 1981).

Wie seltsam, daß ein junger Mensch solche Themen malt! In seiner Phantasie herrschen Bilder des Todes und der Angst vor dem Geschlecht. Er hat keine schönen Träume von Liebe und seelischem Entzücken oder körperlichem Genuß, sondern sieht sowohl das Mädchen in »Pubertät« wie die Frau in »Madonna« als Opfer des Geschlechtslebens. Das läßt sich kaum anders deuten, als daß der junge Munch hier seine eigene Angst gemalt hat. Im Jahr 1889 malte Munch – in großem Format, wie
Abb. 7 meist bei ihm – das *Abendgespräch*. Es läßt sich folgendermaßen beschreiben. Ein Mann und eine Frau im Gespräch, vor einem Haus, in einem Garten, gegen Abend. Der Mann steht im Profil links im Bild, die Frau *en face* noch in der linken Bildhälfte. Der Mann ist aktiv, wendet sich zu der Frau, blickt auf sie, redet wohl auch. Sie antwortet nicht, sieht ihn nicht an, blickt aus dem Bild heraus. Sie zieht ihren Schal um die Schultern, wie um sich zu schützen. Indessen macht sie keinen Ansatz, sich von dem Mann zu entfernen. Unten im Bild fließen die Konturen der beiden sogar zusammen.

Beide stehen in der linken Bildhälfte vor der Holztreppe des Hauses und vor deren Geländer, hinter dem kräftige Büsche aufwachsen. Das sind schützende Formen, die Geborgenheit andeuten können. In der rechten Bildhälfte sehen wir einen Garten mit nur angedeuteten Blumen und einem Ausblick gegen ein zweites Haus und das Meer – Formen, die Offenheit, aber auch Leere erzeugen. Nach rechts hin ist die Komposition durch ein paar Bäume geschlossen. Über dem Meereshorizont schweben dünne, schwach gelbe Wolken: Abendlicht. Links dunkle und warme Töne, rechts hellere und kältere. Haus und Garten atmen Ruhe, der Ausblick zum Meer läßt sich als Ruhe und Weite, aber auch als Leerwerden und Erkalten deuten. Im Ganzen eine friedliche Stimmung. Doch was sieht die Frau vor ihren weit geöffneten, aber tief verschatteten Augen? Wovor sucht sie sich zu schützen? Warum hat sie keinen Kontakt mit dem Mann? Das Gespräch am Abend verstummt. Die Frau antwortet nicht. Mensch und Mitmensch, Mensch und Welt sind nicht im Einklang.

Munch malte eine alltägliche, durchaus harmlos aussehende Szene, aber ihr Inhalt ist Einsamkeit und seelisches Fernsein. Die Frau leidet selber daran und wird zum Rätsel für den Mann, dessen Aktivität keinen Widerhall findet und ins Leere geht. Munch gibt keine Erklärung und deutet keine Ursache dieser Einsamkeit an. Die beiden sind nicht irgendwie entzweit, es handelt sich »nur« um eine Stimmung. Aber welche Stimmung? Abschied? Nein, nichts, was rational zu verstehen wäre. Munch malt das Unerklärbare: Mensch und Mitmensch, Mensch und Welt passen nicht zusammen. Die Seele ist zur Fremdheit verurteilt. Das hatte vorher noch kein Maler gemalt.

Munchs *Madonna* oder *Liebende Frau:* Auf den beiden Fassungen von 1893/95 Abb. 8
(Oslo, Munch-Museum) bzw. 1894/95 (Oslo, Nationalgalerie) ist die liegende Frau nackt, aber nur bis zum Geschlecht hin gesehen, das verhüllt ist. Nur ihr Leib, Brüste, Hals, Kopf und Haar kommen deutlich vom Grund los. Schon die Hüften und die Scham, noch mehr die Arme verschwimmen in den Grund hinein. Der Grund selber fließt in großen Kurven um die Gestalt herum. Seine Farben bestehen aus verschmutzten Rot-, Gelb- und Blautönen, die einen irrealen Raum um und hinter der Figur (unten im Bild auch vor ihr) bilden. Der Kopf ist stark aus der Körperachse verschoben und etwas hintenüber gebeugt. Der rechte Arm ist nach oben gewinkelt und liegt hinter dem Kopf, der linke nach unten gebogen und liegt unter dem Rücken. Das Haar ist aufgelöst, Augen und Lippen sind geschlossen.

Man hat gesagt, Munch habe hier so viel von der Frauengestalt gemalt, wie ein Mann nach dem Augenblick der Zeugung, wenn er sich erhebt, von ihr erblicken kann. Er muß sich aber doch schon vor einer Weile von ihr gelöst haben, wie aus dem Abstand der Gesehenen vom Sehenden zu entnehmen ist; und auch sie muß schon länger allein liegen – denn normalerweise hätte sie den Mann umarmt und sie brauchte Zeit, ihre Arme in die jetzige Stellung zu bringen. Die Bewegung von Kopf und Armen der Frau scheint willenlos und unbewußt zu geschehen; dennoch sind Kinn und Lippen angespannt. Die Augenhöhlen sind unnatürlich tief verschattet, vielleicht ist im linken Auge noch ein Verschwimmen des Blicks zu erkennen. Das Dunkel in den Augenhöhlen gehört eher zu einer inneren Umnachtung als zu einem äußeren Schatten.

»Hingabe« dürfte nicht die richtige Bezeichnung ihres Erlebens sein, eher »Überwältigtsein«. Ein mächtiger Wirbelsturm scheint sie hinwegzutragen. Sie läßt sich ohne jedes Widerstreben treiben. Daß das Bild etwas mit dem Geschlechtsakt zu tun hat, ist klar. Doch wenn man an den Geschlechtsakt denkt, denkt man vor allem an

Lust. Im Gesicht der Frau sind jedoch Lust wie Schmerz ausgedrückt, eine einzige übermächtige Empfindung.

Obwohl es Tausende von Frauenakten in der Kunst gibt, von denen manche erotisch, andere verhüllt sexuell und wieder andere offen oder versteckt pornographisch gemeint sind, gleicht Munchs *Madonna* keiner dieser Darstellungen. Gösta Svenaeus hat in seiner gründlichen Motivzusammenstellung auf andere Bilder jener Zeit hingewiesen, auf Franz von Stucks *Sünde* (auch *Sinnlichkeit* genannt, Radierung, 1889) und Félicien Rops' *Serpent-auréole* (Radierung, 1890). Die beiden Vergleichsstücke sind für mich Kitsch. Munch hat sie vermutlich gekannt, aber das Datum seiner ersten, verloren gegangenen *Madonna*, die 1888 im Besitz von Hans Jaeger war, macht deutlich, daß er von diesen Produkten Stucks und Rops' nicht angeregt sein kann, die ihm ja auch formal, mit ihrem völlig traditionellen, objekt-abbildenden Stil nichts zu sagen hatten. Maltechnisch könnten ihm Bilder von Manet, Cazin oder Carrière auf den Weg geholfen haben. Die Interpreten der *Madonna* sprechen von der sexuellen Ekstase der Frau. Munch tat es auch – nachträglich, nachdem er die Ergießung seiner Freunde Przybyszewski, Servaes und Meier-Graefe gelesen hatte. In einer undatierten, aber sicher nach 1893 entstandenen Notiz schrieb er: »Die Pause, wo die ganze Welt in ihrem Lauf stillsteht. Dein Gesicht schließt die Schönheit der ganzen Erde in sich. Deine Lippen, rot wie die künftige Frucht, gleiten auseinander wie im Schmerz. Das Lächeln einer Leiche. Jetzt reicht der Tod dem Leben die Hand. Die Kette schließt sich, welche die Tausende der Geschlechter, die tot sind, an die Tausende der Geschlechter, die kommen sollen, bindet.«

Das ist Literatur, Gehörtes, Gelesenes, Wortberauschung und falscher Tiefsinn aus dem Literaten- und Künstler-Café. In dem »Lächeln einer Leiche« spukt wohl Baudelaire, den Munch in Paris 1895 zu illustrieren plante. Sachlich ist zu bemerken, daß die Lippen der *Madonna* nicht auseinandergleiten. Des literarischen Tiefsinns halber fügte Munch auf der Lithographie der *Madonna* (Berlin 1895; Schiefler 33) das Rahmenmotiv mit dem Embryo und den Spermafäden hinzu.

Was Munch in seinem Gemälde sichtbar gemacht hat, ist das Verfallensein eines Menschen an die Geschlechtlichkeit. Es ist dabei kein Mann, kein Sexualpartner, der sich von der Frau gelöst hätte, zu sehen. Hier ist kein Weib, das einem Mann verfallen wäre. Im Bild der *Madonna* ist Liebe Überwältigtsein vom Geschlecht bis zu einem Grad, wo die Gemeinschaft mit dem Partner verschwindet. Folglich ist zu fragen: Hätte Munch dieses Thema des Überwältigtseins nicht auch im Bild eines Mannes darstellen können? Das innere Überwältigtsein des Mannes beim Geschlechtsakt läßt sich nicht gut im Bild darstellen.

Es mußte also auch für Munch naheliegen, das Thema Geschlechtlichkeit in das Motiv Frauenakt zu stecken, so wie es in der europäischen Malerei seit Jahrhunderten geschehen war. Aber anders als in dieser Tradition hat Munch den Frauenkörper nicht als lockend, Lust und Glück versprechend dargestellt. In der europäischen Tradition erscheint die Frau meist als Objekt der Lust des Mannes. Sie wird in körperlicher Deutlichkeit gezeigt, oder sie wird so verhüllt, daß sie zum Zugreifen lockt. Was sie selber empfindet, blieb den meisten Malern gleichgültig. (Wenn ein Künstler die Liebe als seelische und auch leibliche Verbundenheit mit seiner eigenen Frau malen will, malt er sie sehr selten nackt.) Munch macht das Leid sichtbar, das mit dem Verfallensein des Menschen an den Naturtrieb verbunden ist. In seiner Jugend war der Konflikt zwischen Triebgewalt und Sexualangst gerade in Norwegen besonders spürbar.

Munch gab seine eigene Antwort auf das Problem. Nicht für oder gegen den Trieb, sondern als Klage über seine leidvolle Wirkung. Er ging damit über die gegebene Kultursituation hinaus und hob das Leiden und das Mit-Leiden, dessen man sich nicht bewußt war und nicht bewußt werden wollte, aus der Tiefe empor. Er hat den Raum um die Frau völlig unklar gemalt, aber auch ihren Körper ins Unklare aufgelöst. Relativ klar ist nur das Gesicht, aber auch das Gesicht ist wenig differenziert – so als ob der Maler den Zustand dieses Menschen, nahe an der Ohnmacht, selber spürte. Munch suchte und fand die angemessenen Mittel, einen äußerst intensiven, aber kaum bewußten leib-seelischen Zustand anschaulich zu machen. Es versteht sich von selbst, daß er in diesem Bild, das keinen meßbaren Raum enthält, auch keinen meßbaren Zeitverlauf wiedergeben kann. Die zeitliche und räumliche Wahrnehmung, die alles ältere Bildschaffen beherrscht, verliert hier ihre Schärfe. Die Auflösung der herkömmlichen Darstellungsmittel gibt dem Künstler die Möglichkeit, bisher unbekannte Bereiche der Seele auszuloten.

Munch sprach in dieser Sache am deutlichsten unter allen Künstlern, weil er mit der menschlichen Figur arbeitete, aber Prinz Eugen, Eugène Jansson, Karl Nordström, Vilhelm Hammershøj holten ihre Bilder aus ähnlichen Tiefen.

Anders Zorn

Im Spätsommer 1886 malte der damals 26jährige Anders Zorn in seiner Heimat Mora ein ungewöhnlich großes Wasserfarbenbild (Aquarell und Gouache): *Vårt dagliga bröd* (Unser tägliches Brot). Ein höherer Beamter aus der Umgebung des Königs Oscar II. hatte ihm vorgeschlagen, ein Bild mit einem vaterländischen Thema zu malen, das er dem Nationalmuseum zum Kauf anbieten könne. Daher der eigentümlich idealistische Titel. Es wäre einfacher gewesen, das Bild »Ernte« zu nennen oder genauer: »Die Meinen bei der Ernte«. Die Personen des Bildes sind Zorns Mutter, Mona, an der er innerlich hing, und die Halbschwestern des Künstlers, die eine mit ihrem Mann und ihrem Kind. (Abb. 11)

Die Darstellung ist durchaus realistisch, die Aquarelltechnik mit großer Sicherheit gehandhabt. Mit ihrem Motiv im Freilicht gehört sie in die Nachfolge von Jules Bastien-Lepage, den Zorn als Kolorist freilich beiweitem übertrifft. Bastien-Lepage, ein Bauernsohn aus Lothringen, war in Paris schnell durch Porträts und durch Freilichtbilder aus seiner Heimat berühmt geworden. Auf der Höhe seines Erfolgs war er gestorben. Zorn, der nach Erfolg dürstete, beobachtete von London aus, wo er 1882/85 arbeitete und Geld verdiente (die Aquarellmalerei war ja eine spezifisch englische Angelegenheit), die Pariser Kunstszene genau. Was dort Erfolg hatte, konnte auch zu Hause, in Schweden reüssieren. Er hatte richtig gerechnet, *Unser tägliches Brot* entsprach den Erwartungen des schwedischen Kunstpublikums und überbot sie.

Soweit hätten wir keinen Grund, diesem Bild besondere Aufmerksamkeit zu widmen. Aber: die Szene ist recht eigentümlich gewählt. Das Hauptgewicht der Darstellung liegt nicht auf den Mähern und Garbenbindern auf dem Acker, sondern auf der alten Frau am Feuer unten in der Ravine. Das Bild zeigt eine untere und eine obere Bühne. Die Ravine ist recht ungewohnt in der schwedischen Agrarlandschaft. Sie muß den Betrachtern aufgefallen sein. Derlei kommt im Lößboden um den See Siljan herum vor und sonst noch in den Äckern über den großen Sandablagerungen nordländischer Flüsse. In dieser Ravine hockt die Großmutter und bereitet das Mittagessen für ihre arbeitenden Kinder. Sie bewacht das Feuer unter dem Kessel, in dem sie Kartoffeln kocht. Wasser rinnt durch die Ravine, an deren Wänden das Erdreich sichtbar wird. Wasser, Feuer, Erde; und über der oberen Bühne die Luft. Also: die vier Elemente. Und die Großmutter ist die Mutter Erde.

Zorn war kein Schöngeist. Von Mythen und Mythendeutung, von den Elementen und ihren Allegorien wußte er nichts. Aber er ging in die Museen, um den alten Meistern auf die Finger zu sehen, und er besuchte die Theater, weil sein Londoner Publikum das tat. Von daher kannte er also die Themen der Elemente und der Mutter Erde. Daß er sie direkt als Motiv seiner Bilder wählen sollte, fiel ihm nicht ein, und es hätte auch sein Publikum erstaunt, das realistische Malerei von ihm erwartete. Aber an diesem Sommertag, als er mit seiner Mutter und ihren Angehörigen aufs Feld ging, um sie zu malen, erfaßte er unmittelbar die Frau in der Ravine als Mutter Erde in der Grotte, die den Ihren das Mahl mit Feuer und Wasser bereitet.

Das Bild ist eine der vielen Huldigungen Zorns an seine Mutter oder Großmutter. Andere Maler können die Intensität ihres Fühlens in der Übertreibung der realen Formen und Farben ausdrücken – man mag an Vincent van Gogh denken, der in den gleichen Jahren seine Ergriffenheit von Erde und Sonne in der Provence malte. Zorn wich nicht einen Augenblick vom real Gegebenen ab, gab es aber so wieder, daß es große und uralte Bedeutungen einschloß. Immerhin konzentrierte er die stärksten Farben auf die alte Frau im Vordergrund des Grabens.

Es ist Zorn und seinen Betrachtern tatsächlich nicht aufgegangen, daß es sich hier, sozusagen nebenbei, um die vier Elemente und die Mutter Erde handelt. Aber die Gegenwart dieser Bedeutungen im Bild ist ein Stück der besonderen Malerphantasie Zorns. Er empfand die Elemente ganz ungedanklich und sinnenhaft. Sie kommen
Abb. 9 öfter in seinen Bildern vor. Ein späterer Beleg hierfür ist das Gemälde *Im Herdhaus* von 1906 (das Bild gehört der Gemeinde Mora und befindet sich im Zornmuseum).

Man blickt durch die Tür in das kleine Herdhaus, in dem ein Mädchen in der Tracht von Mora sitzt und in einem Kessel über einem Feuer umrührt. Sie kocht vermutlich Molke für die Käsebereitung, wie das damals noch auf den Sennereien in Dalarna üblich war. Das Bild ist auf dem Gegensatz von warm und kalt aufgebaut. Von der Tür fällt kaltes Licht auf den Rücken, den nackten rechten Fuß und die rechte Hand des Mädchens. Rechts unten im Bild leuchtet das Feuer warm, und entsprechend erscheint das beschattete Gesicht des Mädchens in warmer Farbigkeit, ebenso wie die Finger der Rechten. Der Rauch oder Dampf aus dem Kessel hat einen kalten Ton, während die Holzwand hinter dem Mädchen warm ist. Also im wesentlichen folgendes Schema:

warm	kalt
kalt	warm

Ziehen wir die Mittelsenkrechte durch das Bild, befindet sich die ganze Figur des Mädchens auf der linken Bildseite, ausgenommen ihre Hand, die fast genau auf der Mittelwaagerechten sitzt. Diese Hand ist, nebst dem Fuße, das hellste Element im Bild, und Warm und Kalt streiten sich um sie. Tageslicht und Feuerschein werden durch sie aneinander gebunden. Das Große an diesem einfachen Bild ist, daß Zorn an ihm die Elemente anschaulich macht: die Erde (Boden, Steine, Holz), das Feuer, das kochende Wasser (Molke), die dampferfüllte Luft. Und zugleich: Licht und Schatten, kalt und warm. Das Mädchen hat die eine Bildhälfte für sich, nur ihre Rechte reicht in die Zone von Feuer, Wasser und Dampf hinüber. Sie geht vorsichtig mit den Elementen um. So ergibt sich, unbeabsichtigt, ein Bild der ewigen Aufgabe des Menschen und seiner Kultur: den Elementen die Mittel zum Leben abzugewinnen.

Es ist unwahrscheinlich, daß Zorn sich dieser Vorstellungen bewußt war. Er war kein Denker. Aber er sah und spürte die Elemente unmittelbar körperlich, und er fand eine Bildanordnung, durch die das einfache Motiv in ihr deutlich und dicht erschien – und damit gewann es große Bedeutung.

Zorns Genialität lag darin, daß er einfache, an sich selbstverständliche Motive realistisch so schilderte, daß sie intensiv wirkten – nicht im Sinne irgendwelcher Beseelung oder gar Vergeistigung, sondern sinnlich-bedeutungsvoll und sinnlich-ausdruckshaft.

Ein Beispiel ist sein Gemälde *Mitternacht*, 1891, das Zorn immer für sich selbst behielt (heute befindet es sich in der Zornsammlung Mora). Das Bild heißt »Mitternacht«, aber es handelt sich um eine schwedische Mittsommernacht, in der die Sonne in Mittelschweden, also auch in Dalarna, nur für kurze Zeit unter dem Horizont verschwindet, wobei der Himmel hell bleibt und keine Dunkelheit eintreten kann. Am Horizont liegt noch Sonnenröte, die warmes Licht gibt; die oberen Luftschichten reflektieren das Licht der Sonne unter dem Horizont. Der Widerschein dieser Luftschichten gibt kaltes Licht von oben, die Schatten unter den Bäumen sind alle warm. Wie immer bei Zorn, ist das Bild des rudernden Mädchens im Boot nicht frei erfunden; es liegt ihm eine Wirklichkeitserfahrung zugrunde. Das Mädchen hat den Maler zu seinem Haus gerudert und will nun zurückrudern. Sie sieht sich gerade um, wohin sie ihr Boot steuern soll. In diesem Augenblick erfaßt der Maler das Spiel des warmen Lichtes auf den Bootsplanken links und die kühlen Schatten im Boot rechts. Zugleich erscheint der belichtete Arm des Mädchens im kalten Widerschein, während ihr rechter, beschatteter Arm etwas wärmer ist. Ihr Nacken zeigt sich in kaltem Licht, das Gesicht in warmem Schatten. Ein kalter Glanz liegt auf dem Wasser rechts, die Bäume und ihre Spiegelung in der linken Bildhälfte erscheinen warm. Die Menschenfigur ist also von kalt und warm überspült. In den Bootplanken leuchtet Rot rein auf, während Grün in den Büschen am jenseitigen Ufer erscheint. Alle übrigen Farben im Bild sind gebrochen und gedämpft. Varianten von Rot und Grün finden sich in Bluse und Rock des Mädchens, die durch Längsstreifung zusammengehalten werden. Das alles ist real und genau beobachtet. Auch daß Hände und Gesicht des Mädchens rot und ihre Arme ungebräunt sind, ist realistisch. Die Leute auf dem Land setzten damals ihren Körper der Sonnenstrahlung so wenig wie möglich aus. Abb. 10

Aber nun kommt das Eigentümliche des Gemäldes: während das Mädchen den Kopf von uns abwendet, so daß wir nur ihr verlorenes Profil erfassen, wird die Kontur des Gesichtes unscharf, und die Uferlandschaft fließt sozusagen in ihre Augen und ihre Seele ein. Mensch und Natur werden eins. Der Maler ist von einer Handlung ausgegangen: die Ruderin bestimmt ihr Ziel. Aber in diesem Augenblick steht die Zeit still. Die Ruhe dieser hellen Nacht füllt die Seele. Das Mädchen, der Maler und wir, die Betrachter, sind schon am Ziel.

Im gleichen Jahr, als der 31jährige Zorn dieses Bild malte, war Seurat 31jährig gestorben, Gauguin hatte sich nach Tahiti eingeschifft, Cézanne begann sein Alterswerk: grundlegende Veränderungen der Malkunst zeigten sich an. Nichts davon bei Zorn. Man kann eben auch gute Bilder malen, ohne zur Avantgarde zu gehören. Aber man muß etwas Neues – oder Altes in neuer Auffassung – zu sagen haben. In Zorns Fall: Mensch und Natur, Mensch in der Natur, Mensch und Elemente, Mensch als Geschöpf dieser Erde.

Gab es Erscheinungen in der Baukunst, die den beschriebenen Neuheiten in Malerei und Dichtung an die Seite gestellt werden können und von demselben Zeitgeist zeugen? Wohl die auffälligste dieser Erscheinungen innerhalb der Architektur der nordischen Länder um 1900 ist die Fassade des Hauses der Telephongesellschaft in

Ein Beispiel aus der Baukunst: das Telephongebäude in Helsinki

Helsinki (Helsingin puhelinyhdistys) von Lars Sonck, geplant seit 1901, fertiggestellt 1905, an der Korkeavuorenkatu/Högbergsgatan.

Diese Fassade ist asymmetrisch, mit einem Turm links und einem Erker rechts. Ursprünglich sollte der Turm über den Bürgersteig vorgezogen werden und die Passage durch Arkaden freigeben. Die Mauer besteht aus rechtwinkligen Granitblökken ganz verschiedener Größe mit auffällig grober Oberfläche. Der Architekt hat absichtlich vermieden, daß irgendwelche Stoßfugen senkrecht oder waagerecht ein zusammenhängendes Muster über die ganze Fläche hin bilden könnten. Die Öffnungen sind relativ klein und tief in die Mauer hineingehöhlt. Nur wenige Elemente der Fassade sind glatt behauen, und zwar der Sockel, der Portalrahmen, ein unteres und ein oberes Geschoßband, die Sohlbank unter den Fenstern des Hauptgeschosses. Die Mauer hat den Charakter einer ungleichmäßig zerbeulten Fläche. Sie zeigt sich als einschichtig, aber diese Schicht ist eben durch ihre Zerbeulung und die Aufsplitterung von Licht und Schatten nicht als optisch scharfe Grenze zwischen Haus und Außenraum aufzufassen.

Abb. 12–14

Die Mauer als eine deutlich sichtbare vertikale Fläche, die den Außenraum begrenzt und den Innenraum schützt, war in langen Zeiten die Normalform der Fassade, so etwa in der romanischen Baukunst des Mittelalters. Die Gotik hat in ihren Repräsentationsbauten, wie Kirchen und Rathäusern oder Palästen, diese Grenzschicht in Vor- und Rücksprünge zerspalten. Dagegen reagierte die Renaissance, und ihr folgten die Baumeister der folgenden Jahrhunderte. Sie formten nach dem Vorbild der römischen Kaiserzeit ihre Fassaden zwei-, manchmal dreischichtig. Die eigentliche Mauer ist eine völlig glatte, unartikulierte Fläche. Vor ihr liegt eine bestimmt artikulierte Schicht von Pilastern oder Halbsäulen mit einem Sockel darunter und einem Gebälk darüber. Diese Schicht verdeutlicht die Geschoßeinteilung und stellt ein System von (scheinbar) tragenden und lastenden Gliedern vor uns hin. Portale und Fenster sind nicht einfach in die Mauerfläche hineingeschnitten, sondern umgeben sich mit reich profilierten Rahmen, mit einem Sockel unten und einem Giebel oben. An den Ecken solcher Fassaden häufen sich die betonten Glieder, um uns zu zeigen, daß die Ecke besonders haltbar aufgeführt ist. Nach oben schließt die Fassade mit einer Mauerkrone ab, die wiederum betont: Hier geht die Mauer zu Ende, und sie ist nach oben gut geschützt. Das Dach spielt bei dieser Architektur ausdrucksmäßig keine Rolle. Da man aber in den Ländern nördlich der Alpen mit ihren vielen Niederschlägen ziemlich steile Dächer brauchte, mußten die Architekten immer wieder Kompromisse machen, bei denen ihnen ästhetisch nicht wohl gewesen sein kann.

In dieser Architektur wird also die Fassade wie ein Relief behandelt, das aus einem neutralen und ausdruckslosen Hintergrund und aus bedeutungstragenden und ausdrucksstarken Figuren besteht. Das Relief hat Tiefe, die man messen kann, die wir aber auch als noch größere Scheintiefe sehen können. Wie beim Relief spielen auch bei dieser Art Fassade Licht und Schatten eine große Rolle.

Um 1800 gab es eine Architektur mit Mauern in völlig glatten Flächen, mit Portalen und Fenstern, die rahmenlos rechtwinklig durch sie hindurchgeschnitten waren, wenn möglich ohne Sockel und vorkragende Mauerkrone, ohne Eckenbetonung. Die Bauten waren schlichte stereometrische Körper, deren Schönheit auf der genau kalkulierten Proportionierung beruhte (in Dänemark Christian Frederik Hansen, in Schweden Louis-Jean Desprez und Fredrik Blom; in Frankreich die sogenannten Revolutionsarchitekten Ledoux und Boullée, in Deutschland Schinkel). Mit der Neurenaissance aber, die in Deutschland vor allem durch Gottfried Semper vertreten ist (in Dänemark

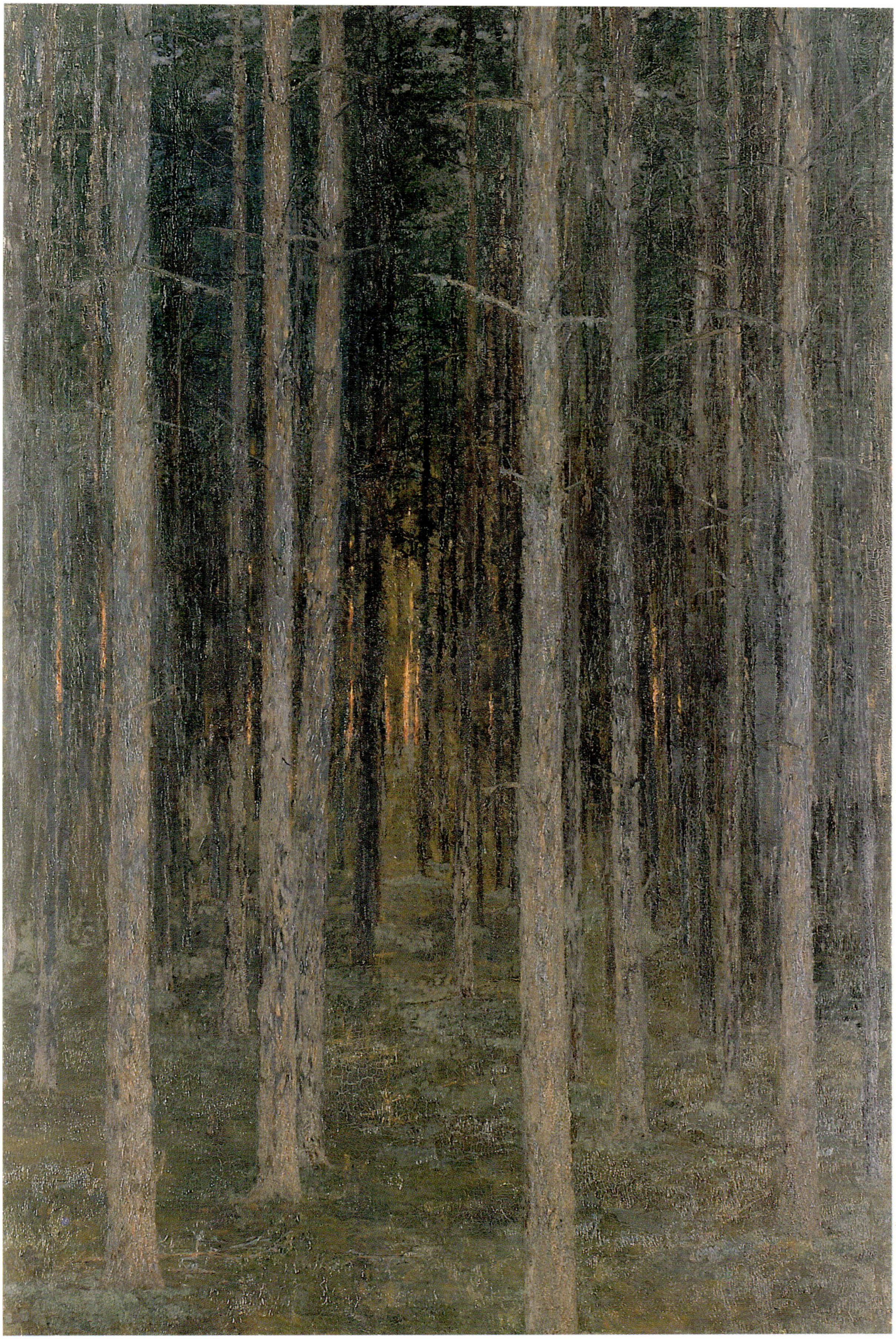

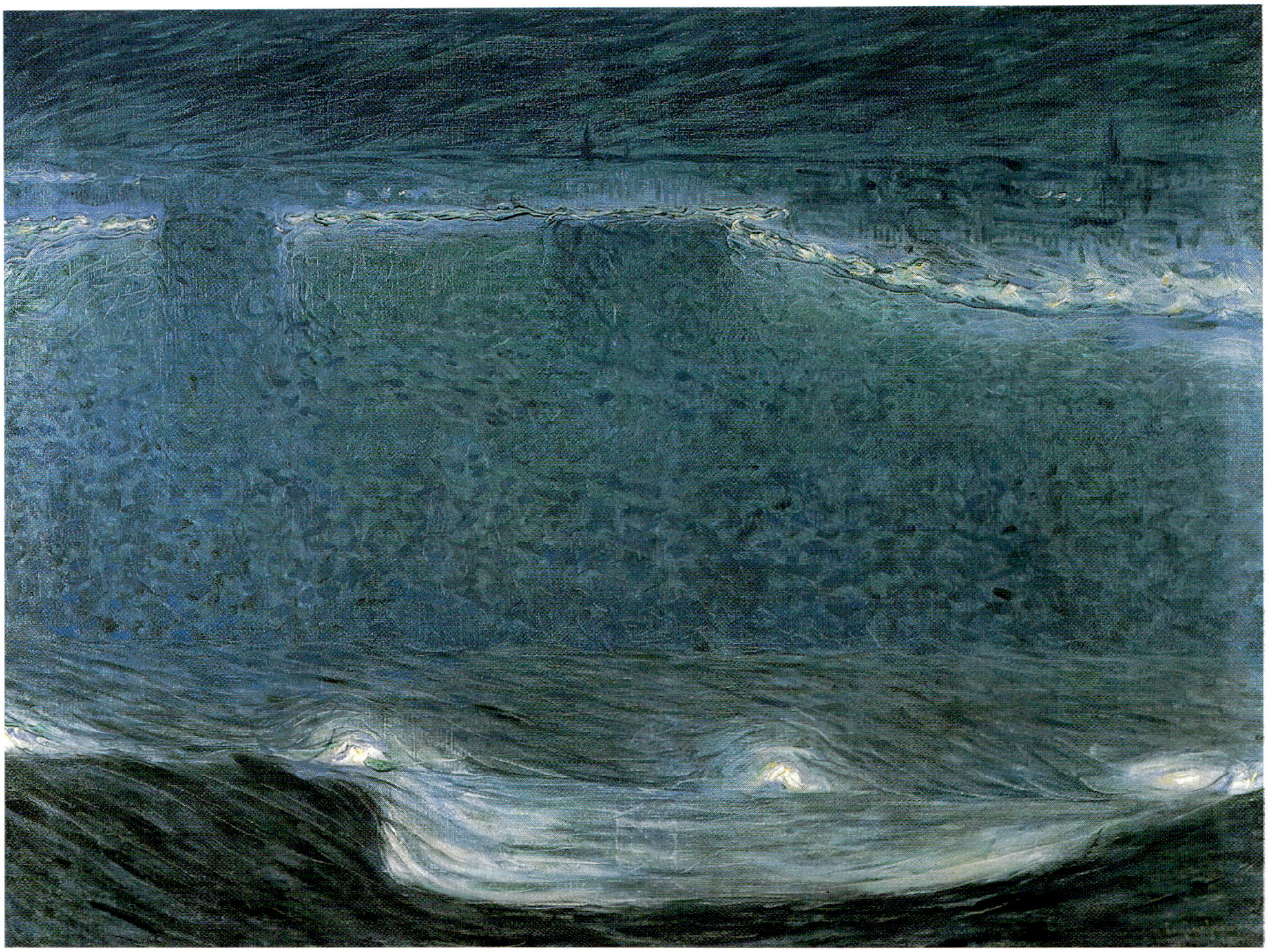

vorhergehende Seite

1 Prinz Eugen, Der Wald, 1892
Öl, 150×100,5 cm; Göteborg, Kunstmuseum

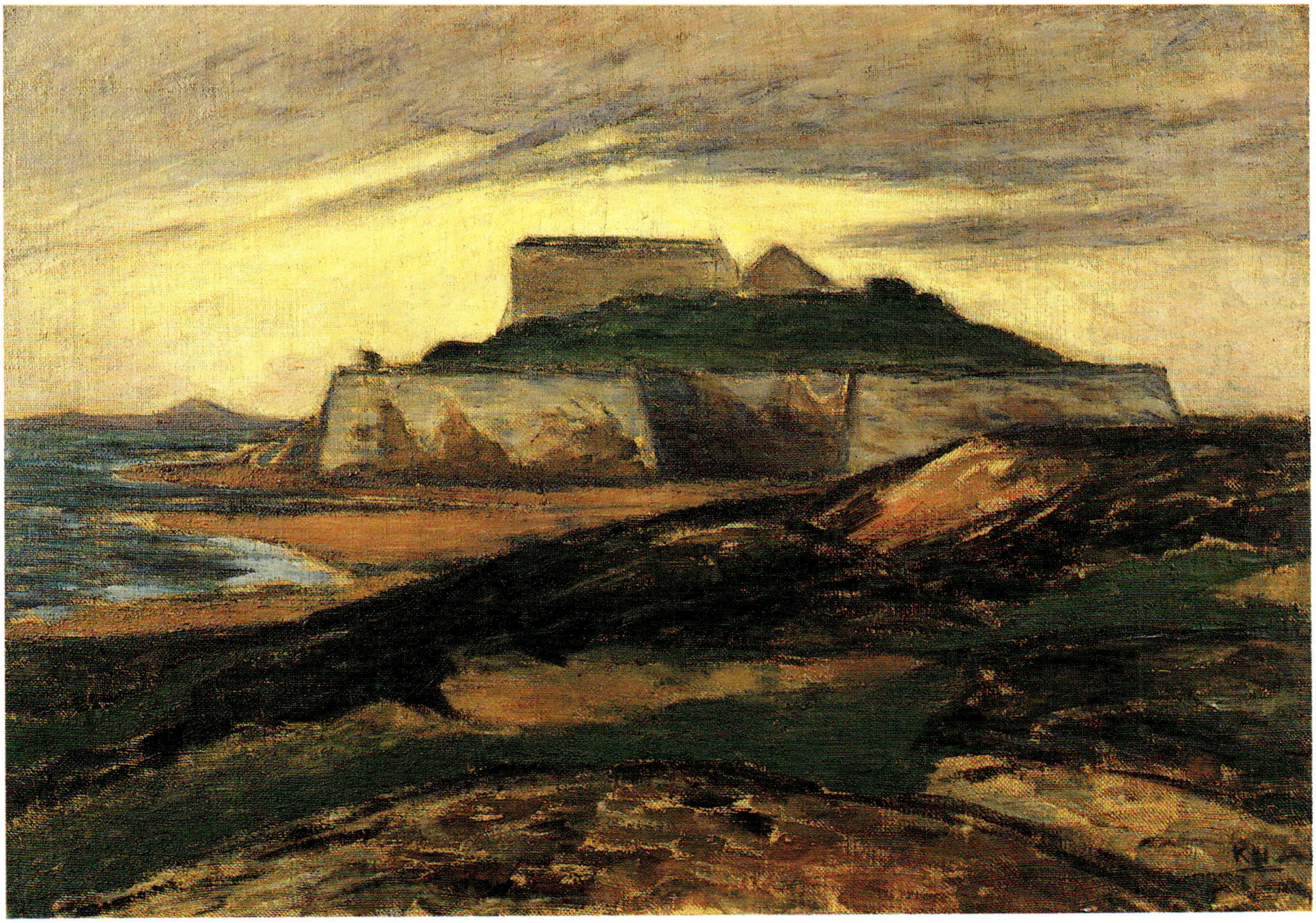

2 Eugène Jansson, Nocturne, 1901
Öl, 149×201 cm; Stockholm, Thielska Galleriet
3 Karl Nordström, Festung Varberg, 1893
Öl, 62×89 cm; Stockholm, Waldemarsudde

folgende Seiten
4 Vilhelm Hammershøj, Der Münzsammler, 1904
Öl, 89×69,5 cm; Oslo Nationalgalerie
5, 6 Carl Larsson, zwei Blätter, aus »Das Haus in der Sonne«
Wasserfarben, je 32×43 cm; Stockholm, Nationalmuseum

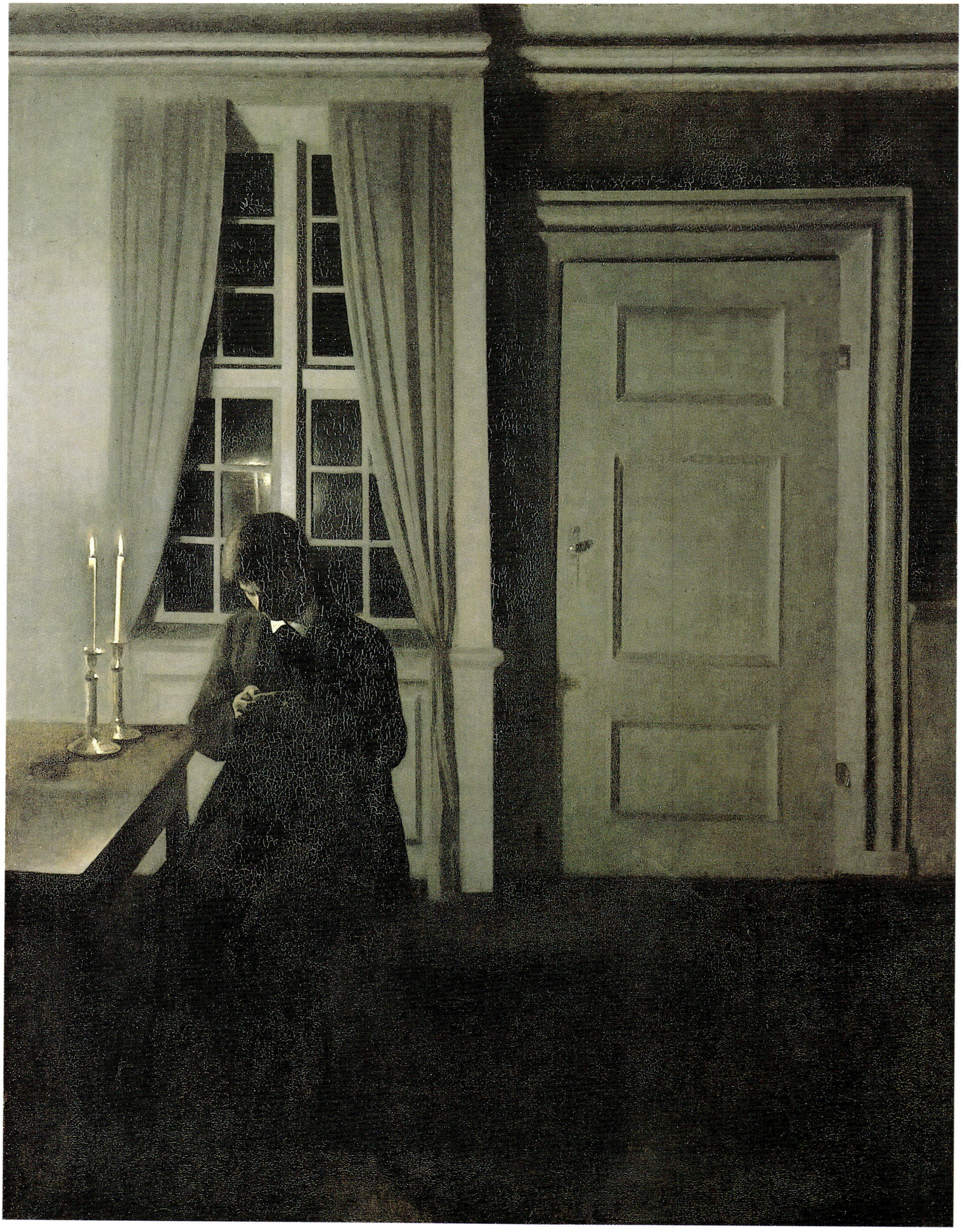

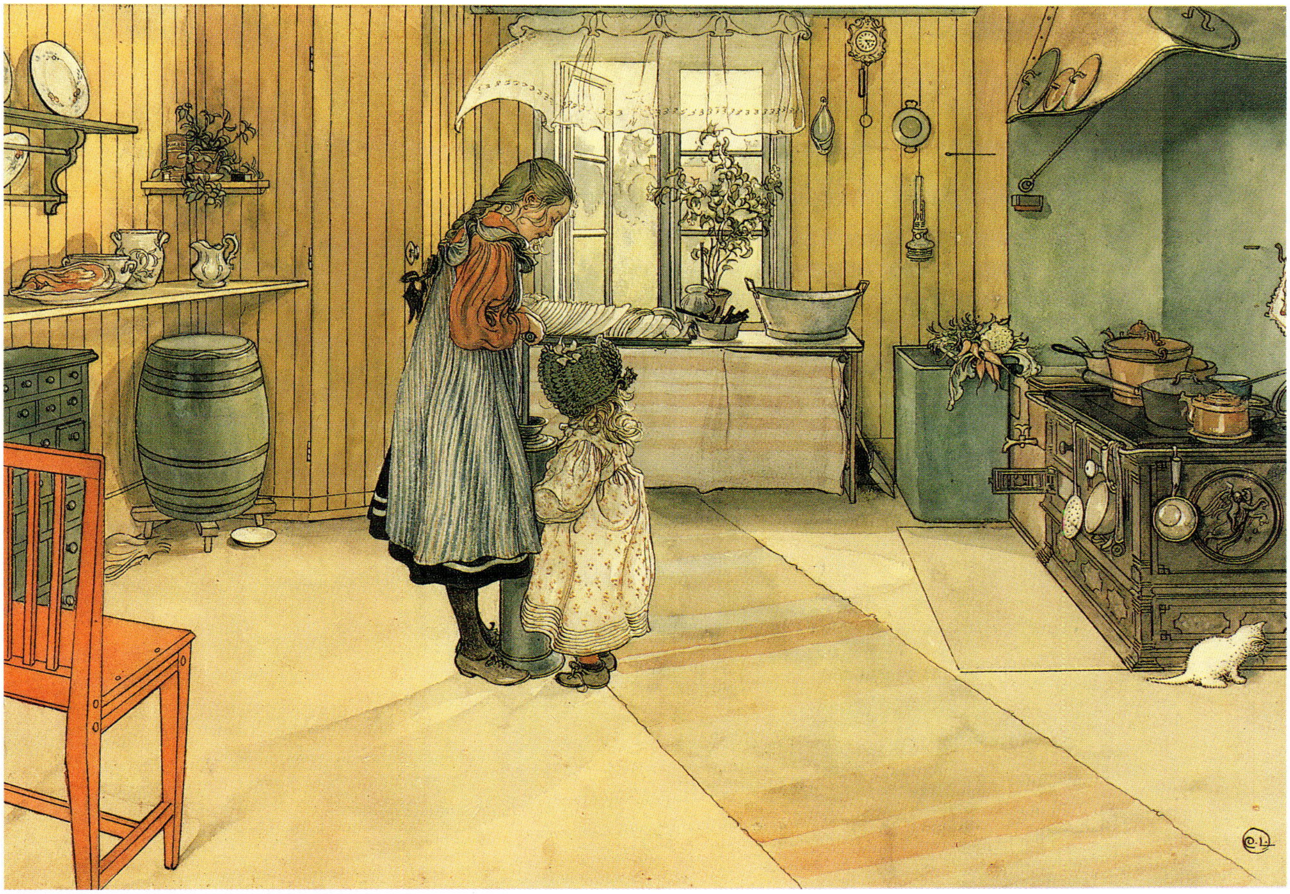

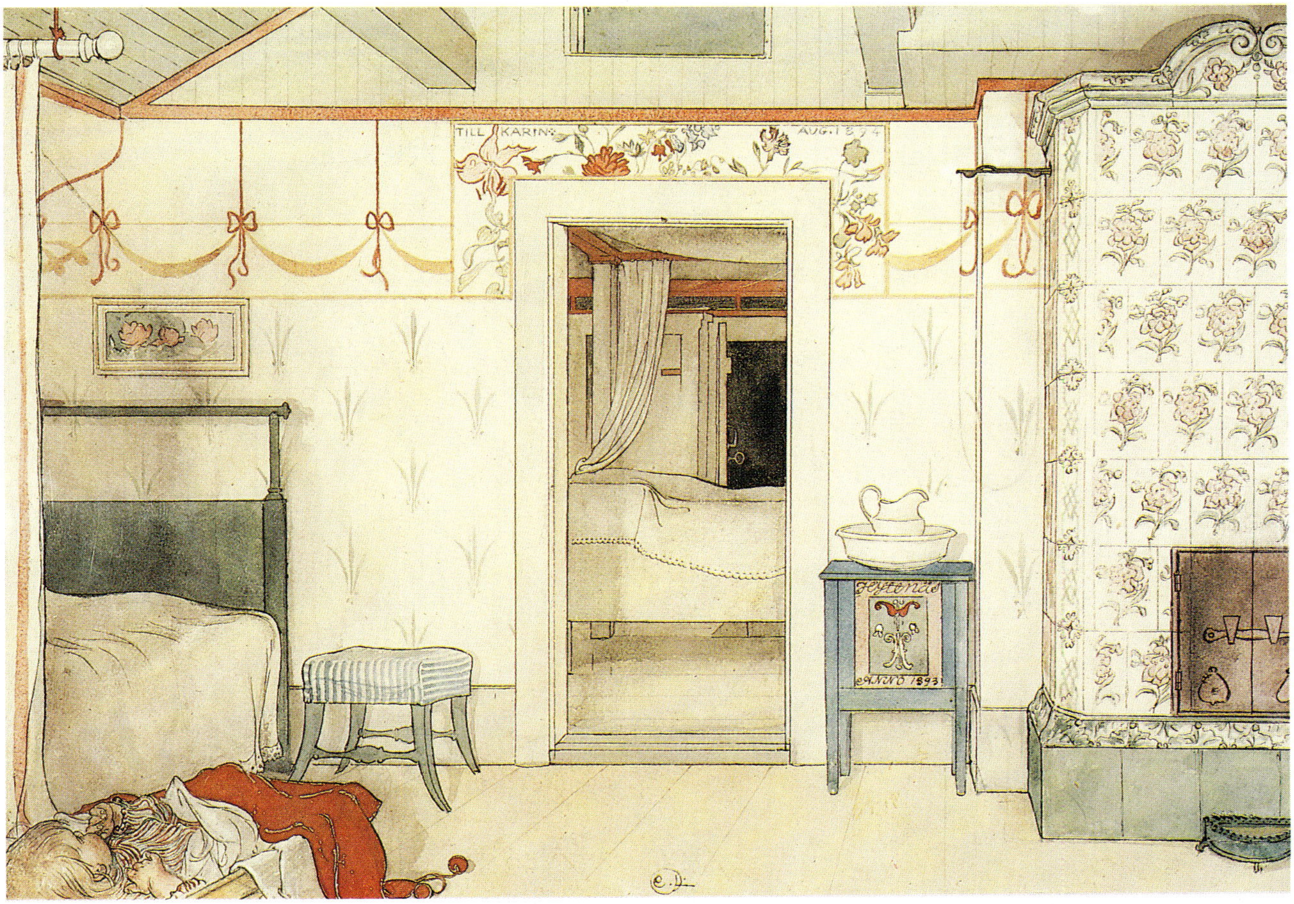
TILL KARIN
AUG. 1894
ANNO 1893

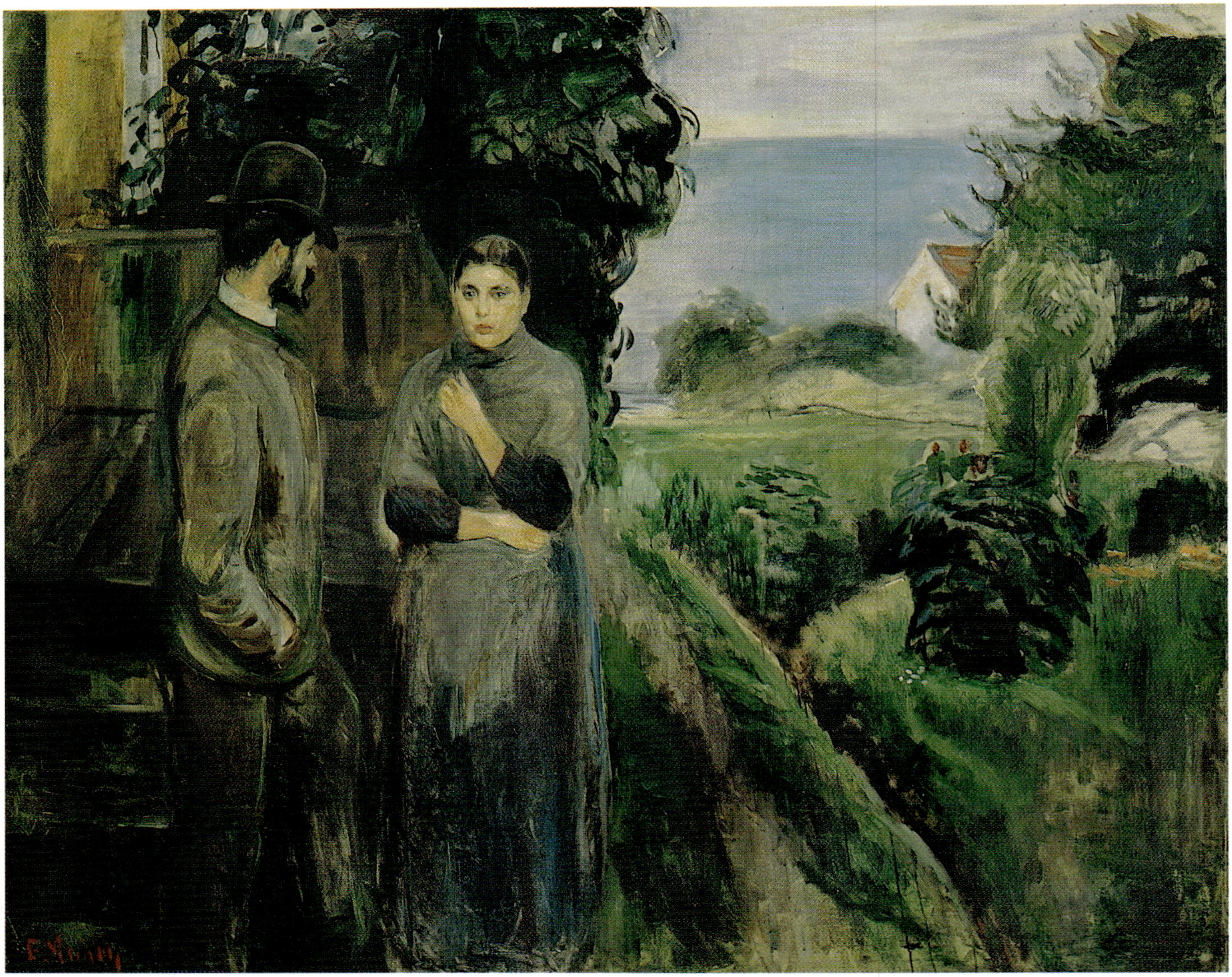

7 Edvard Munch, Abendgespräch, 1889
Öl, 150×195 cm; Kopenhagen, Staatliches
Museum für Kunst
8 Edvard Munch, Madonna, 1893/95
Öl, 91×69 cm; Oslo, Munch-Museum

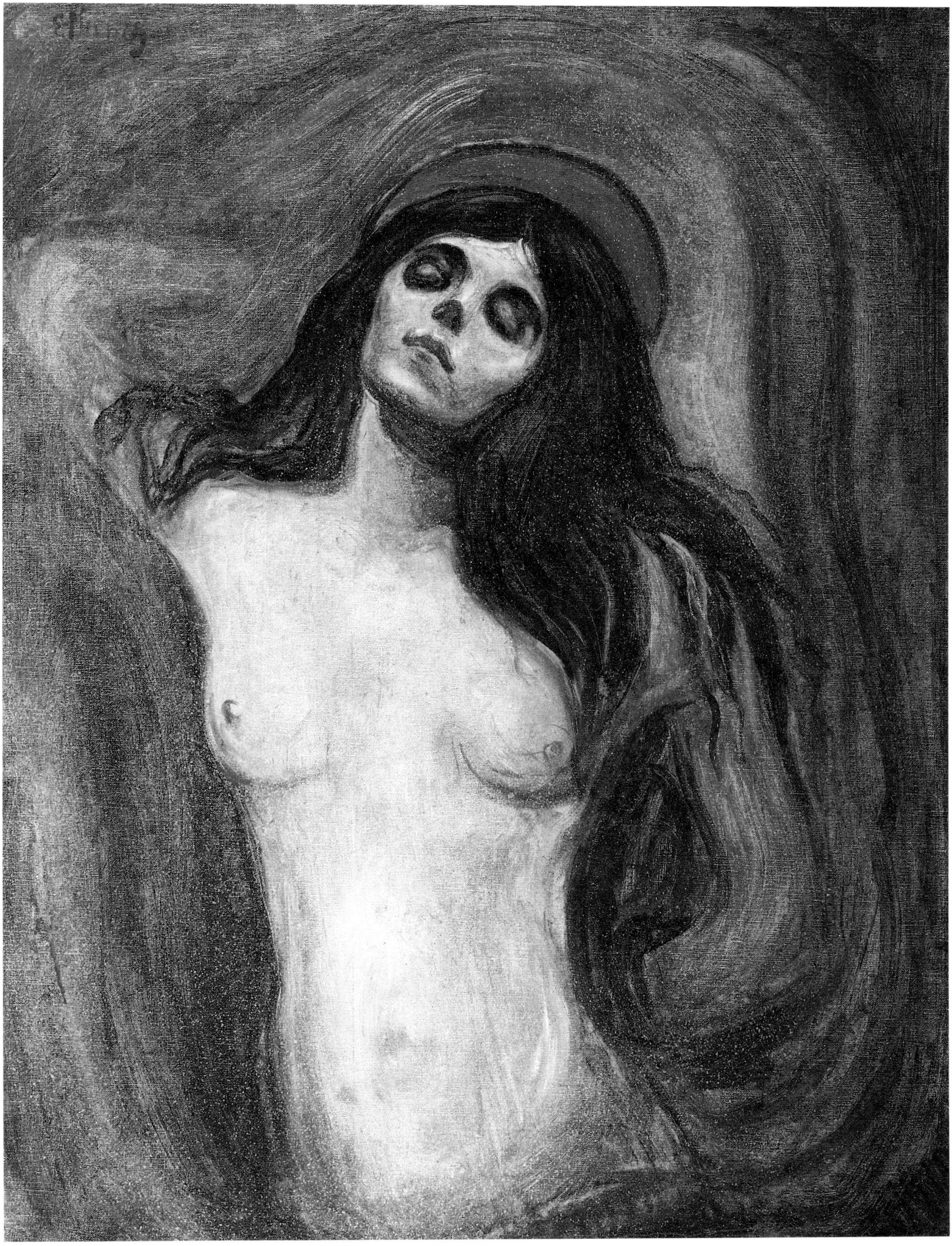

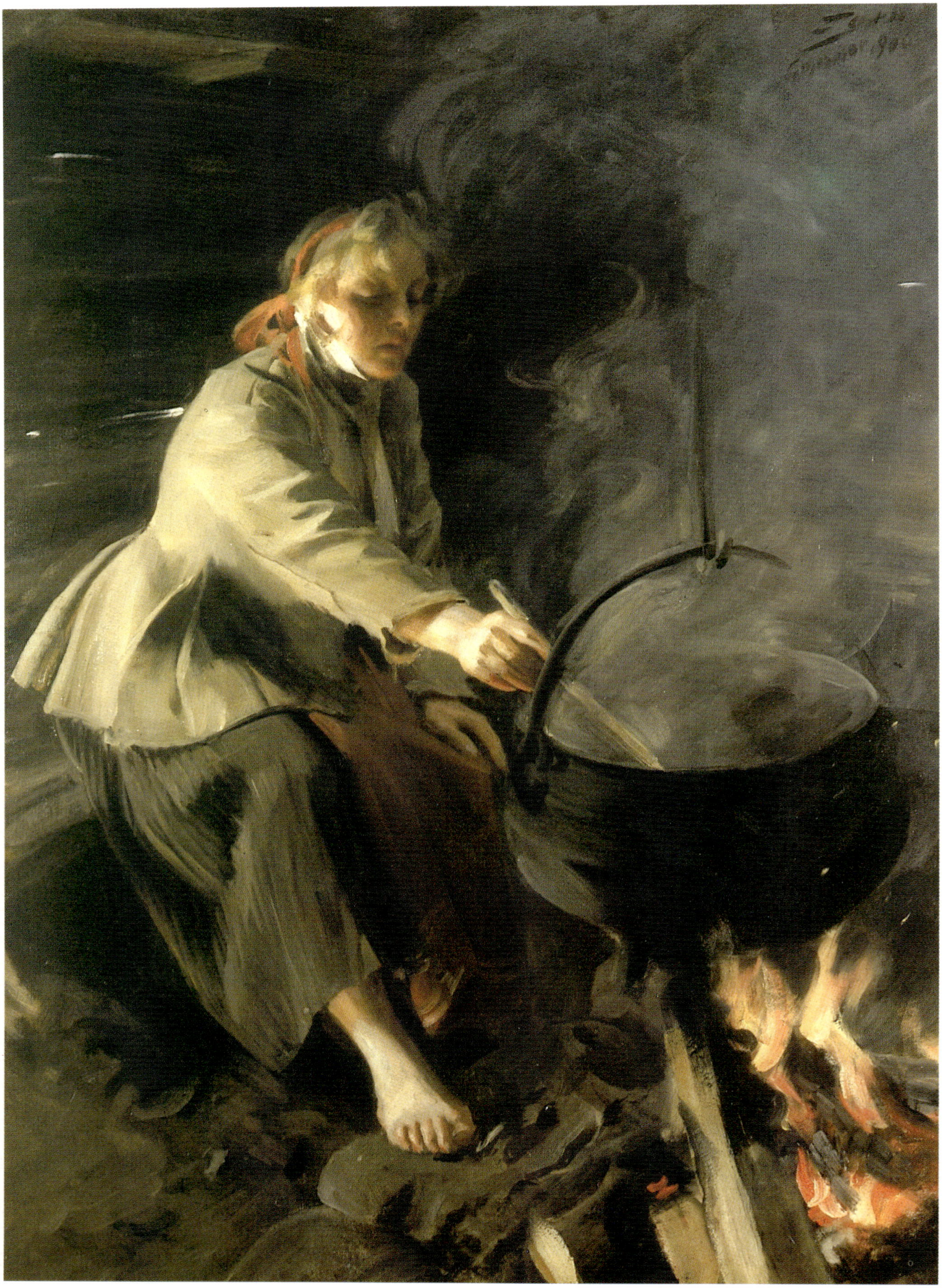

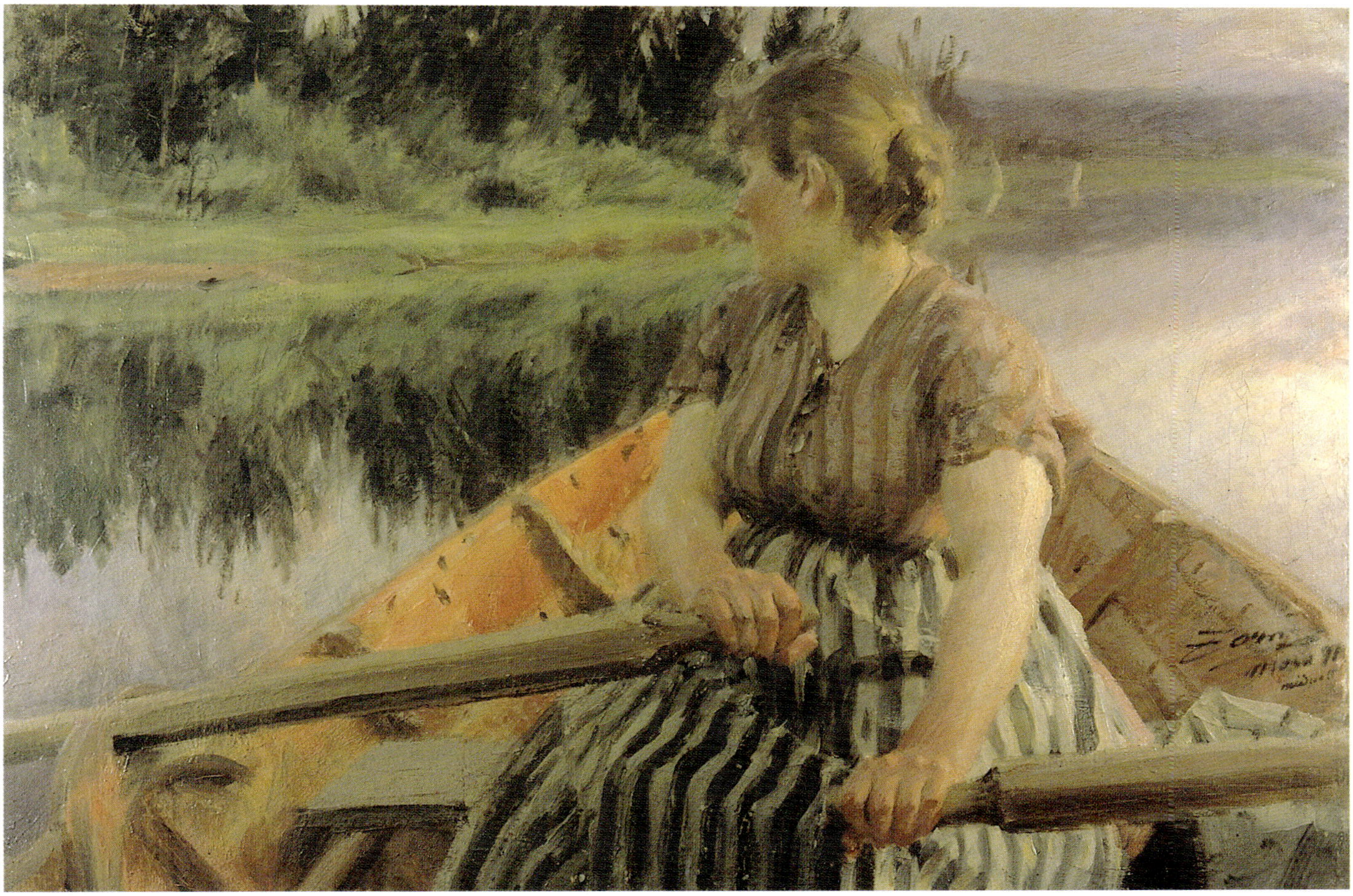

9 Anders Zorn, Im Herdhaus, 1906
Öl, 120×90 cm; Mora, Zorn-Museum
10 Anders Zorn, Mitternacht, 1891
Öl, 69×103 cm; Mora, Zorn-Museum

folgende Seiten
11 Anders Zorn, Unser tägliches Brot, 1886
Wasserfarben, 68×102 cm; Stockholm, Nationalmuseum

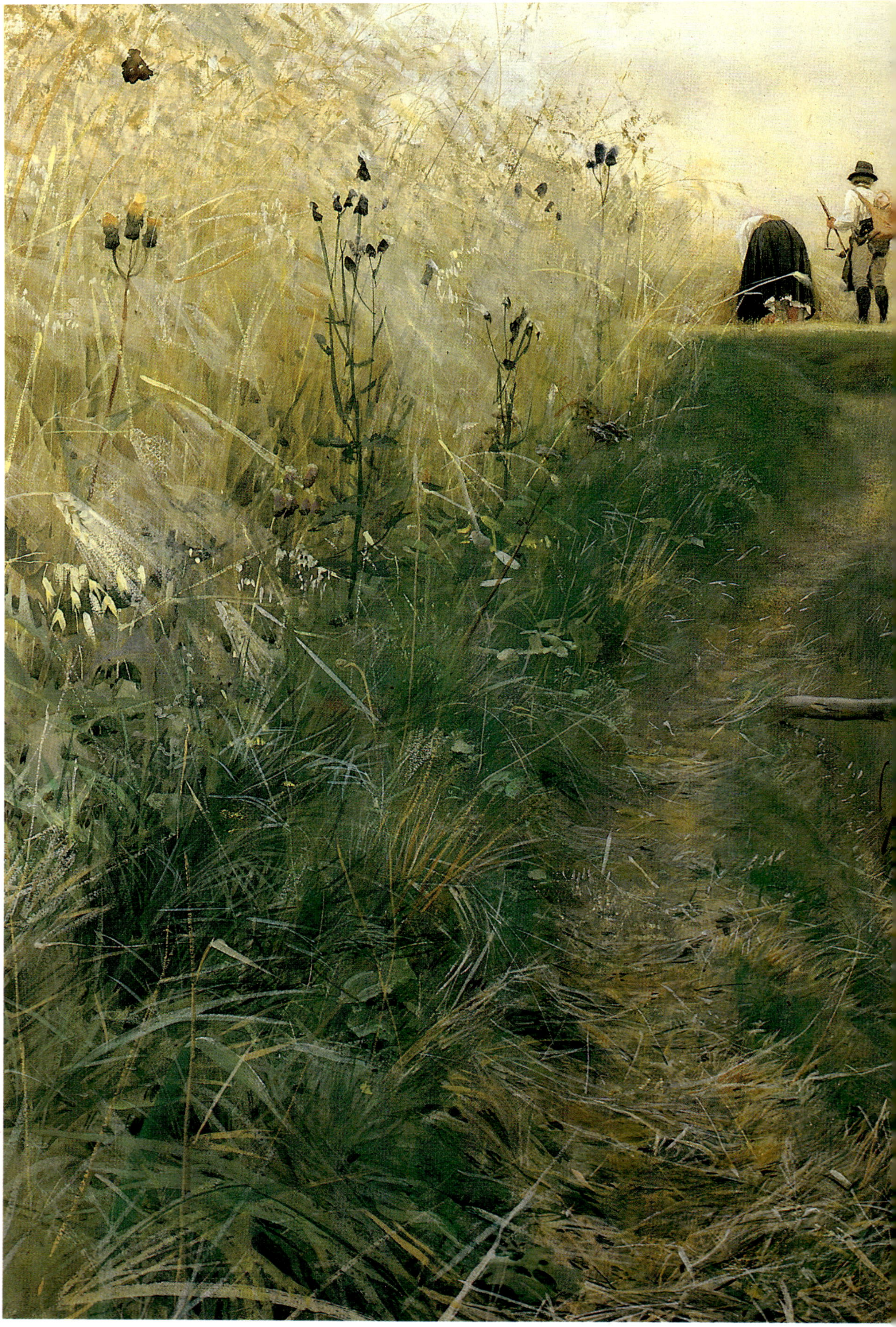

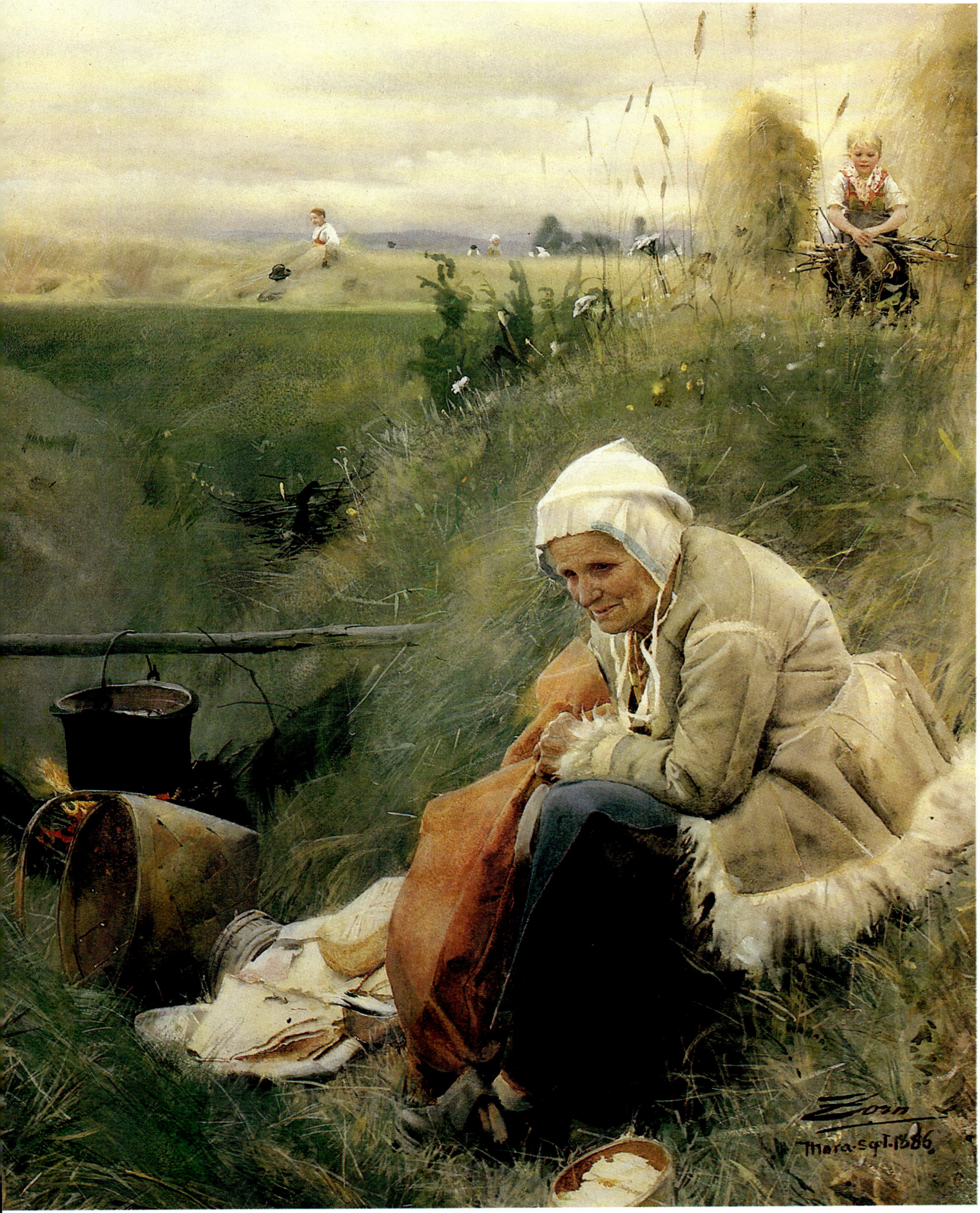
Zorn
Mora-sept. 1886.

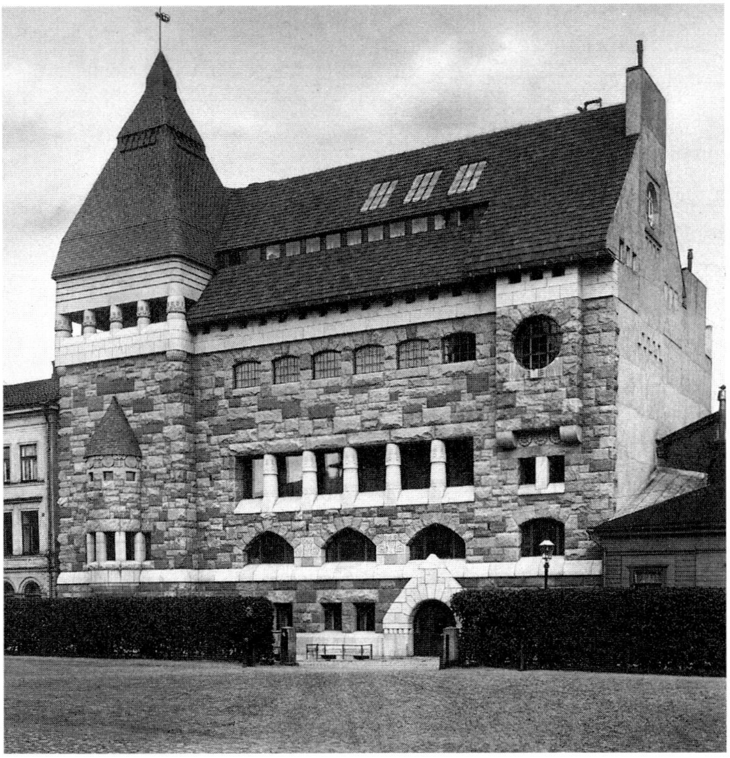

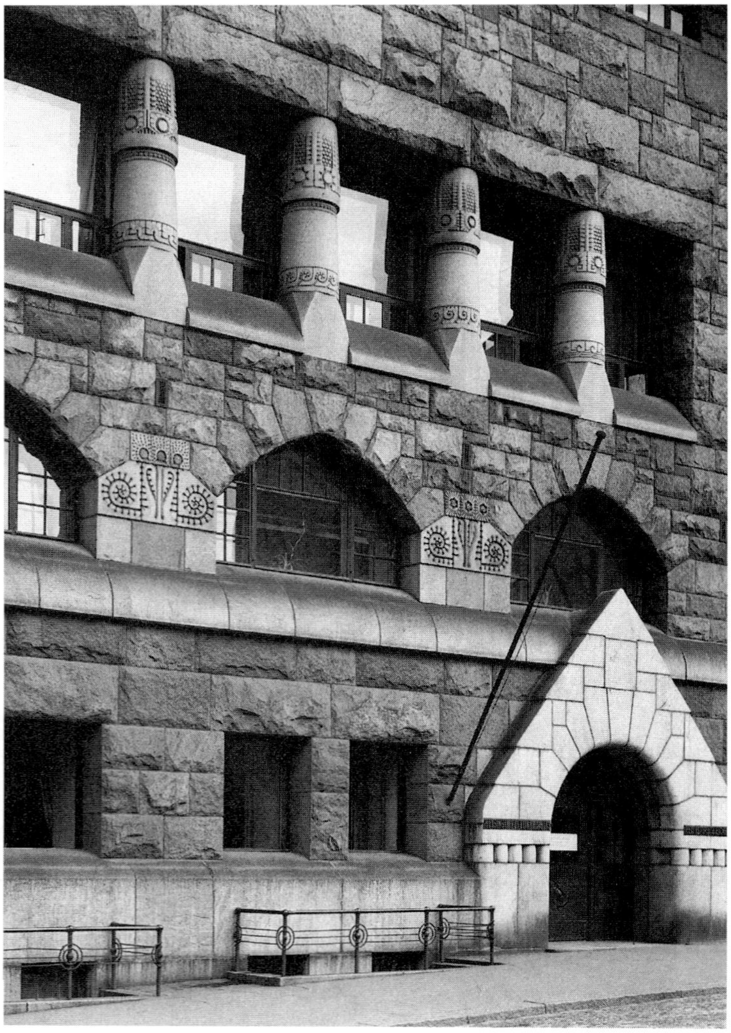

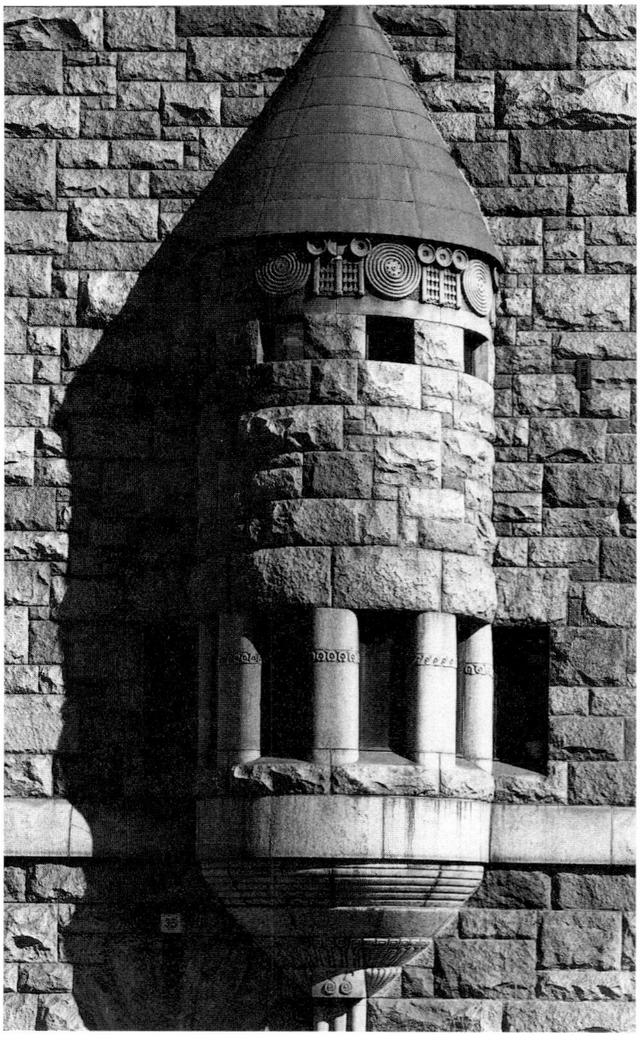

12 Haus der Telephongesellschaft in Helsinki, entworfen von Lars Sonck

13, 14 Haus der Telephongesellschaft in Helsinki, Teile der Fassade

durch Johan Daniel Herholdt, in Schweden durch Fredrik Wilhelm Scholander, in Finnland durch Chiewitz und Höijer) kehrte die reliefmäßige Behandlung der Fassade wieder. Nach 1890 aber wandten sich viele Architekten mehr oder weniger bestimmt von ihr ab (ein auch in Europa sehr beachteter Vorgänger war der Amerikaner Henry Hobson Richardson).

Sonck vollzog diese Abwendung besonders gründlich – freilich nur während weniger Jahre. Bei ihm ist die Mauer wieder eine einheitliche, nicht mehr in Schichten aufgeteilte Masse. Indessen hat sie keine glatte oder neutrale Oberfläche, sondern ist unregelmäßig aufgerauht und zerbeult. Sie bekommt Vorsprünge, Erker usw., die asymmetrisch angebracht werden. Man vermeidet glatte Dachfälle und unterbricht sie durch Gaupen.

Grobe Blockoberflächen, sogenannte Rustika, hatte es schon in der römischen Antike gegeben. Auch das Mittelalter verwendete sie, so bei den staufischen Kaiserpfalzen. In der italienischen Renaissance gibt es einzelne völlig rustizierte, einschichtige Fassaden. Meist aber entwarfen die Architekten zwei- oder dreischichtige Fassaden über einem einschichtigen Rustikasockel. Dieser soll uns den Eindruck eines festgegründeten, auf Felsen ruhenden Baues vermitteln. Sonck dreht das Verhältnis um: Bei ihm ist der Sockel glatt, die Mauer darüber rauh. Er entwarf einen glatt behauenen Portalrahmen mit symmetrisch angeordneten Blöcken. Bei den rohen Blöcken der Fassade aber hat er jede Symmetrie vermieden. An den glatten Blöcken des Portals, der Geschoßbänder und der Pfeiler zwischen den Fenstern des Hauptgeschosses tritt sozusagen der zivilisierte Inhalt des Hauses nach außen zutage. Die grobe Mauer mit ihren kleinen Öffnungen erinnert an ungezähmte Natur und wirkt abwehrend.

Ältere Rustika hatten, schon aus praktischen Gründen, einen sauberen Randschlag, an dem man ablesen konnte, wo die »eigentliche« Oberfläche des Blockes saß. Bei Sonck – und manchen seiner Kollegen – fehlt aber der Randschlag. Die Fugen zwischen den Blöcken sind dünne, scharfe Linien. Die Unebenheit des einen Blocks stößt also fast unvermittelt auf die Unebenheit des Nachbarn. So wird alles getan, um den Eindruck eines noch so einfachen Musters oder Rasters zu verhindern. Was hervorgehoben wird, ist statt dessen der elementare Stein-Eindruck. Dem Auge bietet sich keine Ordnung, statt dessen wird der Tastsinn angeregt.

Das Ornament, das sehr sparsam vorkommt, vor allem an den Pfeilern zwischen den Fenstern des Hauptgeschosses, ist absichtlich eigenwillig; es besteht aus Formen, die wir vorher nie gesehen haben, die uns befremden und in die wir uns erst hineinsehen müssen. Auch hier gilt: das Form-Erkennen wird erschwert und verzögert.

Das historische Vorbild für eine solche Granitfassade fand Sonck bei den alten Bauernkirchen Schwedens und Finnlands – deren auf Åland häufige Granitmauern waren ihm von Kindheit her vertraut. Auch hier gibt es keinen Randschlag, und die Oberfläche bleibt roh stehen. Indessen sind die Blöcke in den alten Kirchenmauern nicht rechtwinklig behauen, man hat ihre natürlichen Konturen beibehalten, was freilich zu breiten Mörtelfugen geführt hat. Die Erbauer der alten Kirchen wollten, so gut es ging, einigermaßen ebene Granitoberflächen erreichen. Sonck dagegen strebte extra nach unregelmäßigen Oberflächen. Er stellte, sozusagen, mehr Unordnung in seinen Fassaden an als je ein Architekt vor ihm.

Zusammenfassung

Zusammengefaßt heißt das: Abwesenheit einer größeren Ordnung, die man gedanklich erfassen könnte. Die Mauer ist uneben, durch Licht und Schatten gefleckt. Die exakte Lage der Maueroberfläche im Raum, unsere exakte Distanz von ihr, läßt sich nicht feststellen. Was uns das Auge vermittelt, sind Tasteindrücke. Wir tasten uns sozusagen längs des glatten Sockels zu dem glatten Portalrahmen hin und erfahren gleichsam auch nur durch den Tastsinn, wo sich die Fenster des Hauptsaals befinden. Insgesamt vermittelt uns die Fassade den Eindruck des Trutzig-Düsteren, also einer Stimmung; diese gründet sich auf elementare Empfindungen von Unebenheit und Flimmern, aus denen wir allmählich ein Bild des Ganzen aufbauen.

Was bedeutet das alles für unseren Eindruck von der Architektur? Das Fassaden-Relief der Renaissance gibt uns deutliche Figuren vor einem Grund, an denen wir die Statik der Mauer (sie lastet, und zugleich trägt sie sich selbst) erkennen können, sei es, daß wir sie körperlich nacherleben (die Architekturtheorie der Renaissance verglich den Bau mit den Muskeln und dem Skelett eines Organismus), sei es, daß wir diese Statik rational analysieren (die Höhe der Mauer im Vergleich zu ihrer Dicke). Die eigenwilligsten Architekten der Zeit um 1900 verwehren uns eine solche organische oder rationale Auffassung. Ihre Bauten überraschen durch ihre Asymmetrie, ihren Massencharakter, ihre rauhe Oberfläche. An der Fassade lassen sich Figur und Grund nicht mehr unterscheiden. Diese Architektur wendet sich, wie keine ältere Architektur, an unseren Tastsinn. Um der vollen Eigenschaft dieser Oberflächen inne zu werden, müßten wir sie berühren. Also eine Architektur, die absichtlich unklar, wie naturhaft gewachsen, antirational ist. In der älteren Architektur gab es nicht nur räumliche (oder körperliche) Klarheit, sondern auch eine gewisse zeitliche Ordnung, in der wir ihren Aufbau von unten nach oben, Geschoß um Geschoß überblickten. Derlei Anweisungen zum Nacheinandersehen entfallen nun, unser Blick gleitet hin und her und findet keine Ruhepunkte. Unsere Nerven sollen eher als unser Verstand beschäftigt werden.

Nicht mehr die Rationalität der Renaissance-Architektur, nicht mehr die heroischen Gefühle, vor allem des Triumphs, im Barock, nicht mehr die Bildungsinhalte der Neostile des 19. Jahrhunderts, wo der Klassizismus an das alte Griechenland, der Neubarock an den Glanz des Machtstaates oder der Machtkirche, die Neugotik an den religiösen Elan des Mittelalters erinnerte – statt dessen ein Appell an unser vitales Empfinden. Zeit als dunkles Fließen und pulsierende Unruhe, Raum als unbestimmte Ausdehnung in uns und um uns. Leben in den Anfängen seiner Organisation, das wir mit Pflanze und Tier und ihren primitiven Vorstadien gemeinsam haben und das die Wissenschaft gerade in den 1890er Jahren mit ihren Mikroskopen untersuchte und in populären Schriften und Vorträgen der Allgemeinheit zur Kenntnis brachte. Es ist kein Zufall, daß die Kurven einfacher Geometrie, die bislang in der Ornamentik geherrscht hatten, nun durch die mathematisch schwerer zu fassenden gleitenden Linien von Wasserpflanzen und von Meereslebewesen wie Quallen ersetzt werden. Die Biologie hatte einen neuen Begriff von Leben formuliert, mit großen Folgen für die Weltanschauung.

Fassen wir zusammen, was den hier besprochenen Kunstwerken gemeinsam ist. Sie machen halbbewußte seelische Zustände sichtbar. Wo uns ältere Kunst klare Objekte in einem meßbaren Raum vor Augen gestellt hatte, stoßen wir jetzt auf eine neuartige Unschärfe der Auffassung, die sich bei dämmrigem Licht zurechtfinden muß, keinen festen Ausgangs- und Zielpunkt hat und unbestimmte Zeit braucht, um zu einer zuverlässigen Wahrnehmung zu kommen.

Dabei handelt es sich immer noch um eine Welt aus Zeit und Raum, aber sie entzieht sich dem rationalen Maß. Zeit und Raum erscheinen in diesen Kunstwerken so, daß wir nicht mehr genau so über sie verfügen können wie im praktischen Leben. Die Ähnlichkeit mit dem praktischen Denken und Handeln – auf Grund klarer

Wahrnehmung – war ja das Charakteristikum der Kunst der Renaissance und der auf sie folgenden Jahrhunderte gewesen. Es gibt in dieser Zeit nur vereinzelte Kunstwerke, in denen Zeit und Raum ebenfalls irrational geworden sind, Kunstwerke der Mystik und der Ekstase – das stärkste Beispiel ist die Auferstehungstafel des Isenheimer Altars. Aber in diesen wenigen Fällen handelt es sich um eine Steigerung zur Höhe hin, um ein Überschreiten der Ordnung nach oben. In manchen Kunstwerken der Zeit um 1900 untergraben die Künstler dagegen die klare Ordnung und suchen in die Tiefen der Seele hinabzusteigen.

Ein solcher Befund weckt natürlich den Zweifel des Lesers; er hat auch den des Verfassers geweckt. Läßt er sich durch den Nachweis ähnlicher Erscheinungen in der gleichen Zeit sichern?

Neue Psychologie

Wenn die im ersten Kapitel vorgetragenen Beobachtungen stimmen und tatsächliche historische Erscheinungen betreffen, wird der Historiker fragen: Wie historisch wichtig, wie aussagekräftig für ihre Zeit und wie interessant für uns Heutige sind diese Beobachtungen? Vielleicht handelt es sich bloß um Zufälle oder Nebensachen? Alles, was geschehen ist – soweit es zu unserer Kenntnis kommt –, ist historische Tatsache. Unter der Unzahl solcher Tatsachen müssen wir wählen. Kuriose Einzelfälle? Immer wiederkehrender Alltag, wie Geburt und Tod? Es geht darum, nicht nur die Eigenart, sondern die historische und menschliche Bedeutung unserer Beobachtungen zu belegen. Nun ist es leicht zu zeigen, daß die hier besprochenen Texte und Bilder tatsächlich in einen historischen Zusammenhang gehören, für den sie charakteristisch sind, einen Zusammenhang, der Kunst und Dichtung und Weltanschauung und die ihnen zugrunde liegenden gesellschaftlichen Verhältnisse betrifft.

Zur Ausbreitung des Darwinismus

Die 1860er und 1870er Jahre brachten die Ausbreitung des Darwinismus. 1858 war Darwins Buch *On the origin of species* erschienen und hatte sofort Aufmerksamkeit erweckt. In fast alle Kultursprachen wurde es übersetzt. Mit ihm taten sich neue Horizonte und Probleme auf. Die öffentliche Diskussion, und auch die Schöne Literatur zogen ihre Schlüsse aus Darwins Erkenntnissen. Auf alte Fragen der Religion und der Weltanschauung fiel neues Licht. Auch die Debatte über Staat und Gesellschaft holte Argumente aus dem Darwinismus. So hat auch Engels in der Schrift *Herrn Eugen Dührings Umwälzung der Wissenschaft* unter anderem auf Darwin Bezug genommen. Schon vorher hatte sich die Diskussion immer wieder gegen soziale Mißverhältnisse gerichtet. Ursprünglich war die Gesellschaftskritik in der Literatur optimistisch ausgerichtet, in dem Glauben, man könnte, wenn man die gesellschaftlichen Übel nur ordentlich analysierte und darstellte, sie auch leicht abstellen. In der deutschen bürgerlichen Literatur aber hinterließ die mißlungene Revolution von 1848 ihre Spuren im Pessimismus etwa eines Wilhelm Raabe oder Friedrich Hebbel. Für den Norden war 1848 kein Unglücksjahr; Dänemark war zwar in einen Krieg um seine Oberhoheit über Schleswig-Holstein geraten, war aber ohne Landverlust davongekommen.

Dagegen führte das Jahr 1864 zu einer politischen Katastrophe für Dänemark sowie zu einer moralischen Niederlage für Schweden und Norwegen. Diese waren klugerweise nicht an Dänemarks Seite in den Krieg eingetreten, schämten sich aber ihrer Klugheit und trugen zusammen mit Dänemark lange an der Trauer über den Verlust Schleswig-Holsteins. Der Verbreitung liberaler Ideen tat das jedoch in Schweden und Norwegen keinen Abbruch. Anders in Dänemark, wo die Liberalen, die den Krieg verursacht hatten, auf Jahrzehnte aus der Regierung ausgeschlossen waren. Bismarck, der den bürgerlichen Liberalismus in Deutschland bekämpfte, behauptete, die dänische bürgerliche Linke sei eine Gefahr für den Frieden – das kleine Dänemark mußte sich fügen und durfte sie nicht zur Regierung zulassen. Der leitende Staatsmann war in langen Jahren ein streng konservativer Edelmann vom Lande, Jacob Brønnum Scavenius Estrup (1865/75 Innenminister, 1875/94 Premierminister), der die Sicherheit Dänemarks außenpolitisch wiederherstellte, die Finanzen in Ordnung brachte und die Wirtschaft durch den Bau von Eisenbahnen und den Ausbau des Hafens von Esbjerg förderte.

Daß die Niederlage das dänische Geistesleben beeinflußte, ist leicht zu verstehen. Ihre Spuren sind deutlich am Werk des Dichters Jens Peder Jacobsen zu erkennen. Er war naturwissenschaftlich gebildet und hatte Darwin ins Dänische übersetzt. Seiner geschwächten Gesundheit war er sich bewußt – er litt und starb an Tuberkulose. Der Held seines Romans *Niels Lyhne* (1880) hat als Freiwilliger am Krieg teilgenommen und eine Verwundung davongetragen, an der er stirbt.

Daß die bürgerlich-liberale und gesellschaftskritische Literatur ihren Optimismus verlor, hing zum Teil mit der Tätigkeit und Niederlage der Pariser Kommune sowie der daraus folgenden Entmutigung zusammen. Entsprechend der eingetretenen Krisensituation war die Furcht vor sozialistischen Ideen und die Neigung zur politischen und weltanschaulichen Reaktion groß. Dazu kam die lange wirtschaftliche Depression, die bald nach 1870 eintrat und bis gegen 1890 währte.

In den 1870er Jahren und 1880er Jahren blühte der Realismus in Dichtung und bildender Kunst, auch wenn die pessimistische Stimmung in ihm zunahm. Aber gegen 1890 gab es einen Umbruch, der in Frankreich und den nordischen Ländern sehr deutlich zu sehen ist. Er ist auch in Deutschland zu spüren, hier aber erst bei wenigen; zunächst dominierte hier noch der Realismus in seiner Spätphase, dem Naturalismus.

Realismus und Symbolismus

Gegen 1890 wurden Realismus und Naturalismus vom sogenannten Symbolismus (oder Synthetismus) abgelöst. Schriftsteller und Maler gingen vom Studium der äußeren Welt zu dem der inneren Vorgänge über. Es ist viel über diese Veränderung geschrieben worden; schon die Zeitgenossen haben sie eifrig diskutiert. Die einen meinten, das Neue sei über Nacht gekommen; andere hielten dafür, daß es schon längst vorbereitet gewesen sei. So bildeten sich zwei Parteien, die den Umbruch ganz verschieden bewerteten. Als einen der deutschen Wortführer der Partei, die den Umbruch propagierten, werden wir weiter unten Hermann Bahr vorstellen.

Für die Fürsprecher des Umbruchs war der Realismus langweilig, und sie betrachteten es als ein Glück, daß die Phantasie nun wieder zu ihrem Recht käme. Die Anhänger des Realismus klagten die neue Kunst mit gewisser Berechtigung an, sie sei individualistisch, dekadent, egoistisch und ohne soziales Gewissen; sie fliehe aus dem Kampf für soziale Reformen und spiegele bloß ihre eigene Innerlichkeit. Die Gründe für diese Flucht, die in der zunehmenden Widersprüchlichkeit der gesellschaftlichen Verhältnisse lagen, wurden dabei oft nicht erkannt.

Hier sollen aus der Diskussion um 1890 nur wenige Stimmen zitiert werden. Zunächst Knut Hamsun, der das Programm seines eigenen Schaffens beschrieb: Die norwegische Kulturzeitschrift *Samtiden, populaert tidsskrift for litteratur og samfundsspörgsmaal*, die in Bergen erschien, enthält in ihrem ersten Jahrgang 1890 einen Aufsatz von ihm: *Fra det ubevidste Sjoeleliv* (Aus dem unbewußten Seelenleben).

Hamsun beginnt mit einem Bericht über Selbsterlebtes, nämlich sozusagen automatische nächtliche Niederschriften von kurzen, offenbar sinnlosen Prosastücken. Wie soll er sich das erklären? Sind es Erinnerungsbruchstücke, die im Traum zusammenflossen? Hamsun kommt zu folgendem Schluß: »Es gibt ein altes Wort, das sagt: Es ist viel in der Natur verborgen. Für die nervösen, untersuchenden und lauschenden Menschen unserer Zeit bleiben immer weniger Geheimnisse der Natur verborgen, das eine nach dem anderen gelangt zur Beobachtung oder zum Erkanntwerden. Bei immer mehr Menschen, die ein intensives Gedankenleben führen und dabei empfindlichen Gemütes sind, entstehen oft seelische Regungen der sonderbarsten Art. Es können ganz unerklärliche Sinneszustände sein: ein stummes ursachloses Entzücken; ein Hauch körperlichen Schmerzes; eine Empfindung, daß man von fern, aus der Luft, aus dem Meer, angesprochen sei; eine furchtbar genaue Feinhörigkeit, die einen sogar unter dem Geräusch bloß geahnter Atome leiden läßt; ein plötzliches unnatürliches Starren in verschlossene Reiche hinein, die sich öffnen; die Ahnung einer bevorstehenden Gefahr mitten in einem sorglosen Augenblick – alles zusammen Erscheinungen, die die größte Bedeutung haben, die das rohe und einfache Krämergehirn nicht fassen kann. Sie sind oft zu flüchtig, als daß man sie greifen und festhalten könnte, sie dauern eine Sekunde, eine Minute, gehen dahin wie fahrende Blitzlichter, aber sie haben einen Stempel eingedrückt, eine Spur hinterlassen, bevor sie verschwanden. Und aus diesen fast unmerklichen Mimosenbewegungen der Seele können bei Individuen mit der dazu notwendigen Empfindlichkeit Gedanken entstehen, die schließlich am Tag zu Beschlüssen und Taten ausschlagen, wie die Mimose Blätter treibt ...

Wie wäre es, wenn die Literatur jetzt allgemeiner begönne, sich etwas mehr mit seelischen Zuständen zu beschäftigen als mit Verlobungen und Bällen und Fahrten aufs Land und Unglücksfällen als solchen? Man müßte dann freilich Abstand davon nehmen, ›Typen‹ zu beschreiben – die alle schon vorher beschrieben sind – ›Charaktere‹ – die man jeden Tag auf dem Fischmarkt trifft. Dabei würde man zwar einen Teil des Publikums verlieren, das nur liest, um zu sehen, ob der Held und die Heldin einander bekommen. Aber es gäbe statt dessen mehr individuelle Ereignisse in den Büchern, und sie würden vielleicht besser dem Seelenleben entsprechen, das reife Menschen der Gegenwart führen. Wir würden etwas von den heimlichen Bewegungen erfahren, die unbeachtet in abseitigen Winkeln der Seele vor sich gehen, das Unberechenbare, Ungeordnete der Empfindungen, das zarte Phantasieleben käme unter die Lupe, diese Wanderungen des Gedankens und des Gefühls im Blauen, schrittlose, spurlose Reisen des Gehirns und des Herzens, seltsame Nerventätigkeiten, das Wispern des Blutes, das Gebet der Knochen, das ganze unbewußte Seelenleben. Und da gäbe es weniger Bücher mit der billigen äußerlichen Psychologie, die nie einen Zustand aufdröselte, nie in seelische Befragung hinuntertauchte«. Die Kunst soll »die namenlose Ahnung einer Blutverwandtschaft mit der Allschöpfung« deutlich machen.

Es fällt auf, daß Hamsun hier nicht die große realistische und gesellschaftskritische Dichtung der 1880er Jahre angreift – kein Wort über seine Landsleute Ibsen und Garborg, deren Werke er doch kannte; statt dessen wendet er sich gegen die Trivialliteratur. Immerhin hat Hamsun wenig später der Hauptperson seines Romans *Mysterier*, 1892, dem Doktor Johan Nilsen Nagel, eine heftige Kritik gegen Ibsen in den Mund gelegt.

Noch einmal zum »Pan« von Knut Hamsun

Was Hamsun selber betrifft, hat er das Programm von 1890 in den erwähnten bewundernswerten Frühwerken *Sult*, 1891 (Hunger) und *Pan*, 1894 verwirklicht. Im *Pan* heißt es in genauer Übereinstimmung mit dem Programm von 1890: »Diese Stille, die an mein Ohr murmelt, ist das Blut der Allnatur, das siedet, ist Gott, der die Welt und mich durchwebt.«

Verglichen mit dem zitierten Text aus Victor Rydbergs *Waffenschmied* bekommen wir in den Proben aus Hamsuns *Pan* – wir beziehen uns noch einmal auf das in der Einleitung Gesagte – wenig zu sehen, vor allem keine distinkten Objekte. Im Anfang, als Thomas Glahn jenen weiten Ausblick von der Hütte oberhalb eines Fjords notiert, sieht er ein »Gewirr« von Inseln, keine geographische Ordnung, wie man sie in Wirklichkeit an den Inseln ablesen kann, die als höchste Punkte ertrunkener Bergkämme eine ganz bestimmte Streichrichtung anzeigen, die man auch in den Bergzinnen drinnen im Land wiedererkennen könnte. Statt solcher Objekt-Beobachtungen ist der Schreiber ganz erfüllt von körpernahen Eindrücken, zunächst des Geruchs, dann des eigenen Körpergefühls beim Bewegen und Ruhen. Der ferne Horizont wird ihm zum Grund der Welt, und diesem fühlt er sich körperlich ganz nahe. So kommt es, wie erwähnt, zur Aufhebung aller Distanzen – und damit zur Aufhebung der Zeit. Immerhin berichtet Glahn von diesem Zustand als von etwas Vergangenem. Aber im sechsten Absatz des Berichtes ändert er das Tempus, und er berichtet im Präsens, obwohl es sich eindeutig um Vergangenheit handelt. Im Absatz 5 hatte er vom Besuch Edvardas und des Arztes in seiner Hütte erzählt, bei dem Edvarda ihm einen starken Eindruck gemacht hatte. Er hofft nun, daß sie wiederkommen wird. Er beschreibt seine Unruhe im Präsens. Wieder überkommt ihn beim Warten ein Gefühl des Einsseins mit der Welt, so sehr, daß es ihm die Tränen in die Augen treibt.

Dabei ist keine Rede davon, daß Glahn versuchte, sich bzw. uns das Aussehen Edvardas zu beschreiben; er notiert jetzt und auch später in immer wieder neuen Wendungen, wie er auf ihr Benehmen reagiert, wenn sie sich einmal ihm zuwendet, ein anderes Mal sich vor ihm verschließt und sich abkehrt. Das ist konsequent durchgeführt. Wir erleben Edvarda nur durch die Reaktionen Glahns, dem ihr Verhalten unmotiviert erscheint. Sie folgt offenbar bloßen Einfällen oder Empfindungen – genau wie Glahn selbst. Er ist völlig von seiner Beziehung zu Edvarda erfüllt, was ihn nicht hindert, nebenbei sexuellen Kontakt mit zwei anderen Mädchen oder Frauen aufzunehmen – aber das geschieht bloß nebenbei. Glahn ist ein Triebmensch, er befriedigt seinen Trieb, aber was ihn völlig in Anspruch nimmt, ist der unbefriedigte Trieb, Edvarda zu gewinnen. An diesem ungestillten Trieb wird er zugrundegehen. Und da Glahn keine objektiven Distanzen um sich sieht – der Trieb kennt solche Distanzen nicht –, denkt er keinen Augenblick daran, daß er für sein Dasein und Tun verantwortlich sein könnte. Hamsun stellt einen Triebmenschen so vor uns hin, läßt uns so mit ihm leben und fühlen, daß wir vergessen, ihn auf Moral und Verantwortung zu befragen. Der Dichter Hamsun urteilt nicht über seine Figuren. Möglich, daß wir ein Urteil darin entdecken können, daß es ein gewaltsames Ende mit Glahn nimmt.

Über den *Pan* schrieb Hamsun an seinen deutschen Verleger Albert Langen am 22. Juli 1894: »Ich denke an das Nordland in Norwegen, die Gegenden der Lappen, die Geheimnisse, den großen Aberglauben, die Mitternachtssonne, denke an J. J. Rousseau in diesen Gegenden, die Bekanntschaft eines Nordlandmädchens machend – das ist mein Buch. Ich versuche, etwas von der Naturanbetung, Sensibilität, Übernervosität einer Rousseauischen Seele darzulegen« (zitiert bei Olaf Øyslebø, *Hamsun gjennom stilen, en studie i kunstnerisk utvikling*, Oslo 1964).

Es ist bekannt, daß Hamsun Darwin gelesen hat, nicht nur das Buch über den Ursprung der Arten, sondern auch *The expressions of emotions in man und animal*, 1872. – Er teilte das starke Interesse seiner Zeit für ein synthetisches Weltbild, das die Einzelergebnisse der Einzelwissenschaften in sich sammelte (weiteres darüber bei Øyslebø).

Eduard von Hartmann

Und es heißt, daß Hamsun in den 1880er Jahren Eduard von Hartmanns *Philosophie des Unbewußten*, Berlin 1868 (schon 1874 in 6. Auflage!) gelesen habe. Das Unbewußte bei Hartmann ist der Lebenstrieb, der sich als Wachstumstrieb und Zeugungstrieb in der Natur, ebenso auch beim Menschen, bei ihm aber auch als Machttrieb, Wissenstrieb, Schaffenstrieb usw. äußert und der doch nur überall Leiden bringt. Das Unbewußte soll durch immer klarere Bewußtheit heute und in kommenden Generationen zur Ruhe und zum Erlöschen gebracht werden. Es ist klar, daß Hartmann Schopenhauersche Gedanken weitertreibt, indem er die »Entwicklung« (Darwin!) hineinmengt.

Hamsun könnte sich für die Beschreibung des Unbewußten Unterstützung bei Hartmann geholt haben. Notwendig wäre diese freilich nicht gewesen. Bei Hamsun gibt es keinen Kampf des Bewußtseins gegen das Unbewußte. Daß und wie ein Mensch seinen Trieben völlig unterworfen ist, das konnte Hamsun doch aus vielerlei Quellen lernen. Als er seinen programmatischen Aufsatz in *Samtiden* 1890 veröffentlichte und als er *Hunger* und *Pan* schrieb, war er dreißig Jahre alt und älter, war in der Welt herumgekommen und besaß eine reiche eigene Lebenserfahrung. In Amerika war er eine Zeitlang Sekretär eines unitarischen Pfarrers gewesen. Dabei hat er manche Not und die Wirkungen der »Sünde« gesehen; die christliche Antwort auf die Probleme des Menschseins hat er freilich nicht angenommen. Er hatte Stoff genug für seine Erzählungen, auch ohne die *Philosophie des Unbewußten*.

Es ist eher zu verstehen, daß Hamsun in den späteren 80er Jahren Erzählungen von Dostojewski gelesen hat. Die ersten deutschen Übersetzungen kamen ab 1885 heraus; freilich war noch keiner der großen Romane dabei. Übersetzungen in nordische Sprachen gab es noch lange nicht. Was wir aus den beiden Texten Hamsuns und Rydbergs entnehmen und auf die Landschaftsmalerei beziehen können, ist das objektive Sehen bei Rydberg einerseits (das etwa dem Sehen Waldmüllers und noch Hans Thomas entspricht), die Distanzlosigkeit des Empfindens bei Hamsun andererseits (die dem Impressionismus und einem Teil der Freilichtmalerei entspricht). Bei Rydberg eine genau beobachtete Welt der Dinge, die benannt werden können – tatsächlich unterrichtet der Harfner sein Söhnlein über die Dinge, die sie um sich sehen. Bei Hamsun gibt es bloß ungenau erfaßte Bruchstücke der Dingwelt »Wald«, statt dessen aber eine in der Dichtung vorher unbekannte Fülle von Aufzeichnungen über Empfindungen, also von Vorgängen drinnen im Nervensystem eines Menschen, die nur zum Teil von Einzelheiten der Dingwelt ausgelöst werden.

Eben diese Unschärfe der Beobachtung, die Verwischung des Raums und der Distanzen, das Unkörperlichwerden der Gegenstände im Raum – und statt dessen eine gesteigerte Aufmerksamkeit für die Eindrücke von Farben und von warmem und kaltem Licht – all das begegnet uns zuerst in der französischen Malerei der 1870er Jahre (vorbereitet bei Daubigny in seinen Wasserbildern aus den 1860er Jahren) und dann, stark verwandelt, in der nordischen Malerei der 1890er Jahre.

Hermann Bahr

Ein anderer brauchbarer Zeuge der Zeit um 1890 und 1900 ist der österreichische Schriftsteller Hermann Bahr. Er hatte ab 1887 ein paar Theaterstücke geschrieben und sich als Kritiker in Zeitungen (Berliner Tageblatt, Deutsche Zeitung [Wien]) und Zeitschriften (Freie Bühne [Berlin], zu deren Redaktion er gehörte, Magazin für Literatur, Kunstwart) hervorgetan. Er sammelte mehrere seiner kritischen Aufsätze in einem Buch, *Zur Kritik der Moderne*, Zürich 1890. Schon im nächsten Jahr kam die zweite Sammlung, *Die Überwindung des Naturalismus*, Dresden und Leipzig 1891. Er hatte auch den Erfolg, daß der Druck einer seiner Stücke, *Fin de siècle*, Berlin 1890, polizeilich beschlagnahmt wurde.

Wie die meisten wachen Geister der Zeit in den deutschen Staaten, in England und im Norden sah er sehr deutlich, daß die entscheidenden Ereignisse in Kunst und Literatur, was man »die Moderne« nannte, damals in Paris stattfanden. Indessen bekannte er sich nicht nur zum Sozialismus, sondern direkt zum Marxismus. Das sagte er offen in dem einleitenden Essay des Buches *Zur Kritik der Moderne*, »Die Herkunft der Weltanschauungen«. Jede Weltanschauung muß sich auf die Erfassung der Wirklichkeit gründen, Wirklichkeit aber und die Wahrheit über sie ist das, was dem jeweiligen ökonomischen Prozeß entspricht. Demzufolge müsse man allen Nachdruck in der Erziehung und Bildung auf die Erweckung und Förderung der Sinnlichkeit richten, denn diese vermittelt uns die Wirklichkeit. Höchstes Gebot für jeden Einzelnen ist darum, bis in die Fingerspitzen hinab nervös zu sein. Bahr hat damit sicher nicht gemeint, daß man die Wirklichkeit nicht rational untersuchen sollte; als Künstler aber fand er, daß unser erster Kontakt mit der Wirklichkeit durch Sinneserfahrungen geschieht.

In einem zweiten Aufsatz, »Zur Geschichte der modernen Malerei«, gibt Bahr einen schnellen Überblick über die gesellschaftliche und wirtschaftliche Entwicklung Europas seit dem Mittelalter. Den Wandlungen der ökonomischen Verhältnisse entsprechend, wandelt sich das Bewußtsein, und mit diesem wandelt sich die Idee des Schönen – und deren Wandlungen wiederum manifestieren sich in der Kunst. Im dritten Aufsatz, *Die Weltanschauung des Individualismus*, bezieht sich Bahr wieder auf Karl Marx. Der Individualismus war ein Teil der bürgerlichen Revolution gegen den Feudalismus. Aber heute ist die Bourgeoisie selber veraltet und weiß nichts mehr mit dem revolutionären Individualismus anzufangen. Für das Proletariat aber sei der Individualismus unbrauchbar. Bahr prophezeit ihm den Sturz in den Abgrund. (Ob er später daran festgehalten hat?) Die Begriffe der »neuen« Psychologie, die um 1890 im Gespräch über Kunst und Dichtung in Umlauf waren – Stimmung, Gefühl, Empfindung etc. – finden sich auch in den Schriften von Hermann Bahr. So in dem Aufsatz *Die neue Psychologie*, enthalten in dem Buche *Die Überwindung des Naturalismus*, 1891.

Wieder richtet sich Bahr gegen den Naturalismus der Art Zolas: Man gehe auf Stendhal, Constant, Saint-Beuve zurück. Aber man greife neue Stoffe auf und verwende eine neue Methode, nämlich eine deterministische: »Wir werden jedesmal jedes einzelne Gefühl in den Zusammenhang aller und diesen Zusammenhang selbst in den Zusammenhang seiner Herkünfte und Bedingungen stellen, durch welchen er bedingt wird. . . . (Aber) nicht bloß im Zusammenhang auseinander, wir müssen sie auch in der Bewegung ineinander, durcheinander, gegeneinander erfassen, in dem ewigen Werden und Vergehen des einen aus dem anderen und ins andere, in ihrer rastlosen Wiedergeburt aus ihrem unaufhaltsamen Selbstmord, wie jede durch den Zwang der eigenen Natur sich ins Verkehrte umsetzt und in dem nimmer vermeidlichen Doppelleben am Ende vergehen muß . . .«

»Und endlich – das entscheidet – dekompositiv: die Zusätze, Nachschriften und alle Umarbeitungen des Bewußtseins (werden) ausgeschieden und *die Gefühle auf ihre ursprüngliche Erscheinung vor dem Bewußtsein zurückgeführt*. Die alte Psychologie findet immer nur den letzten Effekt der Gefühle . . . Die neue wird ihre ersten Elemente suchen, die Anfänge in den Finsternissen der Seele, bevor sie noch an dem klaren Tag herausschlagen, diesen ganzen langwierigen, umständlichen, wirr verschlungenen Prozeß der Gefühle, der ihre komplizierten Tatsachen am Ende in simplen Schlüssen über die Schwelle des Bewußtseins wirft.«

Als Beispiel wählt Bahr den impressionistischen Maler, der die »Verwirrung des ersten Blickes erhascht . . . Die alte Psychologie hat die Resultate der Gefühle, wie sie sich am Ende im Bewußtsein ausdrücken, aus dem Gedächtnis gezeichnet, die neue zeichnet die Vorbereitungen der Gefühle, bevor sie sich noch ins Bewußtsein hinein entschieden haben. . . . Die Psychologie wird aus dem Verstande in die Nerven verlegt.«

Wichtig für unsere Überlegungen sind ein paar Aufsätze in der zweiten Essay-Sammlung Hermann Bahrs, *Die Überwindung des Naturalismus*, 1891. Hier schreibt er über die französische Literatur der 1880er Jahre unter dem Titel »Die Krisis des Naturalismus«. Émile Zola ist der Hauptrepräsentant des Naturalismus. Bahr stellt ihm Paul Bourget entgegen. Tatsächlich findet man bei Bourget Äußerungen, die von einer neuen Psychologie zeugen. Er schrieb in dem Roman *André Cornélis* (1887), den er Hippolyte Taine, dem Theoretiker des darwinistisch orientierten Realismus, widmete, es sei ein analytisches Werk und er habe sich von den aktuellen Ergebnissen der »Seelenwissenschaft« leiten lassen – folgendes über unsere Stimmungen: »Die Stimmungen ähneln jenen Stränden mit flachen Wassern davor, die uns zweifeln lassen, wo das Meer aufhört und unbestimmtes Land beginnt, Sand vom Wasser durchtränkt, eine unsichere und wechselnde Küstenlinie, die unablässig sich formt und entformt. Es gibt hier keine Grenzen und Umrisse. Trotzdem trägt man diese Gegenden auf der Karte ein, und wir beschreiben unsere Stimmungen ebenso, im Nachhinein, auf Grund der Reflexion und mit Hilfe von Analysen. Aber die Wirklichkeit fließt und bewegt sich. Sie entzieht sich jedem Zugriff.«

Bourget blieb also bei einem rationalen Programm (»Reflexion«, »Analyse«). Auffälligerweise spricht Bourget in der Widmung von Seelenwissenschaft (science de l'esprit) und nicht direkt von Psychologie; er nennt auch keine Forscher. Dagegen geht aus seinen *Essays de psychologie contemporaine*, 1885, hervor, daß er unter der zeitgenössischen Seelenkunde die Psychologie der großen französischen Erzähler von Stendhal und Balzac bis zu Zola verstand. Eben deswegen kritisierte ihn Bahr 1891: »Das moderne Bedürfnis verlangt Psychologie, gegen die Einseitigkeit des bisherigen Naturalismus; aber es verlangt eine Psychologie, welche der langen Gewohnheit des Naturalismus Rechnung trägt . . . Indessen versucht Bourget, die neue Wissenschaft, der eben eine neue Kunstform gerecht zu werden hätte, in alte Kunst zu füllen . . . Es gilt, aus dem Bourgetismus und aus dem Naturalismus heraus eine neue Formel der neuen Psychologie (zu finden), in welcher beide aufgehoben sind.« In diese neue Phase sei die französische Literatur eben eingetreten, und zwar mit Werken von Joris-Karl Huysmans, Edouard Rod und den Brüdern Rosny. Voll befriedigt ist aber Bahr nicht durch diese neuen Schriftsteller. Er entwirft theoretisch ein Programm, ohne es selber verwirklichen zu können. Auch Bahr gibt dabei keinen Hinweis auf psychologische wissenschaftliche Literatur.

»Die Psychologie wird aus dem Verstande in die Nerven verlegt«, so hatte Hermann Bahr geschrieben (im Buch 1891 veröffentlicht, aber doch wohl schon vorher in einer Zeitschrift gedruckt). Es ist kaum anzunehmen, daß Hamsun Bahrs Aufsatz gekannt hat, als er seinen Essay *Aus dem unbewußten Seelenleben* in *Samtiden* 1890 veröffentlichte. Hamsun äußert sich sehr viel weniger theoretisch als Bahr. Aber im Gegensatz zu Bahr hat er sein Programm künstlerisch verwirklicht, in jenen Erzählungen *Hunger* und *Pan* wie auch in den folgenden Büchern.

Die Dichtung und Malerei der 1890er Jahre wurde mit heftigen Angriffen gegen die künstlerischen Schöpfungen der vorhergehenden Jahrzehnte, also gegen den Realis-

Kritik an realistischer Dichtung und Malerei

mus eingeläutet. So heißt es bei dem dänischen Dichter Johannes Jørgensen in einem programmatischen Aufsatz in der Zeitschrift *Taarnet* (Der Turm) im Dezember 1893: »Es gab kein Jenseits mehr; es gab keine andere Welt hinter den Formen von Raum und Zeit; die Erde und das Erdenleben waren alles. Das Glück hatte früher seine ewige Wohnung in der Herrlichkeit eines jenseitigen Lebens gehabt; jetzt sollte es auf die Erde herabgezogen werden und seine Zelte unter den Menschenkindern aufschlagen. So begann der verzweifelte Pilgerzug des modernen Europa nach dem gelobten Land der vollkommenen Gesellschaft. . . . Das moderne Streben bringt in Wirklichkeit keine Erneuerung der Dinge hervor. Es schafft höchstens eine Umlagerung des vorhandenen und veränderlichen Betrags von Gut und Böse. Und das macht man so, daß man statt der großen Tugenden und Laster des Mittelalters und der Renaissance eine allgemeine moralische Mittelmäßigkeit zustandebringt. Deshalb brütet ein tristes Grauwetter über der modernen Kultur. Es gibt keine Begeisterung mehr und keinen Haß, keine Andacht und keinen Glauben, keine Liebe und Aufopferung. Es gibt nur noch schlecht belohnte Plackerei und teuer bezahlte Vergnügungen. Nach oben hin ist die Aussicht für den modernen Menschen versperrt. Der Mensch ist von nun an in einer völlig materiellen und zeitlichen Welt eingeschlossen – und wenn der Tod kommt, ist alles vorbei.

Der Künstler dagegen erfaßt, instinktmäßig und intuitiv, das wahre Wesen des Daseins. Er fühlt den Zusammenhang seiner Seele mit der Seele der Natur und ahnt hinter der scheinbaren Gleichgültigkeit der Dinge eine geheime Welt, in der sein Geist ein ewiges Geburtsrecht hat. Der wahre Künstler ist daher notwendig Symbolist. Seine Seele erkennt hinter den zeitlichen Dingen die Ewigkeit wieder, aus der sie entsprungen ist. Die Wirklichkeit wird für ihn nur Symbol einer höheren Welt. ›In gewissen übernatürlichen Seelenzuständen‹ (hat Baudelaire gesagt) offenbart sich die Tiefe des Lebens in dem zufälligen Anblick, den man vor Augen hat – er möge so werktäglich sein wie er will. Die Wirklichkeit verwandelt sich zum Symbol. Diese Seelenzustände sind die künstlerischen Augenblicke, wie sie jede echte Begabung kennt. . . . Das sind die Stunden, wo der ständige Betrug unserer Sinne und unserer Vernunft nahe am Zerspringen ist, und wo nur ein dünner Schleier der Illusion, der Maya, uns davon trennt, die ewige Weltseele zu erkennen, Gott zu sehen. Die Visionen solcher ekstatischer Augenblicke versucht die Kunst wiederzugeben. Sie ist also eine Bildsprache, die in irdischen Hieroglyphen das Ewige aussagen will . . .«

Wen oder was trifft diese Kritik des Realismus? Etwa Dickens, oder Zola – man denke an die Bergwanderungen der Schuljungen-Freunde in *L'Œuvre*? Oder Tolstoi, Jens Peter Jacobsen oder Fontane? Oder Juhani Aho – man erinnere sich an die Schilderung des alten Kätnerpaares Matti und Liisa in der meisterlichen Erzählung des 21jährigen Erneuerers der finnischen Schriftsprache, *Rautatie* (Die Eisenbahn) von 1882 . . . Vielleicht kann man sagen, daß sich gegen 1890 keine neuen und jungen Talente an diesen großartigen Realismus anschlossen und daß er in die Hände von Nachsagern geraten war.

Auch von der Malerei gilt, daß der Realismus vollgültige Kunstwerke geschaffen hatte; halten wir uns bloß an die nordischen Künstler, so sind zu nennen: Ancher, Edelfelt, Krøyer, Werenskiold, Zorn . . . Und was ist in Sachen der deutschen Malerei gegen Leibl und den jungen Liebermann einzuwenden? Jørgensen wird uns nicht davon überzeugen, daß der Ewigkeitsglaube oder andere metaphysische Überzeugungen die Voraussetzung guter Kunst wären. Daß Rembrandt sich ständig mit religiösen Fragen getragen hat, sieht man aus den Themen seiner Malerei, nicht aus seiner

Behandlung der Farben und des Lichtes. Frans Hals hat nie religiöse Themen gemalt; er war ein großartiger Maler, aber man kann seinen Bildern nicht ansehen, was er in religiöser Hinsicht glaubte oder nicht glaubte. Richtig sagt Jørgensen, daß die Kunst es mit besonderen Augenblicken intensiver Erfahrung zu tun habe. Aber das gilt eben auch von den ganz unmetaphysischen Szenen bei Zola und Tolstoi, bei Werenskiold und Zorn.

Die Kritik der 90er Jahre am Realismus der 70er und 80er Jahre war ungerecht. Sie traf die Meisterwerke gar nicht und hielt sich beim Trivialrealismus auf. Daß sie das Neue, das kommen sollte, selber nicht richtig benennen konnte, ist ihr natürlich nicht vorzuwerfen.

Der schwedische Kunstkritiker und Museumsleiter Ulf Linde schrieb einen Aufsatz *Dionysos im Spiegel* über Cézanne und Nietzsche (Dagens Nyheter, 16. Jan. 1983): »Die Realisten der 1880er Jahre wollten wahre Behauptungen über die Wirklichkeit aufstellen, sie setzten, wie der schwedische Maler Richard Bergh sagt, ›ihre Ehre darein, soviel wie möglich wissenschaftlich gültige Methoden anzuwenden, und soweit sie konnten, vorurteilslose, allein nach Wahrheit strebende Naturforscher zu sein.‹ Die großen Geister von Ende des 19. Jahrhunderts hatten keine solchen Bestrebungen. Sie waren im Grunde unwissenschaftlich, indem sie eine Zone aufsuchten, wo das sinnlich Gegebene noch nicht in ein beobachtendes Subjekt und ein beobachtetes Objekt gespalten war – diese Spaltung ist ja die Voraussetzung aller Wissenschaftlichkeit.«

Linde beruft sich dabei auf Nietzsche, der in *Menschliches, Allzumenschliches*, 1878, den Gedanken abweist, daß es, unabhängig von Zeit und Raum, einander gleiche Dinge gebe, deren Ähnlichkeit oder Gleichheit wir feststellen könnten. »Wir haben unsere Begriffe über die Dinge gestülpt. Aber nur dieses Ding gerade jetzt und hier ist ›Wahrheit‹ oder ›Wirklichkeit‹, und es ist einzigartig. Innen und Außen, Subjekt und Objekt lassen sich nicht deutlich trennen, in jedem Erlebnis wirken unsere Empfindungen mit: ›Alle stärkeren Stimmungen bringen ein Miterklingen verwandter Empfindungen und Stimmungen mit sich: sie wühlen gleichsam das Gedächtnis auf. Es erinnert sich bei ihnen etwas in uns und wird sich ähnlicher Zustände und deren Herkunft bewußt. So bilden sich angewöhnte rasche Verbindungen von Gefühlen und Gedanken, welche ... als Einheiten empfunden werden ... In Wahrheit sind sie Ströme mit hundert Quellen und Zuflüssen. Auch hier, wie so oft, verbürgt die Einheit des Wortes nichts für die Einheit der Sache.‹!

Wir, aber vor allem die Künstler, müssen von den festen Begriffen über feststehende Dinge ablassen; das Wirkliche sind *unsere* Bilder. Cézanne hat solche Bilder gemalt; sie geben nicht die üblichen räumlichen und Gewichtseigenschaften wieder, sie kümmern sich nicht um die Gesetze der Perspektive. Sie befreien Bilder im Inneren des Betrachters, die nicht mit der Sichtbarkeit des Gemäldes zusammenfallen« (so Ulf Linde). Lindes Feststellungen gelten nicht nur Cézanne, sondern auch anderen Künstlern des späten 19. Jahrhunderts: »Eine bessere Formel (als die Nietzsches) für die Revolution der 1890er Jahre gegen den Naturalismus läßt sich nicht denken.« – Man muß indessen Linde nicht folgen, wenn er Cézanne und andere Künstler als »unwissenschaftlich« bezeichnet. Ihre Kunst gehört durchaus mit der Psychologie Ernst Machs und Henri Bergsons zusammen, von der im weiteren die Rede sein wird.

Es ist jedem erlaubt, Kunstwerke – handle es sich um Malerei, Dichtung oder Musik – unmittelbar aufzunehmen und sie mit den eigenen Stimmungen und Lebenserfahrungen zu verbinden. Das ist eine Art, Kunstwerke zu erleben, bei der es weder

Mißverstehen noch richtiges Verstehen gibt. Es kommt einzig darauf an: Sagt mir dieses Werk etwas? und: Was sagt es *mir*? Der Historiker und Kritiker dagegen, der sich an Zuhörer und Leser wendet, ist verpflichtet, seine Art des Verstehens, seine Deutung des Kunstwerks, mit Gründen zu stützen, die jedermann nachprüfen kann. Auch hier handelt es sich um Verstehen, um subjektives Urteilen, nicht um kausales Erklären. Warum und wie der Mond um die Erde kreist, das läßt sich als Wirkung bestimmter Ursachen erklären. Die Wissenschaft sagt auch, daß, sobald bestimmte Ursachen vorhanden sind, bestimmte Wirkungen die Folge sein werden. In Sachen der Kunst lassen sich keine Voraussagen über Ursachen und Wirkungen machen. Schauen wir in die Geschichte zurück, so können wir da zwar die Folgen von Ursachen und Wirkungen erklären, in älteren Zeiten etwa: schlechtere Ernten über größere Gebiete hin – Rückgang der Eheschließungen – weniger Geburten – mehr Todesfälle – allgemein sinkender Lebensstandard. Hier haben wir es mit folgerichtigen Verläufen der Geschichte zu tun. Aber es gibt kein historisches Gesetz, das bestimmte, daß in solchen Krisenjahren schlechtere Gedichte geschrieben und schwächere Bilder gemalt würden als in günstigen Zeiten.

Kunstverständnis der Zeitgenossen – Kunstverständnis aus zeitlichem Abstand

Zum Verständnis von Kunstwerken berufen wir uns natürlich auf uns bekannte Tatsachen – welche äußeren Ereignisse haben auf das Leben und Denken des Künstlers eingewirkt? –, wir ziehen aber auch Vergleiche mit anderen Kunstwerken. Wir sehen ferner nach, was die zeitgenössische Kritik über das Kunstwerk zu sagen hatte. Wir bilden uns eine Auffassung von den Anschauungen jener Zeit, wie sie in Dichtung und Wissenschaft zur Sprache kommen. Der Blick auf die Literatur und die Weltanschauungsdebatte um 1890 und später ist um so wichtiger, als es damals besonders enge Beziehungen zwischen Schriftstellern und Künstlern gab. Die Debatte wurde in einer Reihe von – meist neugegründeten – Zeitschriften geführt, zu denen es heute kein Gegenstück mehr gibt (wir haben heute sehr viel mehr Spezialzeitschriften, als man damals hatte). Schriftsteller und Künstler, Theaterleute und Journalisten trafen sich in bestimmten Cafés der großen Städte, und dort lagen die modernen Zeitschriften aus. Es ist also berechtigt, sie hier zu zitieren.

Die Zeitgenossen fanden sich schwer mit der neuen Kunst zurecht. Schon die Impressionisten in Paris in den 1870er Jahren bekamen das zu spüren, noch mehr als Munch in den 1880er und frühen 1890er Jahren. Die Entfremdung zwischen Publikum und neuer Kunst ist eine Neuheit des späteren 19. Jahrhunderts. In den vorhergehenden Jahrhunderten hatten die schaffenden Geister und das Publikum im großen und ganzen die gleiche Weltanschauung als Grundlage. Es gab zwar die Glaubensspaltung seit dem früheren 16. Jahrhundert mit ihren schweren dogmatischen Gegensätzen, die eine Teilursache der Kriege des 16. und 17. Jahrhunderts waren, aber es stand für alle fest, daß Gott die Welt geschaffen hatte und daß sie so, wie sie heute ist, einst direkt aus seiner Hand hervorgegangen war. Sache des Menschen war, sich so reiche Kenntnisse von ihr zu erarbeiten, wie nur immer möglich. Kepler, Galilei, Newton stellten die Naturgesetze dieser Welt fest. In der Kunst gab es auf Grund der Glaubensspaltung zwar Unterschiede in den Motiven (Heiligenbilder konnten nur noch im katholischen Bereich gemalt werden), aber kaum welche im Stil und in der Technik. Das 18. Jahrhundert fand zwar neue Einsichten über die Seele – sie bestand nicht nur aus Vernunft und Willen, sondern auch aus Gefühl und Phantasie; das änderte die Auffassung von der Religion, die man nun als subjektives Gefühl der Abhängigkeit des Menschen von Gott dachte, das änderte auch die Aufgabe der Dichtung und der Kunst (man denke an Goethe, Mozart, Beethoven) – aber es änderte nichts an der Überzeugung von der feststehenden gottgeschaffenen Welt und an ihrer Erforschung. Für die Maler hieß das nach wie vor, daß sie nach der Natur zu arbeiten hatten, letztlich also, daß die Malerei realistisch war, denn sie selbst fühlten sich als Teil der sie umgebenden Natur.

Auch in der zweiten Hälfte des 19. Jahrhunderts verblieb die Welt das objektiv Gegebene, das man mit objektiven Methoden erforschte. Neu aber war die Erkenntnis, daß die Welt nicht von Anfang an so dagestanden habe, wie sie heute ist. In den Augen der älteren Zeiten hatte die Welt keine Geschichte. Nun aber gab ihr die Geologie eine riesige zeitliche Tiefe, die Astronomie errechnete frühere Zustände und Veränderungen im Universum, und die Biologie (Darwin) verlieh auch dem Menschen eine lange Vorgeschichte, bis zur Urzelle und dem Urkeim des Lebens hinab. Auch die menschliche Kultur und mit ihr die Sprache bekam eine lange Geschichte, eine Entwicklungsgeschichte. Das galt ebenfalls für die Menschenseele, in der sozusagen zuunterst primitive Nervenerregungen lagen, über denen sich dann die komplexe Gestalt des modernen individuellen Seelenlebens, mit ihrem Abstraktionsvermögen zuoberst, aufbaute.

Schichten menschlichen Seelenlebens

Aus der Psychologie der Schriftsteller – nicht der der Wissenschaftler – des späteren 19. Jahrhunderts ließe sich etwa folgendes Schema der Schichten des menschlichen Seelenlebens entnehmen.

Bewußtheit Wille Intellekt Gewissen	Gedanken, Erinnerungen, Pläne, Kenntnisse, Urteile usw., stets auf Objekte bezogen und rational mitteilbar und von anderen Menschen nachvollziehbar
Bewußt, aber nicht klar – und schwer durch Willen und Gedanken beeinflußbar	Gefühle, z. B. Freude, Trauer, Liebe, Stolz, mit bestimmten Objekten verbunden, aber oft weit über sie hinausgreifend, den ganzen Menschen für längere Zeit erfüllend, mitteilbar, aber nicht nachvollziehbar, nur dem mitfühlenden Verstehen zugänglich
Halbbewußtes	Stimmungen – länger währende Empfindungen, die mit Eindrücken der Außenwelt verbunden sind, nur undeutlich mitteilbar, nicht nachvollziehbar
Empfundenes	Empfindungen – wie Hunger, Schmerz, Lust, hervorgerufen durch Vorgänge im Organismus (Nervenreize), sagbar, aber nicht nachvollziehbar, nur dem Individuum eigen

Wir können sicher sein, daß es, seit es Menschen gibt, die in Gesellschaften leben, auch diesen ganzen Stufenbau des Seelenlebens schon immer gegeben hat. Sie brauchten alle Stufen zum vollen Leben. Aber verschiedene Individuen und verschiedene Kulturen haben mehr oder weniger von diesen Stufen gewußt, haben sie verschieden betont und bewertet. Das wird deutlich an der Kunst, der Dichtung, der Religion, der Wissenschaft. Sicher haben die Menschen zu allen Zeiten artikulieren können: »Ich friere«. Aber erst die analysierende Wissenschaft des späten 19. Jahrhunderts hat untersuchen können, was bei der Empfindung »ich friere« im Organismus und im Gehirn vor sich geht. – Wenn ein Mensch in einem dämmrigen Zimmer sitzt und ein zweiter Mensch kommt unerwartet herein und zündet Licht an, empfindet der erste »plötzliches Hellwerden« – erst nachträglich erfaßt er die Situation: »Jemand hat Licht angezündet«. Die letztere Erkenntnis läßt sich sprachlich leicht formulieren; die dazu notwendigen Ausdrücke liegen längst bereit. Anders mit der Empfindung »Hellwerden.« Sie läßt sich wissenschaftlich umständlich und genau beschreiben – als Vorgänge im Sehapparat, als Erregung von Stäbchen und Netzhaut und Nervenbahnen zum Gehirn, wo bestimmte Gehirnzellen stimuliert werden. Aber das Empfinden »Hellwerden« – ? Um das auszudrücken, dessen habhaft zu werden, braucht es Kunst, Dichtung, Schaffung neuer Sprachformeln bzw. in der Malerei neuer Farbzusammenstellungen.

Wenn man das obige psychologische Schema auf die Betrachtung der Kunstgeschichte anwendet, findet man schnell, daß die klassische griechische Kunst in ihren Gestalten vor allem das bewußte Leben vor uns hinstellt. Ihre Figuren handeln oder, wenn sie still stehen, so sehen sie voller Handlungsbereitschaft klar in die Welt. Wenn die klassische Grabkunst Trauer sichtbar machen will, so schildert sie meist die Trauer als Handlung, nämlich als Abschied, selten als handlungsloses Versunkensein am Grab. Die hellenistische Kunst hat es meist mit Handlungen oder Handlungsbereitschaft zu tun, die Gefühle kommen erst in der Gotik zu ihrem Recht: die Verlassenheit Christi am Kreuz, die Trauer Mariens um den toten Sohn. Aus ihrer Bewunderung für die Antike heraus arbeitete die Renaissance wieder mehr mit Handlungen, während der Barock ein großartiges Aufgebot von starken Gefühlen zu großen Handlungen hinzufügte. Im 19. Jahrhundert stieg man tiefer in die Seelen hinab, zu den Stimmungen (Canova, Thorvaldsen, Friedrich, Delacroix) und näherte sich schließlich den Empfindungen (Monet, Gauguin, Rodin; Munch und andere nordische Künstler).

Man möchte glauben, daß das Geschehen in den tieferen Seelenschichten von den Wissenschaftlern ausgelotet worden wäre. Es ist richtig, sie untersuchten die Nervenreize und die Reaktionen auf sie. Sie taten es strikt nach dem Schema von Ursache und Wirkung. Sie maßen die Stärke des Reizes und den Umfang der Reaktion. Henri Bergson fand 1888, daß dieses Verfahren zwar im praktischen Leben nützlich und bei manchen Wissenschaften unumgänglich sei, daß es aber nicht an die philosophischen Probleme heranreiche. Auf diesem Wege konnte man nichts über Zeit als erlebte Zeit – und somit nichts über Leben, Seele, Geist – erfahren. Aber auch Bergson blieb bei abstrakten Überlegungen. Statt der Wissenschaftler waren es die Schriftsteller, Dichter und Künstler, die ein Bild der Seelentiefen zu geben versuchten. (Wenn Eduard von Hartmann in seiner Philosophie des Unbewußten vom Unbewußten sprach, meinte er damit die Triebe im Menschen und beschrieb nie im einzelnen, wie sie im Nervensystem wirken und das Gehirn beeinflussen.) Es waren, wie gesagt, Menschen, die mit ihrer Phantasie arbeiteten, die intuitiv verstanden, daß es sich hier, wie Bergson gleichzeitig schrieb, um fließende Vorgänge in der Zeit, nicht um fest begrenzte Gegenstände im Raum handelte.

Man möge nicht erwarten, daß ich hier auf Sigmund Freud und die Psychoanalyse eingehe. Ihre Vertreter studierten zwar das Unbewußte, vor allem die Ablagerungen vergangener Leiderfahrungen in ihm, aber sie taten es nach dem Modell von Ursache und Wirkung. Wenn es im Verhalten eines Erwachsenen Störungen und Absonderlichkeiten gab, so hatten sie ihre Ursache in unglücklichen Kindheitserlebnissen; diese hatte der Patient »verdrängt«; es galt, sie bewußt zu machen, wodurch die Störungen behoben oder wenigstens vermindert werden konnten. Wahrscheinlich können die Psychoanalytiker auch bei Hamsun und Prinz Eugen »verdrängte«

Kindheitserfahrungen ausgraben. Aber davon hätte der Historiker keinen Nutzen. Er will ja einigermaßen plausible Antworten auf die Frage haben, warum eine bestimmte und eigenartige künstlerische Erscheinung gerade um 1890 auftauchte.

Auffassungen von Materie und Bewußtsein

Durch die Erforschung des Verhaltens der lebenden Zelle bekam der Begriff des Lebens einen neuen konkreten Inhalt. Allem Leben liegt das Protoplasma im Inneren der Zelle zugrunde. Es reagiert nicht nur auf äußere Einwirkungen, sondern beurteilt sie und wählt unter ihnen; es hat die Tendenz, seine Zelle zu differenzieren und zu spezialisieren, so daß sie in zusammengesetzten Organismen zu wirken imstande ist. Das Plasma der einen Zelle kann sich dem anderer Zellen mitteilen, wodurch ein einheitlicher Organismus möglich wird, der als Pflanze oder Tier auftreten kann. Daß die Pflanzen ihre Mitteilungen direkt von Zelle zu Zelle schicken, die Tiere dagegen besondere Zellen zu Nervenbahnen spezialisiert haben, bedeutet nicht, daß die Pflanzen keine »Seele« hätten. »Wenn wir aber unter einer ›Seele‹ die Gesamtheit der Lebenswirkungen verstehen, abgezogen von dem wechselnden Stoffe, an dem sie sich äußern, so kommt es nicht darauf an, ob Nerven-, ob Plasma-Seele; und auch die stumme Pflanze muß uns als lebendes und empfindendes Wesen eine größere, sozusagen menschlichere Teilnahme abgewinnen als bisher.« So schrieb Theodor Jaensch, am Ende zweier Aufsätze, über *Die Pflanzenseele* und *Das Tier in der Pflanze*, in der Zeitschrift *Neue Rundschau*, 1894.

In der Naturwissenschaft der Antike und der Renaissance bis in die Aufklärung hinein hatte man Leben mit Bewegung aus eigener Kraft gleichgesetzt. Man schrieb den Gestirnen eine solche Bewegung zu. Das hieß auch: Leben ist Bewegung aus dem Geist. Bei der neuen Naturwissenschaft lernte man nun, daß Leben die Daseinsweise von Zellen ist. Man mußte fragen: Was haben wir Menschen mit der Urzelle gemeinsam? Manche Naturwissenschaftler sprachen nicht nur von der Pflanzen- und der Tierseele, sondern auch von beseelter Materie. Ernst Haeckel dachte sich eine »Weltseele«. Ein großes Problem der Wissenschaft und der Weltanschauungsdebatte der Laien bestand in der Frage, wie in der toten Materie lebende Zellen entstehen konnten und wie sich Materie und Geist (oder Seele) zueinander verhielten. Für eine neue Psychologie und eine auf ihr beruhende Philosophie wurde das Werk des französischen Philosphen Henri Bergson wichtig – freilich nicht in Deutschland, sondern in seiner Heimat und indirekt auch in den nordischen Ländern (der direkte Einfluß Bergsons läßt sich hier freilich erst ab etwa 1910 nachweisen – aber der Dichter Ola Hansson und der Philosoph Hans Larsson dürften schon in den 90er Jahren von Bergson gewußt haben).

Henri Bergson

1889 erschien Bergsons *Essai sur les données immédiates de la conscience* (Versuch über die unmittelbaren Gegebenheiten des Bewußtseins, deutsch erst 1911). Im Vorwort heißt es: »Wir drücken uns notwendigerweise mit Worten aus, und wir denken meist räumlich. Anders gesagt, die Sprache bewirkt, daß wir unter unseren Vorstellungen die gleichen klaren und scharfen Unterschiede und die gleiche Isoliertheit wie zwischen materiellen Gegenständen herstellen. Diese Angleichung ist nützlich im praktischen Leben und notwendig in der Mehrzahl der Wissenschaften. Aber man könnte sich fragen, ob die unüberwindlichen Schwierigkeiten gewisser philosophischer Probleme nicht daher rühren, daß man sich darauf versteift, Erscheinungen im Raum nebeneinander zu denken, die gar keinen Raum einnehmen, und dabei, da man Abstraktionen grober Bilder benutzt und um sie kämpft, nie zu einem Ende kommen wird. Man hat eine unberechtigte Übersetzung des Nicht-Ausgedehnten in das Ausgedehnte, der Qualität in die Quantität vorgenommen ...«

Bergson wendet sich gegen eine Psychologie, die seelische Erscheinungen, wie Freude oder Trauer, Leid oder Wunsch, als klein oder groß beschreibt. Aber – so meint er – seelische Zustände seien nicht räumlich, und sie seien keine in sich gleichbleibenden Zustände. Sie seien vielmehr intensiv oder schwach, sie tauchten auf, und sie verklängen. Ihr Entstehen und ihr Verschwinden finde nicht in irgendeinem Raum statt, wo sie nebeneinander lägen, sondern in einem zeitlichen Nacheinander. Dabei hingen sie so unauflöslich zusammen, daß sie einen dauernden Fluß – *la durée* – bildeten. Das Nacheinander in diesem Fluß habe nichts mit der Kausalität, mit Ursache und Wirkung, zu tun.

Später schrieb Bergson *Matérie et mémoire*, 1896 (deutsch: Materie und Gedächtnis, eine Abhandlung über die Beziehungen zwischen Körper und Geist, 1908). Hier wendet er sich gegen unsere Gewohnheit, in Dingen statt in Vorgängen zu denken. Nach seiner Auffassung unterscheiden wir fälschlich starke und schwache Seelenzustände, welch erstere als Wahrnehmungen gegenwärtiger Zustände, letztere – allerdings ohne einen ersichtlichen Grund – als Vorstellungen von der Vergangenheit gelten sollen.

Die Wahrheit aber ist, daß wir niemals die Vergangenheit erreichen werden, wenn wir uns nicht mit einem Schlag in sie versetzen. Die Vergangenheit kann von uns als Vergangenheit nur erfaßt werden, wenn wir der Bewegung folgen, in der sie sich zum gegenwärtigen Bild entfaltet, aus dem Dunkel ins Licht tritt; also: nichts Feststehendes, sondern ein fließender Vorgang.

Von solchen Gemälden wie Prinz Eugens *Wald* oder Eugène Janssons nächtlichen Stockholmbildern hatte man schon bald gesagt, sie seien von »Stimmung« geprägt. Das ist richtig. Aber wir wollen hinzufügen, daß es sich um keine unveränderliche Stimmung handelt, denn die Bilder zeigen uns kein unbewegt ruhendes Gegenüber, sondern enthalten durch ihre Unschärfe den Vorgang des Gewahrwerdens, des Sich-Vorantastens in der Welt, die sowohl eine äußere (Wald, Stadt) wie eine innere (der Prozeß des Sehens und der seelischen Reaktion) ist. Das heißt also – mit den Begriffen Bergsons – daß die Bilder ein seelisches Fließen anschaulich machen. – Weder Prinz Eugen noch Eugène Jansson haben Bergson gelesen. Aber er war ihr Zeitgenosse, und einerseits die Kunst, andererseits die Wissenschaft waren reif, seelisches Neuland aufzusuchen, Neuland, das in gegenseitiger Nachbarschaft lag.

Die Psychologie wurde neben der Biologie zur interessantesten Naturwissenschaft des späten 19. Jahrhunderts. Was sie zutage förderte, hatte Wirkungen nicht nur auf die Dichtung, sondern auch auf die bildende Kunst. Damit ist freilich nicht gesagt, daß die Maler psychologische Fachliteratur lasen. Aber es gab über ganz Europa hin eine Weltanschauungsdebatte in Zeitungen und Zeitschriften, aus denen auch die Künstler ein, sei es auch recht ungenaues, Wissen schöpfen konnten. Und wenn sie es nicht selber taten, so waren es ihre literarisch gebildeten Kritiker, die ihnen gegebenfalls den Mangel an Psychologie ankreideten (siehe die zitierten Äußerungen Hermann Bahrs).

Carl Georg Lange

Einer der führenden Forscher auf dem Gebiet der Medizin war der Däne Carl Georg Lange, Professor der Pathologie in Kopenhagen. Sein bekanntestes Buch war *Om Sindsbevaegelser*, Kopenhagen 1885 (Über Sinnesbewegungen bzw. Gefühlsregungen), in dem er als erster eine physiologische Erklärung der Affekte gab. Sein Buch *Über Gemütsbewegungen, eine psycho-physiologische Studie*, Leipzig 1887, erschien auch auf Deutsch. Unter dem Namen der James-Langeschen Theorie wurden seine Forschungen grundlegend für die moderne Psychologie.

Die Schrift *Om Sindsbevaegelser, et psyko-fysiologisk studie* umfaßt nur 91 Seiten; ihr letzter Abschnitt behandelt die Zukunft der Affekte (Gefühlsregungen). Hier heißt es ab Seite 88 (ich übersetze und kürze etwas):

»Besondere Aufmerksamkeit verdient die Tatsache, daß sowohl Individuen wie Völker im ganzen den Affekten um so mehr unterworfen sind, auf je tieferer Bildungsstufe sie stehen. Die sogenannten wilden Volksstämme sind heftiger und ungezähmter, gewalttätiger in ihrer Freude und überwältigter in ihrer Trauer als die gebildeten Nationen. Derselbe Unterschied zeigt sich zwischen den verschiedenen Generationen eines und desselben Volkes – wir sind ruhig und zahm im Vergleich zu unseren barbarischen Vorfahren ... Schließlich sehen wir einen ähnlichen Unterschied zwischen den verschiedenen Gesellschaftsschichten in einer und derselben Generation, so daß das am wenigsten trügerische Merkmal der ›Bildung‹ die beherrschte Ruhe ist, mit der man Schickungen erträgt, die den Ungebildeten zu unbeherrschten emotionalen Ausbrüchen hinreißen würden.

Die Zurückdrängung des Gefühlslebens im Lauf der zunehmenden Bildung der Individuen und Generationen geht nicht nur Hand in Hand mit einer steigenden Entwicklung des Verstandeslebens, sondern ist zu einem wesentlichen Teil das Ergebnis dieser Entwicklung. Auch das Verstandesleben ist, wenn auch auf etwas anderer Weise als das Gefühlsleben, von der vasomotorischen Funktion abhängig; die Verstandesfunktionen setzen einen verstärkten Blutzustrom zum Gehirn voraus und sind zum Teil dadurch bedingt – aber natürlich zu anderen Teilen des Gehirns als jenen, die es vor allem mit den Gemütsbewegungen zu tun haben ...

In dieselbe Richtung wirkt die Erziehung. Ihr Ziel ist es, dem Individuum beizubringen, die Triebe zu beherrschen oder zu vernichten, welche die unmittelbaren Wirkungen unserer körperlichen Organisation sind, die aber nicht zu den gegebenen Gesellschaftsverhältnissen passen ... Dieses Resultat der Erziehung und Entwicklung des Verstandeslebens geht als Erbe auf die folgenden Generationen über. Die neuen Generationen kommen mit einer trägeren emotionalen Gefäßinnervation zur Welt, mit immer besserer Innervation der Gefäßnerven der Verstandesorgane. Geht die Entwicklung in der begonnenen Richtung weiter, so landet sie schließlich bei dem Ideal Kants, der jeden Affekt, jede Freude oder Trauer, Angst oder Schrecken – wenn er noch Anfechtungen dieser Art erleben sollte – als Krankheit, einen Wahnsinn betrachtet, der sich nicht für ihn schickt.« Daß es in der Kulturgeschichte eine immer stärkere Triebbeherrschung gibt, haben spätere Forscher wie Norbert Elias bestätigt. Daß sich aber die nervliche Organisation der Menschen so verändert hat, wie Lange glaubte bzw. voraussagen wollte, hat sich doch wohl als falsch erwiesen.

Lange hatte einen materialistischen Standpunkt, wenn auch in einem recht mechanischen Sinne. Bergsons Einwände treffen auch seine Psychologie. Geistesgeschichtlich gesehen, gehört er zur gleichen Bewegung, die in der Literatur und Kunst durch die Realisten und Naturalisten vertreten ist. In den nordischen Ländern: Ibsen mit Ausnahme der Spätwerke, Strindberg vor der »Infernokrise«; in Frankreich: Zola und seine Kampfgenossen; in Deutschland Gerhart Hauptmann in seinen Frühwerken; in der Malerei u. a. Courbet und Leibl; in unserem Buch der finnische Maler Edelfelt.

Ernst Mach

Zu den bekannten Naturwissenschaftlern des späten 19. Jahrhunderts zählt der Österreicher Ernst Mach. Er war ein Erbe der Aufklärung und bezeichnete sich selber als Materialist und Monist, obwohl er tatsächlich Positionen eines radikalen subjektiven Idealismus vertrat. Seine Schrift *Beiträge zur Analyse der Empfindungen*, Jena 1886, leitete er mit »antimetaphysischen Vorbemerkungen« ein.

Die schon früh in der Geschichte entstandene Theorie, daß es eine stabile Dingwelt außer uns gebe und daß hinter oder über dieser von der Vergänglichkeit bedrohten Dingwelt eine unvergängliche Ideenwelt existierte, war schon durch mehrere Philosophen, namentlich des 18. Jahrhunderts, angegriffen worden. Mach schloß sich dieser Kritik an. Die Annahme stabiler Dinge in der Welt und eines stabilen Ich, das mit den Dingen in Beziehung tritt und entsprechende Empfindungen erlebt, sei möglicherweise praktisch und nützlich, aber wissenschaftlich nicht haltbar. Das Ich sei in Wirklichkeit nicht scharf abgegrenzt, die Grenze ziemlich unbestimmt und willkürlich verschiebbar. Statt des Gegensatzes von Ich und Welt, Empfindungen in uns und Dingen außer uns, hätten wir es bloß mit Empfindungen zu tun. Diese seien die Elemente, aus denen wir Ich und Welt konstruierten. Wenn wir einen Baum sehen, ihn uns vorstellen oder uns seiner erinnern, handle es sich immer um Empfindungen (Farben, Töne, Raum, Zeit, Bewegungsempfindungen, Innervationen), nur daß sie jeweils mit anderen Empfindungen verbunden seien. Zu dem gesehenen Baum gehöre z. B. die Empfindung einer bestimmten Distanz zu ihm; der erinnerte oder vorgestellte Baum könne ganz ohne eine solche Raumempfindung auftreten. Hatte Schopenhauer von der »Welt als Wille und Vorstellung« gesprochen, so hätten Mach und andere Forscher seiner Zeit die »Welt als Empfindung« hinstellen können.

Übertrügen wir die Vorstellungen Machs auf die Kunst, so wäre davon auszugehen, daß die Maler seit der Renaissance das malten, was sie für eine objektiv gegebene Außenwelt hielten. Tatsächlich hätten sie immer das gemalt, was sie empfanden, aber das hätte ihrer Weltanschauung nicht entsprochen. Im Lauf des 19. Jahrhunderts verschwanden zwar die Theorien von der objektiv gegebenen Außenwelt nicht – sie waren ja praktisch erwiesen – aber neue wissenschaftliche Erkenntnisse stellten sie zum Teil in Frage. Das gab nun manchen Künstlern die Freiheit, ein »subjektives« Bild der Welt zu geben, d. h. ein Bild ihrer Empfindungen vor uns zu stellen.

Was Mach »Empfindungen« nannte und im psychologischen Laboratorium experimentell untersuchte, beschrieb Bergson 1888 philosophisch als »unmittelbare Gegebenheiten des Bewußtseins«. Mach hatte die Empfindungen als »Elemente« bezeichnet und sie damit als isolierte Bewußtseinsinhalte beziehungslos nebeneinandergestellt. Bergson dagegen hob an den »unmittelbaren Gegebenheiten des Bewußtseins« – eben den Empfindungen – ihre Nicht-Begrenzung, ihr Fließen, ihren Prozeßcharakter hervor. Das entspricht noch deutlicher den Ideen, die in vielen Kunstwerken des späten 19. Jahrhunderts zum Ausdruck kommen – doch damit haben wir nicht gesagt, daß die Künstler oder Dichter Mach oder Bergson studiert und daraus gelernt hätten, wie sie malen oder dichten sollten!

Nicht nur Lange, sondern die Psychologen seiner Zeit insgesamt rechneten mit einem Aufbau des Seelenlebens von unten her: Sinnesempfindungen, Gefühle, Vorstellungen, Gedanken, Wollen. Die Erforschung der Gedanken- und Willenswelt war Sache der Philosophie. Die Psychologie hielt sich vor allem an die Sinnesempfindungen, die man experimentell untersuchen konnte – was geschieht bei einem Nervenreiz, wie reagiert das Gehirn auf den Rapport, daß ein Nervenreiz eingetroffen ist? Mit den Gefühlen ließ sich aber nur schlecht experimentell umgehen. Hier fanden Schriftsteller, nicht-zünftige Philosophen wie Nietzsche, Dichter und Künstler eine große Aufgabe. Sie vertieften sich, entgegen der Voraussage Langes, gerade in die Welt der primitiven Empfindungen und Gefühle.

Dabei gab es Schwierigkeiten für das gebildete Publikum. Es nahm nur einen Teil der neuen Weltanschauungsdebatte auf und blieb weithin bei traditionellen Vorstellungen. Es ließ sich nur mit Widerstreben auf den Darwinismus und seine Denkfolgen ein, es las die sogenannten naturalistischen Menschenschilderungen etwa Émile Zolas mit dem Gedanken: »Das sind ja doch nicht wir, sondern bloß die Unterklasse«, und es weigerte sich, die impressionistische Malerei, die sich auf die experimentelle Psychologie berufen konnte – sie hatte andere, wichtigere Gründe –, als Kunst anzuerkennen.

Was uns hier von Darwin angeht, ist die Wirkung seiner oft recht ungenau verstandenen Ideen auf die Meinung der Gebildeten und unter ihnen vor allem der Schriftsteller und der Künstler. Zunächst einmal gab es bei ihnen – soweit sie sich nicht gegen die neue Lehre stellten – einen Darwinismus »von außen«. Man holte aus Darwin zwei Behauptungen – sehr vergröbert! – heraus. Erstens: »Der Mensch stammt vom Affen ab.« Zweitens: »Leben ist gleichbedeutend mit dem Überleben der geeignetsten Arten und Individuen.« Allmählich verstand man auch einen Darwinismus »von innen«: »Leben, und mit ihm Seele und Geist, hat seinen Grund in der Urzelle.« In Kunst und Literatur zeigt sich der Darwinismus »von außen« als Realismus oder Naturalismus, der Darwinismus »von innen« als Symbolismus oder Synthetismus.

Zu einem Gedicht von Ola Hansson

Früher hatte man die Vorstellung von der Seele mit einem Streben nach oben, zu Licht und Vollendung verbunden. Bei Platon erinnert sich die Seele in ihrem Körpergefängnis ihres himmlischen Ursprungs und sehnt sich nach ihm zurück. Durch die neue Biologie und Psychologie bekam die Vorstellung von der Seele eine Erstreckung nach unten hin, zu den Uranfängen. Die Phantasie der Künstler nahm sich dieser Neuheit an. So führte Ola Hansson die Zelle als Trägerin von Leben und Seele in die Lyrik ein:

Blumenleben

Der dunkle Saft quillt
in den feinen Haaren der Wurzeln.
In den verketteten Zellen des Stiels
geht er langsam steigend.

In der Masse des Blattes
spinnt sich ein Gewebe, zart und empfindlich,
wo er wogenweich rinnt
in Schlingen feiner Röhren.

Der lebende Saft strömt
in die hüllenden Kelchblätter hinauf,
um aus dunklen Träumen
das Leben zu wecken, das in der Knospe schläft.

Dann kommt der große Augenblick.
Mit wärmender Morgenbrise
springt es aus leichtem Schlummer
in den wiegenden Sonnengolddunst.

Ein gedämpftes Orchester klingt
im gewölbten Raum des Waldes
und gebietet leise »Still!«:
das Mysterium der Natur.

Hanssons Gedicht, bei dessen Veröffentlichung (1884) er 24 Jahre alt war, ist in einer im 19. Jahrhundert traditionellen Form gebaut. Es besteht aus fünf vierzeiligen Strophen mit regelmäßigem Wechsel weiblicher und männlicher Reime, nach dem Schema AB, AB, wobei der weibliche zweisilbige Reim (A) einen offenen, schwebenden Charakter gewinnt, während der männliche einsilbige (B) gut als Abschluß taugt. Alle Zeilen sind dreihebig, der Satzbau ist einfach. Die Strophen 1–4 beschreiben, der poetischen Methode des 19. Jahrhunderts gemäß, ein Bild oder einen Vorgang, die letzte Strophe gibt dem Gesagten einen erhöhten oder vertieften Sinn, vergeistigt es, macht es zum Gleichnis von etwas, das nicht selber als Bild sichtbar gemacht werden kann (Vergleichsbeispiel sei die Schlußzeile von Goethes *Wanderers Nachtlied*: ». . . ruhest du auch«).

Hansson beschreibt einen Vorgang, das Aufsteigen der nährenden Flüssigkeit in einer Pflanze von den Wurzeln bis in die Knospe hinauf, die aus ihrem Schlummer erwacht und als Blüte sich ins Sonnenlicht öffnet. Für seine Zeit ist dieses Gedicht durchaus merkwürdig, indem es die Kenntnisse der neuen Pflanzenphysiologie verwendet. Es bezeichnet den Blumenstiel als Kette – oder Strang – von Zellen und beschreibt das Pflanzenblatt als Gewebe. Das Naturgeschehen ist wirklich als Geschehen erfaßt: Quellen, Steigen, Spinnen, Rinnen, Strömen, Wecken, Springen. Es ist ein Prozeß von unten und innen her nach oben und entfaltet sich schließlich nach außen in Luft und Licht. Naturwissenschaft und Dichtung sind hier unlösbar vereint.

Aber in der fünften Strophe stößt der Dichter an seine Grenze. Die Außenwelt, von der wir eben erfuhren, sie sei Morgenbrise und Sonnendunst, verwandelt sich plötzlich in einen Wald, und wo bislang Gesehenes herrschte, ertönt plötzlich ein Orchester, also eine Kulturschöpfung. Das Orchester soll wohl das stille Waldesrauschen bezeichnen (es ist »gedämpft«, also wohl kein Vogelgesang), aber kaum erklingt es, so verstummt es schon, um Schweigen zu gebieten und uns verstehen zu lassen, daß wir hier vor einem Mysterium der Natur stehen. Dieser Schluß des Hanssonschen Gedichtes erscheint erst abrupt (durch das Erklingen des Orchesters) und dann abstrakt (durch das Mysterium).

Die Grenze, an die Hansson hier geriet, ist wohl nicht nur seine eigene, sondern auch die der damaligen Kultur. Man hatte ein ererbtes Erlebensmuster: die Vergeistigung des Realen, die Wendung nach innen oder nach oben. Dieses Muster ist religiösen Ursprungs. Früher zeichnete man Bilder der Natur als große Bilder: Sternhimmel, Meeresweite, Gebirge. Da war die Abstraktion ins Erhabene, wenn nicht sogar ins Ewige, leichter. Aber nun sah man die Natur als Leben und dieses als Zellen, die sich zum Licht wenden. Das war so neu, daß man es nicht gleich in poetische Form bringen konnte. Wenn wir sein Gedicht in hilflose Alltagssprache übersetzen, dann hat er gesagt: »Was dieses Pflanzenleben bedeutet, das ist halt ein Mysterium!« Indessen ist es schon viel, was Hansson in den Strophen 1–4 seines Blumengedichtes anschaulich gemacht hat.

Hanssons Gedicht *Blumenleben* gehört (trotz des »Mysteriums«) inhaltlich wie formal zum Realismus des 19. Jahrhunderts. Es schildert ein Geschehen an und in einem Objekt. Dieses befindet sich im Raum, der Dichter steht ihm gegenüber. Es gibt eine räumliche Distanz von der Blume nach vorn zum Betrachter und eine zweite von der Blume zum Wald hin. Das Steigen des Saftes in der Pflanze und das Aufbrechen der Blüte vollziehen sich in der Zeit. Sowohl Zeit wie Raum sind meßbar. Damit hält sich das Gedicht völlig im Rahmen der Auffassung von der Welt, wie sie allgemein im 19. Jahrhundert galt und wie wir sie auch in der Landschaftsmalerei sehen (ebenso wie in den anderen Zweigen der Malkunst). Es ist gar kein Zufall, daß Morgenbrise, Sonnendunst und Wald in dem Gedicht vorkommen.

Damit das Gedicht auch wirklich dem 19. Jahrhundert angehört, muß es einen menschlichen Bezug, einen »Sinn« haben. Das sagt die Schlußstrophe überdeutlich aus. »Leser, versteh, daß du hier ein Mysterium vor dir hast!« An und für sich ist schon das Geschehen in der Pflanze, das im Aufbrechen der Blüte gipfelt, ein sinnvoller Vorgang. Der Betrachter dieses Vorgangs kann (und soll) Mut aus ihm schöpfen, sein Zutrauen zum Leben soll gestärkt werden.

In ähnlichem Sinn betrachteten die Gebildeten im 19. Jahrhundert nicht nur die Wissenschaft, sondern auch die Kunst und die Dichtung. Die realistische Landschaftsmalerei enthält – unausgesprochen – eine Sinndeutung des Lebens. Sie zeigt uns die Landschaft als Lebensraum, zuweilen auch als Handlungsraum, jedenfalls als Wander- und als Gefühlsraum. Das gilt ebenso für die Landschaftsmalerei der Waldmüller, Schirmer, Lessing, Morgenstern usw. oder die der Dänen Dankvart Dreyer und Peter Christian Skovgaard wie noch für die von Hans Thoma.

Diese Landschaften zeigen uns eine zuverlässige Ordnung von Raum und Zeit, in der der Mensch zu Hause ist. Das Bild ändert sich völlig bei einigen großen Malern des spätesten 19. Jahrhunderts, wie wir bei Prinz Eugen, Eugène Jansson, Karl Nordström sahen. Bei ihnen geht es um Schwellen-Empfindungen, mittels welcher wir uns erst langsam der Welt und ihrer raumzeitlichen Ordnung bewußt werden (Landschaft als Empfindungsraum). Man sprach im 19. Jahrhundert von Naturreligion, Andacht vor der Natur, Ehrfurcht vor dem Leben und ähnlichem. Hier lebten Traditionen des alten Pantheismus (die Welt selber ist göttlich) und seiner besonderen Form aus dem 18. Jahrhundert weiter. Dieser – recht unbestimmte – Glaube zog neue Nahrung aus dem Darwinismus und trat bei manchen »Gläubigen« an die Stelle des Christentums und seines Jenseitsglaubens. Er liegt vielen Landschaftsbildern des 19. Jahrhunderts zugrunde.

Zu einem Gedicht von Erik Axel Karlfeldt

Wie sehr die Anschauungen sich von den 1880er zu den 1890er Jahren veränderten, läßt uns ein Gedicht des schwedischen Lyrikers Erik Axel Karlfeldt sehen. Es steht in seinem zweiten Gedichtband *Vildmarks- och kärleksvisor*, 1898 (Wildmarks- und Liebeslieder), im letzten, *Liv och död* (Leben und Tod) überschriebenen Abschnitt:

Ich bin die Stimme eines Singenden

Ich bin die Stimme eines Singenden auf weiten, leeren Ebenen,
wo kein Ohr lauscht, wo kein Echo wohnt.
Ich bin ein irrender Schein über dem See in schwarzen Nächten,
ein launisches Feuer, das bald im Dunkel erlischt: bei meiner Mutter.

Ich bin ein treibendes Blatt im weiten Reich des Herbstes,
mein Leben ist ein Spiel beim Gesang aller Winde.
Ob ich auf einer Höhe bleibe oder in einem Graben ertrinke,
das weiß ich nicht, das kümmert mich nicht, dafür kann ich nichts.

Es gibt im ganzen Werk Karlfeldts kein so aufrührerisches Gedicht wie dieses, auch wenn sich dort öfters dunkle Stimmungen finden. Das Ich, das hier spricht, stellt sich zunächst als Stimme eines Menschen vor – mit Anspielung auf Joh. 1,23 (»Ich bin die Stimme eines Predigers in der Wüste« – so antwortet Johannes der Täufer den Juden, die ihn nach seinen Absichten fragen) – aber erklärt dann sofort, daß es einsam sei. Es gehört keiner Gruppe, keiner Gesellschaft an. Niemand hört auf die Stimme, sie ruft nicht einmal ein Echo hervor. Sie befindet sich nicht an einem bestimmten Ort, sondern im Weiten und Leeren. Zudem ist es dunkel. Das Ich bezeichnet sich ferner als Irrwisch und als loses Blatt im Herbstwind.

Zur örtlichen Unbestimmtheit dieses Ich tritt die zeitliche. Nur soviel wird gesagt, daß es Herbst und Nacht ist, aber es gibt keinen Zeitverlauf. Über das vorherige Leben dieses Ich erfahren wir nichts. Es war schon immer ein Spiel der Winde. Seine Zukunft ist ganz ungewiß. Es weiß nicht, wo es bleiben wird, und ist unbekümmert um Weiterleben oder Sterben. Es hat keinen Ort, kein Ziel, keine Gemeinschaft, keine Verantwortung. Es ist einsam, willenlos, traumlos und trotzig-stolz auf diesen Zustand.

Das Thema des einsamen Trotzers ist nicht ungewöhnlich in der Dichtung. Es wurde besonders aktuell in den 1870er und 1880er Jahren (Zola, Ibsen), wobei es sich immer um ein Individuum im Kampf mit anderen, mit der Gesellschaft, handelt. Auch zu Nietzsches Zarathustra gehört eine Gesellschaft, der er seine Verachtung mitteilt. Karlfeldts Ich weiß dagegen nichts von einer Gesellschaft, nichts von Gegnern. Die Schlußzeile läßt uns verstehen, daß dieses Ich sich möglicherweise anders verhalten könnte, verantwortungsvoll – aber eine solche Möglichkeit wird abgewiesen. Dieses Ich denkt nicht einmal an Selbstmord. Es hat sein Bewußtsein, ein Mensch zu sein, fast verloren. Zusammen mit jeder räumlichen und zeitlichen Bestimmtheit hat sich auch die Bestimmtheit von Ich, Du und Wir aufgelöst. Geblieben sind Naturerscheinungen im Dunklen und Leeren. Das Gedicht gestaltet (soweit hier noch von »Gestalt« die Rede sein kann) eine sehr tief in der Menschenseele liegende, wenig artikulierte Empfindung von Leben, das bloß Bewegung ist (verhallende Stimme, flackernder Schein, fliegendes Blatt). – Eugène Janssons Bilder des nächtlichen Stockholm kommen aus einer ähnlichen Tiefe, enthalten jedoch etwas mehr an räumlicher und zeitlicher Bestimmtheit; aber Erfahrung einer dunklen Tiefe, wo der Mensch gerade erst beginnt oder aufhört, Mensch zu sein, sind auch sie.

Finnland, mit Ausblicken nach dem übrigen Europa

»Die Mahlzeit« von Pekka Halonen

Als ein Beispiel der nordischen Malerei um 1900 sei ein Gemälde des finnischen Malers Pekka Halonen gewählt: *Die Mahlzeit*. Es mißt 65×97 cm, Höhe und Breite verhalten sich also wie 2:3 zueinander. Gemalt wurde es 1899.

Wir sehen fünf Männer in Kniefigur in einfacher Kleidung, um einen Tisch sitzen, ein Mädchen wartet ihnen auf. Die zwei Männer vorn im Bild sehen wir nur vom Rücken und im verlorenen Profil. Auf der anderen Seite des Tisches sitzen ihre drei Kameraden, die wir von vorn (oder fast von vorn) sehen. Durch das Fenster in der Bildmitte schaut ein Stück Sommerlandschaft ohne Schatten – es ist Mittag – herein. Abb. 15

Vom Essen als Tätigkeit ist nichts zu sehen. Es gibt keine Teller, nur an den Enden des Tisches stehen zwei kleine hölzerne Bütten. Die Männer sprechen nicht miteinander, sie sitzen still, ihre Arme ruhen auf der (fast durchweg verdeckten) Tischplatte. Ihre kräftigen Gesichter, soweit wir sie zu sehen bekommen, sind entspannt. Auch was das Mädchen tut, wird nicht gezeigt. Es geht dem Maler weder um dramatische Handlung noch um Psychologisierung.

Halonen hat seine Figuren deutlich parallelisiert und rhythmisiert. Die drei vorderen Gestalten, das Mädchen und die zwei Männer, sind im Profil gegeben, die drei Männer auf der hinteren Bank füllen die Lücken zwischen den vorderen Figuren so aus, daß Profil und Enface miteinander wechseln. Man kann die Figuren zu Dreiergruppen zusammenbringen. Es gibt eine linke und eine rechte Gruppe: das helle Fenster bildet den Einschnitt zwischen beiden. Ein Rhythmus ergibt sich auch im Hintergrund: Fenster-Wand-Fenster-Wand. Die Figur, die den Anfang macht, ist offenbar das Mädchen links, das sich in die Bildtiefe hineinwendet, die Schlußfigur der Mann ganz rechts, der aus der Bildtiefe herausschaut. Sein Blick ist zwar nicht auf den Betrachter gerichtet, aber er ist der einzige Mensch im Bild, dessen Gesicht deutlich modelliert ist und dem wir voll ins Antlitz sehen dürfen. Er ist der Älteste, vielleicht der Vormann der Gruppe.

Es herrscht völlige Ruhe im Bild, äußere Ruhe, indem die Figuren sich nicht bewegen, und innere Ruhe, indem sie entspannt dasitzen. Möglicherweise ist der Bärtige links mit seinem etwas geneigten Kopf ein wenig unruhig-nachdenklich. Sehr wichtig für den Eindruck der Stille sind die dünnen Lichtkonturen an den Köpfen. Der Maler legt es darauf an, seine Figuren nicht mit der Umgebung verschmelzen zu lassen. Sie haben zwar alle Teil am Licht in der Stube, aber bestehen doch jeder für sich. Ihre Gemeinschaft wird nicht durch farbiges Verschmelzen (das ergäbe eine Stimmung) hergestellt, sondern durch den Rhythmus der Formen (der ein aktives Element ist).

Die formale Komposition könnte uns veranlassen, hier eine idealisierende Darstellung zu sehen, wie sie in den 1870er und 1880er Jahren etwa der Deutsche Hans von Marées (von dem Halonen nichts wußte) oder der Franzose Puvis de Chavannes (dessen Werk Halonen kannte) geschaffen haben. Am Rhythmus erkennt man auch eine Einwirkung Gauguins. Aber Marées malte nackte Figuren in idealen Parklandschaften und strebte nach einem klassischen Ideal, ähnlich Puvis de Chavannes. Halonen dagegen ist Realist, seine Menschen tragen einfache Arbeitskleidung, freilich sauber und ohne Flicken, sie haben individuellen Haar- und Bartschnitt, und der Maler hält ihre verschiedenen Haarfarben fest. Er zeigt sie zudem in einem realistischen Milieu, in einem holzgezimmerten Raum, auf Bretterbänken und an einem Brettertisch älterer Konstruktion mit einem kräftigen Längssteg, während auf dem Tisch hölzerne Bütten stehen und das aufwartende Mädchen plumpe Bauernkleider trägt. In der Sommerlandschaft vor dem Fenster tritt ein weißgestrichener Zaun hervor. Am Realismus der Darstellung kann also kein Zweifel sein.

Ebenso klar aber ist, daß Halonen nicht ins Detail geht wie etwa der Deutsche Leibl, der die physiognomischen Besonderheiten grob geschnittener und verwitterter Bauerngesichter genau wiedergibt. Gerade beim Vergleich mit Leibl wird deutlich, daß Halonen hier eine Gruppe, ein Wir, gemalt hat. Leibl dagegen konnte keine Gruppen als Gemeinschaft darstellen, er setzte drei oder vier oder fünf Individuen zusammen, die er einzeln als Modelle studiert hatte. Aber auf diese Weise kann man kein Kollektiv schildern. Halonen hat ebenfalls individuelle Modelle gehabt. Man kennt sie sogar mit Namen, es sind Verwandte von ihm dabei. Aber er stellt sie uns nicht als Einzelne vor, sondern als eine Gruppe, und man darf sagen, daß der im Bild nicht sichtbare Maler sich zu der Gruppe rechnet: »Das sind wir.« Und nicht bloß: »Wir, die Halonens«, sondern: »Wir, das Volk; wir, Finnland.« Indem der Mann ganz rechts aus dem Bild herausblickt, werden auch wir, die Betrachter des Bildes, in den Kreis der dargestellten Menschen aufgenommen.

Pekka Halonens *Mahlzeit* hat, wie Kunstwerke meist, eine lange Vorgeschichte und viele Wurzeln in älterer Kunst. Kunst kommt von Kunst und wird in Auseinandersetzung mit vorhergehender Kunst geschaffen. Eine dieser Wurzeln führt zu den Abendmahlsbildern zurück, etwa zu Leonardo und Dürer. Eine andere, sehr verzweigte, heißt »Genremalerei«, Bilder des Alltags, gern aus dem Leben der Bauern, wobei die Holländer und Flamen des 17. Jahrhunderts (Ostade, Brouwer, Teniers) als Vorbilder dienten. Im 19. Jahrhundert waren Bauernthemen sehr beliebt, bei den Malern wie beim Publikum, nicht nur in der Malerei, sondern auch in der Literatur. Meist sind dabei die Bauern von außen gesehen. Sie sind idyllisiert und sentimentalisiert. Das Kunstpublikum, ein bürgerliches Publikum, in den Städten der obere Mittelstand, wollte es so. Es kaufte auch Bilder mit bürgerlichem Genre, aber das Bauerngenre überwog. Neben den Bauern konnten auch Fischer und Seeleute dargestellt werden – aber keine Arbeiter, obwohl es doch in der Zeit des beginnenden Industrialismus in Deutschland und Frankreich genug von ihnen gab.

Das Bauerngenre kam in Schwang vor allem durch Léopold Robert, einen Welschschweizer, der in Rom arbeitete. Er malte erst einmal Räuber aus den Bergen bei Rom, die von der päpstlichen Polizei eingefangen worden waren und in Rom als Strafarbeiter gehalten wurden; dann aber studierte er friedliche Landleute. 1827 hatte
er großen Erfolg auf dem Pariser Salon mit der *Rückkehr von der Wallfahrt zur* Abb. 26
Madonna von Arco in der Campania und erneut 1830 mit der *Abendlichen Rast der Schnitter in den Pontinischen Sümpfen*. Der französische Staat kaufte beide Gemälde,

und sie wurden durch Nachstiche weit bekannt. Manche Maler in Paris, Wien und München nahmen das Bauernthema auf. In den 1830er Jahren kam es auch nach Düsseldorf, wo es sehr gedieh. Da schwedische, norwegische und finnische Maler gern in Düsseldorf studierten, verbreiteten sie das Bauerngenre auch in ihren Heimatländern.

Zur Geschichte des Bauerngenres

Das Bauerngenre blühte in der europäischen Malerei bis 1900. Aber nur selten erreichte es die Größe und Würde, die wir in Halonens *Mahlzeit* finden. Immerhin gibt es ein paar berühmte Bilder, in denen die betreffenden Maler die Bauern, die sie darstellten, ernst genommen haben. Diese Bilder gehören mittelbar zur Vorgeschichte von Halonens *Mahlzeit*. Es handelt sich um Gemälde von Adolph Tidemand (einem in Düsseldorf tätigen Norweger), von Gustave Courbet und Jean-François Millet, auch von Jules Bastien-Lepage (der freilich kein großer Maler war), ferner von dem Norweger Erik Werenskiold und – in Halonens unmittelbarer Nähe – von den Finnen Albert Edelfelt und Axel Gallén (später nannte er sich Akseli Gallen-Kallela). Von Wilhelm Leibl dürfte Halonen keine Eindrücke empfangen haben.

Zuerst Adolph Tidemand mit seinem Gemälde *Die Haugianer*. Er war Sohn eines hohen Beamten, als Maler ausgebildet in Kopenhagen und Düsseldorf, wo er sich niederließ, weil damals in Norwegen noch kein Maler von seiner Kunst leben konnte (das gleiche gilt von Johan Christian Claussøn Dahl, der in Dresden tätig war). Sowohl zu Hause wie in Düsseldorf hatte Tidemand eine romantische Idee kennengelernt, die wenigstens für die historisch Gebildeten in Europa wichtig wurde: Die Bauern sind der Kern der Nation, sie sind das eigentliche Volk. Die damals heranwachsende Wissenschaft der Volkskunde – man braucht nur an die Brüder Grimm und an Wilhelm Heinrich Riehl zu erinnern – war eine Wissenschaft des bäuerlichen Brauchtums, der bäuerlichen Märchen und Sagen, der bäuerlichen Volkslieder (auffälligerweise nicht der bäuerlichen Wirtschaft und Gesellschaft). Die Wendung zum bäuerlichen Volkstum hin verband sich in Deutschland allmählich mit der politischen Reaktion. Nicht so in Norwegen und Finnland. Beide Länder hatten im Zusammenhang mit dem Umsturz, den Napoleon über Europa brachte, einen neuen politischen Status erhalten. Norwegen war bis 1814 ein Teil der dänischen Monarchie gewesen, die autokratisch regiert war; 1814 hatte es seine Selbständigkeit erklärt und sich eine für damals moderne Verfassung gegeben; noch im gleichen Jahr wurde es gezwungen, eine Personalunion mit Schweden einzugehen: der schwedische König war zugleich norwegischer König; aber das Land behielt seine Verfassung von 1814, die moderner war als die schwedische Verfassung von 1809. Finnland war seit dem 13. Jahrhundert ein Teil des schwedischen Reichs; als der Zar 1809 Finnland okkupierte und von Schweden losriß, legte er einen Eid auf die alte schwedische Verfassung des Landes ab – eine Anomalie in dem autokratisch regierten Rußland. Norwegen wie Finnland waren arme Länder, aber in beiden waren die Bauern freie Leute; die Leibeigenschaft und andere Formen der europäischen Bauern-Unfreiheit waren hier unbekannt. In beiden Ländern waren die besitzenden Bauern im Parlament vertreten, in Norwegen im Einkammer-Reichstag, dem *Storting*, und in Finnland im Vierstände-Landtag (den der Zar freilich lange nicht einberief). In Norwegen errangen die Bauern etwa um die Jahrhundertmitte die Majorität im Parlament. In Finnland mußte der Senat (so hieß die Regierung des Großfürstentums Finnland) in der zweiten Hälfte des 19. Jahrhunderts mehr und mehr Rücksicht auf den vierten Stand im Landtag, auf die Bauern nehmen. Da beide Länder sich erst spät industrialisierten, waren die Bauern die Mehrzahl der Nation.

Bäuerliches Volkstum in Norwegen und in Finnland

Es war also ziemlich selbstverständlich, daß politisch und kulturell bewußte Menschen in Norwegen wie in Finnland dachten: Unsere Nation, das sind die Bauern. Der Gedanke hatte hier ein festeres Fundament als in Deutschland. Wo Tidemand seine Vorstellungen von Volk und Volkstum hergeholt hat, ob aus deutschen oder norwegischen Quellen, läßt sich wohl nicht bestimmen. Die jungen Erforscher der alten norwegischen Sprache und Geschichte standen in lebhaftem Gedankenaustausch mit den deutschen Volks- und Altertumsforschern (so der Historiker Peter Andreas Munch mit Jakob Grimm). Was Tidemand in Düsseldorf gehört und gelesen hatte, begegnete ihm auch während seiner Aufenthalte in der Heimat. Auf seinen Wanderungen machte er Zeichnungen und Aquarelle norwegischer Bauern in ihren Trachten. Dabei hörte er mehr und mehr von Ereignissen der jüngstvergangenen Zeit Norwegens, auch von der religiösen Erweckungsbewegung, die von Hans Nielsen Hauge ausgegangen war. Man kann diese Erweckung mit dem Pietismus in Deutschland und den Dissenters in England vergleichen. Gemeinsam für sie waren der religiöse Individualismus und die Betonung des religiösen Gefühls. Jeder Einzelne mußte sich selbst für seine Erlösung entscheiden. Das war eine Absage an die alte lutherische Frömmigkeit, die in der Gemeinde, im Kult und im Wir lebte.

Hauge erlebte seine Erweckung im Jahre 1796 und wanderte danach durch das Land, um andere zur Erweckung aufzurufen. Dabei griff er die lutherische Staatskirche und ihre Pfarrer an. Zusammenkünfte, wie er sie hielt (»Konventikel«), waren aber durch Gesetz verboten. Hauge wurde verurteilt und ins Gefängnis geworfen. Nach der neuen Verfassung von 1814 gab es keinen Rechtsgrund mehr, ihn zu verfolgen. Hauge wurde rehabilitiert. Die Bewegung, die er ausgelöst hatte, lebte weiter (sie hat eine Nachfolge bis heute) und floß zusammen mit dem politischen Kampf der Bauern um die Volksherrschaft gegen den Staat der Beamten, die doch das neue Norwegen 1814 geschaffen hatten.

»Die Haugianer« von Adolph Tidemand

Abb. 17

Das alles hatte Tidemand auf seinen Wanderungen in der Heimat verstanden und sympathisierte damit, obwohl er doch selber Sohn eines hohen Beamten war. Er brachte es ins Bild, als er seine *Haugianer* nach mehrjährigen Vorbereitungen in Norwegen 1847 in Düsseldorf malte. Als das Gemälde im Januar 1848 in Düsseldorf ausgestellt wurde, traf seine Aussage gerade mit der demokratischen Bewegung zusammen, die im März 1848 (im Gefolge der Februarrevolution in Paris) in Deutschland sich Bahn brach. Es weckte große Begeisterung, nicht nur in Düsseldorf, sondern auch in Berlin, wo es ebenfalls ausgestellt wurde; es reiste auch nach Paris, und die Düsseldorfer Galerie erwarb es. Das Original befindet sich noch heute in Düsseldorf, während die Nationalgalerie in Oslo eine Replik von 1852 besitzt, die ein Schüler und Bewunderer Tidemands, der Schwede Bengt Nordenberg, in Düsseldorf gemalt und die Tidemand selber leicht überarbeitet hat.

Tidemand zeigt uns eine Versammlung von Menschen, Bauern in Volkstracht, in einem geräumigen Holzhaus, einem sogenannten Rauchhaus, mit dem Ofen rechts hinten – es war aber ursprünglich ein Herdhaus, einst mit offenem Feuer, wie man an dem Steinbelag in der Mitte des Bodens sieht. Es ist also ein altes Haus, das selber Geschichte hat. Hier steht auf einem Schemel ein Mann mit gesenktem Haupt und geschlossenen Augen. Mit beiden Händen legt er ein Buch zusammen, aber er hält es umgekehrt, mit dem Einband nach oben, vielleicht hat er daraus vorgelesen, aber dann frei gesprochen; jetzt scheint er zu beten und wendet sich nicht mehr an seine Zuhörer. Er hat sie tief gepackt. Einige blicken wie gebannt auf ihn, andere sind in sich versunken, jeder für sich (ausgenommen das alte Paar am Tisch rechts). Der

Kreis der Hörer ist nach vorn offen, wir, die Betrachter des Bildes, können in ihn eintreten. Licht fällt von oben aus der Luke im Dach auf die Menschen, als ein Zeichen der Erleuchtung, die ihnen zuteil wird.

Das Gemälde ist nach den Regeln, die damals für Historienbilder galten, komponiert. Die *Hussitenpredigt* des Düsseldorfer Malers Karl Friedrich Lessing, gemalt 1833/36 (als Leihgabe aus Berlin-West im Kunstmuseum Düsseldorf), war eines der Vorbilder Tidemands. Aber er schildert kein großes historisches Ereignis mit bekannten Figuren, sondern eine Szene aus der norwegischen Gegenwart, eine Zusammenkunft der Erweckungsbewegung. Der Prediger ist kein Porträt Hauges, sondern ein anonymer Haugianer (als Modell diente ein Malerkamerad Tidemands, der westfälische Bauernsohn Theodor Mintrop). Dadurch ist das Bild wahrhaft neu, es zeigt Leute aus dem Volk, und zwar als Individuen, die jeder für sich vor einer großen Entscheidung über Leben oder Tod im Geist stehen. In der *Hussitenpredigt* war der Prediger mit dem Kelch die Hauptfigur, aktiv seine Zuhörer beherrschend. Bei Tidemand ist die Figur des Predigers passiv, aktiv sind die Zuhörer, nicht durch starke Gesten, sondern durch ihre Wendung nach innen.

Selbstverständlich hatte es in Literatur und Kunst schon vorher individuell gezeichnete Gestalten gegeben, aber das waren fast immer Individuen aus der Oberschicht. Daß Menschen aus den niederen Schichten ein individuelles Gewissen haben und über ihr individuelles Seelenheil entscheiden könnten, das hatte vorher kaum ein Künstler zum Thema eines Bildes erhoben (Caravaggio und Rembrandt bilden Ausnahmen). Eine solche Mündigkeitserklärung des Volkes konnte es damals gerade in Norwegen geben, dessen Oberschicht klein und noch dazu wenig begütert war und dessen besitzende Bauern dabei waren, die Majorität im Parlament zu gewinnen.

Sahen sich die gebildeten Norweger in der Geschichte ihres Landes um, fanden sie dort großartige literarische Zeugnisse: die isländischen Sagen (die Bewohner Islands waren aus Norwegen ausgewandert), die norwegische Geschichte *Heimskringla* des Isländers Snorre Sturlason, die norwegischen Königssagen, nicht zum mindesten *Kong Sverres saga*, die Geschichte eines erfolgreichen Aufrührers – die Personen dieser Geschichte aber waren Bauern und Bauernhäuptlinge und seefahrende Bauern. Der kräftige Alte in der Mitte von Tidemands Bild könnte, hätte er ein Schwert an der Seite, Eigill Skallagrimsson heißen . . . Tidemand hat die Situation der Haugianer mit solchem Verständnis erfaßt, daß er auch den Widerstand gegen sie schildert: Das alte Paar links hält sich für sich, läßt sich nicht überzeugen, bleibt bei der Bibel (oder einer Hauspostille): sie sind Gemeindeglieder der alten lutherischen Rechtgläubigkeit, die den Pietismus als Schwärmertum abweist. In diesem Gemälde geht es um das Seelenheil eines jeden Einzelnen. Aber da wir hier im 19. Jahrhundert sind, geht es unausgesprochen auch um die Demokratie, und das heißt, um die politische Freiheit eines jeden Einzelnen.

Bauernmalerei in Frankreich

Ein anderes Gemälde mit Bauern, das Pekka Halonen sicher gekannt hat, war das *Begräbnis in Ornans* von Gustave Courbet, gemalt 1849, ausgestellt auf dem Salon 1851, wo es starke Kritik erregte. Courbet, selber Bauernsohn, war Realist; er malte das Begräbnis seines Großvaters, bei dem sich die ganze bäuerliche und kleinbürgerliche Gesellschaft von Ornans versammelte. Courbet malte die Menschen seiner eigenen Klasse, die bodenbesitzenden Bauern, die in der Tat die stärkste Klasse Frankreichs waren. Paris mit seinen Handwerkern, Industriearbeitern, Kaufleuten, Intellektuellen und seiner Oberschicht mochte sich für Frankreich halten. Es zog in großem Umfang den Bodenzins aus den Provinzen an sich, es stiftete Gesetze und diktierte die Mode

Abb. 18

– wenn es aber um die reale Macht ging und das Pariser Niedervolk den Aufstand versuchte, schickte die Regierung Regimenter aus Bauernsöhnen in die Stadt . . . die schossen erbarmungslos. Courbet hatte sicher nicht die Absicht, das Pariser Kunstpublikum an die reale Macht der Bauern zu erinnern, aber als er sein Gemälde 1851 ausstellte und damit die französische Provinz monumental repräsentierte, dachten die Pariser an ihre Niederlage 1849. Das Gemälde enthielt politischen Stoff, das wurde sofort verstanden. Auch für Betrachter, die keine direkten politischen Gedanken mit diesem Bild verbanden, zeigte es eine große, in sich homogene Gruppe von Menschen mit einem starken Gruppenbewußtsein, es zeigte eine Klasse oder einen Teil einer Klasse, ein Wir.

Courbet war der Sohn besitzender Bauern, Jean-François Millet der armer Kleinbauern. Er hat oft Menschen seiner Klasse geschildert, aber offenbar ohne Klassenbewußtsein. Oft hat er ihr hartes Los fromm verklärt, selten hat er es anklagend dargestellt. Baudelaire hat den Gefühlston Millets hart kritisiert, so im Kapitel über Landschaftsmalerei im *Salon de 1859*: »Ob die Menschen Millets ernten oder säen, ob sie Kühe weiden oder Schafe scheren, sie sehen immer aus, als ob sie sagten: Wir armen Enterbten dieser Welt, und dabei sind doch wir es, die sie ernähren! Wir vollziehen eine Mission, wir folgen einer Berufung! – Statt einfach die natürliche Poesie aus der Szene zu holen, will Millet ihr um jeden Preis etwas hinzufügen.« So konnte also ein höchst befähigter Kritiker diese Kunst sehen. Man fragt sich freilich, was für eine Poesie in einem Tagelöhnerdasein auf dem französischen Land um die Mitte des 19. Jahrhunderts steckte. Baudelaire war eben doch ein Pariser, der bloß die Stadt kannte. – Millet zeigt seine Menschen groß in ihrem Milieu, das sie durch sein Licht warm umschließt. Er verleiht ihnen stets Würde und ist immer solidarisch mit ihnen. Auch diese Bilder von Bauern hat Halonen gekannt.

Wirkungen der Schule von Barbizon auf die nordische Malerei

Lange hatten schwedische, norwegische und finnländische Künstler ihre höhere Ausbildung in Düsseldorf gesucht. Die dänischen hielten sich an ihre Kopenhagener Akademie und reisten danach meist direkt nach Italien. Als die ersten nordischen Künstler nach Paris kamen – die Schweden Alfred Wahlberg, 1866 in Paris; Carl Fredrik Hill, 1873 in Paris, seit 1878 geisteskrank, und Ernst Josephson, 1879 in Paris, seit 1888 geisteskrank; der Finnländer Albert Edelfelt, 1874 in Paris; die Norweger Fritz Thaulow und Christian Krohg, in Paris 1874 bzw. 1881; der Däne Peder Severin Krøyer, in Paris 1877 – entfaltete sich gerade die Freilichtmalerei und in ihrem Gefolge der Impressionismus. Der hatte aber keinen Erfolg beim Publikum, und es ist kein Wunder, daß die jungen Maler aus dem Norden zunächst keine Eindrücke von dieser neuen Malerei aufnahmen (Damit ist nicht gesagt, daß sie rückständig waren, denn die Geschichte der Kunst ist kein einliniger Gänsemarsch von Stilen). Sie orientierten sich zunächst an den Malern der Schule von Barbizon, welche die Landschaftsmalerei erneuert hatten. Der Gründer von »Barbizon« (das ist ein Dorf 55 km südlich von Paris, am Rand des großen Forstes von Fontainebleau) war Théodore Rousseau, Sohn eines Pariser Handwerkers; er floh aus der Stadt und lebte seit 1836 in Barbizon. Er schuf eine neue Art, die Landschaft zu sehen: »ein Stück Natur«, alltägliche Ansichten mit Vordergrund und Mittelgrund als Hauptsache, während er die Fernzone vernachlässigte – früher war gerade die Fernzone mit Waldkämmen und Schneebergen ein wichtiger Bestandteil des Bildes gewesen (man braucht nur an Caspar David Friedrich zu denken). Rousseau und seine Nachfolger, die sich ebenfalls in Barbizon niederließen, füllten ihre nahen Landschaften mit starker, zuweilen düsterer Stimmung und gaben sehr auf das Licht acht. In Themen und Darstellungsweise wichen sie von dem offiziell gepflegten heroischen Stil ab. Bei Rousseau fällt auf, daß er kein bebautes Land malte, sondern verlassene Weideböden bevorzugte (ohne Tiere). – In den 1870er Jahren verlor die Schule von Barbizon ihre Bedeutung; die nordischen Maler hatten, mit Ausnahme Carl Fredrik Hills, keinen direkten Kontakt mit ihr. Aber von den Malern in Barbizon ging der Impressionismus aus, der das Licht über den Dingen erfassen wollte und darum mit reinen Farben in kleinen Flecken arbeitete.

Die Impressionisten waren indessen keine Stadtflüchtigen, sondern genossen die Stadt als Flaneure und malten als erste die Freizeitvergnügungen, darunter den Wassersport des Mittelstandes. Den nordischen Künstlern fielen sie, wie gesagt, nicht in die Augen, sie hatten meist keine gute Kritik und sie verkauften nichts. Man kann sagen, daß den Skandinaviern der Farbdivisionismus der Impressionisten als zu avanciert vorkam; ich möchte aber eher darauf hinweisen, daß den Kindern der nordischen Gesellschaft Freizeit und Zeitvertreib am Badestrand damals noch so fremd waren, daß sie damit rein thematisch nichts anzufangen wußten. Was sie statt dessen bemerkten, war der Erfolg des nichtimpressionistischen Freilichtmalers Jules Bastien-Lepage, eines Bauernsohns aus Nordlothringen, den Albert Edelfelt 1874 kennengelernt hatte.
Abb. 19 Bastien-Lepage malte Bauern – seine eigenen Leute – bei der Arbeit unter bedecktem Himmel. Er war kein guter Kolorist, aber unerschöpflich in Grautönen. Albert Edelfelt führte seine gleichaltrigen und jüngeren Kollegen in das Atelier Bastien-Lepages, dessen Wirkung auf die nordischen Maler auch mit seinem Tod nicht aufhörte. Edelfelt selber fand von hier aus seinen Weg als Künstler, freilich mit viel größerem koloristischem Geschick und mit viel breiterer Themenwahl. Und durch Edelfelt kamen Axel Gallén (Akseli Gallen-Kallela) 1884 und Pekka Halonen 1890 auf ihren Weg.

Albert Edelfelt, Sohn eines plötzlich verarmten und zu früh verstorbenen adligen Beamten, des Chefs der obersten Baubehörde Finnlands, zeigte schon früh seine künstlerische Begabung. Der 24jährige bekam ein Stipendium, um sich im Ausland zum Historienmaler auszubilden. Er reiste erst nach Antwerpen, das als Hochburg der Historienmalerei galt, fuhr aber nach kurzer Zeit weiter nach Paris, wo ihn die neue Freilichtmalerei mit ihren Motiven aus dem Alltagsleben anzog. Er mag gespürt haben, daß die große Zeit der Historienmalerei und Heldenverklärung vorbei war. Der Zeitgeist der französischen Revolution und der napoleonischen Kriege glaubte an Helden. Das mittlere 19. Jahrhundert war psychologisch und realistisch gesonnen und fragte nach den Bedingtheiten des Heldentums. Zudem drang in den 1860er Jahren der Darwinismus in die Weltanschauung der Gebildeten ein (auch wenn sie sich gegen ihn sträubten), und der war der Propagierung von Helden nicht günstig, ebensowenig wie die von Karl Marx ausgehenden Ideen und die sozialistische Bewegung. Erst gegen Ende des 19. Jahrhunderts schlug eine neue Woge der Heldenverehrung hoch (man denke insbesondere an den Bismarck-Kult in Deutschland!).

Die »Leichenfahrt eines Kindes« von Albert Edelfelt

Im ersten Sommer nach der Rückkehr nach Finnland, 1879, malte Edelfelt die *Leichenfahrt eines Kindes*. Er arbeitete an dem großen Gemälde meist im Freien, nahe bei dem kleinen Herrenhof seiner Mutter, in Haiko an der Förde von Borgå (Porvoo), und nahm seine Nachbarn zu Modellen. Das Bild hat drei Themen: Bauern (oder
Abb. 20 Fischer), Tod, Landschaft am Wasser. Ursprünglich sollte es eine Tauffahrt werden; aber unversehens trat eine Wandlung zum Todesmotiv ein. Es ist ein Todesmotiv in strahlendem Sonnenschein über leuchtendem Meer. Edelfelt gibt klare und starke Lokalfarben und erzählt, sozusagen episch, von ernsten, in sich verschlossenen Menschen, die auch in ihrer Trauer alltägliche Dinge, wie Steuern und Rudern, tun müssen. Am nachdenklichsten ist die kleine Schwester des toten Kindes in der Bildmitte, und

gerade um ihr halbverschattetes Gesichtchen leuchten Sonne und Meer am hellsten. Edelfelts Realismus ist von Mitgefühl erfüllt. Diese menschliche Note gab es kaum bei den französischen Freilichtmalern. Mit seinem großen Format und seiner Nahsicht auf große Figuren (in halber Lebensgröße) ist das Bild recht ungewöhnlich in seiner Zeit – als wäre es ein Historienbild! Aber es hat weniger Figuren als die meisten Historienbilder; es tendiert einerseits zur Intimität, indem es die Figuren so nah an uns heranführt, andererseits zur Monumentalität, indem die Handlung sozusagen episch, parallel zur Bildfläche, an uns vorbeizieht.

Was das Todesmotiv betrifft, hielt sich Edelfelt an die im 19. Jahrhundert verbreitete künstlerische Regel. Man malte nicht mehr das Sterben von Märtyrern oder weltlichen Helden (mit Engeln oder Genien) bzw. Sündern (mit Teufeln, die auf die Seele warten), man malte auch nicht mehr dramatische Todesfälle aus der Geschichte (wie es noch Delacroix getan hatte), sondern ließ den Betrachter an der Fürsorge um den Sterbenden oder an der Trauer um ihn teilnehmen. Es geht um Gefühlsschilderung, um das Betroffensein bei der Begegnung mit dem Tod. Wir werden Zuschauer des Leides anderer. Das ist eine schwierige Aufgabe für die Kunst. Sie erfordert großen menschlichen Takt. Von manchen Genrebildern des Jahrhunderts mit Todesfällen müssen wir leider sagen: Der Tod wurde gemütvoll. Edelfelt selber ist nicht ins Sentimentale abgeglitten. Auch Edvard Munch, von dem später zu handeln ist, war künstlerisch und menschlich stark genug, das Grauen vor dem Tod (darum geht es bei ihm) unsentimental ins Bild zu bringen.

Als Edelfelt das Bild 1880 auf dem Pariser Salon ausstellte, wurde es mit einer Medaille belohnt und von einem russischen Sammler angekauft. Erst 1907 kam es in finnischen Besitz. Die einheimische Kritik verstand das Bild nicht und nannte es gefühllos und trivial. Sie sah nicht, daß es eine Liebeserklärung an das eigene Volk war.

Freilichtmalerei in Frankreich

Mit seiner Arbeit am Wasser unter starkem Sonnenlicht hatte Edelfelt sich programmatisch an eine junge Richtung der französischen Malerei angeschlossen – und zwar in diesem Fall nicht an Bastien-Lepage. Durch das 19. Jahrhundert lief ein Streben der Maler, das Tageslicht einzufangen. Bereits im frühen 19. Jahrhundert hatte Jacques-Louis David in Paris seine Schüler ermahnt, dem warmen Atelier-Licht abzusagen und das kalte Tageslicht aufzusuchen. Erfolg hatte er nur bei wenigen, so etwa bei dem Dänen Eckersberg. In England verstand John Constable es auf seine Weise, das Tageslicht wiederzugeben; er hat auch auf einzelne französische Maler eingewirkt. Die Maler von Barbizon waren nicht auf das Tageslicht eingestellt, Théodore Rousseau malte lieber Abendstimmung mit warmem Licht, und das tat auch Jean-François Millet mit seinen Bildern von Bauern bei der Arbeit. Aus dem Kreis von Barbizon ging aber auch Charles-François Daubigny hervor, der seine Landschaften im richtigen, also kalten Licht sehen wollte. Im Jahr 1857 bzw. 1859 entstanden zwei wichtige, heute im Louvre befindliche Bilder: *Frühling* und *Das Tal von Optevoz (Isère)*. Sie enthalten sehr viel Grün, ohne ein ersichtliches Gegengewicht in Rot oder Braun. Früher hätte man keine so einseitige Farbenkomposition vorlegen dürfen. Indessen gelang es Daubigny, das Grün vielfältig zu nuancieren und damit auch andere Maler zu überzeugen, daß man so etwas malen könne.

Ab 1860 malte er am offenen Wasser, unter hellem Himmel, so daß er sowohl das kalte Blau des Himmels als auch dessen Spiegelung im Wasser wiedergeben konnte – und zudem mußte er die grüne Vegetation am Ufer bewältigen, deren Ton ja ebenfalls kalt war. Er richtete ein Boot als Atelier ein und malte auf dem Wasser (z. B. *Boote auf der Oise* und *Barken*, beide 1865, heute ebenfalls im Louvre). Diese malerische Aufgabe trieb Eugène Boudin noch weiter, indem er seine Staffelei am flachen Meeresufer nahe der Mündung der Seine aufstellte. Was sagen uns diese Bilder von Sandstrand und Meer, ohne bestimmte Räumlichkeit von nah und fern, durchweg hell, die nach älteren Begriffen gänzlich ohne Komposition sind? Ging es dem Maler wirklich um das optische Problem, wie man mit Öl- oder auch Wasserfarben das Tageslicht darstellen kann? Es heißt so, und das muß nicht falsch sein. Es dürfte sich aber um mehr gehandelt haben als bloß um ein optisches Problem. Das Thema dieser Bilder sagt wenig: Sandstrand und Meer, dazu Himmel mit einzelnen Wolken. Drükken denn diese Bilder nichts aus? Ja doch: nämlich Sinnesempfindungen. Die spielen natürlich immer in unserem Erleben der Welt mit und tun es natürlich auch in der Kunst, sowohl auf Seiten des Künstlers wie auf der des Betrachters. Aber vorher hatte man nicht auf sie Acht gegeben. Es kam auf so viel anderes in der Welt und in der Kunst an. Auf rationale Aneigung, auf gefühlsmäßigen Einklang oder auf ebenso gefühlsmäßige Auseinandersetzung. Diese große Thematik der Kunst wurde im 19. Jahrhundert abgebaut, zugunsten der privatesten Äußerung (die hatte es selbstverständlich vorher auch gegeben, aber eher in einer Nebenrolle). Verglichen mit älterer Kunst ist die des 19. Jahrhunderts sentimental. Davon wollten im späteren 19. Jahrhundert mehrere französische Maler loskommen. Sie konzentrierten sich auf die Sinnesempfindungen des Auges.

Baudelaire hatte das schon im voraus geahnt. Im *Salon de 1859* schrieb er über die Landschaftsmalerei und über Eugène Boudins Strandbilder: »Diese erstaunlichen Studien, die so schnell und so getreu nach dem entworfen sind, was das Allerunbeständigste und Allerungreifbarste in seiner Form und Farbe ist, Wogen und Wolken; sie tragen an den Rand geschrieben das Datum, die Tageszeit, die Windrichtung. Wenn man die Unterschrift des Bildes mit der Hand verdeckt, könnte man doch mit Hilfe des Gedächtnisses die Genauigkeit der Beobachtungen Boudins feststellen.« Trotz dieser Bewunderung glaubte Baudelaire indessen nicht, hier die richtige große Kunst vor sich zu haben: hier fehlte die Phantasie. Baudelaire hat nicht daran gedacht, daß dieses Unbeständige und Ungreifbare seelische Zustände ausdrücken könnte. Boudin gehört wie Daubigny zu den sogenannten Vorläufern des Impressionismus. Sie hatten aber – vor allem Daubigny – Eigenes über Wasser und Licht zu sagen. Wenn man ihr Werk der 60er Jahre mit den Meeresstrandbildern der nordischen Maler von Skagen in den 80er Jahren zusammenstellt, dann kann man besser sehen, was dieses Eigentliche war.

Freilichtmalerei in Skagen, Dänemark

Die Maler von Skagen nehmen einen wichtigen Platz in der Kunstgeschichte Dänemarks ein; sie schufen Freilichtmalerei und Darstellungen aus dem Volksleben – letztere unsentimental, also anders als das Bauerngenre der Düsseldorfer Akademie und ihrer Schüler.

Skagen liegt an der Nordspitze Jütlands, auf einer sandigen Landzunge, an die im Westen die Nordsee und im Osten das Kattegatt anbranden. Skagerrak heißt das Meer bei Skagen und war seit alters wegen seiner Stürme und Sandriffe gefürchtet, aber es war auch ein wichtiger Platz für die Fischerei, vor allem im Mittelalter. Im späten 18. Jahrhundert wurde die kleine Stadt von einer Sturmflut betroffen, von deren Folgen sie sich lange nicht erholen konnte. Wiederbelebt und allmählich als Badeort beliebt, wurde Skagen durch eine ganze Reihe von Malern, deren erster der Marinemaler Holger Drachmann war, der 1871 nach Skagen kam; die Malerei trat freilich bald in seinem Schaffen zurück, er schrieb Lyrik und gilt als Nationaldichter Dänemarks. Im gleichen Jahr kam der junge Karl Madsen, der 1874 den Maler Michael

Ancher aus Bornholm nach sich zog. Ancher malte vor allem die Skagener Seeleute und Fischer bei der Arbeit am Strand, bei der Heimkehr, im Sturm, wenn sie das große Rettungsboot in See setzen oder besseres Wetter im Krämerladen abwarten. Das war einstweilen eine thematische Erneuerung für die dänische Malerei (in der deutschen und französichen Kunst hatte es schon länger ein Fischer-Genre gegeben, jedoch fast immer sentimental dargeboten); sie war – das ist wichtig genug – unsentimental. Die malerische Erneuerung kam mit dem Norweger Christian Krohg, der Skagen erstmals 1879 besuchte, aber dann in Paris 1881/82 studierte und von dort die neue Freilichtmalerei nach Skagen brachte. Der Däne Peder Severin Krøyer hatte schon 1877 in Paris studiert, aber bei Léon Bonnat, der nichts vom Impressionismus hielt; erst um (nach?) 1880 lernte Krøyer die Freilichtmalerei und die Maltechnik Manets kennen. Als er 1882 nach Skagen kam, wurde er zum Zentrum einer Künstlerkolonie, von der eine Erneuerung der dänischen Malerei ausging.

Die stärkste künstlerische Kraft unter den Skagener Malern war Anna, die Tochter des Skagener Krugwirtes Degn Brøndum, die 1880 den Maler Michael Ancher heiratete. Sie erfaßte die neue Lichtmalerei am besten. Durch die Farbe, das Licht und die Betonung von kalt und warm gab sie ihren stillen Motiven einen eigenen Charakter.

Anna Ancher malte 1884/86 *Das Mädchen in der Küche*. Noch gilt bei ihr die alte Abb. 22
Ordnung, die den Maler deutlich von seinen Modellen und ihrer Welt trennt. Nur daß jetzt die Farbe einen neuen Eigenwert als Stimmungsträger oder »Empfindungsappell« bekommt, den sie früher nicht hatte, wo sie der Zeichnung und ihrer Bedeutung (Darstellung einer Handlung, Beschreibung einer Szene) den Vortritt ließ. Freilich hatte es schon lange den Streit zwischen »disegno« und »colore« gegeben, und gute Maler hatten schon immer den Gefühlsappell der Farbe gekannt, aber der Farbe als eines selbständigen Kunstmittels wurde man sich erst spät bewußt. Nun begann man – in der Praxis, noch nicht in der Theorie – die Reinheit (oder dagegen die Gebrochenheit) der Farbe und ihre kalte oder warme Tönung als wesentlich hervorzuheben. (In Wien war schon Waldmüller seit den 1830er Jahren ein großer Meister des Abwägens von warm und kalt, aber bei ihm hatte die Zeichnung noch immer große Bedeutung. In Dänemark zeigte Christen Købke ebenfalls in den 1830er Jahren, daß man kleine Bilder durch Warm-und-kalt-Komposition geradezu monumental gestalten kann. An anderer Stelle dieses Buches ist von Anders Zorn als Maler von Warm-und-kalt-Kontrasten die Rede, s. S. 22 und 187/88.)

Die besten Bilder der Anna Ancher haben »Stimmung«. Aber in diesen Begriff läßt sich viel hineinlegen. »Stimmung« kann mit Dämmerungsmalerei verbunden sein. Das aber ist hier nicht der Fall. Warm und kalt gehören zuerst in den Bereich unserer Empfindungen, wir erfahren warm und kalt durch unseren Tast- oder Berührungssinn, also zunächst körperlich und erst im übertragenen Sinne seelisch. Daß die Kunst so stark mit elementaren Empfindungen arbeitet, war die große Neuerung der 1890er Jahre.

Anna Ancher in Skagen ist vermutlich spontan auf diese Neuerung gekommen. Weder Krohg noch Krøyer können sie ihr beigebracht haben. Eher gilt noch, daß Krøyer ihr in seinen eindrucksvollen Strandbildern mit den weißgekleideten, am Abend lustwandelnden Frauen die Beobachtung des kalten Lichtes und der warmen Schatten abgesehen hat.

Die Freilichtmalerei läßt sich auch als ein Ausschlag des neuen Interesses für die elementaren Sinnesempfindungen deuten, mit denen sich die experimentelle Psychologie im späteren 19. Jahrhundert befaßte. Für Maler wie Boudin, Jongkind, Monet usw. ging es indessen nicht um wissenschaftliche Probleme, sondern um Aneignung der Welt durch die Sinne. Man sollte da nicht von einem »künstlerischen Problem« sprechen, schon gar nicht von einem rational formulierten Problem, das man mit rationalen Mitteln löste. In der Kunst geht es anders zu, sie wird um menschlicher Motive willen geschaffen. Jedoch war der Zweig der französischen Malerei, der sich selber »Impressionismus« nannte, auch in Frankreich meist auf Ablehnung gestoßen und war jedenfalls vor 1890 im allgemeinen nichts für die Maler aus dem übrigen Europa, die nach Paris kamen. Sie haben zunächst keine Bilder reiner Sinnesempfindungen gemalt; das änderte sich erst nach 1890.

Aber es gibt doch Genrebilder nordischer Maler mit Motiven von Strand, Wasser und hellem Himmel? In ihnen geht es vor 1890 kaum um elementare Sinnesempfindungen, auch wenn diese in die Bilder mit hineinspielen. Sie sind gute Malerei, so etwa Edelfelts Gemälde von spielenden Jungen am Wasser. Es sind Genrebilder, aufmerksam beobachtet, sicher hingesetzt, ganz unsentimental; zudem – wenn man das Motiv sozial betrachtet – Bilder von Kindern der Arbeiter am Sägewerk in Haiko. Das Motiv selber wäre an französischen Badeorten nicht zu finden gewesen.

Abb. 23, 25 Symbolisch sind solche Szenen natürlich gar nicht. Das gilt auch von Peter Severin Krøyers Bildern badender Kinder am Strand von Skagen, entstanden 1888/89; hier handelt es sich aber vermutlich um die Kinder der Sommergäste von Skagen, also einstweilen, ehe Skagen berühmt wurde, um die Kinder von Schriftstellern und Malern. Ganz allgemein dürfte es schwierig sein, Bilder von Wasser und Licht mit symbolistischen Bedeutungen aufzuladen. Das geht zwar bei Bildern von Quellen, Wasserfällen, Flüssen – sie können Reinheit, Wildheit, Veränderlichkeit, überhaupt »Leben« bedeuten. Aber große Wasserflächen lassen sich nicht leicht auf bestimmte Symbolbeziehungen festlegen.

Abb. 24 Erst bei Jens Ferdinand Willumsen wird der glückliche oder verzweifelte Mensch am Meeresstrand zum Symbol. Willumsens badende Jungen, die sich in die Wellen stürzen, sind nicht nur einfach badende Kinder, sondern Manifeste der Lebensberauschung (wobei fraglich bleibt, ob es sich um gute Malerei handelt).

Bei Edelfelt in der *Leichenfahrt eines Kindes* hat der glänzende Meeresspiegel zusammen mit dem Himmel keinen symbolischen Sinn; er soll an unsere Sinneserfahrungen erinnern und sie mit den vielen anderen Erinnerungen und Vorstellungen verknüpfen, die das Bild der Menschen mit dem Sarg im Boot wachruft.

Abb. 21 Bei Anders Zorn kommen Menschen am Wasser ab 1882 gelegentlich vor. Seiner eigenen Erklärung nach war er am Wasser vor allem malereitechnisch interessiert. So heißt es in seinen autobiographischen Aufzeichnungen (niedergeschrieben 1908) zum Jahr 1886: »Was mich damals besonders gelockt hatte, waren das Spiel des Wassers und seine Reflexe, daß man das richtig in Bewegung hinsetzte, die Wellen und alles in Perspektive brachte und alles wissenschaftlich mit minutiöser Schärfe erklärte.«

Zorn hat hier nachträglich eine rationale Erklärung der Wassermalerei gegeben. Als fleißiger Reisender wußte er genau, was gerade in Paris und London, in Skagen und Kopenhagen modern war. Mit Edelfelt unterhielt er nahe Beziehungen. Aber bei jedem bedeutenden Künstler unter diesen »Wassermalern« fragt es sich, was gerade er mit dem Wasser und dem Licht darüber meinte. Edelfelt sah vor allem die arbeitenden Menschen und ihre Kinder in ihrem natürlichen Milieu. Dabei hält er an der Würde und Selbständigkeit des Menschen fest, auch wenn er ein Geschöpf der Erde ist. Zorn seinerseits sah den nackten Menschen als ein Stück Natur. – Vorgreifend sei hier notiert, daß Menschen am Strand ein wichtiges Thema im Werk von Edvard Munch sind – aber das Wasser selber hat ihn nicht interessiert.

Rückblick auf die Geschichte Finnlands

Nach diesem Überblick über das Thema Bauern in der neueren Malerei und über Menschenfiguren in der Freilichtmalerei wollen wir zum besseren Verständnis des Bauernthemas bei den Malern Finnlands einen Rückblick auf die Geschichte des Landes tun. Finnland war seit dem 13. Jahrhundert ein Teil des schwedischen Reichs gewesen, das im Mittelalter erst mit der Feudalrepublik Nowgorod und dann mit dem Zarenreich um das karge und menschenarme Land gestritten hatte. Am Ende des 17. Jahrhunderts hatte die schwedische Macht ihre größte Ausdehnung nach Osten erreicht, bis an die Küste des Ladoga-Sees und die Mündung der Newa (mit Nyenskans oberhalb des späteren Petersburg). Peter der Große drängte sie zurück, und während des 18. Jahrhunderts nahm Rußland auch einen Teil des östlichen Finnland (mit Viborg) ein. Napoleon nutzte die alte schwedisch-russische Rivalität und ließ beim Friedensschluß in Tilsit 1807 den Zaren wissen, daß er einen Angriff Rußlands auf Finnland nicht hindern werde. Im Lauf des Jahres 1808 besetzte Alexander I. einen Teil Finnlands, die schwedische Armee wich zurück. Nun war ein Teil der schwedischen Adligen, die in Finnland beheimatet waren, schon längst kritisch gegen die Regierung in Stockholm eingestellt, da sie ihr Land unter den Folgen der leichtfertigen antirussischen Politik leiden sahen (unter anderem ging ja Viborg verloren). Sie waren darum bereit, Finnland unter den Schutz des Zaren zu stellen, wenn dieser nur die schwedische Verfassung des Landes garantierte. Damit war Alexander I. einverstanden. Er wollte Rußland modernisieren, und wenn Finnland mit seiner Verfassung und seinem Vierstände-Landtag ein Teil seiner Herrschaft geworden war, sollte es nach seiner Meinung eher möglich sein, dem ganzen russischen Reich eine Verfassung und eine Form von Reichstag zu geben, so daß die Stände eine Mitverantwortung an der Regierung trugen. Darum legte Alexander 1809 in Porvoo/Borgå seinen Eid auf das schwedische Gesetzbuch von 1734 ab. Zwar berief er den Landtag nicht ein und ließ die Verfassungspläne für Rußland fallen, aber das Großfürstentum Finnland hatte eine eigene Verfassung, eine Landesregierung und eine Armee. Die Amtssprache war zunächst schwedisch, danach schwedisch und finnisch. Erst 1863 trat der Landtag zusammen. Noch später versuchten die Petersburger panslawistischen Bürokraten, die Verfassung Finnlands zu zerstören, wovon im weiteren noch ausführlicher die Rede sein wird.

Das 19. Jahrhundert war das Zeitalter des Historismus und – allmählich – auch der historischen Volkskunde. Nach 1809 konnte man in Finnland nicht mehr gern die Geschichte des Landes im Licht des Kampfes der ehemaligen schwedischen Großmacht gegen Rußland betrachten, hatte aber noch weniger Grund, die eigenen Wurzeln in der Geschichte Rußlands zu suchen. Finnland war lutherisch, Rußland war orthodox; diese Glaubens- und Kulturgrenze ließ sich nicht aus der Welt schaffen. Was man ins Licht heben konnte, war die Geschichte Finnlands selber, d. h. aber die Geschichte des Volkes, d. h. die Geschichte der Bauern, gleich, ob sie schwedisch oder finnisch sprachen. Nun unterschied sich die Geschichte des schwedischen Stammes in Finnland nicht stark von der desselben Stammes in Schweden. Viel interessanter waren Herkunft und Entwicklung der finnischen Stämme und ihrer Sprache, die ja kein Zweig der indoeuropäischen Sprachenfamilie war, sondern mit den samischen, ugrischen und ungarischen Sprachen zusammenhing. Das finnische Volk bewahrte auch ansehnliche Stücke einer alten Volksdichtung. Die Bedeutung der alten Volksdichtungen hatte schon Johann Gottfried Herder hervorgehoben und damit ein großes Echo nicht nur in Deutschland, sondern auch bei anderen Völkern geweckt; so auch in Finnland.

Elias Lönnrot, das Epos Kalevala und das Liederbuch Kanteletar

Hier war es der Arzt Elias Lönnrot, Sohn eines Dorfschneiders, der weit herumwanderte und Lieder und Volkserzählungen sammelte, die er in dem großen Epos *Kalevala* 1835 und 1849 rekonstruierte und in dem Liederbuch *Kanteletar*, 1840, zusammenstellte; die ersten finnischen Volksdichtungen hatte er schon 1829 herausgegeben. Seine Arbeiten wurden auch ins Schwedische übersetzt und stärkten das Nationalbewußtsein beider Sprachgruppen in Finnland.

In Lönnrots Familie gab es Alkoholismus. Der Junge war arm, aber seine Begabung verschaffte ihm Gönner, die ihm den Besuch von Schule und Universität ermöglichten. Er studierte in Turku/Åbo, wo er die Ideen Herders und die romantische Begeisterung für das Volkstum in sich aufnahm. Zeitweise mußte er sich das Brot als wandernder Schneider verdienen. Er war gern unterwegs und behielt immer Kontakt mit dem Volk. Für seinen Unterhalt war er darauf angewiesen, eine Arztstelle in der Provinz anzunehmen, in Kajana 1833/53. Von da aus begab er sich auf weite Wanderungen, um Volkslieder aufzuzeichnen.

1881 wollte man ihn mit einem Fest in Kajana ehren. In seiner Dankrede sagte er: »Als ich als Provinzarzt in das hiesige Grenzgebiet der Runendichtung kam – die Gegend selber gehört ja nicht zu dem eigentlichen Land der alten Lieder – und hier ziemlich viel Zeit hatte, da ich sicher ein sehr geringer Arzt war und mein Beruf nicht viel Arbeit verursachte, unternahm ich es, anfänglich am ehesten zu meinem eigenen Vergnügen, Lieder und Gesänge aus dem Mund des Volkes aufzuzeichnen. Je mehr ich das tat, um so mehr begann diese Beschäftigung mir zuzusagen, und allmählich erstarkte bei mir die Überzeugung, daß das alles wert sein könnte, bewahrt zu werden. Als ich später Unterstützung und sogar Reisebeiträge von der Finnischen literarischen Gesellschaft bekam, dehnte ich meine Sammlerwanderungen weiter aus, u. a. nach Russisch-Karelien hinein. Aus diesen Reisen sind *Kalevala* und *Kanteletar* hervorgegangen, und ich habe dabei kein besonderes Verdienst, denn jeder beliebige hätte das gleiche machen können.« Letzteres war freilich eine Untertreibung.

1853 wurde Lönnrot Professor der finnischen Sprache in Helsinki und machte sich an die Riesenarbeit, ein Wörterbuch der finnischen Sprache zu schreiben. Lönnrot versteckte seine Genialität – wie weit war er sich ihrer selbst bewußt? – hinter einem anspruchslosen Auftreten. Er kleidete sich einfach, lebte asketisch, wanderte gern in entlegenen Gegenden. Er trug eine Flöte mit sich, die kein Volksinstrument war, aber mit deren Klängen er die Menschen herbeizulocken vermochte und sie dazu brachte, ihre Lieder vorzutragen.

Er hat selber mitgeteilt, daß er die Gesänge des *Kalevala* arrangierte – in Wahrheit hat er wichtige Stücke erdichtet. Was er an eigenen Gedichten zu festlichen Anlässen schrieb, ist ungeschickt. Nur Stoff und Form des *Kalevala* regten seine Phantasie an. Ich nehme an, daß er auf seinen langen Wanderungen das Gehörte und Aufgezeichnete wiederholte und an ihm weiterspann.

Der Dichter Johan Ludvig Runeberg

Etwa gleichzeitig mit Lönnrot wuchs unter den Schweden Finnlands ein großer Dichter heran, dessen Rolle durchaus mit der Schillers in Deutschland zu vergleichen ist: Johan Ludvig Runeberg. Auch er war, wie die meisten seiner Studienkameraden an der Universität Turku/Åbo, von der großen deutschen Dichtung und Philosophie, von Herder, Goethe, Schiller, Kant berührt. Als Dozent und später Gymnasiallehrer der klassischen Sprachen am Gymnasium in Porvoo/Borgå war es für ihn selbstverständlich, *Kalevala* mit den homerischen Epen, den isländischen Sagen und dem Nibelungenlied zu vergleichen. Die finnische Nation umfaßte für ihn sowohl Schweden wie Finnen. Auch für ihn waren die Bauern die eigentliche Nation. Aus dem

Volk stammen viele Figuren seiner Dichtung. So auch *Bondgossen* (Der Bauernjunge) in *Dikter, andra häftet*, 1833 (Gedichte, zweites Heft). Es ist ein sogenanntes Rollengedicht, in dem der Dichter vorgibt, im Namen einer anderen Person zu sprechen. Das Gedicht mag im Herbst 1831 entstanden sein, auf Grund von Eindrücken, die Runeberg als Hauslehrer auf einem Gutshof in Saarijärvi (im finnischen Inland, 60 km nordwestlich von Jyväskylä) 1823/25 empfangen hatte.

Der Bauernjunge

Ich habe zugeschlagen, bis meine Kraft
verging, und schlage wieder zu,
und der Stahl der Axt ist scharf und gut,
aber die Kiefer steht doch noch.

Mein Arm war einmal fest und stark,
jetzt ist er es nicht mehr,
seit ich den Winter hindurch Rinde
gegessen und Wasser dazu getrunken habe.

Wenn ich einen anderen Dienst suchte
und besser für mich sorgte,
käme ich vielleicht zu einem Herrn,
der Brot aus Roggen hätte.

Vielleicht fände ich in der nächsten Stadt
Lohn für Treue und Fleiß. –
Ich denke oft so und kann
mich doch nicht dorthin sehnen.

Stehen die Berge dort mit laubgeschmücktem
Haupt und sehen ihr Bild im See?
Geht die Sonne dort so herrlich auf
und geht sie so mild unter?

Gibt es dort ein Tal, das Blumenduft streut,
eine Heide mit Kiefern?
Und sie, deren Almhorn ich jetzt höre,
werde ich sie dort finden?

Vorüber fährt die Wolke ohne Schutz,
ein Zeitvertreib des Windes; –
und ohne Freund und Heimat
was ist ein Menschenleben?

Vielleicht hört Gott die Stimme des Volkes
und lindert die Not des Landes;
vielleicht wird eine bessere Ernte im
Herbst uns ein besseres Brot geben.

Die Szene selber ist realistisch: flache Moränen- und Sandhöhen, mit Heideböden und Kiefernbeständen, auf besseren Böden auch Laubwald; zwischen den Höhen Seen und Senken mit kleinen Äckern; Waldweidewirtschaft. Die Äcker sind von Frösten noch im Juni und schon wieder am Ende des August bedroht. Das ist es, was der junge Holzfäller um sich sieht; es ist seine Heimat, hier hofft er sich einmal verheiraten zu können. Aber so wie er in den Strophen 5 und 6 seine Heimatverbundenheit ausdrückt und sein Zaudern vor der Arbeitssuche in unbekannten Verhältnissen begründet, kann ein armer Bauernjunge in Finnland um 1830 seine Gedanken und Gefühle kaum formuliert haben. Auch die Reflexion über die Wolke als Bild wurzellosen Menschendaseins wird man ihm nicht zutrauen. Aber Runeberg will ja nicht nur realistisch schildern, sondern eine Idee, die Idee von der Heimattreue und Heimatgebundenheit des Menschen, verkünden. Er hatte selber als Kind und junger Mensch mehrmals die Heimat wechseln müssen, hatte in Turku/Åbo studiert und Freunde gefunden und sah sich 1828 gezwungen, der Universität bei ihrer Verlegung von Turku nach Helsinki zu folgen.

Es ist nicht realistisch, daß ein Bauernjunge um 1830 seine, sicher unreflektierte Gebundenheit an die Heimat, doch wohl vor allem an die Gemeinschaft des Hofs und Dorfs, durch die Naturschönheit dieser Heimat erklärt. Aber durchaus realistisch ist der Gedanke, daß es in der Stadt Roggenbrot gäbe, realistisch auch die Hoffnung auf eine bessere Ernte. Tatsache waren auch die Hungerwinter im Innern Finnlands, wo man Kiefernborke vermahlte und als Brot buk. Runeberg selbst gab das zweite Heft seiner Gedichte mit einer Subskription zugunsten der Hungerkirchspiele heraus – er selber, der doch nur ein armer Magister war, machte keinen Anspruch auf Honorar geltend. Der junge Mann des Rollengedichtes von Runeberg war durch das ganze 19. Jahrhundert in Finnland bekannt. Runebergs Gedichte wurden alsbald ins Finnische übersetzt und standen in den Lesebüchern der Volksschule. Man konnte sie überall im Land auswendig. Auch Halonen und die Bauern auf dem Gemälde *Mahlzeit* waren selbstverständlich mit ihnen – und damit auch mit ihrer Ideologie – vertraut.

Runebergs »Bondgossen« (Bauernjunge) im Vergleich mit deutscher Dichtung

Gibt es Werke wie Runebergs *Bondgossen* auch in der deutschen Literatur? Soweit ich sehen kann: nein. Der Alemanne Johann Peter Hebel, selber kleinbäuerlicher Herkunft, hat es verstanden, Bauern lebendig zu schildern, aber sie denken und fühlen nie wie Runebergs Bauernjunge. Hebel war, trotz seiner Herkunft und langjährigen Vertrautheit mit dem Landvolk, zu sehr von der ständischen Gesellschaft geprägt (als Pfarrer und, später, Gymnasialprofessor), als daß er sich mit einem Bauern hätte identifizieren können, auch wenn er ein paar Bauern-Rollengedichte geschrieben hat.

Auch Matthias Claudius zeichnet einfache Menschen und hat den Bauern geradezu verherrlicht:

Der glückliche Bauer

Vivat der Bauer, vivat hoch!
  Ihr seht es mir nicht an;
Ich habe nichts und bin doch wohl
  ein großer reicher Mann.

Frühmorgens, wenn der Tau noch fällt,
  Geh ich, vergnügt im Sinn,
Gleich mit dem Nebel 'naus aufs Feld
  Und pflüge durch ihn hin;

Und sehe, wie er wogt und zieht,
  Rund um mich, nah und fern,
Und sing dazu mein Morgenlied
  Und denk an Gott den Herrn.

. . .

Indessen steigt die Sonn' herauf
  Und scheinet hell daher –
Ist so was auch für Geld zu Kauf,
  Und hat der König mehr?

In Gedichten dieser Art steckt die Gesellschaftskritik der Aufklärung, steckt letztlich Rousseau. Die Gedanken und Gefühle dieses Bauern sind ausgesprochen weniger realistisch als die des Bauernjungen Runebergs, der einen Hungerwinter hinter sich hat. Auch noch bei Erik Gustaf Geijer ist der Bauer – *Odalbonden* (1811) – eine Figur aus dem Repertoire der Gesellschaftskritik, eine (mehr oder weniger) utopische Gestalt. Das aber kann man von Runebergs Bauern nicht sagen.

Claudius und Hebel waren beträchtlich älter als Runeberg, der Hebel mit Sicherheit nicht gelesen hat, da dieser alemannisch, nicht hochdeutsch, schrieb; Claudius kann Runeberg dagegen gekannt haben. Viel wichtiger für Runeberg waren natürlich die deutschen Romantiker. Dabei ist sehr deutlich: Runeberg hat sich nie um ein Zentralmotiv der deutschen Romantik (wenn nicht geradezu ihr Schlüsselmotiv!) gekümmert: den Wanderer. Fast alle Figuren der Dichtung Joseph von Eichendorffs befinden sich unterwegs, sehnen sich in die Ferne, träumen von einer verlorenen Vergangenheit, lauschen einem verhallenden Ton und sehen nie die konkreten Einzelheiten vor ihren Füßen, rund um sie herum. Noch stärker – und nun ganz leiderfüllt – ist das Wandermotiv bei einem Lyriker kleineren Ranges wie Wilhelm Müller, dem Griechenmüller, so genannt wegen seiner hellenophilen Propaganda, dessen zwei Zyklen vom Wandern mit unglücklichem Ende *Die schöne Müllerin* (1821) und *Die Winterreise* (spätestens 1824) Schubert 1823 bzw. 1827 vertont hat. Auch der ansonsten wenig beachtete Georg Philipp Schmidt (von Lübeck) wurde über ganz Europa hin bekannt durch Schuberts Vertonung des *Wanderers*: »Ich komme vom Gebirge her . . .« (1816), mit der Schlußzeile: »Dort, wo du nicht bist, da ist das Glück!«

Das Schlüsselmotiv der deutschen Romantik heißt verlorene Liebe, verlorene Heimat, verlorenes Glück – es ist zu deuten als das verlorene alte deutsche Reich, für das die Deutschen im 18. Jahrhundert keine Anhänglichkeit gezeigt hatten, das aber nach seiner Auflösung 1803 unter dem Druck des napoleonischen Tyrannis und des endlosen Krieges sozusagen über Nacht in utopischem Glanz an alle privaten und öffentlichen Sehnsüchte appellierte.

Zu weiteren Werken von Runeberg

Dieses Schlüsselmotiv war selbstverständlich in den nordischen Ländern völlig unanwendbar. Vom Bauern aber, dem bescheidenen, genügsamen, in sich selbst ruhenden Fundament der Gesellschaft, war in der deutschen Romantik keine Rede mehr. Dahingegen ist er ganz selbstverständlich und gesellschaftlich-realistisch eine Schlüsselfigur bei Runeberg. Er erscheint auch in der deutschsprachigen realistischen Literatur wieder, am großartigsten bei dem Schweizer Jeremias Gotthelf. Runeberg trug seine hohen Ideale sozusagen im Volkston vor. Es ist wichtig, dabei zu betonen, daß der Dichter eine allgemein-menschliche Entscheidung einem Bauernjungen zuschreibt. Entsprechendes gilt auch von dem kurzen Epos *Julkvällen* (Der Weihnachtsabend) 1841. Runeberg schildert den Weihnachtsabend auf einem kleinen Gutshof, wo der adlige Hausherr, einst Major im Krieg von 1808, einen seiner alten Soldaten bewirtet. Dieser lebt allein in einer Hütte abseits vom Gut und wartet darauf, daß sein Sohn heimkehren soll. Aber gerade an diesem Abend kommt die Nachricht, daß der Sohn gestorben ist. Der Major bietet dem Alten eine Wohnstatt auf dem Gutshof an, der aber lehnt ab. Einer der Knechte könnte ihm im Vorbeigehen vorwerfen, daß er von Gnaden anderer lebe; lieber will er weiterhin seinen Unterhalt durch Jagen und Fischen selber erwerben.

»Der Major schwieg; er fühlte sein Herz schwellen. Finnland stand vor seiner Seele, das frostige, sein armes, entlegenes, heiliges Vaterland; und die graue Truppe vom Strand des Saimen, die Freude seines Lebens, sein Stolz seit fünfzig Jahren, trat aufs neue vor seinen Blick, mit dem Waffenbruder wie einst, ungeziert, schwerfällig und gefaßt, mit eisenfester Ehre in der Tiefe.«

Diese Stilisierung von Land und Volk hat eine enorme Wirkung in Finnland über ein volles Jahrhundert hin gehabt. Es ist wichtig zu sehen, daß Runeberg hier die Bewahrung der Menschenwürde einem armen alten Mann anvertraut. Das reinste Menschentum findet sich gerade beim Volk. Eine alte moralische Tradition des stolzen und geduldigen Aushaltens und Ertragens, antik-stoisch und christlich, nahm bei ihm einen neuen Zug an: den der Volkshaftigkeit.

Runeberg ging von einer ländlichen Welt aus, die unveränderlich war und in die erst wenige neue Landwirtschaftsmethoden eingedrungen waren. Noch weniger spürte diese Welt den Sog des beginnenden Industrialismus. Das große soziale Problem war überall, auch in Finnland, die wachsende Schar der besitzlosen Kätner und Tagelöhner auf dem Land, dessen Ernten nicht zu ihrer Ernährung reichten. Aber dieses Problem war noch kaum erkannt, auch für Runeberg scheint es nicht existiert zu haben. Seine Bauern sind arm, aber sie sitzen doch auf eigenem Boden. Erst in den 1840er Jahren hatten mehrere Mißernten in Frankreich und Deutschland das Interesse für technische Verbesserungen der Landwirtschaft geweckt. Sie kamen aber nur verspätet nach Finnland. Nicht nur bei Runeberg, sondern überhaupt in der europäischen Dichtung, soweit sie überhaupt die bäuerliche Welt darstellte, blieb das Bild einstweilen unberührt von den (langsam vordringenden) Neuerungen. Erst bei den nach 1840 geborenen Schriftstellern kam diese Welt in Bewegung: bei dem Österreicher Peter Rosegger, Bauernsohn; bei den Norwegern Arne Garborg und Knut Hamsun, beide Bauernsöhne; bei dem Finnen Juhani Aho, Pfarrerssohn vom Lande.

In dem kleinen Epos *Weihnachtsabend* ist schon das Thema angeschlagen, um das sich Runebergs Gedichtzyklus *Fänrik Ståls sägner,* 1848 (Die Erzählungen des Fähnrichs Stahl; zweite Sammlung 1860) dreht. In wechselnden Strophenformen werden Episoden aus dem Krieg 1808/09 geschildert. Wir sehen die Taten und hören die Aussprüche der Soldaten und ihrer Offiziere. Die Soldaten sind Bauern gemäß der schwedischen Wehrverfassung der Jahre um 1690. Je eine gewisse Zahl von Bauernhöfen sollte einen Soldaten auf einem kleinen Hof unterhalten und ausrüsten. In Friedenszeiten war dieser Soldat Bauer, in Kriegszeiten rückte er aus. Auch die Offiziere saßen auf entsprechend größeren Höfen und trieben Landwirtschaft in Friedenszeiten. Als der Zar Finnland angriff, waren es eben diese Soldaten vom Boden des Landes, die nun dem, nach einem moderneren System ausgehobenen und ausgerüsteten russischen Heer Widerstand leisteten. Freilich ohne Erfolg, denn sie waren unzureichend bewaffnet und an oberster Stelle schlecht geführt. Sie verloren den Krieg, Finnland aber gewann unter dem Zaren mehr an Selbstverwaltung als es im schwedischen Reich gehabt hatte. Darum konnte es die Niederlage verschmerzen und hegte keinen Haß gegen Rußland. Was vom Krieg übrig blieb, war die Erinnerung an Pflichterfüllung, Vaterlandsliebe, Kameradschaft und Tapferkeit. Wie verbreitet und wie stark diese Einschätzung des Kriegs von 1808/09 war, können wir heute nicht mehr feststellen, denn Runeberg hatte sie in seinen Gedichten aufgefangen, und sie war eben durch diese Gedichte Eigentum der Nation geworden.

In seinen Gedichten waren immer wieder die Bauern-Soldaten Träger der genannten Tugenden, zusammen mit ihren Offizieren. Finnland war zu Runebergs Zeiten ein Agrarland und blieb es bis weit ins 20. Jahrhundert hinein. Durch Runeberg gewann Finnlands Volk ein Selbstbewußtsein eigener Art. Es war ein unromantisches Ideal, ohne eine Spur von dem, was später einmal »Blut und Boden« heißen sollte, ohne Gleichsetzung von Bauerntum und Fruchtbarkeitskult. Das Maß, an dem Runeberg die Menschen mißt, heißt Zuverlässigkeit. Es ist ein altes christliches, vor allem lutherisches Maß, das wir mit einem modernen Begriff »Sozialmoral« nennen könnten.

Runeberg stand damit nicht allein in der europäischen Dichtung, man mag Ähnliches bei den Schweizern Jeremias Gotthelf und Gottfried Keller finden. Nirgends aber hat dieses Menschenmaß eine solche Gültigkeit bei einem ganzen Volk gewonnen wie in Finnland. Das kann man mit Augen sehen, wenn man die Bilder von Bauern in der Malerei studiert. Noch dreißig und fünfzig Jahre nach dem Erscheinen der *Erzählungen des Fähnrichs Stahl* leben die Bauernbilder Edelfelts und Halonens (und anderer Künstler Finnlands) von der Moral Runebergs.

Unter dem Einfluß von Freilichtmalerei und Bauernthema malte Pekka Halonen 1891 *Die Mäher* (Niittomiehet). Stark bewegte Figuren waren nie seine Sache. So ist Abb. 26 die Hauptfigur des Mäher-Bildes ein still stehender junger Mann, der seine Sense wetzt. Heutige Betrachter sollten die Wiese genau beachten, die hier gemäht wird: sie ist naturgewachsen, nie gepflügt, nicht gesät und nicht gedüngt. Kein Landwirt unterhielte heutzutage solche Wiesen. Die Wiese bei Halonen erinnert uns an die primitiven Produktionsbedingungen jener Zeiten, die bei harter Arbeit doch nur geringen Ertrag brachten. Mit sicherem Blick hat der junge Maler drei Figuren so ins Bild gebracht, daß sie durch ihre perspektivische Verkleinerung die Raumtiefe anschaulich machen. Mit Sympathie malt Halonen den jungen Mann, keine Schönheit, und läßt das Licht auf seinem kurzgeschorenen Schädel glänzen. Es ist klares, hartes Tageslicht, und es ist nordisches Licht, nicht mehr das warm verklärende Licht Millets, sondern Freilicht, aber auch nicht mehr das gedämpfte Freilicht Bastien-Lepages. Halonen zeigt hier, daß er Menschen in der Natur gestalten kann. Er hat vermutlich nicht darüber nachgedacht, daß er damit der neuen Menschenauffassung folgte, die den Menschen als bedingt von seinem Milieu – sei es Natur, sei es Gesellschaft – sah.

Einige Gemälde von Axel Gallén

Halonens *Mäher* von 1891 ist ein unkompliziertes Bild. Die *Alte mit der Katze* von 1885 von Axel Gallén – er fennisierte seinen Namen 1905 zu Akseli Gallen-Kallela – wirkt ebenfalls unkompliziert. 1886 war das Gemälde auf dem Pariser Salon zu sehen. Im Werk des Malers steht es zwischen schlicht naturalistischen Bildern wie Abb. 27 dem *Jungen mit der Krähe* von 1884 und *Mittagsrast* von 1889. Aber das Gemälde mit der alten Frau ist monumental komponiert. Die Alte steht – unauffällig – in der Mittelachse des Bildes (die genaue Mittelachse verläuft durch den Lichtfleck auf ihrer Nasenspitze und einen weiteren auf dem Nagel ihrer großen Zehe). Die untere Kante ihrer linken Hand, die das Futter streut, liegt genau auf der waagerechten Mittelachse des Bildes. Die Alte steht völlig ruhig, die Geste ihrer Linken ist ebenfalls ruhig, aber wird vom Maler deutlich hervorgehoben. Eine solche Monumentalität gehört nicht zum gewöhnlichen Naturalismus. Zudem ist die Alte auffallend häßlich, viel mehr als es für den Maler zu einer wahrheitsgetreuen Reportage aus dem armen Finnland notwendig gewesen wäre.

Die Komposition von Figur und Milieu ist unnaturalistisch. Der Horizont liegt viel zu hoch. So schon in einer Ölskizze *Alte Frau und Kalb*, 1885 (Mänttä; Gösta Serlachius' Stiftung). Er ist offensichtlich gewählt, um die Figur mit dem Milieu zusammenzubinden. Der Magen der Alten fällt unschön nach vorn – aber so sehen Frauen aus, die mehrere Kinder geboren haben und ihren Körper nicht haben pflegen können. Es ist doch wohl kein Zufall, daß die Alte die Hand mit der Gebärde einer Schwangeren auf den Leib legt. Man darf das Bild lesen: Diese Frau ist fruchtbar gewesen – ebenso wie der umzäunte herbstliche Acker hinter ihr es gewesen ist.

Es gibt noch mehr in dem Bild, was uns aufmerksam machen sollte. Was hat die Katze auf dem Acker zu tun? Ursprünglich war es ja ein Kalb! Warum wird die Katze hier draußen gefüttert? Katzen gehören zum Bauernhof, zum Wohnhaus oder Stall, auch wenn sie hie und da eine Runde über die Felder machen. Sie bekommen normalerweise Milch und kein festes Futter, und dies immer zu Hause. Die Fütterung der Katze draußen auf dem Feld ist eine absichtliche Regie des Malers. Sie ist nicht ganz gelungen, denn man streut den Katzen keine Brotkrümel oder Körner hin – die Geste der Alten gehört zum Füttern von Hühnern. Worauf mag die Regie des Malers zielen? Sie läßt sich so deuten, daß die Alte eine Geste der Freundlichkeit, ja des Überflusses tut. Sie ist sehr arm, aber vermag dennoch zu schenken. Sie ist seelisch nicht durch ihre Armut und ihr Alter belastet.

Die Entstehung des Bildes muß uns ebenfalls zu denken geben. Die ersten Skizzen wurden im Herbst 1884 im Freien bei Salo gemacht, das Modell war eine geistesschwache Schafhirtin. Aber dieses Modell genügte dem Maler nicht, vor allem nicht das Gesicht. Er suchte in Paris und fand eine alte Bettlerin, deren Gesicht »richtig« war, d. h. die Spuren eines armen Daseins, aber auch einen sich behauptenden Charakter zeigte.

Der Maler hat sich selber nicht über die Bedeutung seines Gemäldes geäußert. Aber diese Bedeutung spricht aus dem Bild selber: der monumentale Bildaufbau, die Spuren körperlicher Mühen langer Jahre und der Geburten, das ausdrucksvolle Gesicht, die Milde gegenüber der Katze – in einer zwecklosen, nicht auf Nutzen bezogenen Handlung sichtbar – und der umzäunte abgeerntete Acker sagen zusammen: das ist die finnische Mutter Erde.

Keine Idealisierung und Allegorisierung im Sinn der klassischen und akademischen Tradition, die uns Finlandia ebenso wie Germania oder Bavaria usw. als gutgewachsene und leichtbekleidete junge Frau vorstellt, sondern Realität und Idealisierung im Sinne Runebergs:

»Finnland stand vor seiner Seele, das frostige, sein ärmliches, entlegenes, heiliges Vaterland . . .«

Wie schon gesagt: der Maler hat sich nicht über den Sinn seines Bildes geäußert, er muß ihn nicht einmal bewußt formuliert haben, um dem Bild die entsprechende Regie zu geben. Entscheidend ist nur: kann ein Künstler in Finnland im späten 19. Jahrhundert sein Land und sein Volk spontan so gesehen haben? Die Antwort ist: ja, denn die Identifizierung von Vaterland, Volk, Bauern, in der Form, die ihr Runeberg gegeben hatte, war damals selbstverständlich.

Ein in diesem Zusammenhang für unsere Betrachtung wichtiges Bild von Edelfelt sind die *Frauen am Kirchhügel von Ruokolaks* (Ruokolahden eukkoja korkonmäellä) von 1887. Aus der Entstehungsgeschichte ist folgendes zu notieren. 1885 besuchte Zar Alexander III. Helsinki und die dortige Ausstellung einheimischer Kunst, wobei er eine Arbeit Edelfelts kaufte. Daraufhin bestellte Finnlands Regierung ein Gemälde bei Edelfelt, dessen Thema er frei wählen durfte. Im Sommer 1887 machte Edelfelt eine Reise nach Ostfinnland. Das war das gelobte Land echten Finnentums, Altfinnland, noch wenig berührt von der Industrialisierung. In der karelischen Provinz Finnlands und noch mehr in dem östlich anschließenden Russisch-Karelien glaubte man dem Kern und Wesen des Volkes am nächsten zu kommen. Die Erforscher des Volkstums und die Künstler suchten dort sowohl Material wie Inspiration.

Edelfelts »Frauen am Kirchhügel von Ruokolaks«

Abb. 28

Edelfelt reiste nach Savolaks und Karelien, um Zeichnungen für *Harper's Monthly Magazine* anzufertigen. Für eigenen Gebrauch legte er eine Reihe von Aquarellen an. Darunter auch eine Szene aus dem Volksleben, Frauen mit ihren Kindern vor der Kirche von Ruokolaks, die auf den Beginn des Gottesdienstes warten. (Ruokolaks liegt am See Saima, etwa 10 km nördlich von Imatra.) Eine bunte und harmlose Szene an einem hellen Sommersonntag. Von den Männern, die ja sicher auch zum Gottesdienst gekommen sind, ist nichts zu sehen; man muß sie sich wohl auf der anderen Seite der Kirche denken. Im Spätsommer 1887 arbeitete Edelfelt diese Vorlage in seinem Heim in Haiko völlig um. Statt der savolaksisch gekleideten Frauen auf der Skizze wählte er ein paar Frauen aus seinem eigenen Gebiet Nyland und bat sie, ihm in ihrer Tracht Modell zu sitzen. In dem fertigen Gemälde sind die Frauen viel näher an den Betrachter herangerückt als auf der Skizze. Die Kinder sind fast ganz verschwunden, von der Kirche ist nur der Sockel übriggeblieben, und das übrige lebhafte Treiben ist viel stiller geworden und seitlich in den Hintergrund verwiesen. Wozu alle diese Änderungen?

Thiodolf Rein meinte, es handele sich um »schwatzende Frauen«. Aber dazu sind sie zu ernst, und so anekdotisch wie die Düsseldorfer Maler faßte Edelfelt seine Bauern nie auf. Schon die thematische Verschiebung muß uns zu denken geben. Das Gemälde behielt den Ortsnamen Ruokolaks/Ruokolahti, aber die Frauen tragen, wie gesagt, nicht mehr die savolaksische Tracht, sondern die von Nyland. Das heißt: Edelfelt hat die Szene aus ihrem rein finnisch-sprachigen ostfinnischen Zusammenhang herausgehoben und sie mit einem südwestfinnländischen, (damals noch) rein schwedisch-sprachigen nyländischen Inhalt gefüllt. Er zeigt uns somit keine bestimmte lokale Szene, sondern Bauernfrauen Finnlands überhaupt. Wovon sprechen diese Frauen? Ihrem Ernst nach zu schließen, muß es sich um ein gewichtiges Thema handeln. Ich meine, es handelt sich um Finnland. In jenen Jahren war Finnlands Verfassung bedroht.

Das zaristische Rußland hatte im Balkankrieg 1877/78 gesiegt, aber im Frieden von San Stefano und danach auf dem Berliner Kongreß 1878 kräftig zurückstecken müssen, da England und Frankreich ihm den Erfolg gegenüber der Türkei nicht gönnten. Die Panslawisten waren selbstverständlich tief gekränkt und wollten einen Teil des Schadens durch die Russifizierung Finnlands ausgleichen. Die Ermordung des Zaren 1881 lähmte sie für kurze Zeit, aber 1885 betrieben sie die Russifizierung der baltischen Provinzen und dehnten ihre Forderungen 1886 auf Finnland aus. Hier aber war die vom Zaren beschworene Verfassung des Landes im Wege. Unter anderem war beabsichtigt, die wehrpflichtigen jungen Männer Finnlands ins Innere Rußlands einzuberufen. Das kleine Finnland hatte natürlich keine Aussicht, sich mit Gewalt wehren zu können. Die einzige Möglichkeit lag in verschiedenen Formen des passiven Widerstandes. Die Volksbuchführung lag bei der lutherischen Kirche Finnlands, und die Pfarrer verfälschten die Register, um die jungen Männer zu schützen. Der Widerstand konnte nur gelingen, so lange er in Frieden vor sich ging und so lange das ganze Volk einig war. Ich meine, daß Edelfelt eben diesen Geist des Widerstandes im ganzen Volk, dessen Großteil ja die Bauern waren, gemalt hat. Und eben dieses Gemälde bot er dem Staat zur Einlösung des Versprechens von 1885 an. Die Regierung kaufte das Gemälde, obwohl es einigen Widerspruch gab, weil zwei von den alten Frauen so häßlich waren. – 1889 war das Bild auf der Pariser Weltausstellung zur Jahrhundertfeier der Revolution von 1789 ausgestellt, und Edelfelt erhielt dafür eine der wertvollsten Medaillen.

Von dem Schweden Ernst Josephson gibt es ein Gemälde aus der Normandie, *Dorfklatsch*, 1886 (Stockholm, Nationalmuseum), mit alten Frauen auf der Gasse. Es ist sympathisch gemeint, Edelfelt dürfte es gekannt haben, aber sein Gemälde hat, wie mir scheint, einen ganz anderen Inhalt.

Vergegenwärtigen wir uns in Kürze, wie jenes Publikum, von dem Edelfelt abhängig war, seine Kunst, wie auch diejenige Galléns und anderer junger Maler, beurteilte. Eine Zusammenfassung dieser Urteile findet man bei Thiodolf Rein, der Professor der Philosophie an der Universität Helsinkis und zeitweise als Politiker auf der jungfinnischen Seite tätig war. Seine Erinnerungen *Lefnadsminnen* erschienen 1918 – also nach der Selbständigkeitserklärung Finnlands – vorher hatte er wohl nicht gewagt, sie zu veröffentlichen. Nebenbei äußert sich Rein über die Kunst in Finnland: »Gegen Ende der 1870er Jahre nahm unsere Malerei einen großen Aufschwung mit Albert Edelfelt. Seine Arbeiten wurden mit lebhaftem Interesse betrachtet und weckten große Bewunderung. Edelfelt ließ sich während seines Aufenthalts in Paris von jener Richtung der französischen Malerei beeinflussen, die nach Naturwahrheit strebte, wich dabei aber geschmacklosen Übertreibungen nach der einen oder anderen Seite aus. Dieser Richtung verblieb er treu, aber so, daß das Schöne und Edle voll zum Ausdruck kamen. Wir finden bei ihm nicht jene allzu weit gehende Idealisierung der Gestalten, die z. B. den finnischen Bauern bei Ekman einen Charakter von Verfeinerung verleiht, der unnatürlich wirkt. Wie realistisch und wahr sind doch Edelfelts Bilder von Bauern, so etwa *Auf dem Meer* (1883, Göteborgs Konstmuseum) mit seinen tatkräftigen und tüchtigen Schärenmenschen, seine schwatzenden *Frauen am Kirchhügel von Ruokolaks*. Wie weit entfernt sind sie von der Roheit, dem Pöbelgeist, der uns nicht selten in dem ›Realismus‹ der jüngsten Malerei begegnet, wenn sie das Leben des Volkes schildern will, von der Geschmacklosigkeit, die auf der Leinwand allerhand unbedeutende Dinge festhalten will, die doch das Interesse des Betrachters nicht fesseln können. Ein der künstlerischen Darstellung würdiger Inhalt in einer völlig entsprechenden naturwahren Form, das war es, was Edelfelt wollte und uns zu geben vermochte.« (Übersetzt aus der schwedischen Ausgabe, Helsingfors, 1918).

»Roheit, Geschmacklosigkeit, Pöbelgeist« richteten sich sicher gegen Gallén, Juho Rissanen, Tyko Sallinen und andere junge Maler, die sich vom Realismus lösten und eine neue Expressivität suchten. – Der von Rein erwähnte Ekman ist Robert Wilhelm Ekman, ausgebildet in Stockholm und Paris, seit 1845 in der Heimat, wo er 1846 in Turku die erste Kunstschule Finnlands gründete. Er arbeitete im Geist des damals in Europa weit verbreiteten »Halbrealismus«, der sich einerseits nicht von der großen idealistischen Tradition eines Raffael trennen mochte, andererseits zaghaft nach Realität im bürgerlichen Sinne strebte. Das Kunsturteil Reins ist das der Gebildeten des 19. Jahrhunderts: Die Kunst muß sich an die Natur halten, sie muß wahr sein, darf aber nicht ins Abschreiben bloßer Realität verfallen, sondern muß würdige Gegenstände wählen und sie in geschmackvoller Form vortragen. In diesem Rezept steckt viel Moral; die Kunst darf den Normen der Gesellschaft, d. h. der herrschenden Klasse, nicht widersprechen. Dieses Rezept ist nicht aus der Kunst selber hervorgegangen, sondern ihr von außen her auferlegt, galt aber nicht als etwas, das Rein und das bürgerliche 19. Jahrhundert auszeichnete, sondern weithin als das Kunsturteil überhaupt. Das Rezept wurde auch von den meisten Künstlern ohne Diskussion anerkannt, ganz gleich, ob sie sich ihm fügten oder ihm in ihrem Werk, oft ohne darüber zu sprechen, zuwiderhandelten.

Axel Gallén hatte mit seiner *Alten mit der Katze* von 1885 diesem Rezept allzu offensichtlich widersprochen. Er war noch so jung, daß man ihm das Recht auf solche Selbständigkeit verweigerte. Auch Edelfelt kam mit den *Frauen am Kirchhügel von Ruokolaks* bedenklich nahe an die Toleranzgrenzen des guten bürgerlichen Geschmacks. Aber er war ein im Ausland anerkannter Maler, in Paris 1880 mit Medaille und 1885 mit Orden ausgezeichnet und seit 1881 Mitglied der kaiserlich-russischen Kunstakademie, bei dem die Zarin 1882 das Bild ihrer Kinder bestellt hatte. Da war es besser, ihn trotz Unverständnisses mit Respekt zu behandeln.

Der »Geigespielende Junge« von Pekka Halonen

Hier mag es auch am Platze sein, das Gemälde *Geigespielender Junge* von Pekka Halonen vorzustellen. Das Thema des Gemäldes ist einfach, aber es regt zum Nachdenken an. Musik als Bildmotiv hat es längst gegeben, auch wenn es nicht häufig war. Giorgione (um 1500), Caravaggio (um 1600) und Watteau (um 1710) haben musizierende Menschen gemalt. Aber da ist Musik immer ein gesellschaftliches Ereignis, sie geht eine Gruppe von Menschen an. Andere Maler haben Musik als bloße Unterhaltung dargestellt. Bei diesen Motiven und Inhalten bleibt es auch meist im 19. Jahrhundert. Erst im späteren 19. Jahrhundert bekommt das Thema einen neuen Sinn. Wir sehen da einen einzelnen Menschen, der ins Musizieren vertieft ist, und zwar einen gewöhnlichen Menschen, keinen Virtuosen. So gibt es bei Hans Thoma den *Dorfgeiger* (1871) und den *Geiger bei Mondschein* (1890). Das sind Genrebilder, mit denen der Maler uns »Musik im Volk« vor Augen stellen will. Aber er kann es nicht ganz glaubhaft machen, daß er sich mit diesen Geigern identifiziert. Otto Scholderers *Geiger am Fenster* (1861, Frankfurt, Staedel) ist in dieser Hinsicht überzeugender. Aber dieser Geiger hat aufgehört zu spielen und träumt den Klängen nach – in die Landschaft hinaus.

Abb. 29

Erst kurz vor 1900 erscheinen Bilder von musizierenden Menschen, die ganz der Musik hingegeben sind und mit denen der Maler sich völlig eins fühlt. So bei Halfdan Egedius, »Spiel und Tanz« (1896, Oslo), mit dem ekstatisch entrückten Spieler, der die tanzenden Mädchen nur ganz undeutlich wahrnimmt. Die Musik wird zum Sinnbild aller Kunst, und die Kunst spricht zur einsamen Seele. So hat Olof Sager-Nelson 1894 ein Bild des Geigenspielers gemalt (Göteborg, Konstmuseum), wo der Spieler die zwei Freunde, die ihm intensiv lauschen, ganz vergißt. Ähnlich verhält es sich bei dem Gemälde *Das Konzert* von Magnus Enckell (1898, Helsinki, Ateneum), in dem die Musik, trotz des Konzertsaals, kein gesellschaftliches Ereignis ist, sondern die Zuhörer in ihr Inneres führt, jeden für sich.

Auch Halonen zeigt uns diese Verinnerlichung. Es ist ganz deutlich, daß es ihm nicht um die Studie eines Aktes gegangen ist; da hätte er mehr vom Körper des Jungen zeigen müssen. Der Junge spielt nur für sich; vor Zuhörern würde er natürlich nicht unbekleidet auftreten. Es sieht auch nicht so aus, als übte er, um technische Schwierigkeiten zu überwinden. Man könnte meinen, daß Nacktheit Idealisierung bedeutete, wie in der klassischen Kunst. Hier besagt sie das Gegenteil, sie ist Natur.

Dieser Junge ist ein Mensch aus dem Volk, von einem körperlichen Typus, der in Finnland recht verbreitet ist, kantig, grobknochig, weit weg von der Grazie der Mittelmeervölker. Halonens Modell war sein jüngerer Bruder Heikki, also ein Bauernsohn. Man darf sich vorstellen, daß der Junge die Tagesarbeit hinter sich hat und nun allein für sich und seine Träume spielt. Man mag ihn einen Naturburschen nennen, muß dann aber hinzufügen, daß der Maler gerade diesem Jungen aus Volk und Natur ein tiefes Verhältnis zur Musik, zum Geist, zur Seele zuschreibt.

Das Gemälde fügt sich, wie Halonens *Mahlzeit*, genau in die Situation Finnlands um 1900. Es verherrlicht in diesem einsamen jungen Menschen das Volk. Ich kann mir nicht vorstellen, daß Bilder dieser Art in einer anderen politischen Situation (der Bedrohung durch die zaristische Bürokratie), vorher oder nachher, und in einem anderen Land hätten gemalt werden können. Damit will ich natürlich nicht sagen, daß das Gemälde ein politisches Manifest sei. Was es anschaulich mitteilt, ist: hier spielt ein junger Mensch Geige so, daß er die Musik in sich klingen hört. Zwar haben Menschen schon immer Musik in sich klingen gehört, aber es muß ein bestimmter historischer Augenblick eintreten, damit ein Künstler gerade diese Innerlichkeit malt und sie so volkshaft und zugleich allgemeingültig zum Ausdruck bringt.

Das Motiv des nackten Geigenspielers erschien im 19. Jahrhundert noch in einer ganz anderen Fassung, nämlich als der Nöck der Volkssage. Ursprünglich war er ein alter Mann, eine Art von Flußgott, der im Wasserfall wohnt, dessen Brausen den Wanderer betäubt, so daß er ins Wasser stürzt. In der Kunst wurde er aber zu einem Jüngling, der sich am eigenen Spiel berauscht. So hat ihn der schwedische Maler Ernst Josephson 1881 gemalt. Halonen dagegen kam ganz ohne Berufung auf ein solches Sagenmotiv aus.

Der »Knabe mit dem Totenschädel« von Magnus Enckell

Abb. 33

Bis in die frühen 90er Jahre hinein galt der Realismus als die selbstverständliche Aussageweise der Kunst in den nordischen Ländern. Man malte Natur und Menschen des eigenen Landes, und malte sie so, daß die Bilder ein Bekenntnis zu den grundlegenden moralischen und intellektuellen Normen dieses Landes und seiner Menschen enthielten. Die Produktion solcher Kunstwerke ging auch weiter, bis ins 20. Jahrhundert hinein. Um so mehr Aufsehen erregte in Finnland eine Neuigkeit, die Magnus Enckell im Herbst 1893 in Helsinki ausstellte: eine große aquarellierte Kohlezeichnung *Knabe mit Totenschädel.* Es ist ein nackter Junge, grobknochig, mit Gliedern, die noch nicht die Ausgeglichenheit eines Jünglingskörpers erreicht haben, mit einem dumpfen Gesicht mit starken Knochen und Muskeln; er kauert einsam in einem unbestimmten Milieu – vielleicht ist es ein Sandstrand an einem dunklen Wasser – und starrt auf einen Totenschädel, der vor ihm liegt und den seine beiden Hände nur leicht berühren.

Ursprünglich gab es noch einen zweiten Jungen im Bild, etwas jünger, liegend, mit aufgestütztem Oberkörper, ebenfalls den Totenkopf betrachtend, aber aus größerer Distanz und weniger beteiligt als der andere. Durch diesen zweiten Jungen erhielt die Szene einen Ton von Lebenswärme und Sympathie. Enckell löschte ihn aus. Der kauernde Junge ist völlig einsam mit dem Schädel und seinen Grübeleien über Leben und Tod. Er ist fast noch ein Kind, und darum erscheint uns das Grübeln über den Tod als noch schwerer und dumpfer als das eines Erwachsenen, der sich, dächten wir, besser gegen die schwere Stimmung wehren kann. »Ein Bild des universellen Menschen, in seine eigene mystische Existenz versunken« (Salme Sarajas-Korte) – diese Charakteristik ist treffend, wenn wir nur das Wort »mystisch« streichen dürfen. Der Junge ist in seine eigene, in die Menschenexistenz und ihr Rätsel, versunken.

Man fragt sich nun, woher ein solcher Bildinhalt kommt. Magnus Enckell entstammte einer Familie der Oberschicht Finnlands, sein Vater war Probst in Hamina/Fredrikshamn. Magnus war hochgebildet und sensibel. Nach Kunststudien in Helsinki reiste er im März 1891 nach Paris. Dort bekam er bald Kontakt mit einem höchst modernen Kreis junger Künstler und Schriftsteller, dem der sogenannten Symbolisten. Bekannt sind vor allem *Les Nabis* (die Propheten), die sich im Winter 1888/89 konstituiert hatten. Sie wollten nichts vom Realismus und Impressionismus wissen. Die Kunst sollte die großen Lebensrätsel lösen. Religiöse Ideen und absonderliche literarische Gestaltung spielten eine (allzu) große Rolle für die jungen französischen Maler in der Zeit um 1890.

Einheimische Kunsthistoriker, vor allem Salme Sarajas-Korte, haben die schriftlichen Zeugnisse dieses symbolistischen Einflusses auf die Kunst Finnlands genau untersucht und ein gutes Bild des dichten Gewebes von Beziehungen zwischen den damals jungen Künstlern und Schriftstellern über ganz Europa hin gegeben. Es ist hier nicht der Ort, diese Ideen- und Weltanschauungsgeschichte nachzuzeichnen (noch viel weniger, auf allen irrationalen Unfug im Gefolge dieser Ideen einzugehen). Wichtiger für die Kunsthistoriker ist es festzustellen, daß Enckells Junge sich deutlich von allen künstlerischen und literarischen Vorbildern und Anregungen unterscheidet, die der Maler damals von seinen Generationsgenossen in Paris tatsächlich oder möglicherweise empfangen hat. Enckells Junge ist alles andere als vergeistigt, wie es doch die Geschöpfe des Symbolismus meist sind. Es ist unverkennbar ein ganz gewöhnlicher Junge, verwandt mit den realistischen Figuren Edelfelts und Halonens. Enckell hat ihn auch nicht primitivisiert, wie es Gauguin das eine oder andere Mal mit einem bretonischen Fischerjungen getan hat, der ihm nackt Modell stand. Emile Bernard und Paul Sérusier, die von Gauguin her zu den Nabis kamen, haben, soweit mir bekannt, keinen Knaben mit Totenschädel erfunden.

Vergleichbare Aktdarstellungen aus älterer Kunst

Das Bild des nackten Menschen als Bild der menschlichen Existenz überhaupt . . . Man darf an Michelangelos Sklaven für das Juliusgrab denken. Tatsächlich hat Enckell die beiden Sklaven Michelangelos im Louvre abgezeichnet (1891/92). Indessen sind die nackten Figuren in den Jahrhunderten nach Michelangelo durchweg genau bestimmt, sie tragen einen Namen und haben eine Rolle, sie sind Adam oder Eva oder der Hirtenknabe David oder Märtyrer, wie Sankt Sebastian, oder antike Götter und Heroen, aber auch Allegorien des Sieges, der Tugend usw., immer mit einem deutlichen Gedankengehalt, den der Betrachter kennen muß. Nackte weibliche Figuren können erotische oder sexuelle Lockungen ausdrücken und sind eben dadurch genau bestimmt.

Rodin dürfte der erste gewesen sein, der einen nackten Mann – keine idealschöne Gestalt – als Träger des allgemeinen Menschenschicksals hinstellte, mit der Bronzestatue des *Ehernen Zeitalters* (L'âge d'airain), die er 1875/76 schuf und die ursprünglich *Der Besiegte* (Le Vaincu) hieß und sich auf einen Speer in der Linken stützte – gedacht als ein Bild der Niederlage Frankreichs 1870/71. Aber zur Frühjahrsaustellung 1877 in Paris änderte er das Werk und nahm den Speer weg. Die Figur wurde nun wirklich zu einem Bild der menschlichen Existenz. Abb. 81

Die Deutschen Adolf von Hildebrand und Hans von Marées gehören nicht in diesen Zusammenhang hinein, sie schufen zwar Bilder der Existenz, aber nicht des Grübelns über die Existenz wie Rodin, der gleich nach dem *Ehernen Zeitalter* den sitzenden *Denker* Le Penseur für das *Höllentor* entwarf. Eher käme Edvard Munch in Betracht, aber dessen grübelnde Figuren sind selten nackt. Munch war so sehr

Realist, daß er nackte Figuren entweder als Menschen beim Baden am Strand (also öffentlich) oder als Menschen vor und nach dem Geschlechtsakt (also intim) zeigt. Es dürfte schwer sein, Beispiele für Nackheit und Existenzgrübelei vor Enckell 1893 – außer bei Rodin – aufzutreiben. Immerhin wäre Hippolyte Flandrin zu nennen. Max Klinger sollte hier nicht herangezogen werden, seine nackten Frauengestalten sind allzu deutlich sexuell gemeint, und seine nackten Männer haben Nietzsche gelesen. Das hat Enckell zwar auch getan, aber sein Junge nicht. Nietzsche hätte diesen Jungen als Dummkopf verhöhnt, vielleicht auch noch mit dem Zusatz »plebejisch« oder »germanisch«. Aber es gibt solche jungen Menschen wirklich, sie sind ernst zu nehmen und Enckell hat sie ins Bild gebracht.

Was ist »Symbolismus« an diesem Bild eines nackten Jungen mit einem Totenschädel? Der Junge selber ist realistisch, offenbar nach Modell gezeichnet. Der Totenschädel? Gewiß, Totenschädel sind keine alltäglichen Gegenstände. Wäre der Schädel realistisch gemeint, müßte das Bild anders aussehen. Sollte wirklich ein badender Junge am Strand einen Schädel finden, würde er ihn wohl mit gespannter Aufmerksamkeit betrachten: wie kommt er hierher? Trägt er Spuren von Gewalt? Der Schädel bei Enckell ist nur insofern realistisch gemeint, als er den Tod bedeutet. Diese Bedeutung haben Totenschädel seit dem Mittelalter; sie liegen unter dem Kreuz Christi und sind als Zeugnis von Adams Sünde und dem daraus folgenden Tod zu verstehen. Im 14. Jahrhundert kam der Totentanz auf, und seitdem wurden solche Todeszeichen wie Skelette und Totenschädel üblich in der Kunst. Seit der Renaissance gehört ein Totenschädel zu den Attributen des hl. Hieronymus in der Klause, etwa bei Dürer, und der büßenden Magdalena in der Höhle; hier tritt das Motiv ab etwa 1630 auf. Die Emblematik des Barock verwendete ihn oft als Zeichen der Vanitas, der Eitelkeit aller irdischen Dinge. Shakespeares Hamlet hält seinen großen Monolog auf dem Kirchhof mit einem Totenschädel in der Hand – seitdem ist der Schädel weithin bekannt und leicht als Symbol von Tod und Nichtigkeit zu verwenden. Ein sicheres Merkmal des Symbolismus ist der Schädel also nicht. – Man mag hier auch an die Selbstbildnisse mit dem Tod erinnern (z. B. Böcklin 1872, Hans Thoma 1875). Kompositionell ist Enckells Bild gut gelungen: der Schädel liegt unten im Sand, der Kopf des kauernden Jungen ist ihm als Höhepunkt der lebenden Gestalt entgegengesetzt. Soweit sich erkennen läßt, starrt der Junge in die leeren Augenhöhlen des Kraniums. In der ursprünglichen Fassung des Bildes schob sich der Unterkörper des zweiten Jungen gerade hinter diese Blickbahn – offenbar ein Grund mehr, diesen zweiten Jungen auszulöschen.

Vergleicht man den Gedanken an den Tod bei diesem Jungen mit Edelfelts Bild
Abb. 20 der *Leichenfahrt eines Kindes* von 1879, so hat Edelfelt die Umstände des Nachdenkens über den Tod genau dargelegt: den Ort (die Schärenlandschaft), die Zeit (Sommertag), den besonderen Anlaß (gekennzeichnet durch den Kindersarg), die handelnden Menschen (Bauern oder Fischer in Nyland um 1878). Enckell hat die äußeren Umstände zum größten Teil ausgeschlossen; geblieben sind nur der Schädel und die Tatsache, daß es sich um einen grob gebauten halbwüchsigen Jungen handelt. In Edelfelts Bild gibt es Bewegung, das Boot zieht an uns vorbei. Bei Enckell herrscht Stille.

Unter den älteren Bildern des Nachsinnens über das Leben und folglich auch über den Tod, die Enckell sicher gesehen hat – ohne daß wir wüßten, wieweit er über sie
Abb. 30 nachgedacht hat – findet sich Jean-Hippolyte Flandrins etwa lebensgroßer *Jüngling am Meer* (1885) im Louvre. Flandrins Auffassung ist klassisch oder klassizistisch: ein schlanker jugendlicher Körper, nackt auf einem Felsen sitzend, mit angezogenen

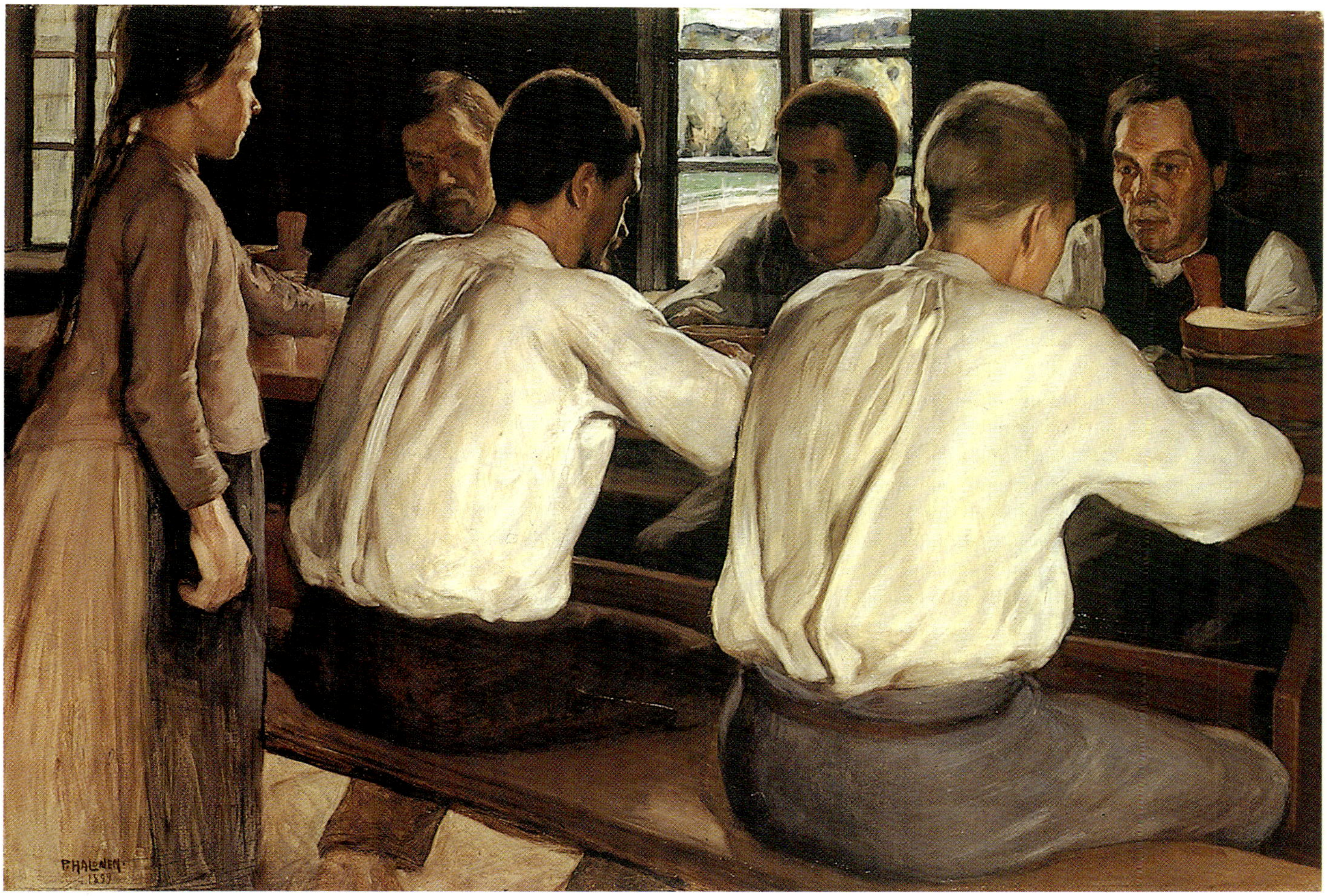

15 Pekka Halonen, Die Mahlzeit, 1899
Öl, 65×97 cm; Helsinki, Didrichsens Kunstmuseum

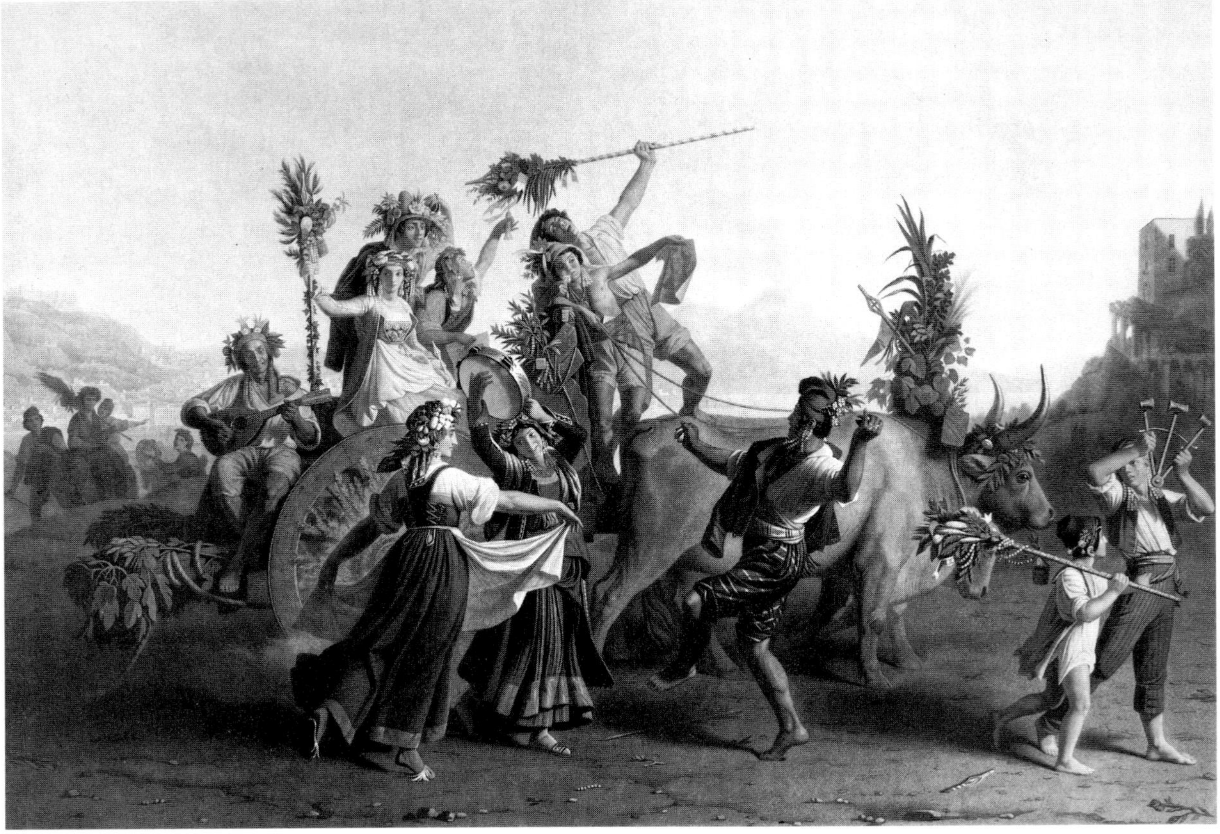

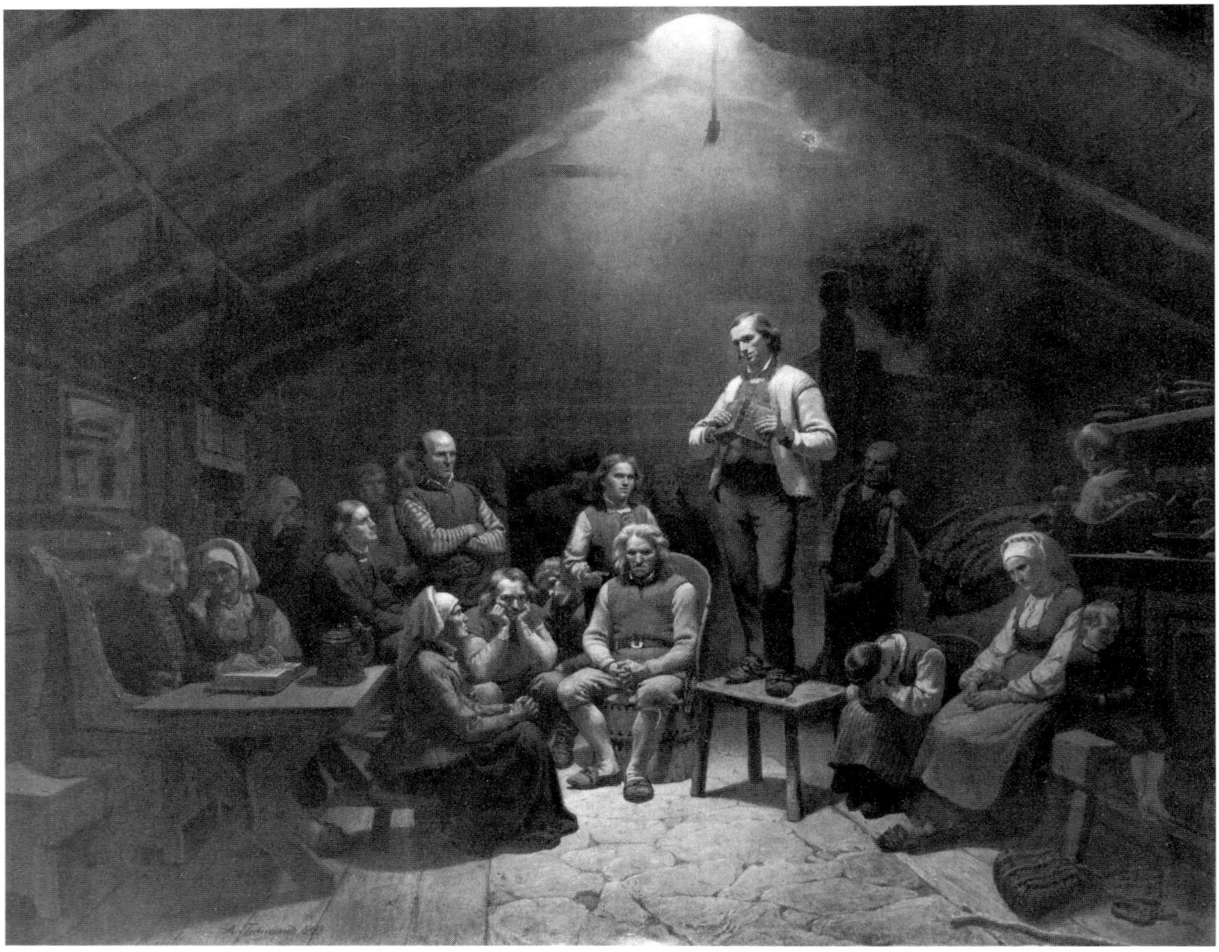

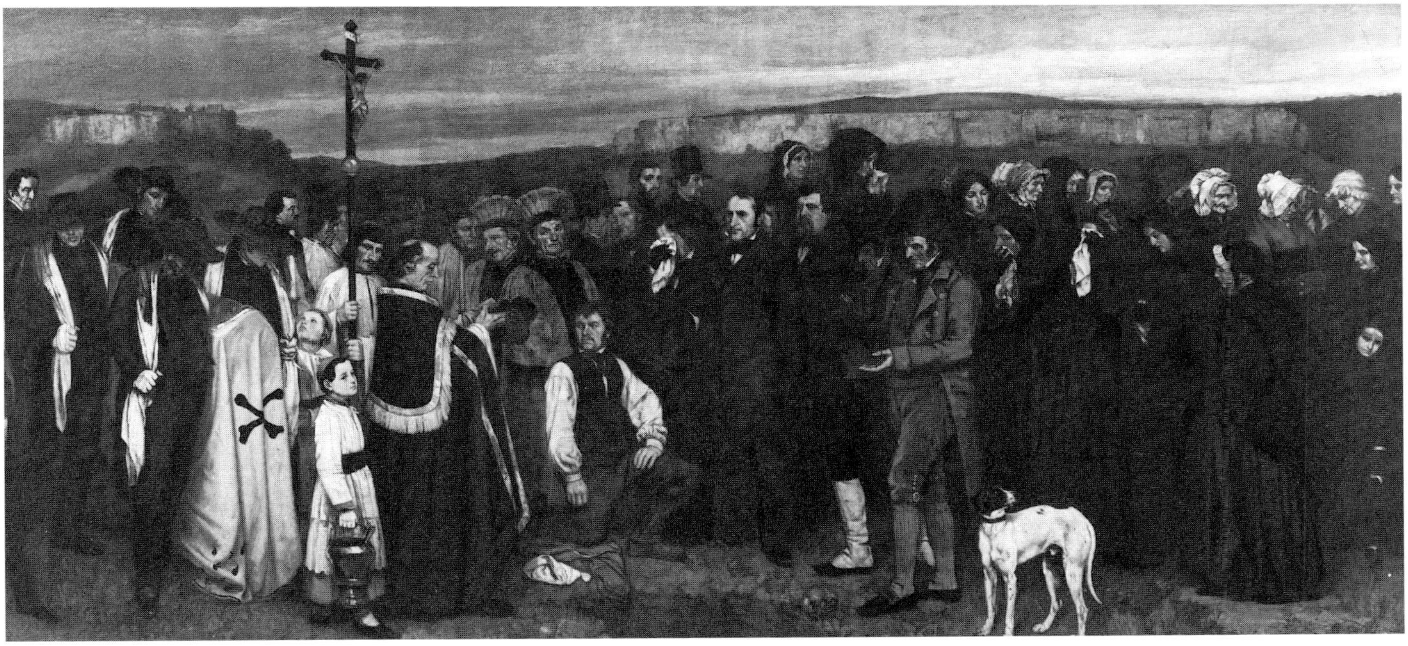

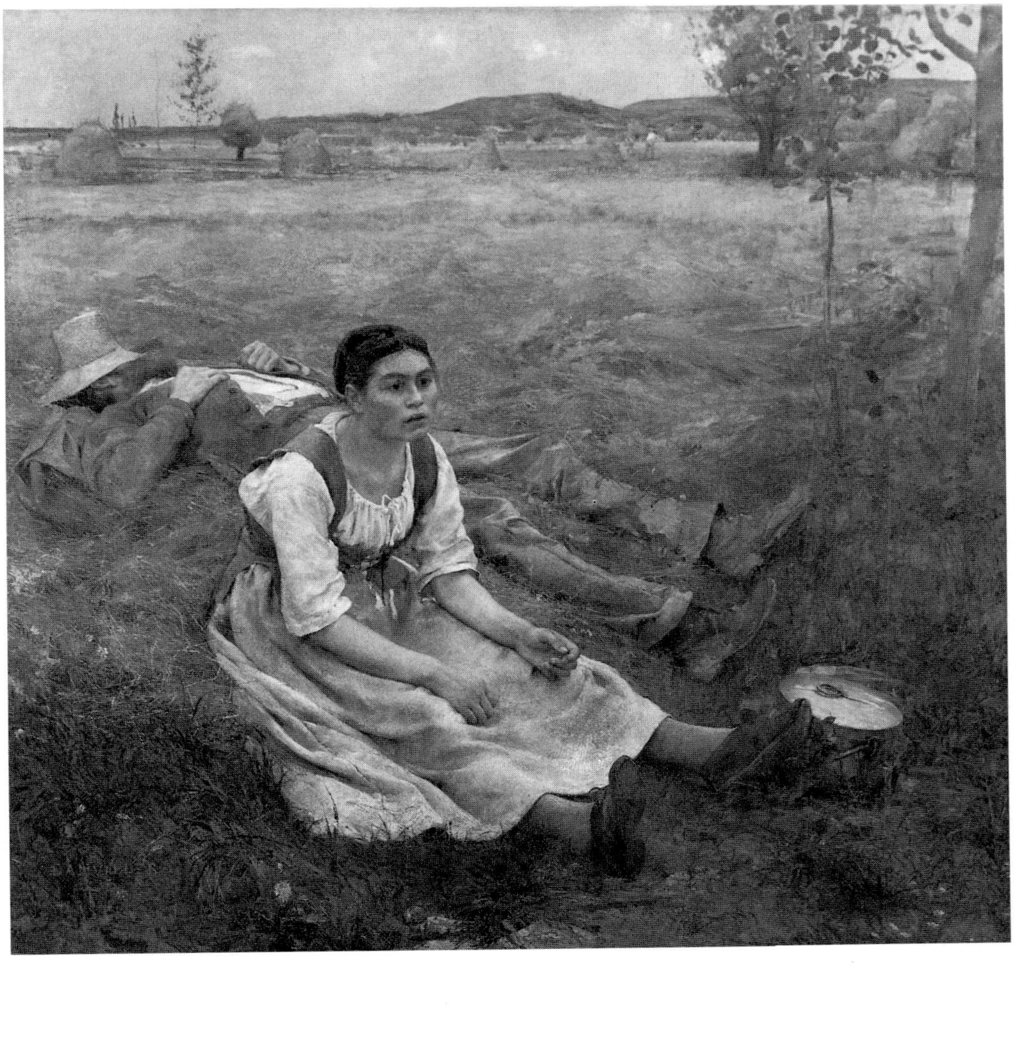

16 Vergleichsbild: Léopold Robert, Rückkehr von der Wallfahrt zur Madonna von Arco in der Campania, Stich nach dem Gemälde von 1828, Paris, Louvre

17 Vergleichsbild: Adolph Tidemand, Die Haugianer Düsseldorf, Kunstmuseum

18 Vergleichsbild: Gustave Courbet, Das Begräbnis in Ornans
Paris, Louvre

19 Vergleichsbild: Jules Bastien-Lepage, Heuernte
Paris, Louvre

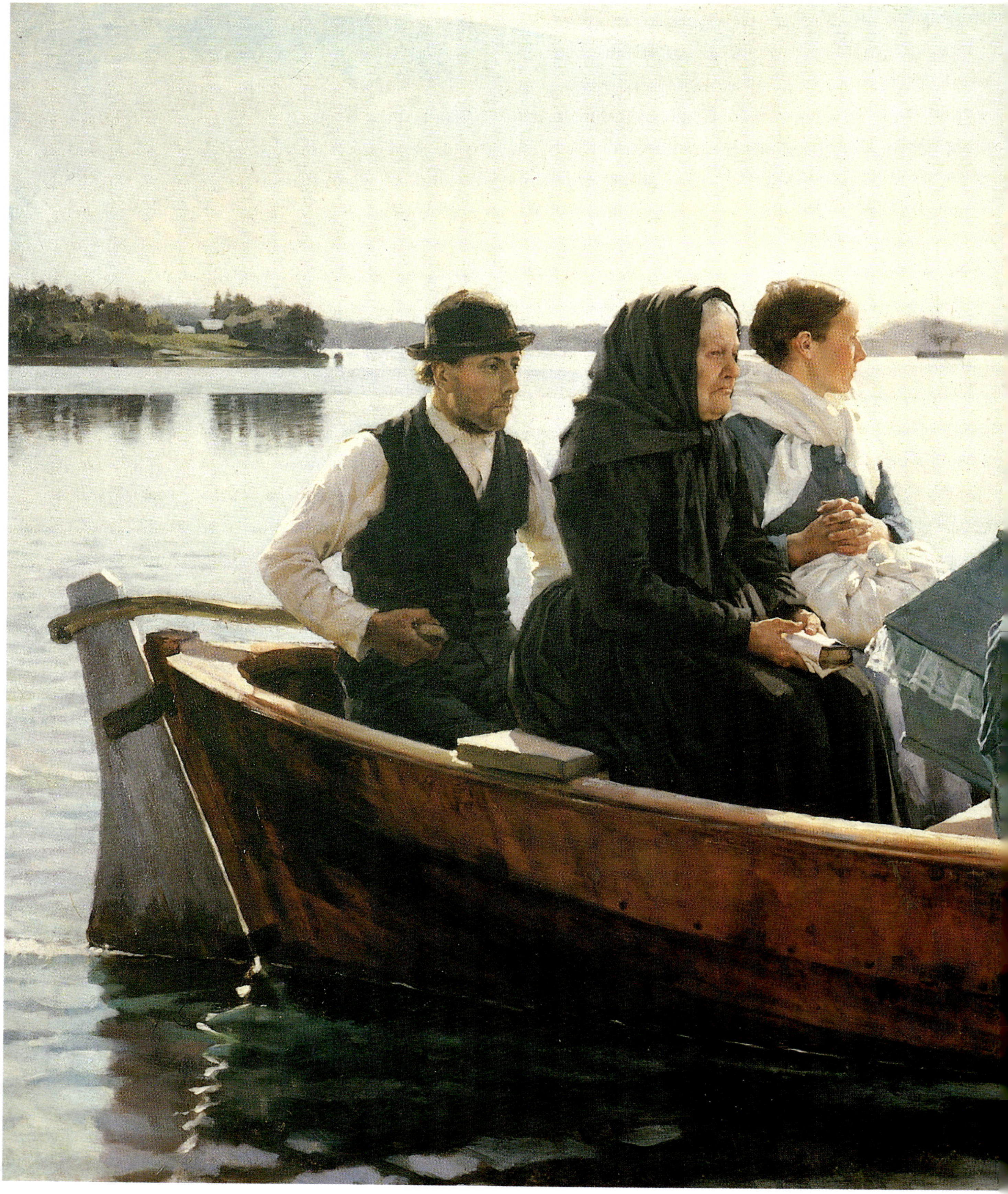

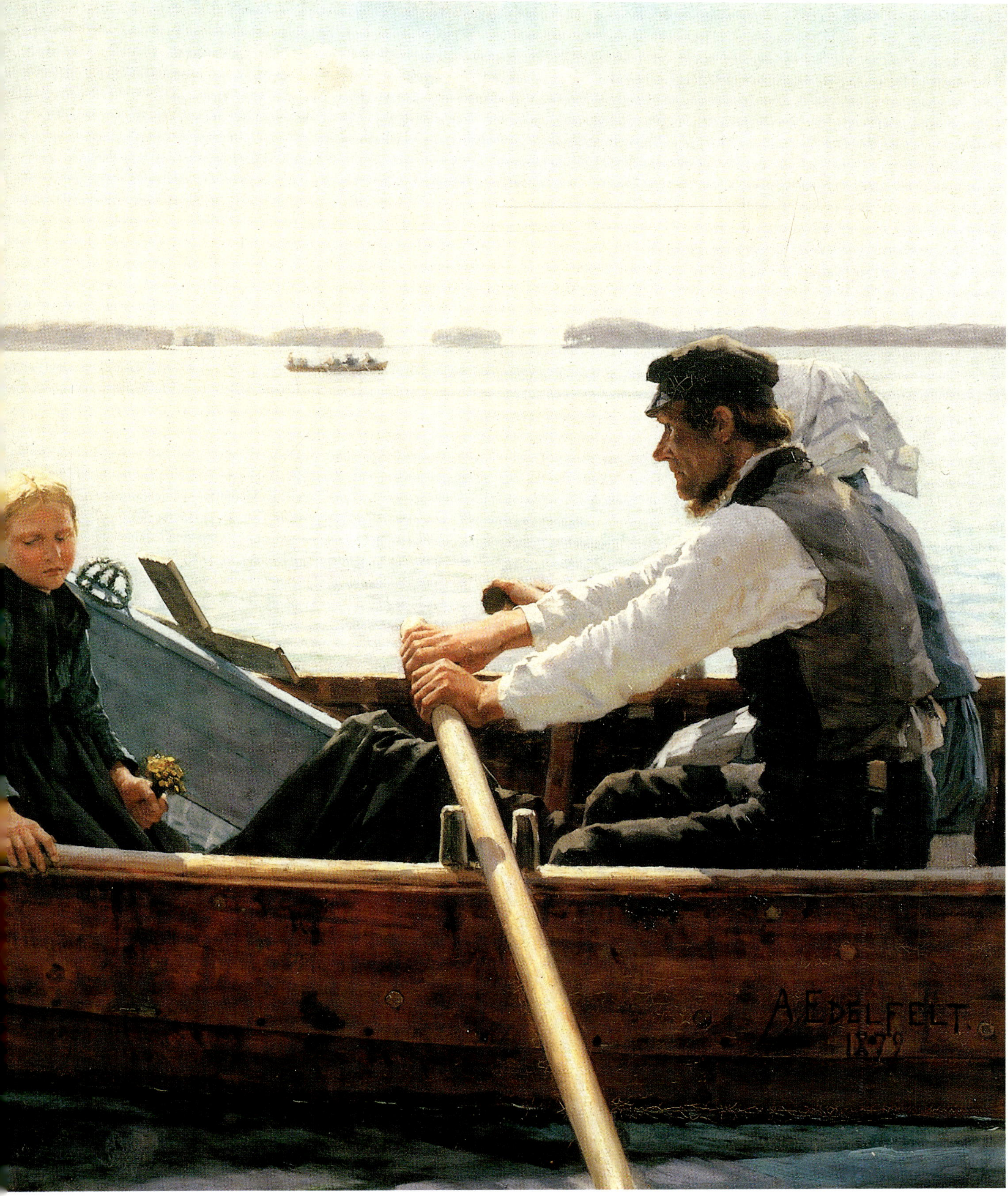

20 Albert Edelfelt, Leichenfahrt eines Kindes, 1879
Öl, 120×305 cm; Helsinki, Kunstmuseum im Ateneum

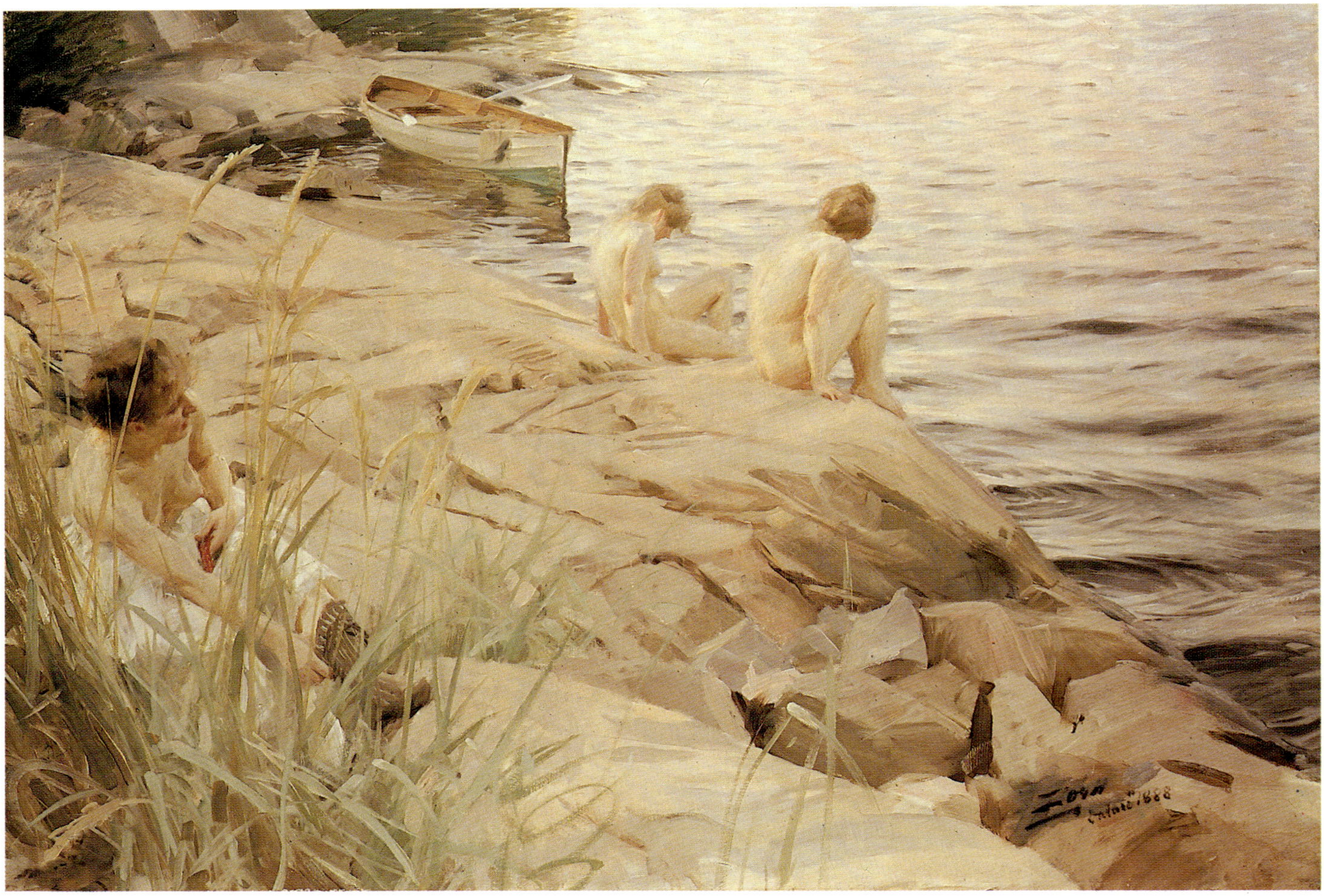

21 Anders Zorn, Im Freien, 1888
Öl, 132×196 cm; Göteborg, Kunstmuseum
22 Anna Ancher, Das Mädchen in der Küche, 1883/86
Öl, 87,5×68,5 cm; Kopenhagen, Sammlung Hirschsprung

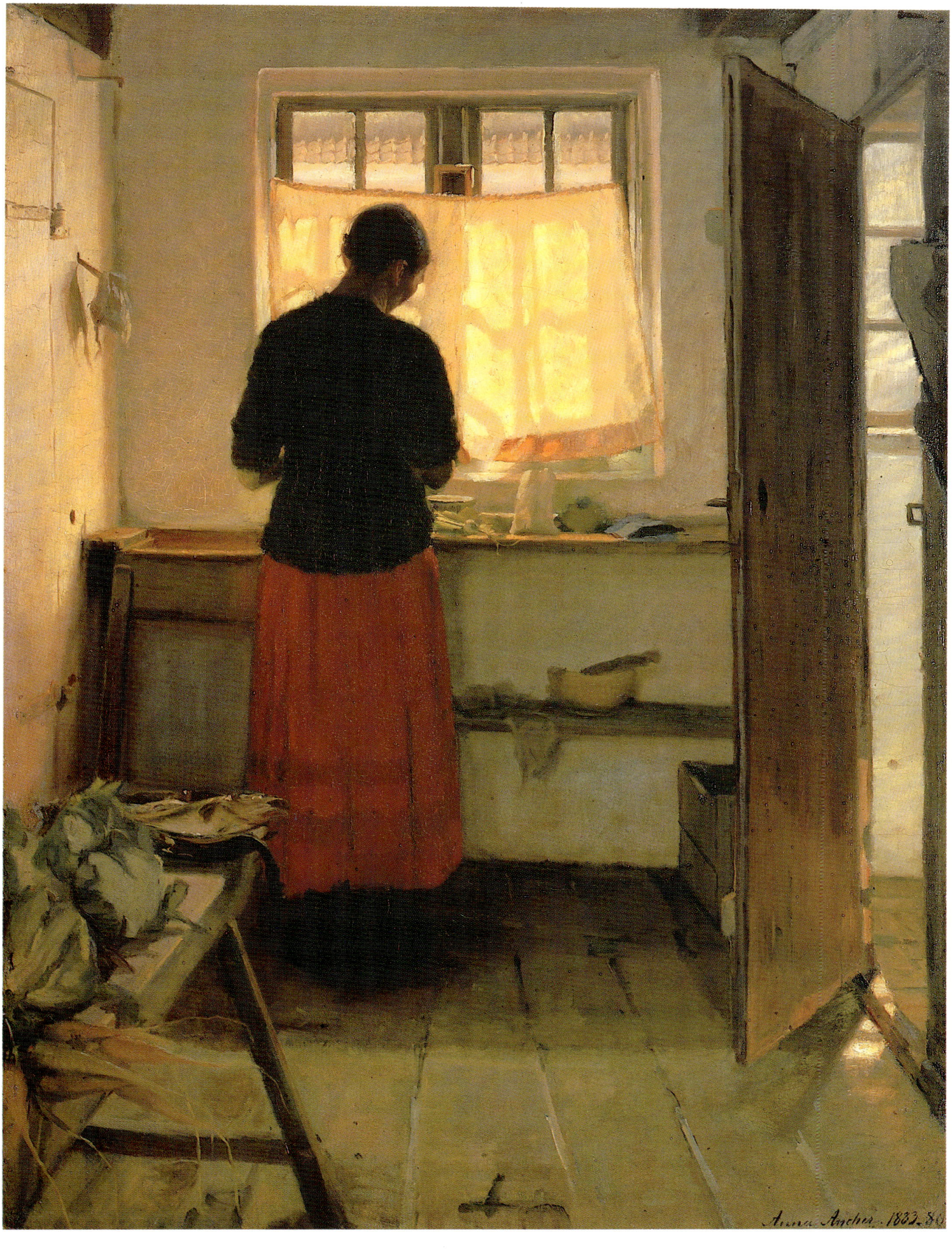
Anna Ancher . 1883-86

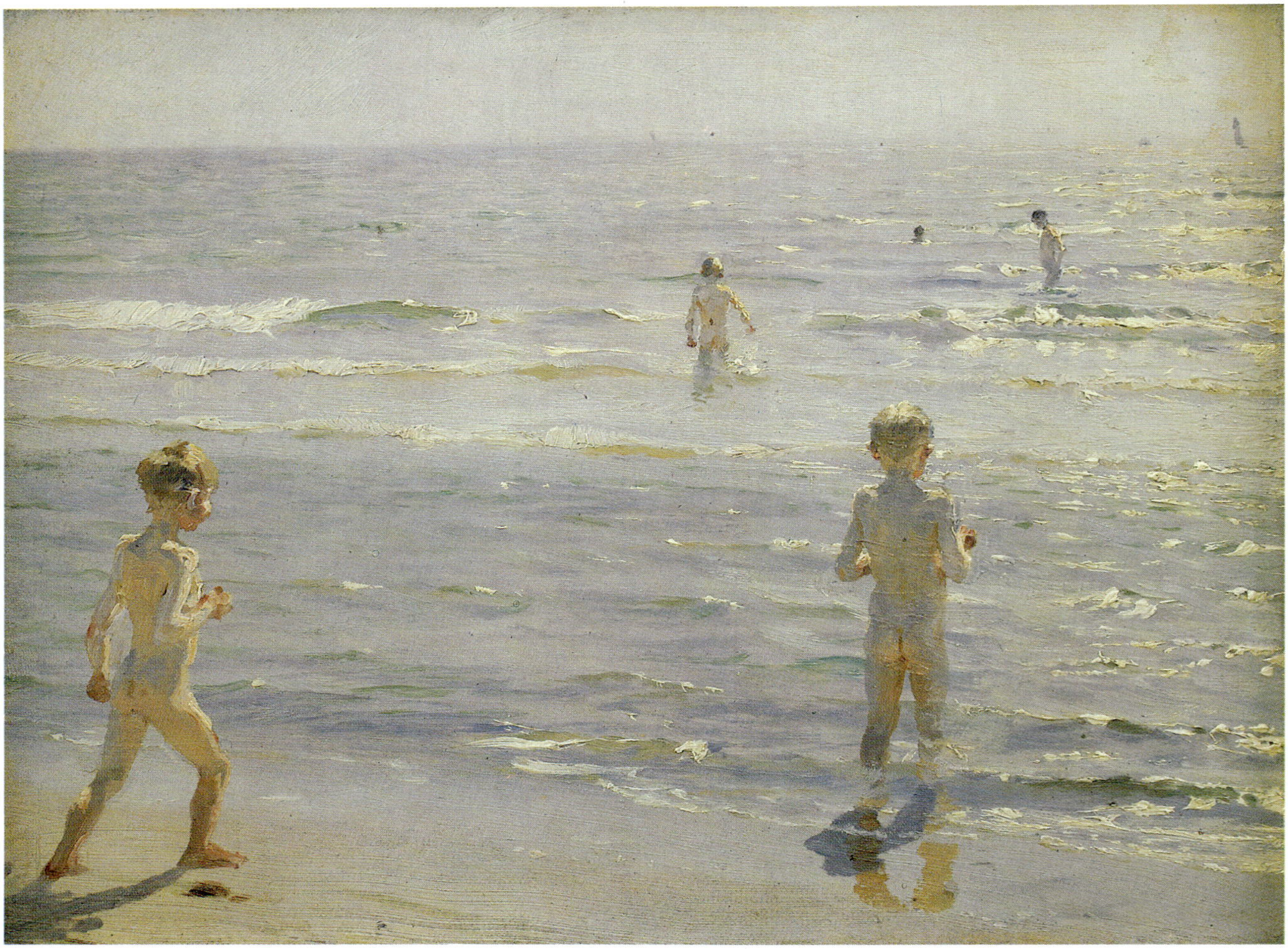

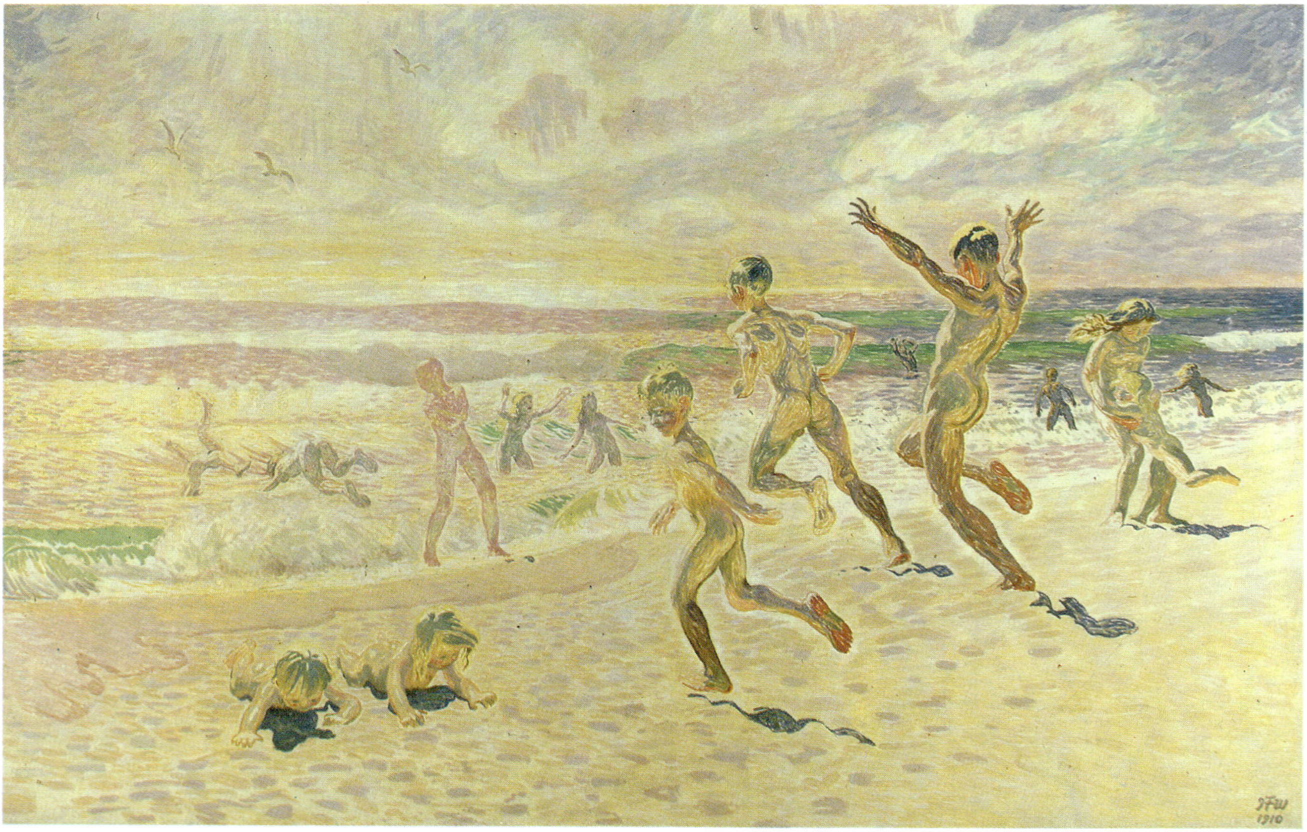

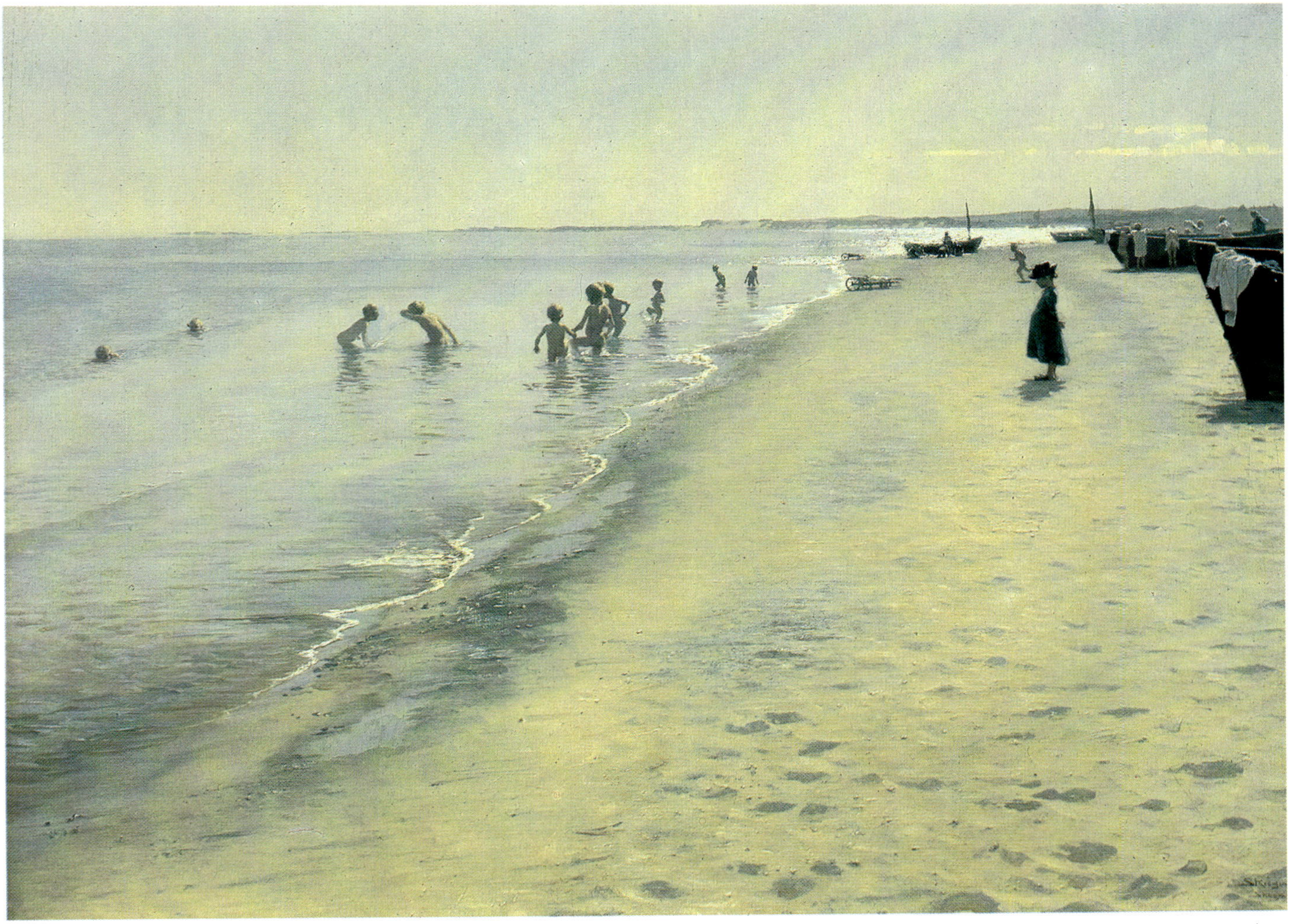

23 Peder Severin Krøyer, Badende Knaben
Öl, 38,5×60 cm; Kopenhagen, Staatliches
Museum für Kunst
24 Jens Ferdinand Willumsen, Sonne und Jugend, 1910
Öl, 265×427 cm; Göteborg, Kunstmuseum
25 Peder Severin Krøyer, Ein Sommerabend an
Skagens Südstrand, 1889
Öl, 100,5×153 cm; Kopenhagen, Staatliches
Museum für Kunst

folgende Seiten
26 Pekka Halonen, Die Mäher, 1891
Öl, 91×65 cm; Privatbesitz
27 Axel Gallén, Die Alte mit der Katze, 1885
Öl, 121×97 cm; Turku, Kunstmuseum

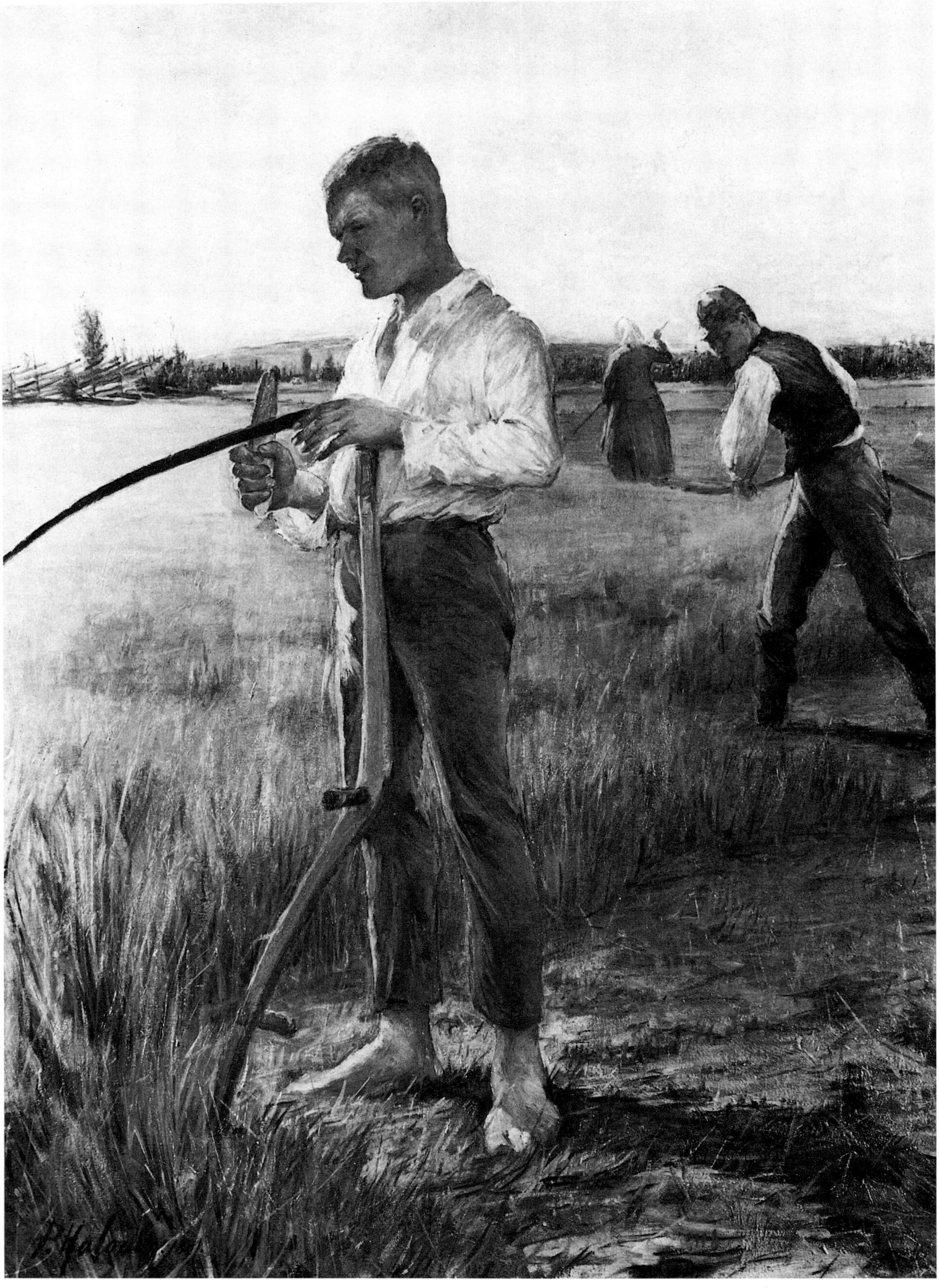

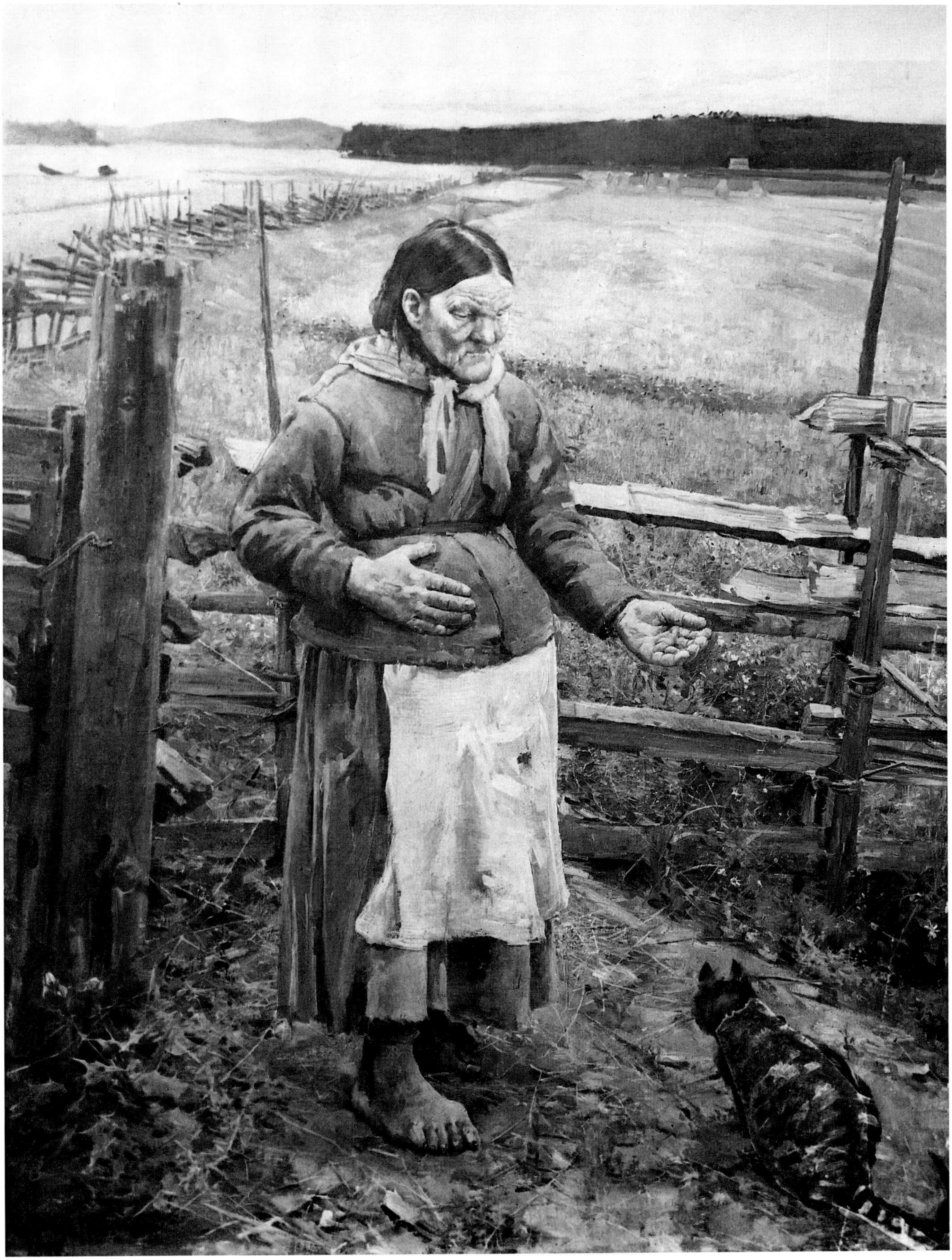

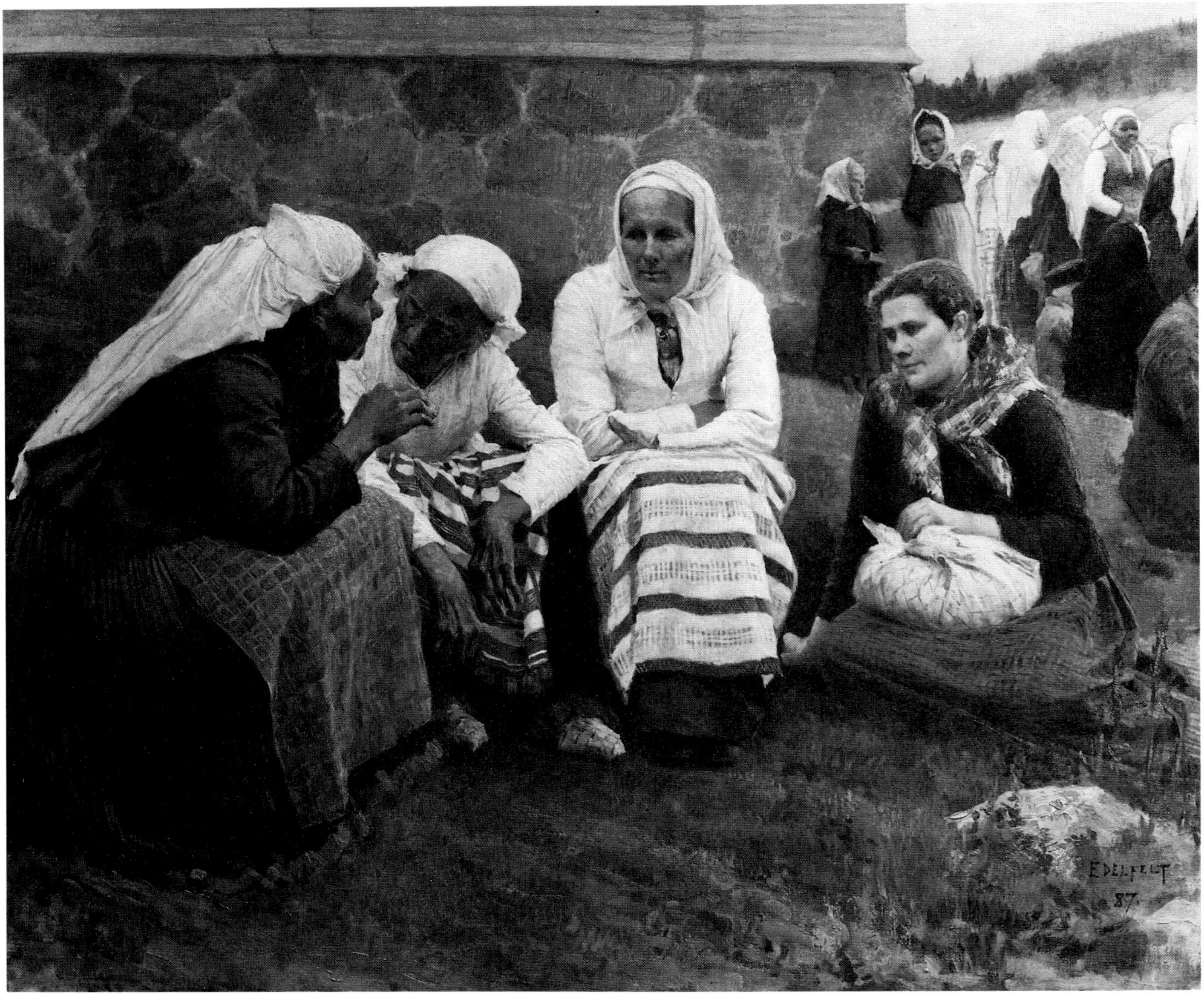

28 Albert Edelfelt, Frauen am Kirchhügel von Ruokolaks
Öl, 131×159 cm; Helsinki, Kunstmuseum im Ateneum

29 Pekka Halonen, Geigespielender Junge, 1900
Öl, 43×50 cm; Helsinki, Kunstmuseum im Ateneum

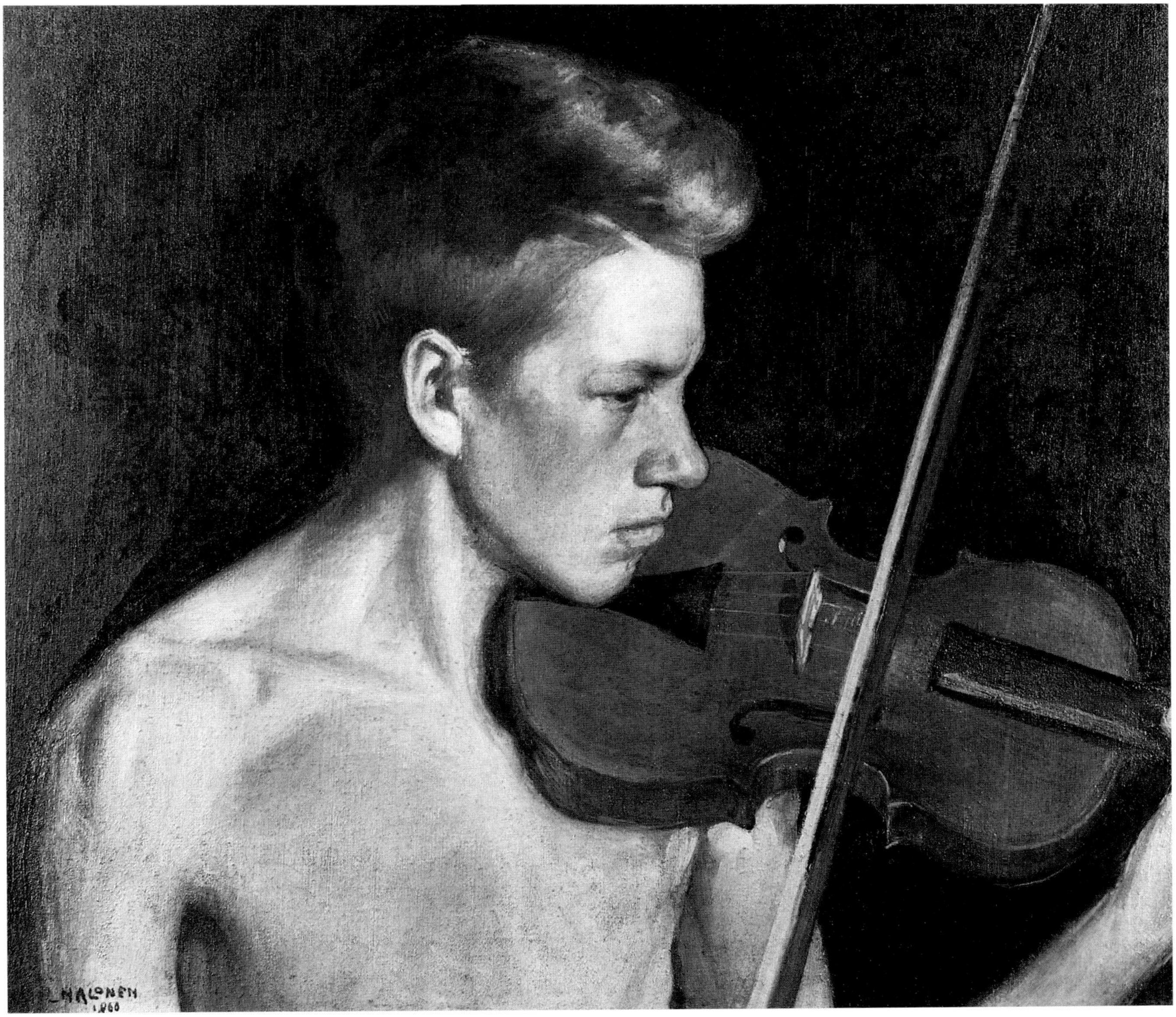
HALONEN

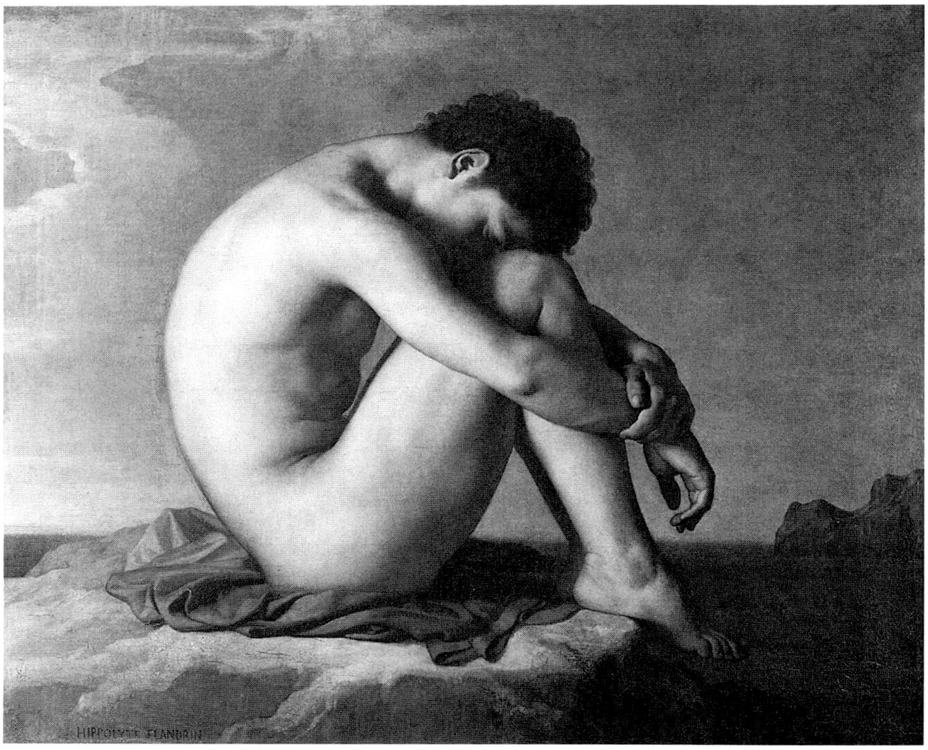
HIPPOLYTE FLANDRIN

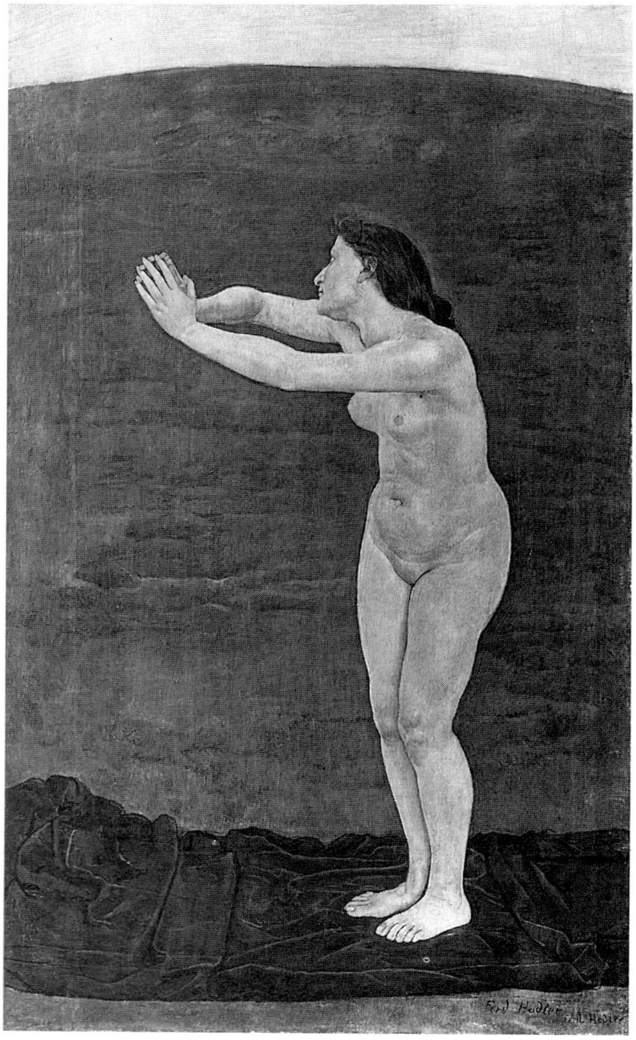
Ferd Hodler

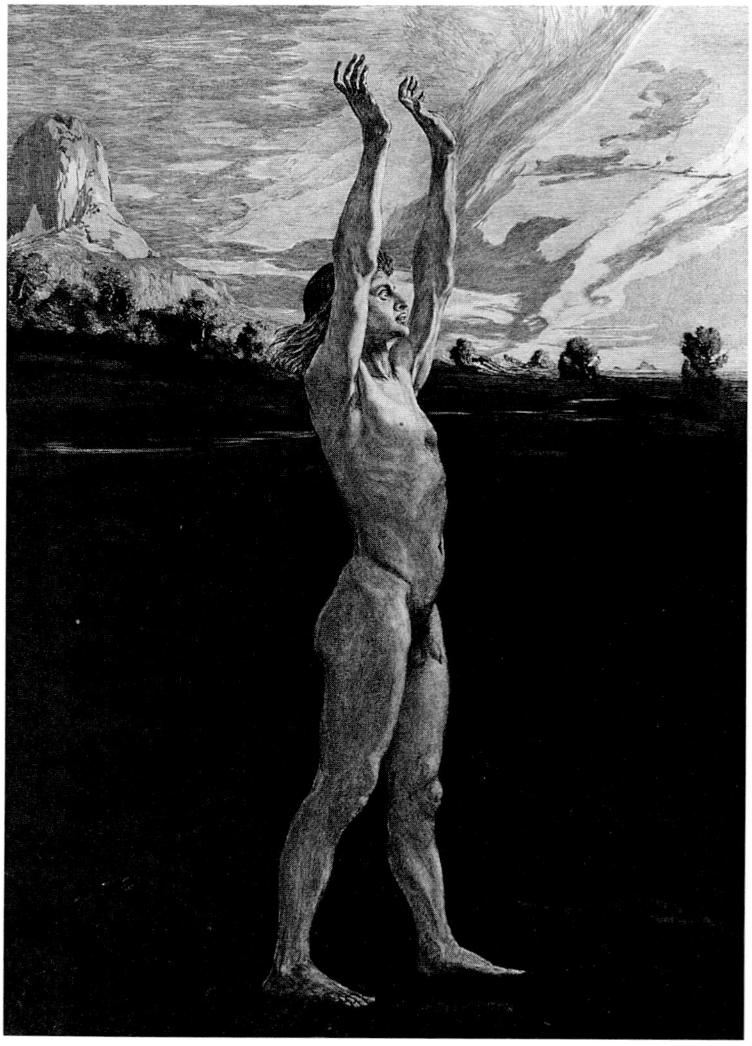

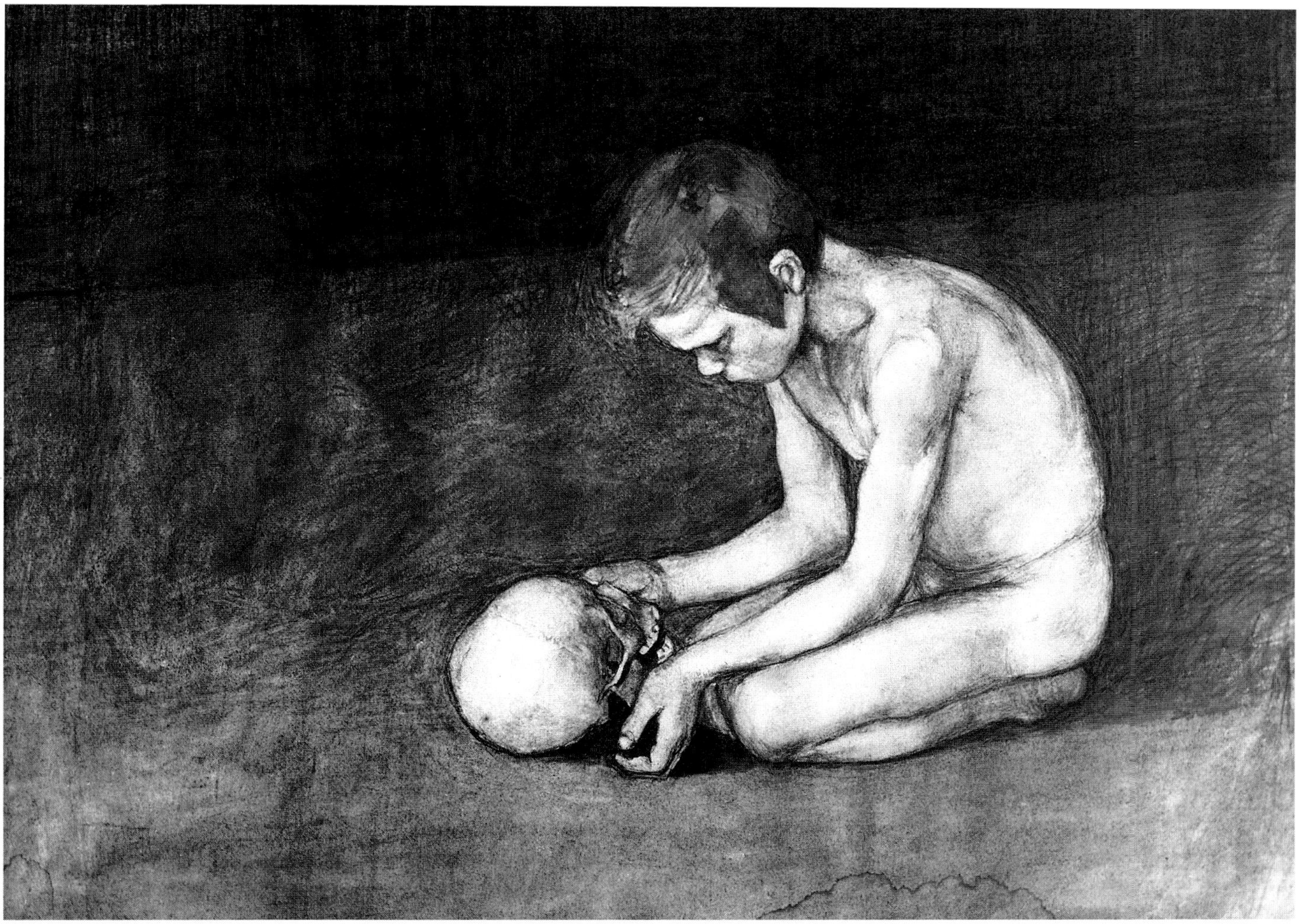

30 Vergleichsbild: Jean-Hippolyte Flandrin, Jüngling am Ufer des Meeres sitzend
Paris, Louvre

31 Vergleichsbild: Ferdinand Hodler, Aufgehen im All, 1892
Basel, Kunstmuseum

32 Vergleichsbild: Max Klinger: »Und doch«, aus »Vom Tode«.
Zweiter Teil, Opus XIII, 8, Radierung

33 Magnus Enckell, Knabe mit Totenschädel, 1892
Kohle und Wasserfarbe, 70×100 cm; Helsinki, Kunstmuseum im Ateneum

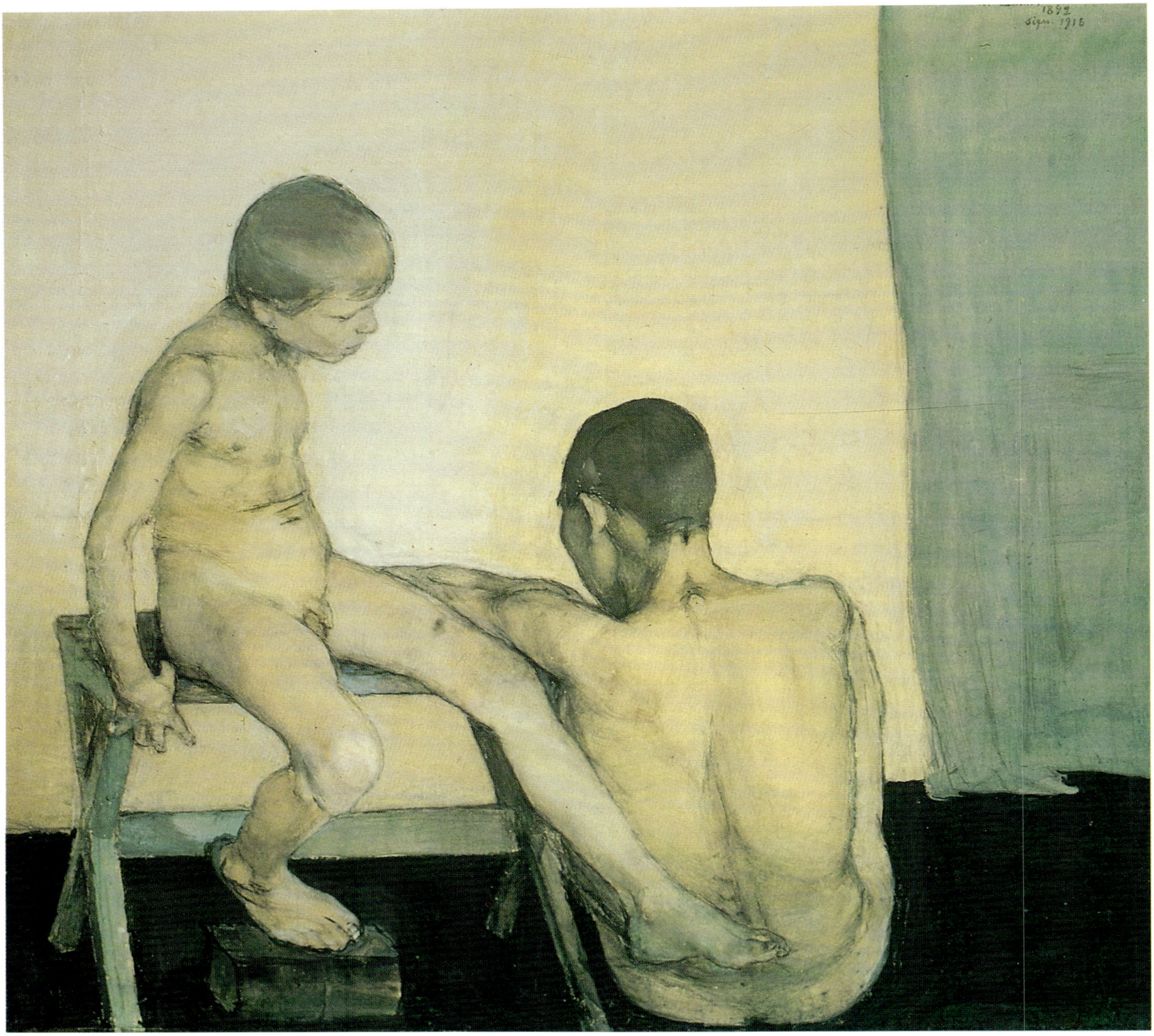

34 Magnus Enckell, Zwei Jungen, 1892
Wasserfarben, 90×100 cm; Mänttä, Gösta Serlachius Kunstmuseum

35 Magnus Enckell, Netzbinder, 1894
Wasserfarben; Vasa, Pohjanmaan Museum

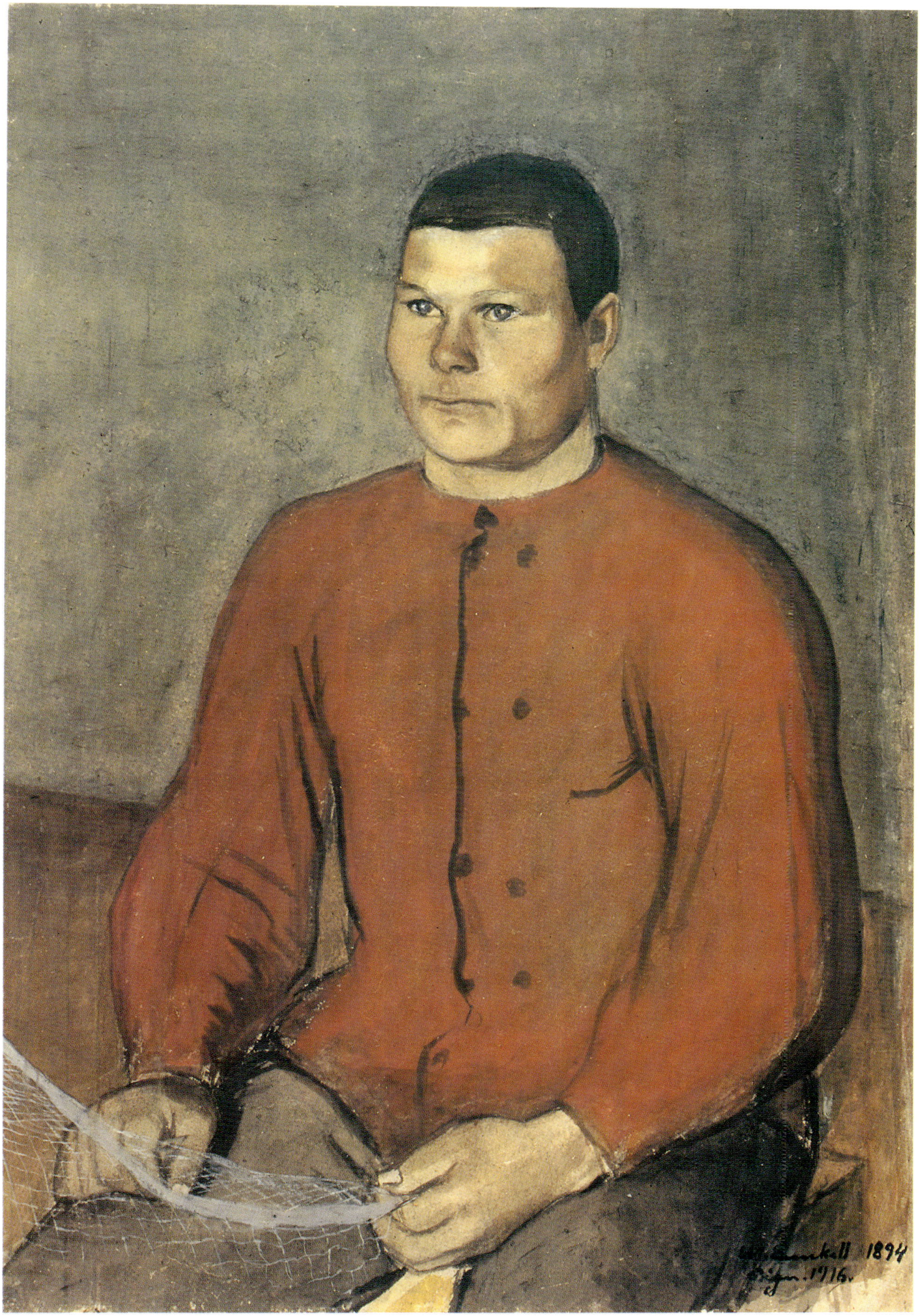
1894
1916.

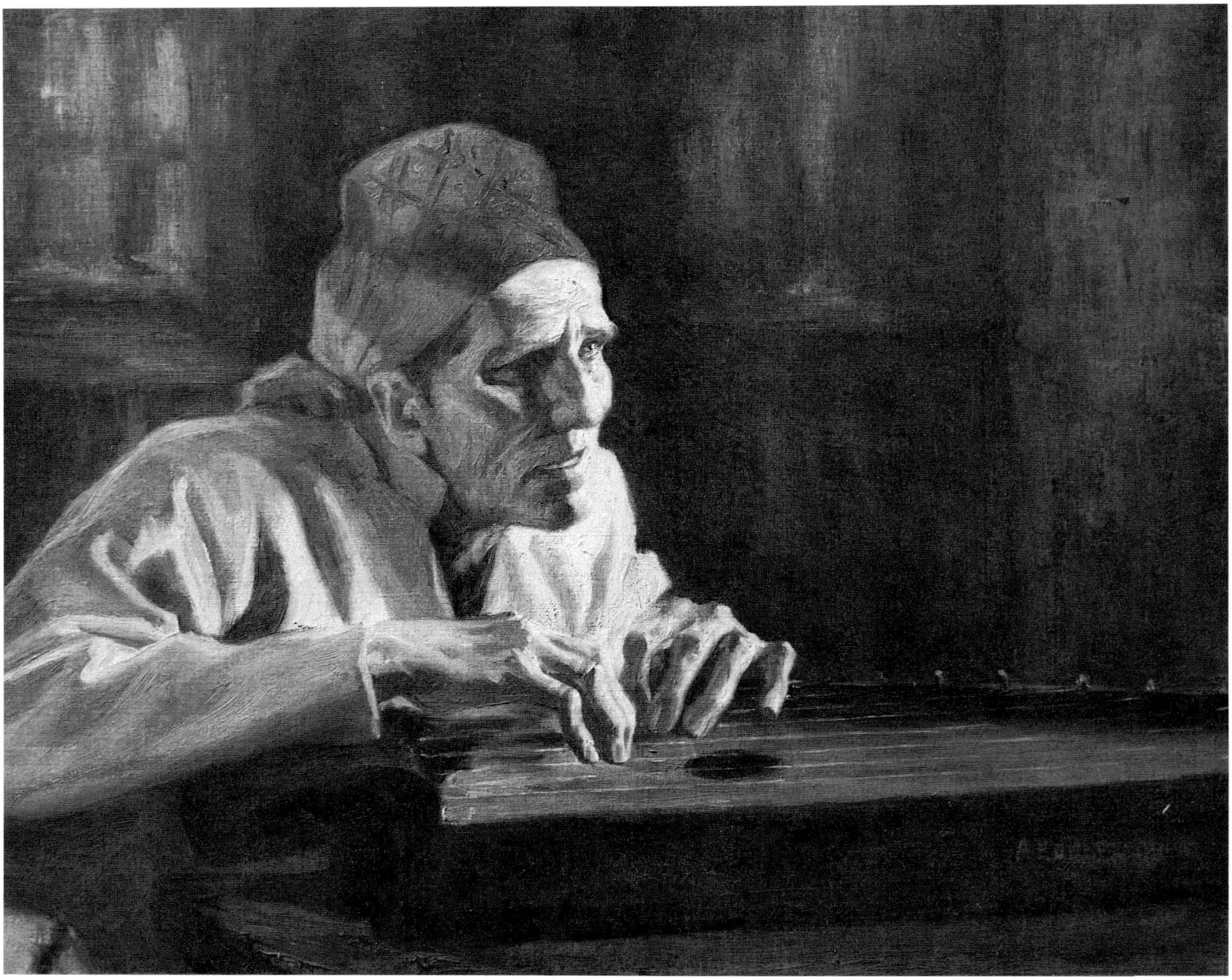

36 Albert Edelfelt, Larin Paraske, 1893
Öl, 54×65 cm; Odessa, Museum für westliche und östliche Kunst

37 Axel Gallén, Hirtenjunge von Paanajärvi, 1892
Wasserfarben, 42,5×33 cm; Mänttä, Gösta Serlachius Kunstmuseum

folgende Seiten

38 Axel Gallén, See in der Wildnis, 1892
Öl, 72×51 cm; Mänttä, Gösta Serlachius Kunstmuseum

39 Axel Gallén, Sampo wird geschmiedet, 1893
Öl, 20×151 cm; Helsinki, Kunstmuseum im Ateneum

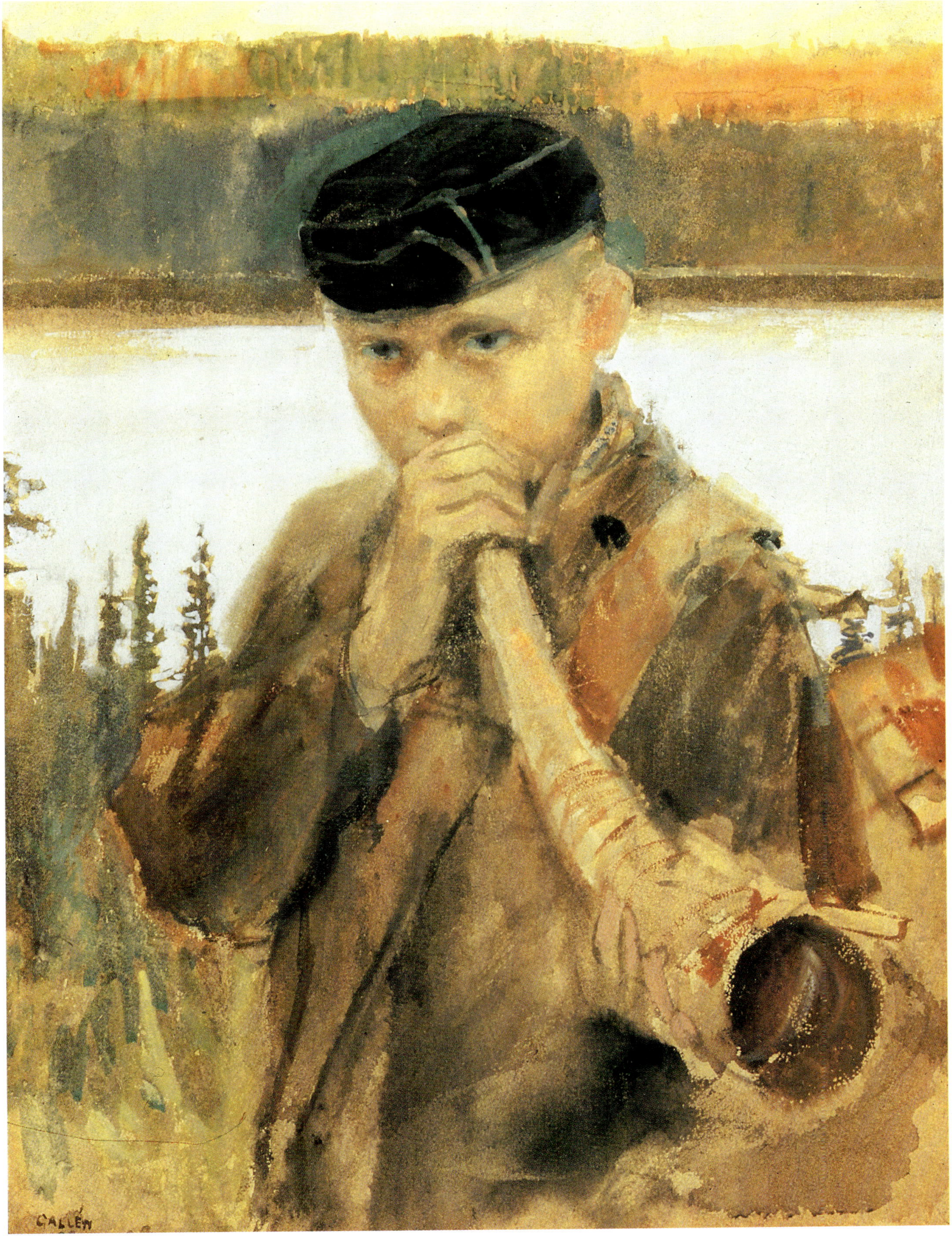
GALLEN

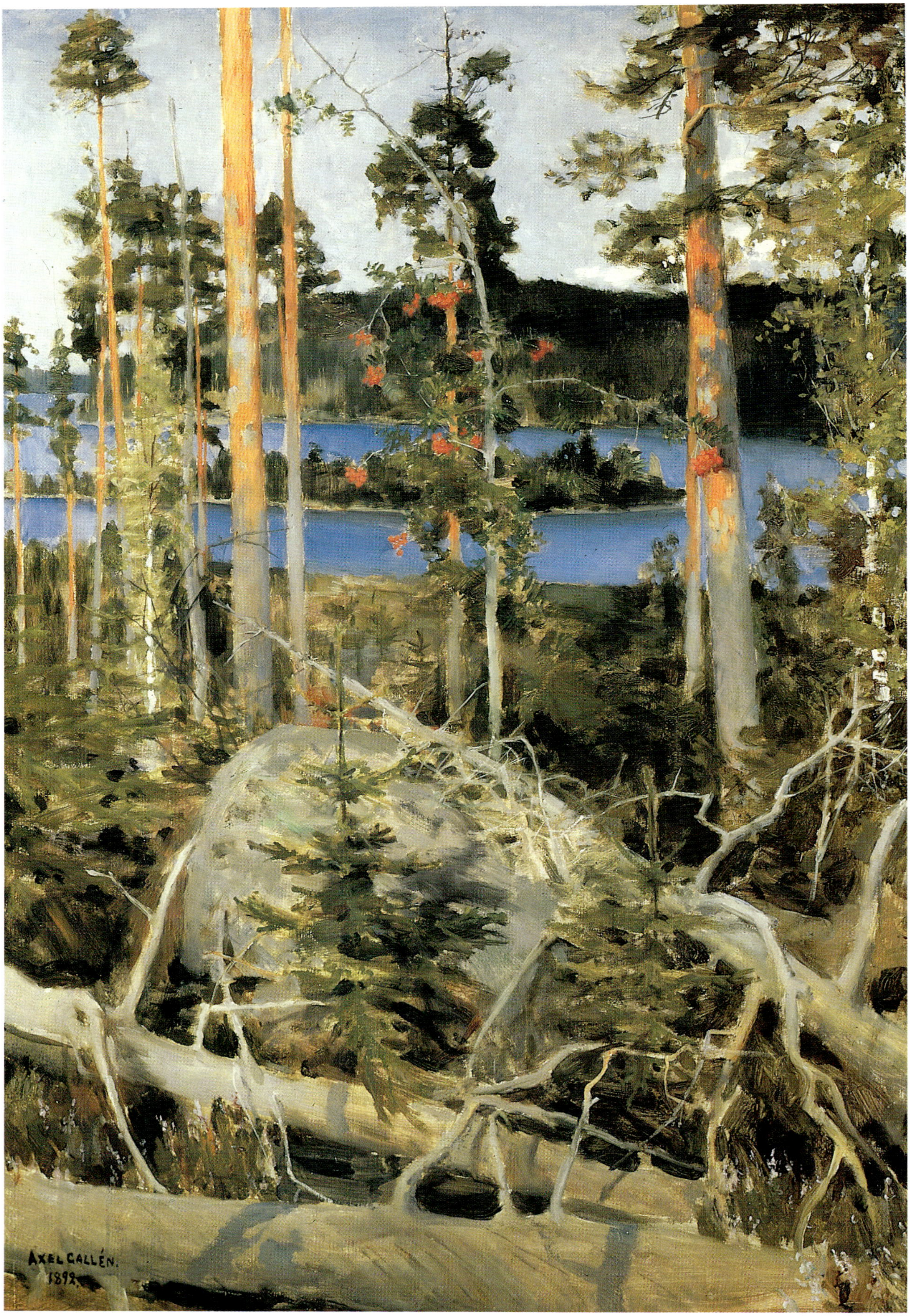
AXEL GALLÉN.
1892.

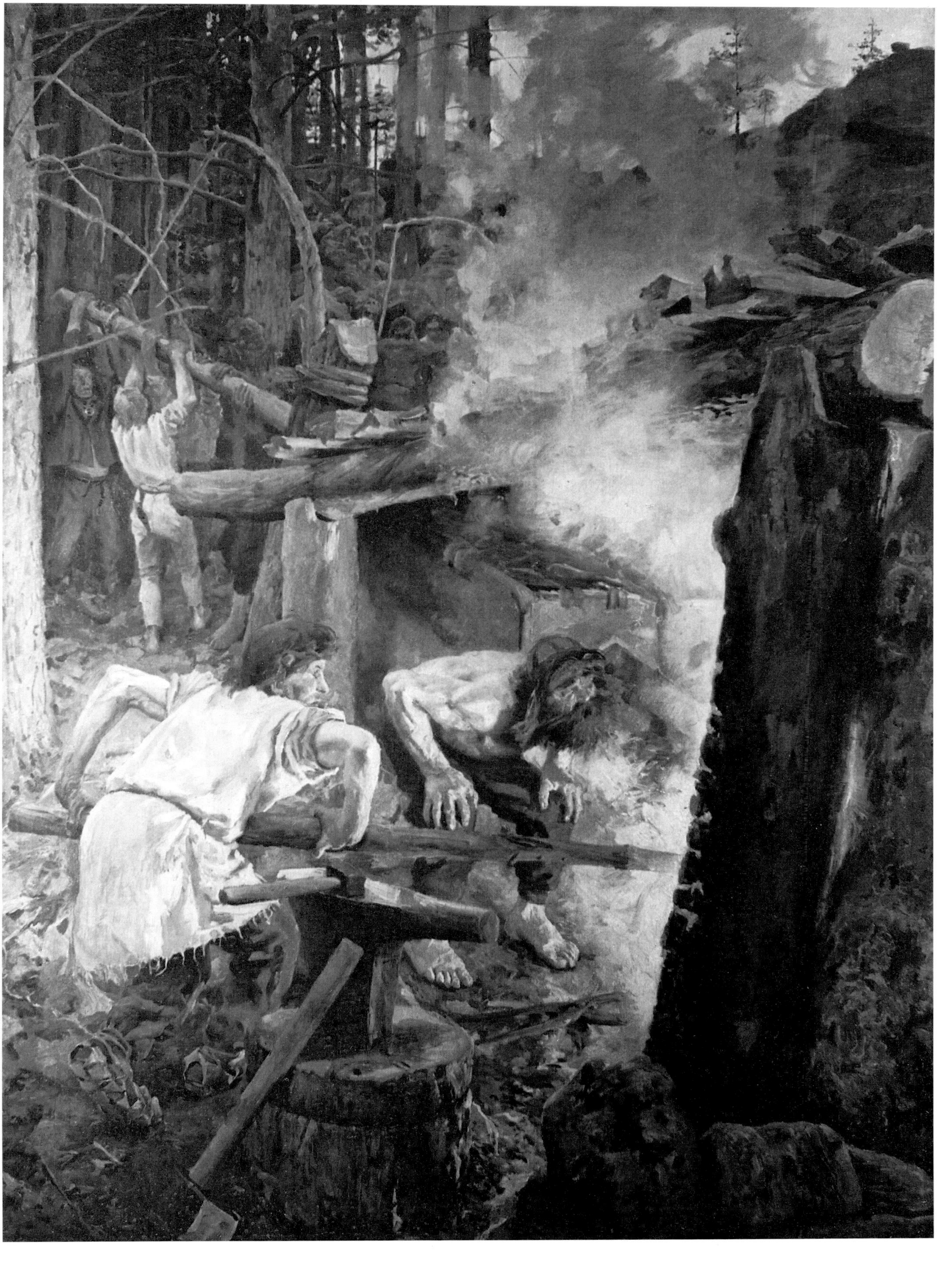

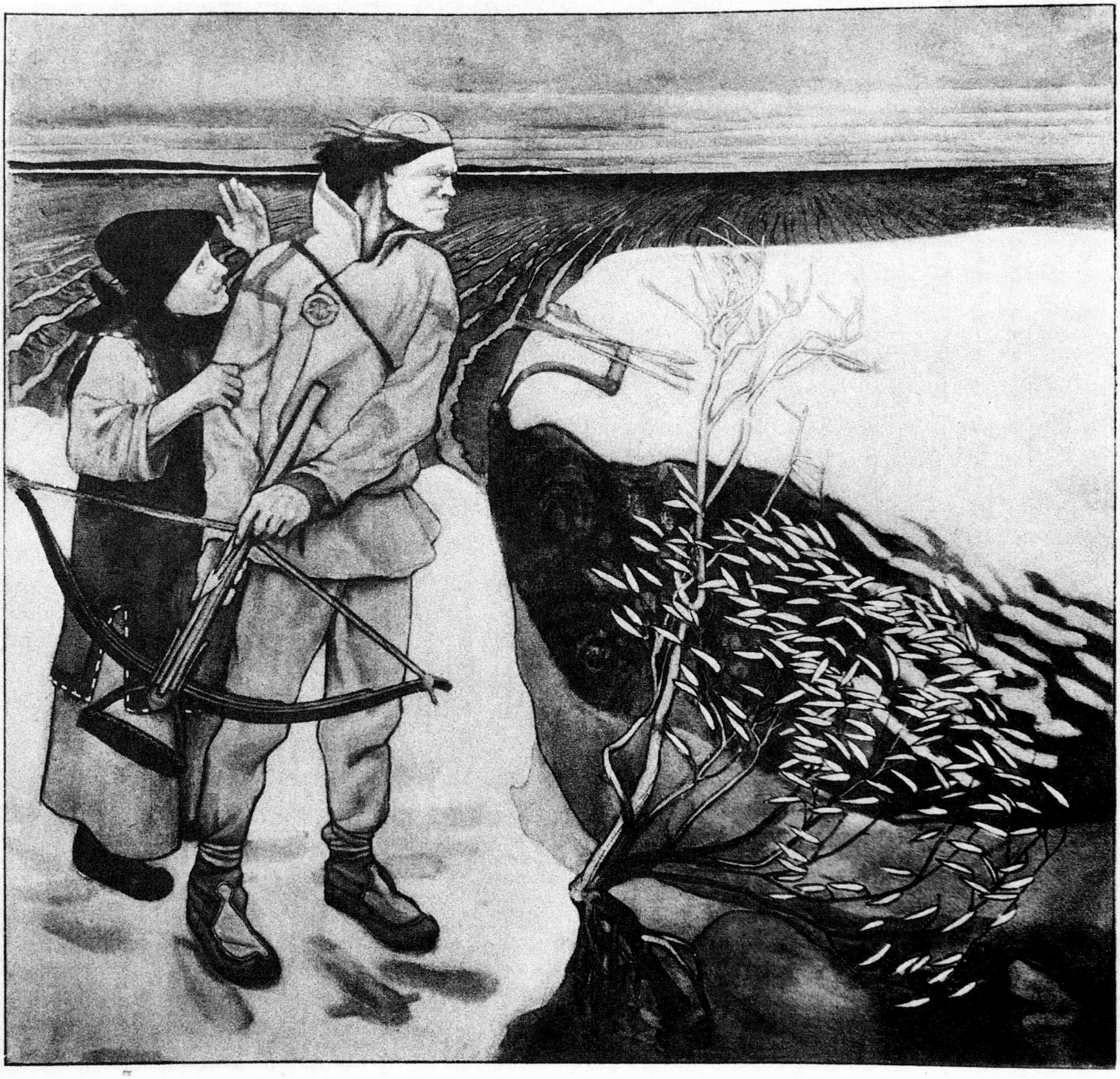

40 Axel Gallén, Joukahainens Rache, 1897
Tempera, 125×130 cm; Turku, Kunstmuseum
41 Axel Gallén, Symposium, 1894
Öl, 74×99 cm; Privatbesitz
42 Axel Gallén, Bootsfahrt Väinämöinens, 1909
Öl, 90×108 cm; Helsinki, Kunstmuseum im
Ateneum, Sammlung Antell

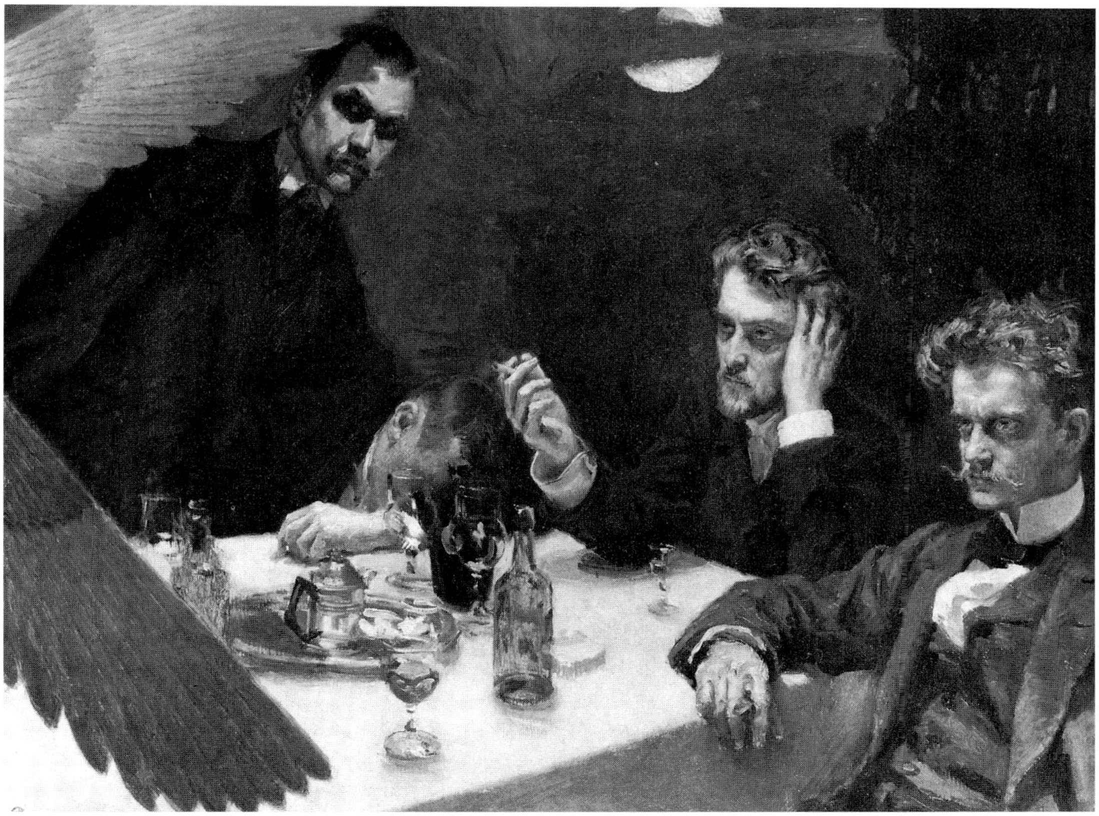

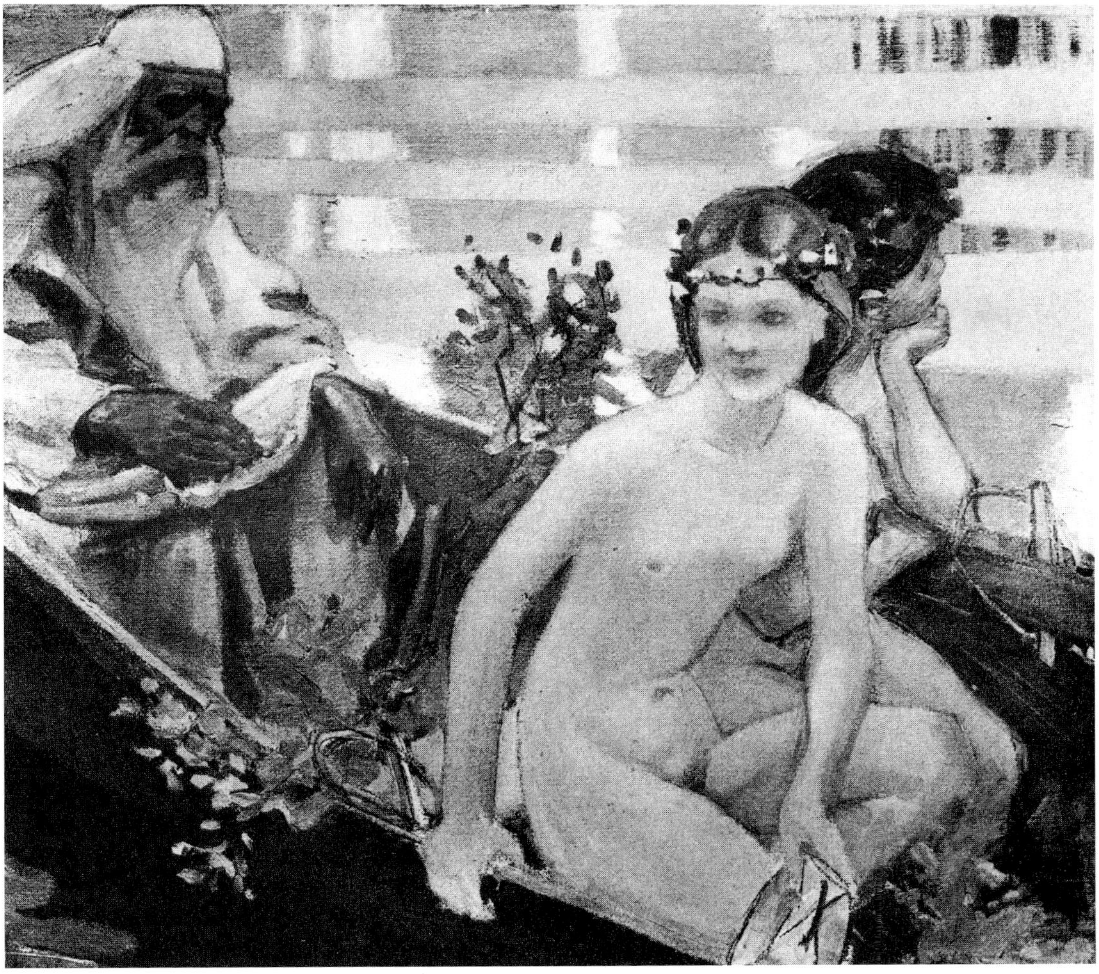

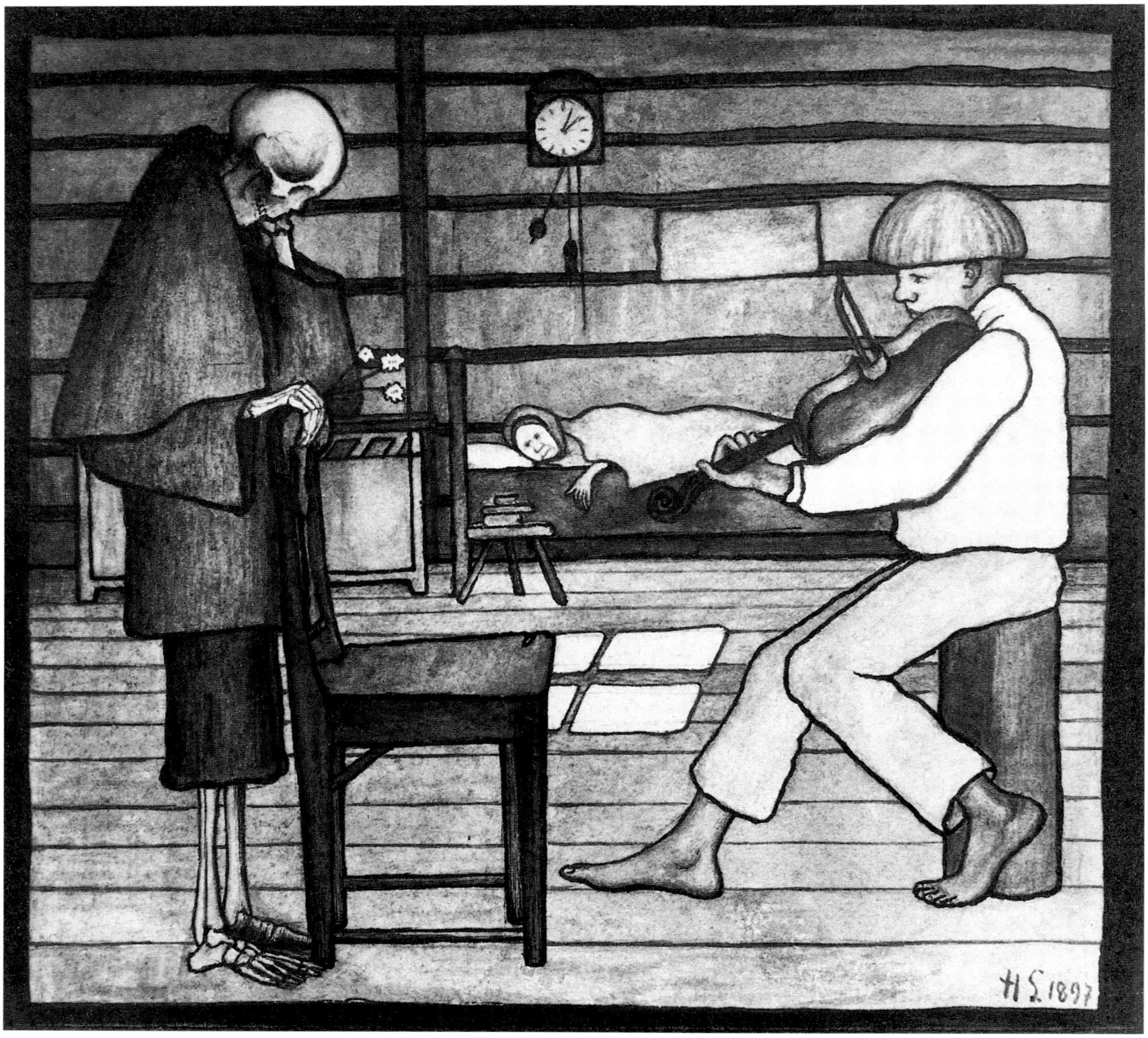

43 Hugo Simberg, Der Tod lauscht, 1897
Aquarell, 14,6×16,8 cm; Helsinki, Kunstmuseum
im Ateneum

Knien, den Kopf auf die Knie gesenkt, ins Relief gebracht, in der Rückenlinie einfacher geometrischer Form angenähert, parallel zur Bildfläche, groß vor einem Meereshorizont mit fernen Felsen rechts. Heroisch einsam und – durch die Selbstversunkenheit des jungen Mannes – romantisch. Für die Augen des Späteren war dieses vorzüglich gearbeitete Gemälde zu gestellt. Es ist möglich, daß Enckell vor diesem Bild (oder etwa auch vor Bildern von Puvis de Chavannes) zu sich selber dem Sinne nach gesagt hat: Das möchte ich besser machen, vor allem: realistischer! Also gerade nicht: symbolistisch.

Man soll bei Neuerungen in der Kunst nicht nur fragen: woher kommt das? Welche Einflüsse hat der Künstler aufgenommen?, sondern auch: wogegen hat er sich hier gewandt? Im Falle Enckells könnte ein Gemälde Ferdinand Hodlers einen »negativen Einfluß« ausgeübt haben, nämlich die *Communion avec l'infini* (später *Aufgehen im All* genannt) von 1892, das in Paris auf der Société nationale des Beaux-Arts im Mai 1893 ausgestellt war. Es fragt sich, ob Enckell es gesehen hat, bevor er den Jungen mit dem Totenschädel malte; jedenfalls war er damals in Paris. Abb. 31

Hodler beschrieb das Gemälde selber als »eine nackte weibliche Figur auf einem schwarzen Tuch und auf freiem Felde stehend . . . Die Beleuchtung ist nach Sonnenuntergang, und der nackte Körper reflektiert die Farbe des so beleuchteten Luftkreises« (Brief vom 17. Sept. 1892 an F. Bürzberger). – Die Frau steht etwas geschraubt, hauptsächlich im Profil nach links, kehrt aber die Hüftpartie etwas nach vorn; warum sie das tut, bleibt unklar, es handelt sich nicht um einen Kontrapost. Sie schiebt den Kopf etwas nach vorn und blickt nach oben, während sie die Arme fast waagerecht ausstreckt und die geraden Finger beider Hände so einander annähert, als ob sie beten wollte. Wie so oft bei Hodler dieser Zeit sagt man sich: das ist allzu gestellt und gemacht; gerade der Charakter des doch wohl beabsichtigten Allgemein-Menschlichen leidet darunter. Hodler befand sich hier in nächster Nähe, zeitlich und geistig, zu Max Klinger, dessen nackter junger Mann, aufrecht und mit erhobenen Armen gegen das Licht schreitend, aus dem Radierungszyklus *Vom Tode*. Zweiter Teil. Opus XIII, Abb. 32
Blatt 8 mit dem Titel *Und doch*, am 1. Mai 1893 datiert ist – auch hier die Absicht, ein Bild menschlicher Existenz, einer bestimmten jugendlichen Lebenshaltung zu zeigen. Da aber der ganze Zyklus erst 1898 veröffentlicht wurde, kann diese Radierung Klingers keine Rolle für Hodler und Enckell gespielt haben. Derlei Themen lagen in der Zeit. Der Betrachter darf fragen, welcher Künstler das Thema am besten erfaßt, mit den geringsten Mitteln und der stärksten Wirkung gestaltet hat. Nach meiner Meinung: Enckell.

Weitere Werke von Magnus Enckell

Es gibt ein paar Vorspiele in Enckells Werk zu dem *Knaben mit dem Totenschädel*. Zu ihnen gehört ein Aquarell von 1892, *Zwei Jungen*. Es könnte in einer Sauna gemalt sein. Ein etwa zwölfjähriger Junge sitzt im Profil auf einer kurzen Holzbank, ein älterer, nahezu erwachsener Junge hockt neben der Bank, mit dem Rücken zum Betrachter hin, am Boden; rechts ein Vorhang. Es ist ein durchaus realistisches, in keiner Weise geschöntes Bild. Im Körper des Kindes steckt Unruhe, der Ältere könnte länger in seiner Stellung verharren. Trotz des realistischen Aussehens deutet das Bild spürbar auf einen ernsten Sinn. Der kleinere Junge könnte sich mit einer Frage an den größeren gewendet haben; aber dieser antwortet nicht, er scheint in sich versunken. So entsteht eine Spannung zwischen den beiden, die bei aller körperlichen Nähe jeder für sich einsam sind.

Noch im gleichen Jahr oder im Jahr darauf, 1893, entstand *Liegender Junge* (Kohle und Aquarell; Helsinki Ateneum). Er ist wohl gerade aufgewacht, körperlich liegt er noch entspannt, wenn auch halb aufgerichtet gegen das Kissen, die Augen wollen sich noch vor dem Licht schützen, aber blicken doch schon auf ein Ziel. Es ist ein Bild des Erwachens. Das Thema kehrt 1894 wieder, in dem Gemälde *Réveil* (Erwachen; Helsinki, Ateneum). Es zeigt einen nackten jungen Mann in ganzer Gestalt. Er ist gerade aufgewacht, setzt sich auf und schiebt die Decke zurück. Aber wird er aufstehen? Der Oberkörper ist zwar aufgerichtet, aber Arme und Beine hängen, und er wendet den Kopf vom Licht ab. Er ist noch der Gefangene der Nacht. Enckell hat wieder ein Existenzbild ohne näheren Anlaß der schweren Stimmung gemalt.

Letztlich geht die Erfindung dieses Bildes auf Michelangelo zurück. Die zügigen Konturen, die Parallelführung von linkem Arm und linkem Bein, sind Dinge, die an die nackten Jünglinge der Sixtinischen Decke denken lassen. Nur daß Michelangelo seine Jünglinge mit gespannter Energie und seelischer Harmonie erfüllt, während Enckell eine Dumpfheit schildert, von der wir nicht wissen, ob sie in Kraftsammlung übergehen wird. – Völlig wach, aufrecht, angekleidet ist der junge Mann auf Enckells

Abb. 35 *Netzbinder* von 1894 in Aquarell und Gouache. Er sieht nicht auf seine Arbeit, sondern richtet den klaren Blick der kleinen Augen auf ein fernes Ziel. Auch das ist ein Existenzbild. Das Vorbild des Kopfes hat Enckell in der ägyptischen Abteilung des Louvre gefunden: an dem hockenden Schreiber, dessen Gesicht er abgezeichnet hat.

Sind diese Bilder Enckells wirklich symbolistisch, wie man sie meist rubriziert? – Es hat immer wieder Kunst- und Literaturtheorien gegeben, und es scheint, als ginge es nicht ohne sie. Zuweilen wachsen sie zu umfassenden ästhetischen Theorien aus. Manchmal sind sie ursprünglich als Kommentare zu existierenden Kunstwerken entstanden, manchmal waren sie vor den Kunstwerken da. Der Historiker sollte gegenüber solchen Theorien immer fragen: Besteht wirklich ein Zusammenhang zwischen ihnen und den Werken?

Wirklichkeitstreue – ein Widerspruch zur Subjektivität?

Um 1890 gab es einen heftigen Streit in Sachen der Dichtkunst, der sich leicht auch auf die Bildkunst übertragen ließe. Man sah, daß die Kunst und Dichtung unter dem Namen Realismus etwa seit den 1830er Jahren mehr und mehr mit dem gleichzeitigen Rationalismus und Materialismus zusammengingen. Gegen 1890 fanden manche junge Leute, daß die Kunst und Dichtung das »Wesentliche«, den Geist, die Seele, die Phantasie, die Subjektivität und das Individuelle, Persönliche verloren hätten. Wenn sie dabei bestimmte Dichter angriffen, so waren es Zola und Ibsen; unter den Malern könnte man Manet, Leibl, Menzel, Liebermann, im nordischen Bereich Christian Krohg oder Edelfelt als Realisten nennen.

Aber warum schrieben oder malten diese Künstler? Wollten sie bloß einen Spiegel der Wirklichkeit aufstellen? Selbstverständlich nicht, auch wenn sie oder ihre Bundesgenossen in der Theorie verlauten ließen, daß es sich um getreue Wiedergabe der Wirklichkeit handele. Nun gibt es seit der Antike eine Theorie, daß der Redner, Dichter oder Maler darauf zielen solle, »die Seele zu bewegen« *movere animam* – und das haben sie immer beabsichtigt und auch wirklich erreicht, mit wechselnden Mitteln. Auch wenn sie ein Stück Wirklichkeit wiedergaben, so arrangierten und komponierten sie doch. Zuweilen wählten sie Formen, die sich weit von der alltäglichen Wirklichkeit entfernten. Ganz gleich, ob sie sagten, daß sie bloß die Wirklichkeit wiedergäben, oder sagten, daß man die Wirklichkeit arrangieren und verändern müsse – es ging ihnen immer darum, »die Seelen zu bewegen«. Die Absichten in der einen oder anderen Richtung sollten den Betrachter der Kunstwerke oder Leser der Dichtungen wenig kümmern. Für ihn kommt es darauf an, ob ihn das, was er liest oder sieht, innerlich berührt.

In dem Angriff auf die herrschende Richtung in Kunst und Dichtung um 1890 setzten die jungen Rebellen als selbstverständlich voraus, daß die realistische Kunst und Dichtung es auf bloße Abbildung abgesehen habe; bestenfalls wolle sie mit den Mitteln der Abbildung nichtkünstlerische Ziele, etwa Abschaffung sozialer Mißstände, erreichen. Die Kritiker erfanden damit ein Gespenst, und es konnte ihnen nicht schwer fallen, eben dieses Gespenst niederzulegen. Aber das Gespenst hatte mit der wirklichen Dichtung, etwa Zolas und Ibsens, wenig zu tun, ebensowenig wie mit der großen realistischen Malerei, etwa derjenigen Waldmüllers, Courbets, Leibls, Manets oder Schischkins. Diese Kunst war geschaffen, um auf ihre Art »die Seele zu bewegen«. Und die neue Kunst, die man nun proklamierte, hatte auch kein anderes Ziel. Nur waren ihre Themen und ihre Mittel andere geworden.

Edelfelt und Enckell – Vergleich ihrer künstlerischen Mittel

Es müßte sich also darum handeln, diese Mittel zu erörtern. Warum nicht mehr klares Tageslicht? Warum keine realistischen Farben mehr? Warum keine realistischen Details, keine genau beschriebenen Umstände einer Handlung, ihr Ort, ihre Zeit, ihre Klassensituation? Es hieß, man müsse der Phantasie wieder Raum geben in der Kunst. Aber steckt denn mehr Phantasie in Enckells *Knabe mit dem Totenschädel* als in Edelfelts *Leichenfahrt eines Kindes*? Wir erinnern uns: die Leichenfahrt war ursprünglich eine Tauffahrt! Das Neue bei Enckell ist die Konzentration auf die Grübelei über den Tod. Edelfelt hatte mit vielen Einzelheiten – in der Sprache der modernen Theorie: »Zeichen« – gearbeitet, Enckell läßt die meisten weg, behält nur wenige übrig und hebt sie hervor. Es handelt sich in beiden Fällen darum, inneres Leben durch Zeichen, die man aus der äußeren Wirklichkeit holt, anschaulich zu machen. Ist das solcherart anschaulich gemachte innere Leben bei Enckell anders als bei Edelfelt? Welche – vielleicht neuen – Qualitäten besitzt es, die es in der Kunst vorher nicht gab? Darauf geben uns die Theorien der Zeit um 1890 keine Antwort. Wir müssen selber untersuchen, ob es da neue Qualitäten gibt.

Daß der Tod ein Rätsel ist, zeigt uns sowohl Edelfelt wie Enckell. Edelfelt stellt das Rätsel in den Zusammenhang der Alltäglichkeit. Wir dürfen daraus schließen, daß das Leben größer ist als der Tod; die Zeit wird weitergehen, die Sonne und die Landschaft werden weiterbestehen, die Menschen werden weiter um ihr Brot arbeiten müssen. Bei Enckell ist die Alltäglichkeit weggefallen, es gibt keinen bestimmten Ort, die Zeit steht still. Der Junge grübelt; da er noch nicht erwachsen ist, läßt sich vermuten, daß er wachsen wird . . . oder auch, daß er selber vor der Zeit sterben muß. Hierin liegt etwas Neues. Der Materialismus rechnet mit dem Fortbestand der Materie und des Lebens, er rechnet auch mit dem Fortschritt der Menschheit (darüber hat sich Edelfelt in seinem Gemälde freilich nicht geäußert). Der Junge Enckells hat sicher keinen Gedanken an diese rationalen Argumente. Edelfelt hat offensichtlich nicht geglaubt, man könne das Rätsel von Tod und Leben rational lösen, aber wohl, daß man darüber sprechen könne, indem man es in den Wirklichkeitszusammenhang einordnet; damit kann man das Rätsel wenigstens beleuchten. Enckell isoliert das Rätsel und macht es dadurch eindringlicher.

In beiden Fällen handelt es sich um Annäherungen an das Rätsel. Sie sind normal menschlich, wie auch andere Annäherungen, wie etwa die religiöse, die das Rätsel in Gottes Hand legt. Die verschiedenen Annäherungen kommen immer wieder vor, auch in der Kunst und Dichtung. Zuweilen überwiegt eine von ihnen, und wenn sich die Dichter und Künstler einer bestimmten Zeit zu sehr auf eine konzentriert haben, gibt es Proteste. Deren Lautwerden ist natürlich. Eine andere Frage ist, ob die Argumente angemessen und glaubhaft sind.

Magnus Enckell hatte sich während seiner langen Pariser Aufenthalte 1891/94 mit den Argumenten der Anti-Materialisten und Symbolisten vertraut gemacht. Aber er hat diese Argumente nur zum Teil in seiner Kunst benutzt. Er bleibt Rationalist in seinem Studium des nackten Modells. Auch um das Zauberwort, daß die Kunst »dekorativ« sei und sein müsse, hat er sich einstweilen nicht gekümmert. In der Praxis führte das Zauberwort dazu, daß man die Konturen in der Malerei betonte, den Körpern kein plastisches Volumen ließ und den Raum in flache rahmenparallele Schichten verwandelte. Nichts davon bei Enckell. Es ist kein Zweifel, Enckell hat sich tief mit den neuen Theorien eingelassen, wie aus seinen Briefen hervorgeht. In seiner Phantasie aber hatte er es mit den nackten Existenzfiguren Michelangelos und Rodins zu tun. In ein paar Werken (es sind gar nicht viele) gab er seine Antwort auf die Herausforderungen Michelangelos und Rodins; gegen Michelangelo: keine vollendet schönen Körper mehr; gegen Rodin: keine erwachsenen Menschen mehr. Die Schwere des Lebens wird um so schwerer, die Grübelei wird um so eindringlicher, als Enckell uns – wie gesagt – Halbwüchsige zeigt, die weniger gut gerüstet sind, den Kampf zu bestehen als die kraftvollen Figuren Michelangelos und Rodins.

Man muß beachten, daß in den Jahren, in denen Enckell seine neuen Bilder schuf, 1892/94, eine ungetrübte Freundschaft zwischen ihm und dem fünfzehn Jahre älteren Edelfelt bestand. Enckell durfte Edelfelts Pariser Wohnung beziehen, und dieser ermutigte ihn in seinen Briefen von zu Hause, als Enckells Bilder dort auf Unverständnis stießen. Warum auch sollte Edelfelt, der die vom Leben hart gezeichneten alten Bauernfrauen vor der Kirche zu Ruokolaks gemalt hatte, sich von dem jungen Freund abwenden, wenn dieser halbwüchsige, grob gebaute Jungen zeichnete?

Es sollte sich aber zeigen, daß Enckell sich selbst nicht treu blieb. Er hatte sich zu tief mit den neuen Theorien eingelassen, und ein paar seiner Altersgenossen nahmen sie von Anfang an wörtlich: Beda Stjernschantz, Ellen Thesleff, Väiniö Blomstedt. Und obendrein gab es in Paris eine große Bewunderung für Puvis de Chavannes und in Berlin für Arnold Böcklin. 1895 war es so weit: Enckell malte *Melancholie, Phantasie, Venuskult, Das Leben, Faun* ... Im Herbst 1894 war er nach Italien gereist. Die klassische Kunst überwältige ihn. Genauer: Böcklins Auffassung der klassischen Kunst nahm von seiner Phantasie Besitz. Seine einfache Bildwelt versank zugunsten von klassischen Opferhainen, Leiern, Schwänen, Tempeln. In dem Maße, wie er sich von der Realität seiner Heimat und ihrer Menschen entfernte, verlor seine Kunst an Kraft, »die Seelen zu bewegen«.

Es brauchte Jahrzehnte nach 1809, ehe die Menschen im Großfürstentum Finnland ein Bewußtsein, eine Nation zu sein, entwickelten. Dichter wie Runeberg und Zacharias Topelius trugen einen großen Teil zur Formulierung und Verbreitung dieses Bewußtseins bei. Ebenso wichtig war der Verkünder des finnisch-sprachigen Nationalbewußtseins, Johan Vilhelm Snellman, Philosoph Hegelscher Richtung, Volkserzieher, Politiker und Ökonom.

Es war bereits davon die Rede, daß die verschiedenen Traditionen, aus denen Lönnrot sein *Kalevala* zusammenfügte und zum Teil frei weiterdichtete, meist aus den östlichen Gebieten Finnlands stammten, aus Savolaks und Karelien sowie der angrenzenden russischen Provinz, in der ebenfalls karelische Stämme wohnten. Hierhin war die schwedische Kultur kaum gekommen. Daß es stattdessen bei den orthodoxen Anhängern der Ostkirche in Karelien einen russischen Kultureinfluß gab, nahm man kaum wahr. Karelien, diesseits und jenseits der Grenze, wurde zu einem »Urfinnland« der Phantasie. Gegen Ende des 19. Jahrhunderts unternahmen mehrere der

Sprecher des neuen Nationalismus – der, wohlgemerkt, von Haus aus nicht antirussisch war – ausgedehnte, zuweilen anstrengende Reisen nach Karelien und Fernkarelien, auch nach dem nordöstlichen Österbotten/Pohjanmaa.

Die Suche nach »Urfinnland«

Die Suche nach »Urfinnland« hatte zwei Hauptursachen. Die eine war die Sprachenfrage. Bei der Schaffung des Großfürstentums Finnland 1809 – nach der Losreißung Finnlands von Schweden – war Schwedisch die offizielle Sprache des Landes, auch wenn die schwedische lutherische Staatskirche in den finnischsprachigen Gemeinden in der Volkssprache predigte und Seelsorge trieb; sie hatte ja auch im 16. Jahrhundert die Übersetzung der Bibel ins Finnische veranlaßt. Mit der Verbreitung der Volksschule, der wachsenden Volksbildung, mit dem modernen Bedürfnis nach Nachrichten durch – sei es auch anspruchslose – Zeitungen ergab sich der Ruf nach einer finnischen Schriftsprache. Eine kleine Gruppe der schwedisch sprechenden Oberschicht wollte die Heranbildung und Anerkennung einer finnischen Schriftsprache – auch als Amtssprache – fördern. Darüber kam es zum Streit innerhalb der Oberschicht und zu einem wachsenden Gegensatz, ja zur Feindschaft zwischen den Sprachgruppen Finnisch und Schwedisch. Für die schwedischsprachigen Bauern und Fischer längs der Küsten und für die Handwerker und Kaufleute in den Städten, deren Muttersprache Schwedisch war, war Schwedisch als Volkssprache und zugleich als Schrift- und Staatssprache kein Problem. Für die Finnen aber war es auf die Dauer nicht zu ertragen, daß ihre Muttersprache bloß Volkssprache und nicht auch Schrift- und Amtssprache war. Die Suche nach »Urfinnland«, nach den alten Traditionen des Finnischen, diente dem Anspruch des Finnischen als Schrift- und Amtssprache, und noch mehr: als Kultursprache. Diese Suche wurde aber auch von jener schwedisch sprechenden Volksgruppe lebhaft unterstützt, die ihre eigene Identität als Finnländer (nicht als Finnen) gegenüber dem Altreich Schweden betonen wollten.

Die zweite, historisch gesehen spätere Ursache der Suche nach »Urfinnland« beruhte auf der Politik der Petersburger Regierung gegenüber Finnland. Die Zaren waren seit 1809 und bis in die 1860er Jahre hinein wohlwollende Landesherren Finnlands gewesen. Sie hatten ihr Reich im 18. und frühen 19. Jahrhundert als aufgeklärte Despoten regiert. Aber im Lauf des 19. Jahrhunderts – und besonders nach der Niederlage im Krimkrieg gegen England und Frankreich – zeigte sich immer deutlicher, wie veraltet ihr Regiment war. Sie wagten aber keine gründlichen Reformen, denn ihre Hauptstütze war die kleine, unermeßlich reiche adelige Oberschicht – und diese sträubte sich gegen alle Reformen. Statt zu Reformen griff das Zarenregime zu ideologischem Druck. Man führte das Argument ins Feld, das »echte« russische Volk sei seit uralter Zeit gottgläubig und seinem Herrscher ergeben gewesen. Dieses Volk würde nur »Schaden an seiner Seele nehmen«, wenn man ihm politische und soziale Reformen aufzwänge, kurz: der reaktionäre zaristische Despotismus des späteren 19. Jahrhunderts suchte mehr und mehr, das Nationalbewußtsein der »echten« Russen zu mißbrauchen. Von dieser Zeit an war Finnland mit seiner Autonomie, seiner schwedischen Verfassung und schwedischen Amtssprache eine Abnormität im russischen Reich, die es abzuschaffen galt. Die panslawistischen Bürokraten in Petersburg rückten darum gegen die schwedische Sprache in Finnland an und beförderten die Gleichberechtigung des Finnischen mit dem Schwedischen. Den Eiferern für die finnische Sprache in Finnland konnte das nur recht sein; sie wollten nicht sehen, was die Zarenherrschaft zu solchen Schritten bewog. Bald nach dem Sprachenkrieg eröffnete die Petersburger Bürokratie auch den Krieg gegen die Verfassung Finnlands, das »gleichgeschaltet« werden sollte. Gegen diese zaristische Politik erhob sich wachsender passiver Widerstand in Finnland. Petersburg antwortete mit der Verurteilung und Exilierung hoher finnischer Beamter.

Die Verfassung Finnlands – im großen und ganzen die schwedische Verfassung von 1734 –, auf die der Zar 1809 seinen Eid geschworen hatte, war das einzige Bollwerk der kleinen, sprachlich zerstrittenen Nation. Wenn Petersburg Gewalt anwandte und Finnland okkupierte, war die Nation wehrlos; ihre kleine eigene Armee hätte sich einem Angriff nicht widersetzen können. Die Lage war also düster und verschärfte sich in den 1890er Jahren und zu Anfang des 20. Jahrhunderts. In diese politischen Zusammenhänge und in diese Kämpfe, Sprachenstreit und Verteidigung der Verfassung, gehört die Suche nach »Urfinnland« hinein, aus ihnen speist sich das Pathos der Kunst Finnlands um 1900. Man suchte »Urfinnland« in der östlichsten Provinz Finnlands, Karjala/Karelien, und in Russisch-Karelien; auch – weniger oft – im Nordosten der Provinz Pohjanmaa/Österbotten und in Lappi/Lappland. So kam es zu einem wahren Kult mit den karelischen Traditionen. Man studierte die aus Holz gebauten Bauernhöfe, die Schnitzereien, Trachten, Textilien, den Schmuck der Frauen, und baute Landhäuser im karelischen Stil, ohne sich klarzumachen, was etwa an russischen Einschlägen in ihm steckte (Beispiele dieser bäuerlichen Kultur im Freilichtmuseum Seurasaari/Fölisön bei Helsinki und im dortigen Nationalmuseum).

Insgesamt ist dieses Aufgebot von Gedanken, Gefühlen, Forschungen und Reisen, die den Charakter von Wallfahrten annehmen konnten, als Karelianismus zu bezeichnen. – In Schweden gab es ein ähnliches Interesse für die alte Bauernkultur, vor allem in der Provinz Dalarna, wovon im Zusammenhang mit Anders Zorn zu sprechen ist. In Deutschland war um die gleiche Zeit die Volkskunde schon fest etabliert. Begründet u. a. von den Brüdern Grimm, widmete sie sich fast ausschließlich der Erforschung der bäuerlichen Vergangenheit. Daß auch die Industriearbeiter zum Volk gehörten, nahm man damals noch kaum zur Kenntnis, denn da wäre man auf die ökonomischen Fragen gestoßen. Doch auch beim Studium der bäuerlichen Volkskunde ließ man die Agrarwirtschaft und -technik fast ganz aus den Augen. Sehr im Gegensatz dazu untersuchte der Norweger Eilert Sundt wirklich die materielle und moralische Kultur des ganzen Volkes, ausgenommen die der Oberschicht, die ja selber ausführlich für ihre Sache eintreten konnte.

Karelianismus und finnischer Nationalismus

Karelianismus und finnischer Nationalismus flossen zusammen. Wenn der erstere vor allem rückgewandt war, erhoben sich unter Nationalisten, die für die Sprache eiferten, auch Stimmen zur sozialen Frage. Vor allem ist da Arvid Järnefelt zu nennen, der auf Finnisch schrieb und schon in seinem ersten Roman *Isänmaa* (Vaterland) 1893 die sozialen Probleme der 1880er Jahre aufgriff.

Hier seien ein paar Stichworte zur Geschichte des Karelianismus zusammengestellt. Von dem Anfang, den Elias Lönnrot gemacht hatte, als er die Volksmärchen und -lieder sammelte, war schon die Rede. Im Jahr 1885 publizierte Severin Falkman seine Materialien zur ostfinnischen Volkskunst, die er 1882 gesammelt hatte. 1887 reiste Albert Edelfelt – auch dies wurde erwähnt – nach Ruokolaks/Ruokolahti im östlichen Savolaks/Savo. 1890 malte er *Christus und Magdalena* nach einem Lied aus dem *Kanteletar*, 1893 drei große Porträts der Volkssängerin Larin Paraske. 1889 schrieb Arvid Gentz das Gedicht *Karjala*, das sein Bruder Emil vertonte und das überall in Finnland gesungen wurde: »Helden treten hervor aus der Nacht der Grabhügel«. 1892 bereiste der Schriftsteller Juhani Aho (der eigentliche Schöpfer der neuen finnischen Literatursprache) zusammen mit dem Maler Eero Järnefelt Russisch-Karelien; im Sommer 1892 besuchte der Musiker Jean Sibelius mit seiner jungen Frau Fernkarelien. Im Frühjahr 1892 war seine symphonische Dichtung *Kullervo* mit Stoff aus dem *Kalevala* mit größtem Erfolg uraufgeführt worden. 1894 reisten die Architekten Lars Sonck, Yrjö Blomstedt und Victor Sucksdorff nach Russisch-Karelien, sie veröffentlichten ihre Zeichnungen mit finnischem Text 1901 und mit deutschem 1902: *Karelische Gebäude und Ornamentformen aus Zentralrussisch-Karelien.* Ebenfalls 1894 bereiste der Volkskundeforscher Kustaa Frederik Karjalainen zusammen mit dem Amateurphotographen Into Konrad Inha Karelien.

Im Jahr 1895 besuchte Pekka Halonen mit seiner Frau Nordostfinnland, wo er den Studenten Eino Leino traf, der auf der »Suche nach den Pfaden der Sampofahrer« war und sich hier als Dichter fand.

Eine wichtige Figur des Karelianismus und der Volkskunde war die Volkssängerin – *runosångerskan* – Larin Paraske; eigentlich Paraskova Mikiittina. Sie stammte aus dem karelisch sprechenden Ingermanland, das zu Rußland gehörte, griechisch-orthodox war und die Bauern in Unfreiheit hielt. Hier waren die Frauen Bewahrerinnen der Volkstraditionen. Nördlich der Grenze, im finnischen Karelien, mit seinen freien Bauern, waren es die Männer. Larin verheiratete sich 1853 nördlich der Grenze, nach Vaskela bei Sakkola, wo sie schließlich in Armut starb.

Ihre Ehe war bedrückend für sie, der Mann hielt den kleinen Hof schlecht instand, sie hatte viele Kinder, nahm sich auch anderer Kinder an und galt im Dorf trotz ihrer Armut als eine moralische und intellektuelle Kraft. Sie führte viele Lieder ihrer Heimat mit sich und lernte neue von den karelischen männlichen Sängern.

In den Jahren 1885/89 war Adolf Neovius Pfarradjunkt in Sakkola. Er »entdeckte« Larin Paraske 1887 und machte viele Aufzeichnungen nach ihrem Vortrag. Als er nach Porvoo/Borgå versetzt wurde, lud er sie 1891/94 in das Pfarrhaus ein. Hier arbeitete er weiter mit ihr, es kamen auch viele Forscher und Verehrer der alten Volkskultur in das Pfarrhaus. Eine Zeitlang wohnte Paraske auch in Helsinki bei dem Maler Eero Järnefelt. Der hat sie mehrmals gemalt, wie auch Albert Edelfelt in Borgå. Abb. 36
Järnefelt schrieb über sie (*Muistelmia Larin Paraskesta*, in: *Kalevalaseuran vuosikirja*, 1, 1921):

»Ich hatte mich voller Kummer gefragt, ob ich aus diesem Naturmenschen (sie war Analphabet) so auf Bestellung alles das herausbekäme, was ich sehen und hören wollte. Aber ich merkte vom ersten Augenblick, daß sie ihre Aufgabe völlig natürlich auffaßte. Ich bat sie, einen Klagegesang ganz so zu singen, als wenn sie sich wirklich an einem Grab befunden hätte. Sie beugte sich über einen Stuhlrücken und begann langsam, diese eigenartigen, wehmütigen Melodien zu singen, in denen eine längst vergangene Vorzeit in geheimnisvollen Nebelbildern durchschimmert. Ich zeichnete und malte und lauschte entzückt auf ihren Gesang. Allmählich wurden ihre Augen feucht und bald flossen die Tränen in Strömen. Ihr Gesicht spiegelte eine so unverstellte Trauer, daß die Tränen ganz gewiß nicht erkünstelt waren. Mit der ganzen Lebhaftigkeit ihrer Phantasie und der ganzen Empfindsamkeit ihres Gemüts lebte sie sich in die Situation hinein – wahrscheinlich erinnerte sie sich ihrer eigenen lieben Toten. Wenn sie sich danach ausruhte, plauderte sie von allem möglichen und lachte von Herzen, aber sobald wir zu den Klageliedern zurückkehrten, versank sie wieder in ihre frühere Stimmung.«

Die Suche nach »Urfinnland« in den 1880er und 1890er Jahren fiel zusammen mit einer allgemein-europäischen Suche nach einfachen – wie man glaubte: naturgemäßen, einheimischen, volkshaften Gesellschaftsverhältnissen im Gegensatz zu der komplizierten und konfliktreichen modernen Kultur der Industriegesellschaft.

Um ein paar Beispiele aus dem Gebiet der Kunst und Dichtung zu nennen: Der Maler Paul Gauguin zog sich 1886 und 1889 aus Paris nach der Bretagne und dann 1891 nach den Südsee-Inseln zurück; Gerhart Hauptmann erwarb 1891 ein Sommerhaus im Riesengebirge; Giovanni Verga siedelte nach Jahren erfolgreicher Schriftstellerei in Mailand in seine sizilianische Heimat Catania zurück. Giovanni Segantini wanderte von Mailand weg, immer weiter und höher in die Berge von Graubünden hinauf. Selma Lagerlöf sehnte sich danach, den väterlichen Hof im entlegenen Värmland wiedererwerben zu können, was ihr erst 1907/10 gelang; Björnstjerne Björnson fühlte sich in der Hauptstadt Norwegens, die wahrlich keine Großstadt war, nicht volks- und bodennah genug und ließ sich in Aulestad im gebirgigen Oppland, 200 km nördlich von Oslo nieder. Im gleichen Geist baute Gallén sein Atelier in Ruovesi (Entwurf 1891, Bau beendet 1894) auf einem Felsen über dem See, in damals noch einsamer Gegend (80 km nördlich von Tampere/Tammerfors).

In Finnland war dieser Zug der Intellektuellen aufs Land recht deutlich von dem Wunsch begleitet, nach »Urfinnland« zurückzufinden. Für diesen Wunsch erschien das Aussehen des Landes, unverändert weite, flache Landschaften mit niedrigen Waldhöhen, zwischen denen die vielen Seen mit flachen Ufern und anschließenden kleinen Kulturböden sich ausbreiteten, nicht urzeithaft und nicht dramatisch genug. Ob es sich um das Schweizer oder das norwegische Vorbild handelte – man suchte stark bewegte Landschaftsformen, und die gab es nur in Nordkarelien und im Nordosten der Provinz Österbotten/Pohjanmaa.

Axel Gallén und seine Reise ins nördliche Karelien

Es war nicht leicht, dorthin zu kommen. Man mußte mit Wagen und Boot reisen. Östlich und nördlich von Kuusamo steigt das Land bis zu 400 und 500 m Höhe an, mit langen Bergkämmen und engen Tälern dazwischen, mit vielen Bächen, Flüssen und Seen und Wald überall. Die Landschaft, wegen ihrer Wildheit und Schönheit bekannt, war also schwer zugänglich. Man reiste über Nurmes – Kuhmo – Lentiira – Suomussalmi – Kiantanniemi – Hossa nach Kuusamo, dem Kirchdorf eines großen Kirchspiels, und von dort nach Alakitka am Kitka-See. Nun begannen die eigentlichen Schwierigkeiten, man mußte zu Fuß und mit schlechten Booten und mit Hilfe armer, menschenscheuer Siedler in die Wildnis eindringen, um zum Oulanko-Fluß zu gelangen. Dieser fließt nach Osten, in einem engen, viel gewundenen Tal, mit Stromschnellen und Sandbänken, bis er sich in den Paana-See ergießt. An ihm, der sich von West nach Ost in einem langen ertrunkenen Tal erstreckt, liegen wenigstens einzelne Höfe. Die Berge steigen etwa 200 m über dem See an, der wegen seiner Schönheit berühmt war. Zum Paana-See reiste auch Gallén. Für die Selbstfindung und Selbstdarstellung der finnischen Nation um 1900 war die Kunst Galléns ein wichtiger Faktor.

Axel Gallén war tief ergriffen von der Idee des Karelianismus. Man erwartete von ihm – und er erwartete es von sich selbst – daß er das *Kalevala* illustrieren und Themen aus dieser Dichtung malen sollte. Eine Reise nach Kuusamo sollte ihn dazu inspirieren. Der Schriftsteller und Journalist Alexander Herman Ingman – er nannte sich Santeri Ivalo –, der eine »sentimental journey« nach Urfinnland schilderte, gibt uns näheren Bericht über die Landschaft, in der Gallén nach den beunruhigenden und abstoßenden Eindrücken der Pariser Moderne Zuflucht und Inspiration suchte. Gallén war dort schon einmal gewesen, 1890; aber künstlerische Ernte brachte ihm erst der Aufenthalt von 1892. Er hatte hier das richtige Finnland, »Urfinnland«, die passende Landschaft für die Szenen des *Kalevala* gefunden. Gallén ergänzt uns den Bericht Ivalos, indem er die Mitteilung notiert, daß es hier Bären gab, ohne die »Urfinnland« nicht vollständig wäre.

Galléns Vater war Bauernsohn aus Kallela im Kirchspiel Lemo; aus eigener Kraft hatte er sich bis zum Bankmann in Björneborg/Pori emporgearbeitet. Die Mutter, geb. Wahlroos, stammte aus einer kleinstädtischen Familie von Kapitänen und Reedern. Der Junge wuchs also unter guten Bedingungen auf. Schon 1884 durfte er nach Paris reisen. Damals machte er Skizzen zu einer Reihe von Kalevala-Illustrationen. Sie sind, wie sich versteht, durchaus traditionell und schließen sich an die gängige Historienmalerei an. Die *Alte mit der Katze* war, wie gesagt, auf dem Salon 1886 zu sehen; auch auf der Weltausstellung zur Jahrhundertfeier der Französischen Revolution 1889 war Gallén vertreten. 1891 beschickte er den Salon auf dem Marsfeld und wurde in die *Société nationale des Beaux-Arts* aufgenommen (das offizielle Frankreich pflegte seine Auslandsbeziehungen). Galléns erstes *Aino-Triptychon* entstand 1889 in Paris. (Aino ist eine der Mädchenfiguren des *Kalevala*). Ein privater Kunstfreund kaufte das Triptychon, und der finnische Staat bestellte eine Replik. Für diese wollte Gallén die Komposition umarbeiten, um »wirklich der Natur- und Lebensschilderung des *Kalevala* zu entsprechen«. Darum unternahm er im Sommer 1890 jene erste Reise in das nördliche Karelien und machte einen sechswöchigen Ausflug in das russische Karelien, zusammen mit seiner jungen Frau, Maria Slöör, und mit Louis Sparre, den ebenfalls das Fieber nach »Urfinnland« gepackt hatte. Sie suchten die Gegenden auf, in denen Elias Lönnrot seine reichsten Sammlungen gemacht hatte. Das Ergebnis war u. a. das zweite Aino-Triptychon von 1891, das Gallén auf dem Pariser Salon von 1892 ausstellte. Es war wichtig für Finnland, seine nationale Kultur im Ausland zu zeigen, um Sympathien für die kleine Nation zu wecken.

Auch das zweite Aino-Triptychon folgte immer noch dem Rezept der realistischen Freilichtmalerei – nur daß Gallén historische Figuren in seine finnische Binnenseelandschaft hineinsetzte. In Helsinki war das Werk gelobt worden, eben wegen seines Realismus; aber es gab auch Kritik, denn Thiodolf Rein, Professor und Landtagsabgeordneter, bemerkte in einem Aufsatz *Einige Worte über die Illustration des Kalevala*, Gallén habe nicht verstanden, daß man die Gestalten der Heldensage nicht als gewöhnliche Menschen darstellen dürfe. Die Phantasiewelt dieser Dichtung sei unbestimmt und formlos. Gallén habe die träumerischen, zauberischen, schamanischen Züge des *Kalevala* nicht zu ihrem Recht kommen lassen.

Galléns Reisen nach Kuusamo und zum Paana-See

Die Folge war, daß Gallén aufs neue nach »Urfinnland« wanderte, diesmal nach Kuusamo und Paanajärvi (1892). Abgesehen von der Sehnsucht nach »Urfinnland« war Gallén zeit seines Lebens vom Fernweh getrieben – 1909/10 ließ er sich mit seiner ganzen Familie in Ostafrika in der Nähe von Nairobi nieder, in den Jahren 1923/26 lebte er dann in Mexico.

In Paris weckte Gallén keine Aufmerksamkeit. Seine Malerei mit Realismus und Freilichtbeobachtung war 1892 schon unmodern geworden, und die Kalevala-Themen waren allzu wenig bekannt. Tatsächlich besitzt das Werk keine starken Qualitäten. Gallén fühlte sich unverstanden. Er lehnte die neuen Ideen und die neue Malweise – den Symbolismus in den Künstler- und Schriftstellerkreisen – ab.

In dem weiträumigen Waldland um Kuusamo im Nordosten der Provinz Österbotten/Pohjanmaa malte Gallén 1892 den *Hirtenjungen von Paanajärvi*. Der Paana-See ist ein langgestrecktes Gewässer im Tal des Oulanko-Flusses, der nach Osten zum Pääjärvi, dem Pjäwsee (Ozero Olanga = Ozero Paozero) fließt; dieser See lag damals auf der russischen Seite. – Man befindet sich in einem fast menschenleeren Land. Die Waldbauern hielten ihr Vieh auf Almen weit vom Dorf entfernt. Von Kuusamo zum Paana-See brauchte man sicher zwei Tagesmärsche. Der Junge ist dick gekleidet – die

Abb. 37

Sommer sind kühl, und man muß sich gegen Schnaken schützen –; er bläst in ein Waldhorn, um die Bären fernzuhalten oder die Kühe zu locken und seinen Leuten fernhin mitzuteilen, daß der Tag gut verlaufen ist. Den Betrachter von 1892 rief das Horn heim nach »Urfinnland«. Stilistisch gehört das Gemälde immer noch in die Nachfolge des Realismus und der Freilichtmalerei von Bastien-Lepage, mit denen Edelfelt den jungen Gallén 1884 in Paris vertraut gemacht hatte.

Gallén schrieb 1923 im Rückblick auf sein Schaffen über den *Hirtenjungen von Paanajärvi*: »Eine helle Sommernacht am Strand des Myllyköngäs-Falles in der Nähe des Hofes Rajala in Paanajärvi. Im Frostsommer 1892. Ein 16jähriger Sohn der Wildmark, der Hirtenjunge des Hofes, steht am Hang und stößt mit aufgeblasenen Wangen in sein langes Horn aus Birkenrinde. In der Sommernacht male ich ihn und die Wildnis im Hintergrund. Das Brausen des Wasserfalls klingt ununterbrochen vom Strand unten herauf, wo meine junge Frau ihr Glück mit dem Forellenfang versucht; hie und da höre ich einen Ruf vom Strand, und dann muß ich hinuntereilen und ihr helfen, den Fisch an Land zu bringen und zu töten. Die Schnaken fallen mich in ungezählten Scharen an. Alle zehn Minuten muß ich mir Gesicht und Hände mit Teeröl einschmieren.

Die Stimmung ist sommerlich geheimnisvoll und romantisch. Das Bild des Jungen wird auch romantisch – bei allem Realismus. Es gibt das karge Leben in der Wildnis wieder, in der düster schönen, aber harten Natur, die den Menschen zwingt, gegen Frost und Raubtiere zu kämpfen. Das Brausen des Falls klang ununterbrochen in meine Ohren, die helle Nacht wob ihre Träumereien; sie haben wohl zusammen ihre Romantik in mein Bild gegossen. Das Gemälde ist ganz und gar bei Nacht gemalt. Das Licht ist deshalb unbestimmt. Man kann nicht sehen, ob die Helligkeit, die hinter dem Berg Nuorunen schimmert, Morgen- oder Abendröte ist.

Dieser Hirtenjunge fällte im gleichen Sommer einen Bären mit einem einzigen Schuß aus seinem feinkalibrigen Flintschloßgewehr – den gleichen Bären, den ich nicht bekam, obwohl ich für diesen Zweck stets mein ausgezeichnetes Winchestergewehr mit mir trug.« (Die Wiedergabe zeigt eine Aquarellstudie zu dem Bild.)

In Paanajärvi befand sich Gallén nahe beim Polarkreis; nördlich von ihm geht die Sonne im Juni und Juli nicht unter. Südlich davon geht die Sonne zwar für etwa eine oder zwei Stunden unter, aber der Nordhorizont, hinter dem sie verschwunden ist, bleibt hell, und die Strahlen der untergegangenen Sonne erreichen die hohen Luftschichten und werden von diesen nach unten reflektiert. Daher das unbestimmte, zerstreute Licht der nordischen Sommernächte, in denen die Farben sich der Grauskala nähern und die Schatten nur unter den Bäumen sich einnisten.

Galléns spätere Notiz macht es klar, daß er die realen Sinneseindrücke der Waldlandschaft von Paanajärvi mit allerhand Assoziationen verknüpfte, besonders mit dem Gedanken der Härte des Lebens in dieser Natur. Das Land um Kuusamo und Paanajärvi genoß besonderes Ansehen in Finnland, weil es Höhen bis zu 500 m über dem Meer aufweist (man könnte also, mit einer ähnlichen Übertreibung wie von der »Sächsischen Schweiz«, auch von einer »finnischen Schweiz« sprechen).

Für uns spätere Betrachter des Gemäldes geht es darum, ob der Maler die Intensität seines Erlebens damals an diesem Ort, zusammen mit den weitreichenden Assoziationen, ins Bild hat bringen können. Mir scheint, daß es ihm gelungen ist. Er hat die im Gemälde sichtbaren Dinge so ausgewählt, umgeformt und zusammengestellt, daß sie bedeutend, intensiv, sinnvoll wirken. Damit umschreiben wir mit anderen Worten das, was Gallén »romantisch«, »geheimnisvoll« nannte.

Da Gallén sich schon seit Jahren mit Themen aus dem *Kalevala* beschäftigt hatte und wußte, daß man von ihm Illustrationen zum *Kalevala* erwartete, ist es berechtigt zu fragen, was der *Der Hirtenjunge von Paanajärvi* mit dem *Kalevala* zu tun haben könnte. Könnte der Hirtenjunge der junge Kullervo sein? Der diente ja auch als Hirte im Wald. Aber das Gemälde ist so direkt realistisch, daß man den Jungen nicht gern mit Kullervo identifizieren möchte. Das Bild enthält keine historische oder mythische Dimension. – Aus der Gegend von Kuusamo stammt auch das Gemälde *Schwarzspecht*. Es gibt zwei Fassungen, eine in Gouache, 1893, eine in Öl, 1892/94, übermalt und dadurch verdorben; beide in Privatbesitz. Außerdem gibt es einen Buchumschlag von 1892, den Gallén für ein Buch von Santeri Ingman (Santeri Ivalo) entwarf, *Tuokiokuvia matkan verelta*, Porvoo 1892; auf dem Buchumschlag heißt der Titel: *Tuokiokuvia Kuusamon matkalta* (Augenblicksbilder von einer Reise nach Kuusamo) – aber nur ein Kapitel spricht von Wanderungen in Kuusamo.

Auch diese Landschaft ist »Urfinnland«. Langgestreckte Waldberge mit stillen Seen und Wasserfällen dazwischen. Wildgewachsener Wald, sich selbst im Gedeihen und Sterben überlassen. Normalerweise sollte ein Maler eine solche Landschaft im Breitformat vor uns hinstellen. Aber Gallén baute sie im Hochformat auf, um eine rote Föhre herum, von deren nacktem Stamm und abgestorbenen Zweigen der Blick längs unruhiger Wolken zu einer fernen Berghöhe hinübergleitet. Der Himmel spiegelt sich im

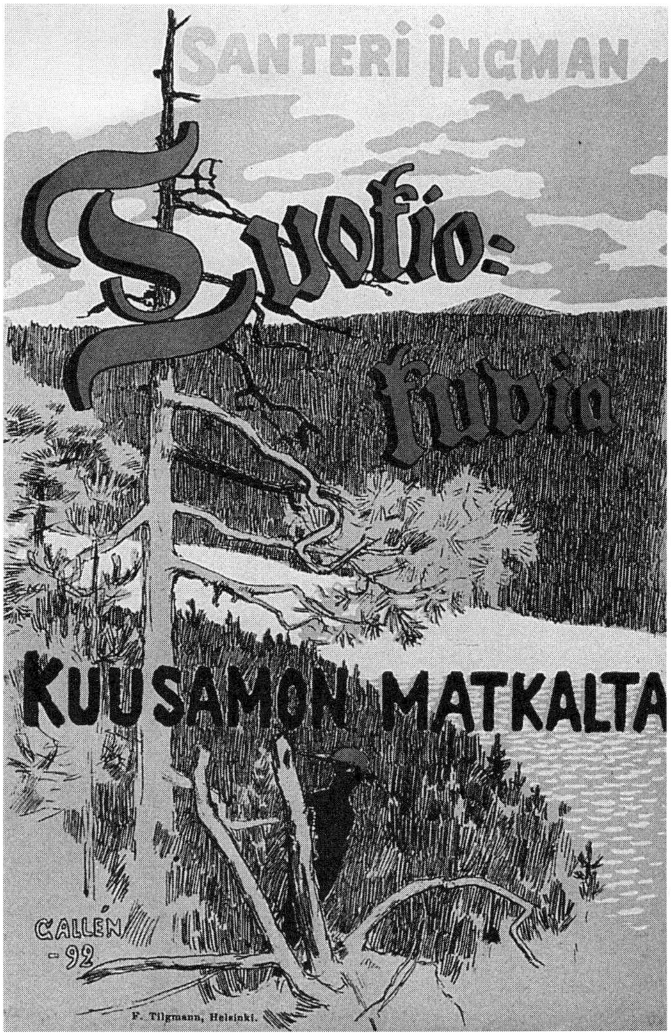

Axel Gallén, Umschlag zu dem Buch von Santeri Ingman »Augenblicksbilder von einer Reise nach Kuusamo«, 1892
Uppsala, Universitätsbibliothek

See unterhalb des Rückens, von dem aus der Maler das Bild aufgenommen hat. Nirgends ist eine Spur von Menschen zu sehen, und der Anblick wäre melancholisch, nähme nicht der rothäuptige Vogel in der Bildmitte unsere Aufmerksamkeit in Anspruch. In dieser Wildnis mit ihren Zeichen des Todes gibt es also Leben, herrscht Energie, denn wir sollen natürlich den Schwarzspecht hämmern hören.

Stilistisch wie thematisch entfernt sich diese Malerei von dem französischen Freilicht-Realismus, allein schon durch die große räumliche Tiefe und das Hochformat des Bildes. Hier kehrt die Fernlandschaft als Teil der Szene wieder, die in der französischen und deutschen Malerei etwa seit der Mitte des 19. Jahrhunderts selten war.

Über das Gemälde mit dem Schwarzspecht schrieb Gallén 1923: »Um den Berg Nuorunen besser sehen zu können, stieg ich auf einen hohen Geröllrücken hinter dem Hof Rajala in Paanajärvi. Ich versuchte mit dem Fernglas die hellroten Klippen am Nuorunen zu entdecken. Nach rechts hin sieht man den Gipfel des Varkivaara, aus dessen Flanken man goldfarbige, kupfergrüne und dunkelblaue Erzbrocken herausgesprengt hat, die im Wald herumliegen. Hier herrscht völlig die Wildmarkstimmung, denn man sieht keine Spuren einer Besiedlung, und im Hintergrund liegt menschenlose Wildnis bis hin nach Salla.«

»Der Schwarzspecht ist immer mein Freund gewesen. Jedesmal wenn ich seine frische und durchdringende Stimme höre, läßt sie mich spüren, daß ich soweit von aller menschlichen Behausung entfernt bin, daß ich keine Berührung mehr mit ihr habe – auch wenn das ganz nahe bei meinem Haus eintrifft. Nur widerwillig schoß ich einen Schwarzspecht, ich liebe diesen Vogel ja und bin froh, daß er jetzt unter Naturschutz steht. Ich schoß ihn, um ihn als Modell zu verwenden, denn ich wollte ihn mit auf meinem Bild haben, um den Eindruck der Einsamkeit der Wildnis zu erhöhen. Die rote Haube des Spechtes ist der Lebensruf des Individuums im Schweigen der Wildnis.«

Es gab europäische Parallelen zu dieser realistischen und zugleich programmatisch gemeinten Landschaftskunst. Schon in den 1830er und 1840er Jahren hatte der Norweger Dahl die Berge seiner Heimat mit der Absicht gemalt, seinen Landsleuten, aber auch dem europäischen Publikum, sein Land zu zeigen. Entsprechend malte der Russe Iwan Schischkin russische Landschaften, darunter das große und großartige Bild der *Waldweiten* (1884; Leningrad, Russisches Museum). In den 1890er Jahren wanderte Segantini in die Berge des Engadin und malte sie als Milieu der Bergbauern und zugleich als Schicksalsberge menschlicher Existenz überhaupt (er sah ihnen ein besonderes, verklärendes Licht ab). Noch später hat Hodler (nach 1900) die Alpenhöhen als Schicksalsberge aufgefaßt, vermutlich auf Grund seiner Lektüre von Nietzsches Zarathustra – der steigt ja von den Bergen zu den Menschen herab und kehrt wieder in die Bergeinsamkeit zurück.

Galléns Landschaft hat ebenfalls einen Existenz-Sinn, sie ist unzugänglich, man sieht nicht, wie man in sie hineingelangen kann, sie wehrt sich geradezu gegen Eindringlinge und warnt: »Kommt nicht hierher!«. Zugleich aber regt sich das Leben kräftig in ihr, in Gestalt des hämmernden Spechtes. Es ist eine Landschaft einsamer Seelen, die sich hier von ihren Verletzungen erholen wollen – also keine Zarathustra-Landschaft, sondern eine Stätte des Rückzugs. Zur Ausbeute der Reise an den Paana-
Abb. 38 See gehört offenbar auch Galléns Gemälde *See in der Wildnis*, 1892.

Bis 1893 und 1894 sind Galléns Bilder realistisch. Aber er wollte – und sollte nach der Erwartung der Kunstfreunde in Finnland – *Kalevala*-Bilder, also Historienbilder, malen.

Die Kalevala-Bilder Galléns

Wie macht man Bilder einer fernen Geschichte glaubhaft? Es genügt nicht, historisch richtige Requisiten, Trachten, Waffen usw. anzuwenden und historisch richtige Kulissen aufzustellen. Die Historienmalerei des 19. Jahrhunderts machte ihre Bilder alter Geschichte psychologisch glaubhaft, indem sie die Personen auf den Bildern so agieren und reagieren ließ, wie die Menschen des 19. Jahrhunderts sich benahmen. So konnte sich der Betrachter in das Bild einfühlen und sich, durch die alten Requisiten und Kulissen hindurch, selber darin wiedererkennen. Je mehr aber die Historiker im 19. Jahrhundert in älterer Geschichte forschten und darüber schrieben, desto mehr spürte man (sei es auch unklar), daß die Menschen älterer Zeiten in mancher Beziehung anders dachten, handelten und fühlten als die des 19. Jahrhunderts. An dessen Ende begann die Sicherheit, mit der man bislang ältere Geschichte erforscht oder historische Romane und Dramen geschrieben und Historienbilder gemalt hatte, zu wanken. Wie macht man Bilder einer fernen Geschichte glaubhaft als *fern*?

Manche Maler gaben das Historienbild überhaupt auf. Das war der Fall Edelfelts – er malte freilich Gegenwartsgeschichte: *Die Frauen am Kirchhügel von Ruokolaks*, aber für ihn selbst wie seine Zeitgenossen war dieses Gemälde ein Beispiel des Bauerngenres, wie ernst es auch gemeint war. Oder sie stilisierten das Historienbild in neuer Weise (so etwa Ferdinand Hodler). Gallén hatte mit dem *Aino-Triptychon* Historienbilder der üblichen Art geschaffen: mit realistischen Requisiten und Kulissen sowie mit Psychologie der eigenen Gegenwart. Aber derlei sollte nach den neuesten Kunstdoktrinen nicht mehr gelten . . . Gallén geriet in eine Phase unruhigen Suchens hinein. Er gab sich theosophischen oder verwandten Spekulationen hin.

Hätte Gallén auf dem eingeschlagenen realistischen Weg (*Hirtenjunge in Paanajärvi*) – mit national-ideologischer Tendenz – weitergehen können? Noch 1893 malte er ein Historienbild mit Kalevala-Stoff: *Sampo wird geschmiedet* in realistischer Auffassung. Das Gemälde war genau vorgebildet durch eine Tuschzeichnung von 1891. Abb. 39
Sampo ist eine glückbringende Handmühle aus Eisen, in etwa ein Gegenstück zum Gral der Parzivalsage. Um das Eisen richtig zu bereiten, braucht es starke Glut und zu der braucht es einen starken Blasebalg. Gallén führt uns in eine sagenhafte Frühzeit der Eisentechnik. Mitten im Wald haben kräftige Männer den Schmelzofen errichtet, offenbar ohne Gedanken an einen Waldbrand, und einen Blasebalg gezimmert. Das glühende Eisen bekommen wir nicht zu sehen, bloß den Widerschein der Glut aus dem Ofen und den Amboß vorn im Bild, auf dem Sampo geschmiedet werden soll. Und dazu natürlich die beiden Schmiede selber.

Gallén vereint hier Historien- oder Sagenthema mit Industrie- und Arbeitsrealismus. Ich weiß nicht, ob ihn die Eisenindustrieanlagen in Südwestfinnland – sie waren damals weder zahlreich noch groß – inspiriert haben. Eher noch hat er aus zwei anderen Quellen geschöpft. Die Arbeit an Holzkohlen- und Teermeilern in den heimischen Wäldern hat er sicher selber gesehen, und auch die Industrieschilderungen in *London Illustrated News* mögen ihm bekannt gewesen sein. Unter diesen gab es einen Typus, der die Arbeiter heroisch-aktiv vor den großen Maschinen zeigt (abgebildet z. B. bei Francis Klingender, *Art and the industrial revolution*, 1947, 1968, 1971). Älter sind die Lithographien aus der französischen Industrie von François Bonhommé und noch älter die englischen Industrieszenen von Joseph Wright of Derby oder die Industrieszenen anonymer russischer Maler oder die schwedischen von Elias Martin und Per Hilleström. Gallén kann einzelne von den schwedischen Stücken gesehen haben – sie sind freilich viel weniger dramatisch als die Szenen in *London Illustrated News*; Menzels *Eisenwalzwerk* von 1875 dürfte ihm unbekannt geblieben sein. Dagegen kann er das Gemälde *Die Gießerei von Burmeister & Wain* von Peder Severin Krøyer 1885 auf einer seiner Reisen durch Kopenhagen gesehen haben; auch hier ist, wie bei Gallén, die Lichtquelle, die Glut im Gießkübel, verdeckt.

Urzeit-Sage und Technik in einem Kunstwerk des 19. Jahrhunderts vereint – das ist selten. Immerhin gab es ein weit bekanntes Vorbild: die Schmiede Mimers im ersten Akt von Richard Wagners *Siegfried*. Ob Gallén eine Aufführung des *Siegfried* gesehen hat? – Es ist dem Maler gelungen, in den beiden Männern (Ilmarinen und ein Sklave) sowohl schwerste körperliche Anstrengung wie höchste geistige Spannung glaubhaft zu gestalten. Und ihr Werk ist ein Gleichnis für das Werk des Künstlers.

Als *Sampo wird geschmiedet* im Herbst 1893 in Helsinki ausgestellt war, rühmte die Kritik den Realismus des Bildes. Schon vorher aber, im Winter 1892/93, war Gallén in einen Kreis von jungen Schriftstellern, Musikern und Künstlern hineingezogen worden, die sich im Hotel Kämp an der Esplanade, der mondänsten Gaststätte von Helsinki, zu alkoholfeuchten Sitzungen trafen, um dort die Welträtsel zu lösen.

Zu diesem Kreis gehörten die Schriftsteller Juhani Aho, Eero Erkko, Pekka Brofeldt, Karl August Tavaststjerna, Kasimir Leino (später auch sein Bruder, der Lyriker und Literaturkritiker Eino Leino); die Musiker Robert Kajanus, Oskar Merikanto und Jean Sibelius; der Bildhauer Emil Wikström; die Maler Väinö Blomstedt, Eero Järnefelt und Louis Sparre. Hier galt Gallén als der Maler, der die große Vergangenheit Finnlands, das Heldenepos *Kalevala*, im Bild, und Sibelius als der Komponist, der die zu sich selbst erwachte Seele des Landes in der Musik gestalten sollte. – Nietzsches Geist wehte selbstverständlich mitten unter diesen jungen Genies, aber ebenso wesentlich waren auch der Spiritismus, die Unsterblichkeit, das Rätsel Weib und die neue Biologie, die versprach, in der Natur, die bisher bloß als Materie betrachtet worden war, die Seele zu entdecken. Hier kehrten – teilweise – die Ideen wieder, vor denen Gallén aus Paris geflohen war, aber nun waren es seine Freunde, die sie propagierten, nicht mehr fremde französische Literaten. Er begann darüber nachzudenken, daß seine realistische Kunst jetzt in Paris unmodern geworden war. Sollte sie auch zu Hause unmodern werden? Er suchte nach neuen Formen.

1894 malte er ein Aquarell-Porträt von Sibelius, der träumend vor sich hinblickt. Das Brustbild selber ist realistisch. Aber neben dieses Porträt malte Gallén eine phantastische Landschaft mit einem Strom, Kiefernzweigen, Apfelsinen, Schneekristallen, mit Ratten, die über den Grund hinjagen, und Salamandern in der Kiefer. Gallén wollte damit Assoziationen einfangen, die er beim Hören von Sibelius' Musik gehabt hatte. Unter der Landschaft ließ er ein Feld frei, in das Sibelius ein paar Notenreihen zeichnen sollte. Der aber weigerte sich, in der Landschaft seine Musik wiederzuerkennen. – Die Landschaft erinnert an Gauguins Auffassung – also: Synthetismus, Symbolismus – so wurde ja Gauguins Kunst damals gedeutet.

Galléns »Symposium«

Das bekannteste Ergebnis der Weltanschauungssitzungen im Hotel Kämp war Galléns Gemälde *Symposium* oder *Die Sphinx*, 1894. Vorbereitet war es durch ein Aquarell (später links beschnitten) des gleichen Weinstubentischs mit den gleichen
Abb. 41
Personen – von links nach rechts: Gallén, Merikanto, Kajanus, Sibelius. Mit seherischer Gebärde legt Kajanus die Welträtsel aus – darauf bezieht sich der nächtliche Himmel, der sich unversehens hinter der Gesellschaft öffnet; auf dem Aquarell ist zur Verdeutlichung ein aufwärtssteigender nackter Mensch, wohl ein »Astralkörper« der Theosophie, zu sehen. Gallén selber ist heftig ergriffen, während Merikanto auf dem Aquarell dumm lacht und auf dem Gemälde eingeschlafen ist. Sibelius starrt abwesend vor sich hin – vielleicht hört er die Musik des Waldes, der über seinem

Haarschwall auftaucht. Ganz links sieht man die Schwingen einer Sphinx, die soeben vorbeigerauscht ist (auf dem Aquarell hat sie auf dem Tisch gehockt; ein Fuß von ihr ist hier noch zu sehen).

Edelfelt warnte seinen jungen Freund davor, das Bild auszustellen. Gallén aber hörte nicht auf ihn. Er bemühte sich weiter um die Welträtsel, um Tod und Verklärung. In diesem Geist malte er *Ad astra*, ein nacktes Mädchen, Kniefigur, frontal, mit ausgestreckten Armen, über Wolken vor einem Stern- und Mondhimmel stehend, mit Haaren, die – im Himmel gilt keine Schwerekraft mehr – radial um ihren Kopf flattern. Sie blickt mit strahlenden Augen aufwärts. Kein Zweifel: erhabene Gefühle haben den Maler getrieben. Aber künstlerisch ist das Bild mißlungen. Realismus und Jenseitssinn widersprechen einander. Für Gallén persönlich muß das Bild viel bedeutet haben, denn er behielt es immer bei sich und räumte ihm, als er sich sein Haus auf einer Landzunge westlich von Helsinki baute (Tarvaspää-Linudden), dort einen Ehrenplatz ein, ja gab ihm noch einen flügelaltar-ähnlichen Rahmen. – Sehr viel besser ist das in Tempera und Pastell ausgeführte Bild eines nackten Kindes, das sich mit sehnend erhobenen Armen der Auferstehung entgegenstreckt (*Adorante*, 1894).

Die Impressionisten malten, wie sie selber und ihre Kritiker sagten, nichts weiter als Augenblicke, Farben unter dem Tageslicht, von Minute zu Minute wechselnd, Spiegelbilder im Wasser, die ein Windstoß zersplitterte. Die Kritik behauptete, das alles habe keinen tieferen Sinn und die Kunst müsse doch gerade einen solchen Sinn aufsuchen. Die Impressionisten hätten die Seele vergessen und bloß optische Befunde gemalt. In Wahrheit hatten die Impressionisten eine Erfahrung der modernen Menschheit gemalt, den Reiz des Augenblicks, den Genuß eines kurzen wunschlosen Erlebens, ehe noch der Gedanke an die Vergänglichkeit auftauchen konnte, ohne Trauer und ohne Hoffnung gegenüber Vergangenheit und Zukunft. Es war eine neue Weltsicht. Die alten Griechen hatten vergleichbare Augenblicke gekannt; sie nannten einen solchen Augenblick den *kairós*, in dem der Mensch sieht, daß es Götter gibt. Es ist eine Weltsicht, die immer wieder möglich ist, aber in der Kunst jedesmal verschieden aussieht. Darum war auch der Impressionismus vergänglich. Die Zeit veränderte sich, die Menschen – und die Künstler voran – wollten anderes sehen und anders sehen.

Nietzsche hatte einen solchen »impressionistischen« Augenblick beschrieben (als Kenner der alten griechischen Literatur wußte er, was ein *kairós* war):

Sils-Maria

Hier saß ich, wartend, wartend, – doch auf nichts,
jenseits von Gut und Böse, bald des Lichts
genießend, bald des Schattens, ganz nur Spiel,
ganz See, ganz Mittag, ganz Zeit ohne Ziel.

Das ist es, was Monet und die anderen Impressionisten am Strand der Seine bei Argenteuil etwa zehn Jahre vor Nietzsches Gedicht gemalt hatten. Nach zehn oder fünfzehn Jahren genügte das nicht mehr. Man wollte wieder tiefe Gedanken in der Kunst. Und Nietzsche selber verdarb sein kleines Gedicht, indem er zwei Zeilen hinzudachte – wirklich dachte, ausklügelte, *nicht* sah – aber vielleicht hat er diesen Effekt, diesen Sprung ins Abstrakte, berechnet:

Da, plötzlich, Freundin, wurde Eins zu Zwei –
– und Zarathustra ging an mir vorbei . . .

Gallén ließ eine Sphinx vorbeifliegen. Aber sein Bild war auch ohne die Sphinx schon schlecht genug . . .

Das Bild ist nicht gelungen, weil es drei Programme hat, die der Künstler nicht zu vereinigen vermochte. Erstens ist das Bild ein Gruppenporträt, aber die Gruppe fällt auseinander. Zweitens sollen die Sphinxflügel, der nächtliche Himmel und der Wald klarmachen, worum die Gedanken der Männer kreisen; diese drei Zeichen haben keinen Zusammenhang miteinander. Drittens hat Gallén ein Stilleben mit Kaffeekanne, Flaschen und Gläsern gemalt, um die näheren Umstände des Zusammenseins der Gruppe anzuzeigen; das ist gut gemeint, aber schlecht ausgeführt, denn Gallén hat sich künstlerisch nie für Stilleben erwärmt und hätte es besser ganz weggelassen. Selbstverständlich darf ein Maler Dinge, die realistisch nicht zusammengehören, zusammen in ein Bild bringen – aber dann muß uns die unerwartete Zusammenstellung dieser Dinge davon überzeugen, daß sie einen gemeinsamen Sinn haben. Das ist hier nicht gelungen. Die ursprüngliche Aquarell-Skizze des Gemäldes sieht so aus, als ob Gallén die Weltanschauungssitzung seiner Freunde habe karikieren wollen – erst nachträglich hat er dem Ganzen einen tieferen Sinn gegeben, der uns nicht überzeugt.

Wiederholt beschäftigte sich Gallén bei den Kalevala-Themen mit der *Verteidigung des Sampo*. Die finnischen Helden, unter Führung des Barden und Recken Väinämöinen, hatten die Glücksmühle Sampo geraubt und fuhren auf einem Schiff mit ihr davon. Die Nordhexe entdeckte den Raub und flog dem Schiff nach, dessen Mast sie umklammerte; auf ihrem Rücken sitzen ihre Krieger. Die Finnen aber verteidigten ihre Beute. Es gibt eine Fassung der *Verteidigung* 1893, eine weitere von 1896. Hier hatte Gallén nun seinen Stil gefunden. Er malte auf grober Leinwand mit Temperafarben, mit Umrißlinien und mit wenigen Farbtönen: Gelb, Rot, Grün, Schwarz. Die Abwendung vom Realismus wird deutlich. Zu den Vorbildern Galléns ist sicher Gauguin zu rechnen. 1897 entstand in der gleichen Technik der *Brudermörder* (Velisurmaaja), nach einem Motiv aus dem *Kanteletar* (es gibt das Motiv auch in der schwedischen Volksdichtung, in der Ballade von *Sven i rosengård*.)

Noch einmal zu Galléns Kalevala-Bildern

In den Jahren 1896–1900 schuf Gallén seine bekanntesten Werke, alle mit Kalevala-Motiven: *Joukahainens Rache*, *Kullervos Fluch*, *Lemminkäinens Mutter an der Leiche ihres Sohnes* (den sie wieder ins Leben ruft) usw. Auf der Weltausstellung in Paris 1900 hatte Finnland sich das Recht verschafft, einen eigenen Pavillon aufzuführen, mit dem es seine Kultur und damit seine Selbständigkeit gegenüber Rußland zeigen wollte. Für den zentralen Raum dieses nicht auf Dauer errichteten Holzgebäudes malte Gallén seine *Kalevala*-Szenen (die Bilder sind nicht erhalten; eine schwächere Wiederholung befindet sich im Zentralraum des Nationalmuseums in Helsinki).

Abb. 40

Gallén war, wie wir sahen, als Maler in die Schule des Realismus gegangen. In seinem frühen Werk gibt es deshalb Szenen aus dem Alltag des finnischen Volkes. Man erwartete aber von ihm, wie schon vorher von Edelfelt, daß er Historienmaler werden sollte. Doch die Historienmalerei war überall in Europa problematisch geworden. Obendrein hatte Finnland nicht viel an Geschichte von der Art der großen Nationen aufzuweisen. Motive aus dem *Kalevala*, also aus der Sage, traten an die Stelle historischer Motive. Aber wenn man diese Motive realistisch malte, wirkten sie, wie Thiodolf Rein 1881 feststellte, nicht glaubhaft. Rein verlangte, einen »träumerischen, zauberischen, schamanischen« Charakter von der *Kalevala*-Malerei.

Was meinte er mit dem »Schamanischen«? Die kleinen Volksstämme der zirkumpolaren Zone, von Nordskandinavien über Nordrußland und Nordsibirien bis nach Nordkanada und Grönland, hatten alle ihre Priester und Zauberer, Schamanen, die

– so stellte man sich vor – das Bündnis der Lebenden mit den Mächten der Natur und den Toten sicherten. Sie taten das, indem sie sich in Trance versetzten; in diesem Zustand lagen sie wie tot da, während ihr Geist fremde Orte und Zeiten aufsuchte und von dort Kenntnisse und Weisheit holte. Selbstverständlich waren diese Vorgänge streng ritualisiert. Unterlief ein Fehler im Ritus, wachte der Schamane nicht mehr auf. Er und sein Stamm erlebten den Vorgang also mit höchster Spannung.

Wie weit Gallén sich klargemacht hat, was alles an volkskundlichem und religionskundlichem Wissen hinter Reins Anmerkung über den Mangel an Schamanismus in Galléns Kunst steckte, ist ungewiß. Es hätte ihm auch nicht viel geholfen, sich Kenntnisse auf diesem Gebiet anzulesen. Wie macht man hohe Spannung und Ahnung tödlicher Gefahr künstlerisch anschaulich? Kann man einen »schamanischen« Stil, ein »schamanisches« Formenmuster erfinden? Natürlich nicht.

Seiner Schulung nach war Gallén geneigt, Handlungen darzustellen, indem er Figuren in deutlicher Bewegung gegeneinander oder miteinander in ein realistisch wiedergegebenes Milieu setzte. In den beiden Fassungen des *Aino-Triptychons* ist beides vorhanden. So auch noch in den Kalevala-Bildern *Sampo wird geschmiedet*, *Der Raub des Sampo* und *Die Verteidigung des Sampo*. Aber dann schob Gallén das Handlungsthema zur Seite. Gerade in den bekanntesten der Kalevala-Gemälde Galléns gibt es keine Handlung, keine gegeneinander gerichteten Figuren mehr. *Kullervos Fluch* – man sieht nicht, wen er verflucht, man sieht nur den hart gespannten Zorn. *Joukahainens Rache* – man sieht den Gegner, den Joukahainen fällen will, überhaupt nicht; man sieht nur die alte Frau neben ihm, die ihn von der Tat abhalten will, weil Unheil aus ihr folgen wird. *Lemminkäinens Mutter* – man sieht den toten Helden und seine Mutter, die unter höchster Anspannung auf die Hilfe des Himmels wartet, durch die ihr Sohn wieder zum Leben erstehen wird. *Der Lauscher am Wasserfall* – man sieht nur den einsamen Mann am Sturzbach im Wald und sieht die krampfhafte Spannung seines Körpers. Das sind alles Bilder ohne Handlungsablauf.

Aus den Gesängen des Kalevala

Der vierte Gesang des *Kalevala* schildert die Begegnung zwischen Aino, einer Tochter des Jouko-Stammes, der von Ahto, dem Meergott, stammt und am ehesten mit den Lappen zu identifizieren ist, und dem alten Helden und Sänger Väinämöinen, einem Sohn des Kaleva-Stammes (der Finnen). Sie ist ihm von ihren Eltern versprochen worden, ohne daß sie etwas davon weiß. Als Väinämöinen sich ihr nun nähert, wird sie von Abscheu ergriffen, zerreißt ihr Halsband, wirft es ihm vor die Füße und flieht. Sie fühlt sich so tief gekränkt, daß sie den Tod im Wasser sucht. Ihr Stamm trauert um sie, vor allem ihr Bruder Joukahainen, der auf Rache sinnt.

Im fünften Gesang trauert auch Väinämöinen. Beim Fischfang zieht er einen seltsamen, nie vorher gesehenen Fisch ins Boot. Als er ihn aufschneiden will, entgleitet ihm die Beute, springt ins Wasser und erklärt ihm, daß sie Aino ist; sie versinkt nun endgültig im Meer. Im sechsten Gesang bereitet sich Joukahainen auf seine Rache vor, verfertigt einen guten Bogen und schnitzt eine Menge Pfeile. Er stellt Väinämöinen nach. Dieser hat seiner Mutter seinen Verlust geklagt. Sie tröstet ihn und schickt ihn nordwärts, ins Land Pohja, wo er sich ein Mädchen aussuchen soll. Joukahainen lauert ihm auf. Seine Mutter will ihn hindern:

»Ermorde nicht Väinämöinen, den Mann aus großem Stamm,
den Sohn der Schwester meines Schwagers!
Wenn du ihn tötest, geht alle Freude der Welt verloren,
das Lied verschwindet von der Erde!«

Axel Gallén, Kullervos Fluch, 1896
Radierung

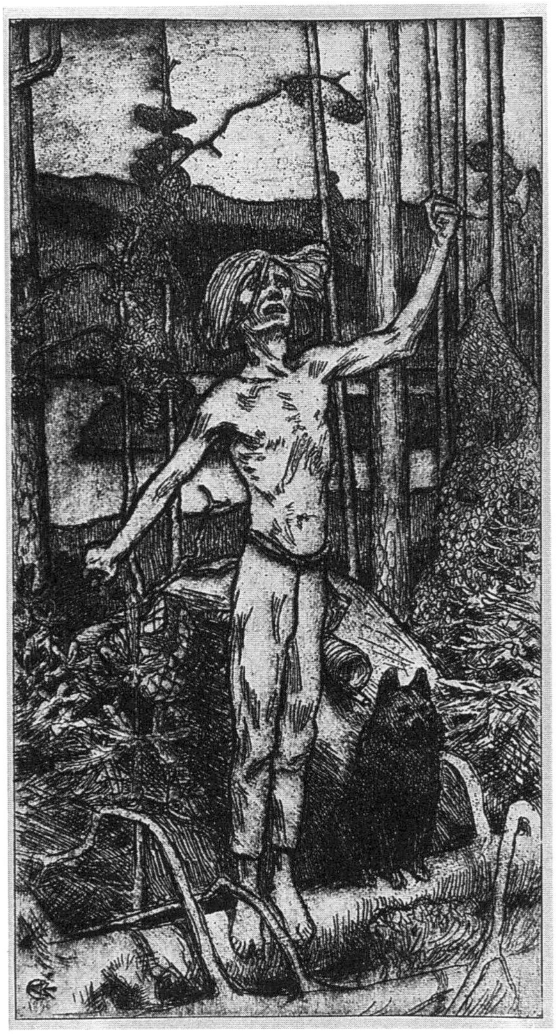

Joukahainen schießt trotzdem, trifft aber nur Väinämöinens Pferd, das mit dem Helden ins Meer stürzt. Väinämöinen treibt im siebten Gesang lange auf den Wogen umher, bis ihn Louhi, die Herrin über Pohja, aus Nordland, rettet. Sie verhilft ihm zur Heimfahrt und verspricht ihm ihre Tochter, unter der Voraussetzung, daß er ihr den Sampo, eine Glücksmühle, schmiedet. Das traut er sich nicht zu, aber er will einen jungen Verwandten, Ilmarinen, schicken, der ein berühmter Schmied ist. – Später wird dann erzählt, wie Ilmarinen tatsächlich die Glücksmühle schmiedet und wie Väinämöinen der Herrin dieses Unterpfand von Glück und Reichtum nicht gönnen will und es raubt (42. Gesang).

Von Kullervo erzählt das *Kalevala* im 31. und den folgenden Gesängen. Es waren zwei Brüder, Kalervo und Untamoinen. Letzterer war der Böse, er brachte den Bruder um und schleppte dessen schwangere Frau in die Sklaverei. Sie gebar Kullervo, der alsbald riesige Kräfte zeigte. Untamoinen wollte ihn als Sklaven ausnutzen, aber der Junge führte alle Aufgaben mit solcher Kraft aus, daß er sie verdarb. Untamoinen verkaufte ihn darum an den Schmied Ilmarinen. Dessen Frau aber behandelte den Jungen aus Geiz schlecht. Sie schickte ihn mit den Kühen auf die Almweide, gab ihm aber Brot mit, in das sie einen Stein hineingebacken hatte. Kullervo verdarb sein Messer an dem Stein. Erst weint er, dann fragt er, wie er die Bosheit vergelten soll. Rabe und Krähe raten ihm, das Vieh nicht nach Hause, sondern in Sumpf und Moor zu jagen, wo Wolf und Bär es zerreißen werden. Danach treibt Kullervo die Tiere der Wildnis zum Hof Ilmarinens, wo sie die geizige Hausfrau töten.

In der Radierung *Kullervos Fluch*, 1896 (es gibt auch ein Gemälde fast gleicher Komposition, 1897/99), zeigt der Künstler allein die Gestalt des halbwüchsigen Jungen im wilden Wald. Nur sein Hund begleitet ihn. In der Rechten hält er das abgebrochene Messer, die erhobene Linke ist im Zorn geballt, das Antlitz ist verzerrt, der Körper krampfhaft gespannt; er ist wütend, und die Wut übermannt ihn.

Gallén hat den langsamen Bericht des *Kalevala*, wo Kullervo zuerst weint, weil er hungern muß, und dann Krähe und Rabe um Rat fragt, beiseitegelassen. Statt dessen notiert er ruhende Nebendinge, legt rechts und links hinter den Jungen seine Birkenrindentasche und sein Weidehorn aus Birkenrinde, aber verdeutlicht auch die Sommerhitze und Trockenheit in den schlaffen Zweigen des Baumes hinter Kullervo. Der See in der Tiefe liegt unbewegt, der Himmel dunkelt zum Gewitter. Man kann nicht erkennen, was Kullervo plant. Nur sein Zorn ist zu sehen. Er gleicht einer Gewitterwolke vor dem ersten Blitz, der den Wald anzünden wird. Der Künstler schildert eine Steigerung negativer Gefühle bis zum Augenblick vor der Entladung; nicht den Augenblick des Ausbruchs, sondern den der höchsten Spannung vor dem Niederschlag. Das ist ein seltenes Motiv in der Kunst.

Zeitbezogenheit der Kalevala-Bilder Galléns

Was hat Gallén aus dem *Kalevala* herausgeholt? Nicht das Märchenhafte, sondern die Leidenschaften, Trotz, Schmerz über gekränkte Ehre, Haß, Wildheit des Fühlens, des Leidens, des Tuns – die doch nur einen Teil der Erzählung ausmachen. Das paßt zu den Gefühlsreaktionen im Finnland der 1890er Jahre, das durch den Angriff der russischen Bürokratie auf die Verfassung des Landes bedroht war: verletztes Ehrgefühl, Trotz, Haß und Rache, die sich 1904 in der Ermordung des russischen Generalgouverneurs entluden.

Das ist nun ein ausführlicher – und hoffentlich zuverlässiger – literatur-historischer und historischer Kommentar zu Galléns Bild. Dessen Schlagkraft beruht aber sicher darauf, daß es ein gewöhnliches menschliches Motiv ungewöhnlich anschaulich macht: den Aufruhr eines jungen Menschen gegen die Welt.

Gallén suchte in den wohlbekannten *Kalevala*-Motiven nicht mehr das Handlungsmoment, sondern das Konzentrationsmoment *vor* der Handlung, die innere Sammlung auf ein Ziel hin. Kein Drama mehr, sondern Lyrik, aber eine harte, düstere und monumentale Lyrik. Gallén vergegenwärtigt Zustände heftiger Erregung, die sich aber äußerlich als Starre zu erkennen geben. Selbstverständlich liegt eine Phase der Vorbereitung und Steigerung zeitlich hinter ihnen und eine Phase der Auflösung in der Zukunft vor ihnen. Aber gerade jetzt sind sie auf dem Höhepunkt erstarrt. Diesem Inhalt entspricht die Form: durchaus bestimmte Konturen, nirgends weich verschwimmende Übergänge zwischen Figur und Grund, der Raum um die Figuren nur summarisch angegeben, keine Tiefenperspektive. Der Betrachter ist aufgefordert, bei der Figur zu bleiben, er soll ihre Spannung in sich aufnehmen.

Gallén war etwa dreißig Jahre alt, als er diese ihm eigene Form zusammen mit dem ihm ebenfalls eigenen Inhalt fand. Er hielt etwa zehn Jahre an dieser Kunst fest. Die gleichen zehn Jahre enthielten den Höhepunkt der russischen Drohung gegen die Verfassung Finnlands.

Um 1905 wurde die Kunst Galléns stiller. Nun malte er Gestalten, die sich erinnern: *Die Klage des Bootes*, das zerbrochen am Strand liegt; die *Bootfahrt Väinämöinens*, 1906 – der alte Recke und Sänger mit zwei Mädchen im Boot dahintreibend; die Mädchen träumen vom kommenden Leben, der Alte sinnt vergangenem Leben nach. Abb. 42

Der Betrachter sieht sich nahe an den Figuren des Bildes. Väinämöinen ist links überschnitten; er sitzt etwas zusammengesunken im Achter des Bootes, weißhaarig, langbärtig, mit trübem Blick. Seine Hände ruhen, die Rechte auf dem Kantele, das er aus dem Kiefer des Riesenhechtes geschnitten hat, die Linke hängt über dem linken Knie. Vor ihm im Boot sitzen zwei Mädchen, nackt, fast noch Kinder, auch sie unbewegt schauend oder träumend. Die vordere der beiden hält eine Schachtel oder ein Schöpfgefäß aus Birkenrinde in der Hand – aber ohne Handlung. Die zwei Mädchen haben keine Ruder, obwohl es einfache Dollen neben ihnen gibt. In der Ducht stecken ein paar Birkenzweige. Der See hinter dem Boot ist blank, mit ein paar sachten waagerechten Wellenstreifen und ein paar senkrechten Lichtstreifen und Spiegelungen. Es entsteht kein Eindruck von Raumtiefe. Man sieht nicht, wer das Boot rudert, nicht woher es kommt und wohin es gleitet.

Das Bild gibt keine bestimmte Szene aus dem *Kalevala* wieder, und resigniert wie hier ist Väinämöinen nirgends im ganzen Epos, das auch nichts von einer Bootfahrt mit zwei Mädchen weiß, obwohl der Held oft mit dem Boot ausfährt. Die großen Taten und Gesänge sind vorbei. Väinämöinen sinnt ihnen nach und ist müde. Er sieht weder auf den See noch auf die Mädchen vor ihm. Die aber sind die Zukunft, von der sie träumen. – Der Maler hat das alte Epos weitergedichtet.

Gallén war 40 Jahre alt, als er das Bild malte. Er war auf der Höhe seines Ruhmes, er war *der* Maler seiner Nation. Er hatte mit seiner Kunst in den 1890er Jahren intensiv an dem nationalen Protest gegen die Angriffe der zaristischen Bürokratie auf die Verfassung Finnlands teilgenommen und in seinen Bildern den Widerstandswillen anschaulich gemacht. Rußland war in Krieg mit Japan geraten, es war geschlagen worden und hatte 1905 eine Revolution erlebt; einstweilen hatte es nicht die Kraft, Finnland zu bedrängen. Es mag sein, daß es damals in Finnland – und wohl auch bei Gallén – ein Aufatmen, aber auch eine Müdigkeit gab. Finnland hatte seine Autonomie bewahrt. Der zivile Widerstand hatte Opfer gekostet. Man konnte sie nicht vergessen, aber man durfte nun auch wieder hoffen. – So etwa könnte man die äußeren Bedingungen zur Zeit der Entstehung des Bildes beschreiben und ihre Spiegelung im Bilde sehen.

In Galléns Bildern des *Kalevala* sollte die große Vorzeit Finnlands wiedererstehen, aber diese Bilder sprechen zugleich die Sprache der Gegenwart. Finnlands Schicksal war vielleicht der baldige Untergang. Dabei klingt hier aber auch Nietzsches Wort vom Ungeheuren des Menschen an. Galléns Figuren sind Übermenschen. Sie sind Getriebene, Besessene, ihrer selbst nicht Mächtige, über sich Hinausgehobene. Das war eine seltsame Variante der Weltanschauung des Naturalismus, die ihre Argumente aus Darwin holte. Da hieß es: das Individuum sei das Resultat aus genetischem Erbe und Milieu; es lebe und handele so, wie es ihm vorbestimmt war. Nun hieß es: daß der große Einzelne (also nicht jedes Individuum) zwar sein Schicksal nicht ändern, aber es bejahen und in seiner Vorbestimmtheit steigern könne. Nietzsche sprach vom *Amor fati*, von der Liebe zum eigenen Schicksal und zum eigenen Untergang. Das war eine Mythisierung, Ideologisierung und Ästhetisierung der Wirklichkeit. Aber sie konnte in einigen Fällen fruchtbar für die Kunst werden.

Dabei handelte es sich nicht nur um Gedanken, sondern mindestens ebensosehr um die hohe Woge von Gefühlen, auf denen sie schwammen. Sie waren ein wesentlicher Teil der Weltanschauung um 1900, und kein anderer Maler hat sie so großartig ins Bild gebracht wie Gallén.

Wenn man Edvard Munchs und Axel Galléns Bilder in den 1890er Jahren nebeneinanderstellt, wird man finden, daß beide Künstler oft große – im Verhältnis zur Bildfläche große – Figuren in wenigen Zügen andeuten. Die Figuren halten sich meist streng in einfachen Konturen, sie machen keine ausgreifenden Bewegungen. Die dargestellten Menschen sind fast immer einsam. Der Betrachter versteht, daß es um das Innenleben dieser Figurem geht und daß sie seelisch erregt und gespannt, ja, daß sie von Leidenschaft erfüllt sind und keinen Weg zur Lösung und zur Harmonie finden können. Was ihnen bevorsteht oder was sie hervorrufen werden, ist eine Katastrophe.

Man könnte an das Menschenbild Nietzsches denken – aber sein Übermensch ist tätig oder tatendurstig. Eher könnte Richard Wagners Schicksalsauffassung in den *Nibelungen* zum Vergleich taugen. Der Einsame – das Genie – war schon in der Romantik eine wichtige Figur gewesen. In den Jahrzehnten des Realismus und Naturalismus und des Glaubens an die gesellschaftliche Aufgabe der Kunst war er zurückgetreten. Nun tauchte er wieder auf, in der Literatur wie in der Kunst. Munchs Menschen sind dem Gebot des organischen Lebens, des Geschlechtstriebes, unterworfen. Galléns Figuren sind zwar Sagengestalten einer fernen Vorzeit, aber er gibt ihnen eine Art von politischem Milieu, macht ihr Tun zu politischem Handeln, in einem gnadenlosen Freund-Feind-Gegensatz, in dem nur die Leidenschaften walten.

So betrachtet, sind Munch wie Gallén wirklich ihrer Zeit gemäß. Aber wenn wir noch heute große Künstler in ihnen sehen, so nicht wegen ihrer Angepaßtheit an ihre Zeit, ihres Vermögens, jene Zeit zu spiegeln, sondern wegen ihrer Kraft, einen selbständigen Ausdruck für ihre eigene Auseinandersetzung mit ihrer Gegenwart zu finden. Alle Künstler in allen Zeiten sind von ihrer Umwelt abhängig. Wenn wir einen Künstler anerkennen, so deshalb weil er seiner Umwelt ein Bild ihres Wesens zeigt, das sie nicht erwartet hatte und in dem sie sich überhöht (zuweilen auch angegriffen) fühlt. Ein solches Verhältnis zwischen Künstler und Welt möchten wir auch im Falle Munchs und Galléns sehen.

Hugo Simberg

Man darf nicht vergessen, daß es in Finnland um 1900 auch Maler von Motiven aus dem Leben des Volkes gab, die sich vom Karelianismus fernhielten. Einer von ihnen war Hugo Simberg. Trotz seines schwedischen Namens war er Sproß einer finnischen Familie, die aus bäuerlichem Ursprung aufgestiegen war; der Vater schloß seine Laufbahn als Oberst. Hugo Simberg bewunderte zwar den um acht Jahre älteren Gallén und hauste wie dieser eine Zeit lang in der Wildnis am Ruovesi, aber er sah doch die Welt mit anderen Augen als dieser. Hier sei nur eines seiner Werke betrachtet: *Der Tod lauscht*, 1897, ein Aquarell. Abb. 43

Das kleine Bild kommt anspruchslos daher. Wir blicken in einen sauberen, wenig möblierten Raum in einem Holzhaus. Das Licht fällt von oben ein, offenbar aus einer Dachluke, wie es früher in Bauernhäusern des Nordens üblich war. An der Längswand ein Bett, in dem eine verhutzelte alte Frau liegt. Rechts im Raum sitzt auf einem Baumklotz ein geigender Junge, groß gewachsen, einfach gekleidet, barfuß, mit hausgemachtem Haarschnitt. Ihm gegenüber steht, auf die Rücklehne des einzigen Stuhles im Raum gestützt, der Tod, in der Tracht eines Reisenden des 19. Jahrhunderts. Er stützt den Schädel in die Linke, lauschend, und hält Blumen in der Rechten. Er zeigt menschliche Gefühle, wartet, will nicht unterbrechen. Erst wenn die Geige verstummt, wird er sich der Großmutter nähern und ihr die Blumen aufs Bett legen. Was spielt der Junge? Vielleicht ein Kirchenlied, vielleicht eine Volksweise. Er spielt, um der Sterbenden den Übergang zu erleichtern. Er spielt, um seinen Abschiedsschmerz zu übertönen.

Die Komposition ist holzschnitthaft einfach. Vom Raum sind nur die Bretter des Bodens und die Stämme der Rückwand sichtbar. Der Tod und der Junge stehen im

Profil einander gegenüber. In der Raumtiefe zwischen ihnen sieht man die Alte, neben ihr auf dem Hocker ein paar Bücher, über ihr tickt die Uhr. Ihre Lebenskraft verrinnt. Noch kann sie den Kopf ein wenig heben und das Gesicht nach vorn drehen; aber die Hand hängt schlaff über die Bettkante. Ob sie den Tod sieht? Der Junge jedenfalls sieht ihn nicht – er würde sonst nicht spielen, sondern zutiefst erschrecken.

Es ist ein Bild aus der Welt der kleinen Bauern. Kein weiterer erwachsener Angehöriger befindet sich in der Stube; sie sind wohl bei der Arbeit draußen. Das Bild selber ist ein Volkslied, aber keines, das als Dichtung vorkommt; es existiert bloß in Simbergs Phantasie. Musik, Trost der Menschheit klingt, in einer Bauernstube. Auch Humor spielt mit, besonders in der Vermenschlichung des Todes, wie das im Werk Simbergs öfter vorkommt.

Welch ein Gegensatz zu Munchs *Tod im Krankenzimmer*! Bei Munch isoliert die Angst die Menschen voneinander, bei Simberg spricht Seele zu Seele durch die Musik. Simberg gibt uns seine Vorstellung vom Volk und seiner Kultur. Er hört die Seele seines Volkes klingen. Das ist ja die Lehre Johann Gottfried Herders und Wilhelm Grimms und der Herausgeber von *Des Knaben Wunderhorn*. Nach Finnland vermittelt wurde sie im frühen 19. Jahrhundert durch die Romantiker an der Universität Turku, vor allem durch den Dichter Johan Ludvig Runeberg. Dieselbe Lehre hat Munch in seinem Bild der *Geschichte* anschaulich gemacht, wo ein alter Fischer einem Jungen die Geschichte des norwegischen Volkes erzählt.

In der schwedischen und dänischen Malerei habe ich nichts Vergleichbares gefunden. Anders Zorn, der selber aus einem armen Bauernhaus stammte, war zu robust, um solch ein Volkslied im Bild zu erfinden – so sehr er auch die heimische Volksmusik liebte und zu ihrer Rettung beitrug. In der Dichtung könnte Selma Lagerlöf eine solche Szene hingestellt haben. – Das heutige Finnland gleicht längst nicht mehr dem kargen Agrarland von 1900, aber seine Menschen sind auch heute noch vertraut mit den Bildern Simbergs.

Die norwegischen Maler Erik Werenskiold und Harald Sohlberg

Erik Werenskiold

Die Zusammengehörigkeit von Mensch und Milieu – naturwissenschaftlich formuliert: Organismus und Biotop – ist mehrfach das Thema des norwegischen Malers Erik Werenskiold gewesen. In *Begräbnis auf dem Lande*, 1883/85, gilt noch der Realismus mit sozialem Unterton, vorgeführt im Freilicht mit überwiegend kalten Farben. Das ist Pariser Schule, aber das Licht ist nicht das Frankreichs, sondern das eines nördlicheren Landes und eines Tales im Gebirge. Abb. 44

Das Bild war Werenskiolds Antwort auf die zahlreichen Bauernbegräbnisse in der Malerei des 19. Jahrhunderts. Man denkt ja vor allem an Gustave Courbets bereits mehrfach erwähntes *Begräbnis in Ornans* von 1849. Bei Courbet gibt es noch keine Freilichtmalerei, aber ein starkes gesellschaftlich-politisches Bewußtsein, das sonst meist in der Malerei des Bauerngenres fehlt. Werenskiold gehörte zu den Neuerern. Er zeigt uns kein Begräbnis besitzender Bauern, sondern das eines Kätners oder Tagelöhners. Den Toten begleitet nur ein kleines Gefolge, das nicht einmal feiertäglich gekleidet ist. Das Begräbnisritual hält kein Pfarrer, sondern ein Student. Es ist ein vorläufiges Ritual, das richtige wird der Pfarrer verrichten, wenn er das nächste Mal in dieses entlegene Tal kommt. Abb. 18

Bei Werenskiold ist die Landschaft offenbar nicht bloß eine Ortsangabe – Gnarp in Telemarken –, sondern ist als das Land des Verstorbenen zu verstehen. Sein Heimattal und seine Heimatberge nehmen an seiner Beerdigung in hellstem Licht teil. Der Mensch kommt aus der Erde und kehrt in die Erde zurück . . . bei solchen Worten stellen wir uns die Erde gewöhnlich als dunkel vor. Bei Werenskiold aber leuchtet die Erde im Frühsommerlicht. Die Menschen um das arme Grab herum trauern, aber der Maler schildert die Beerdigung als einen Triumph des Lichtes und Lebens.

Kunsthistorisch gesehen, war Werenskiolds Begräbnisbild tatsächlich der Triumph der Freilichtmalerei in der norwegischen Kunst. Später hat er das Licht in seinen Gemälden gedämpft. Das kann man als ein Nachgeben gegenüber der modern gewordenen Dämmerungsmalerei bezeichnen. Aber unter koloristischen Gesichtspunkten hat Werenskiold ein größeres Zusammenstimmen der Farben angestrebt. Auch inhaltlich brachte er Neues: Gefühlston und Stimmung. Das kann man selbstverständlich auch in reinen Landschaften ausdrücken – oder in reinen Figurenbildern – aber man kann auch Mensch und Milieu zusammenstimmen, so daß die Landschaft stimmungsvoll wird und ihre Stimmung den Menschen mitteilt, aber auch umgekehrt, daß die Menschen sich einer Stimmung hingeben und diese der Landschaft vermitteln.

Eben das hat Werenskiold in seinem großen Bild *Wartende Kinder* von 1893 getan. Abb. 45
Vier Bauernkinder, im Profil nach rechts (vom Betrachter), warten auf jemanden, der

sie abholen wird, vielleicht mit einem Wagen. Sie stehen auf einem sandigen Weg, vor einem Stadel in der linken Ecke des Bildes, der als Repoussoir dient. Von rechts fällt Abendlicht auf den Stadel und die Kinder. Sie und der Stadel bilden die Senkrechten im Bild, die Landschaft hinter und über ihnen die Waagerechten. Die Berge im Hintergrund sind tief violett; im Mittelgrund ein herbstgelber Busch. In der ganzen Landschaft meist reine Farben; sie sind meist warm, wie überhaupt das ganze Bild. Die Blicke und die Aufmerksamkeit der Kinder richten sich nach rechts – folgen also der Waagerechten. Das gibt dem ganzen Bild, zusammen mit der Waagerechten der Landschaft, Weite und Ruhe.

Landschaft und Menschen gehören zusammen und sind von der gleichen Stimmung erfüllt. Abend. Ruhe. Erwartung noch größerer Ruhe. Man kann hier nicht mehr Stimme/Mensch/Gesang und Begleitung/Landschaft/Orchester unterscheiden. Eher noch hat hier die Landschaft als Orchester die Führung übernommen. Es ist ein Kontrapunkt von Seele und Landschaft entstanden. Die Menschen sind, entsprechend bestimmten neuen naturwissenschaftlichen Anschauungen, Geschöpfe der Erde. Diese aber ist kein Mechanismus, sondern selber beseelt.

Das eben Gesagte bestätigt ein weiteres Gemälde Werenskiolds: *Telemark-Mädchen*. Es gibt zwei Fassungen des Themas, eine mit einem, eine andere mit zwei Mädchen. Wir halten uns an die erstere. Da lehnt ein Mädchen in dunkler Volkstracht an einem Zaun und schaut über einen weiten flachen Weidegrund zu einem holzgebauten Hof hinüber, der sich unter einem langen Bergrücken in das Land duckt. Offenbar ist es ihr Heimathof. Es gibt nichts von Unruhe in der ganzen Szene. Das Mädchen hat wohl nach dem Vieh auf einer Alm gesehen, ist auf dem Weg nach Haus, ruht eine Weile aus und sinnt nach. Sie ist in ihrer Heimat, die sie völlig umschließt und ihr Sinnen ausfüllt.

Das ist doch nichts Ungewöhnliches? Ja, doch, wenn wir an ältere norwegische
Abb. 45 Landschaftsbilder denken, vor allem an die von Johan Christian Claussøn Dahl, der uns in seinen Bildern deutlich etwas anderes als Werenskiold sagt. Dahl zeigt uns: »Das ist Norwegen! Unser Land!« Er ist stolz auf dieses Land, wir sollen an seinem Stolz teilnehmen. Er vergewissert sich in Dresden, im Ausland, wo er arbeitet und seine Bilder verkaufen kann, der fernen Heimat; indem er malt, kehrt er in sie zurück und nimmt Besitz von ihr. Eine solche Deutung paßt nicht zu Werenskiolds Bildern. Dahl sieht seine Heimat auf Abstand, aber realistisch. Werenskiold sieht sie mit den Augen der wartenden Kinder oder des sinnenden Mädchens. Sie sind mitten in der Heimat, die ihre Herzen füllt und in die ihre Seele gleichsam hinausfließt. Die Landschaft ist jetzt keine topographische Realität mehr, sie ist nicht mehr klar gesehen, sondern warm empfunden, sie ist Stimmung und fast schon Traum (erneut könnte man an Hamsuns Protokoll der Empfindungen Thomas Glahns denken).

Es liegt also eine merkwürdige Veränderung zwischen 1840 und 1890 vor. Ist sie bloß auf individuelle Erlebnisse, dort Dahls, hier Werenskiolds, zurückzuführen? Ich glaube nicht. Ich möchte an die Geschichte Norwegens erinnern. Bei Dahl und Tidemand und anderen führenden Geistern der Nation um die Mitte des 19. Jahrhunderts waren das Volk – im großen und ganzen identisch mit Bauern und Fischern –, das gebirgige Land und seine Geschichte eine selbstverständliche Einheit. In den 1880er und 1890er Jahren aber war die Industrie erstarkt, waren die kleinen Städte gewachsen. Nun gab es ein städtisches Proletariat, und die soziale Frage beunruhigte die denkenden Mitglieder der Nation. Auch war man unzufrieden mit der Union mit Schweden und suchte, von ihr loszukommen. All das führte dazu, daß man »Norwegen«

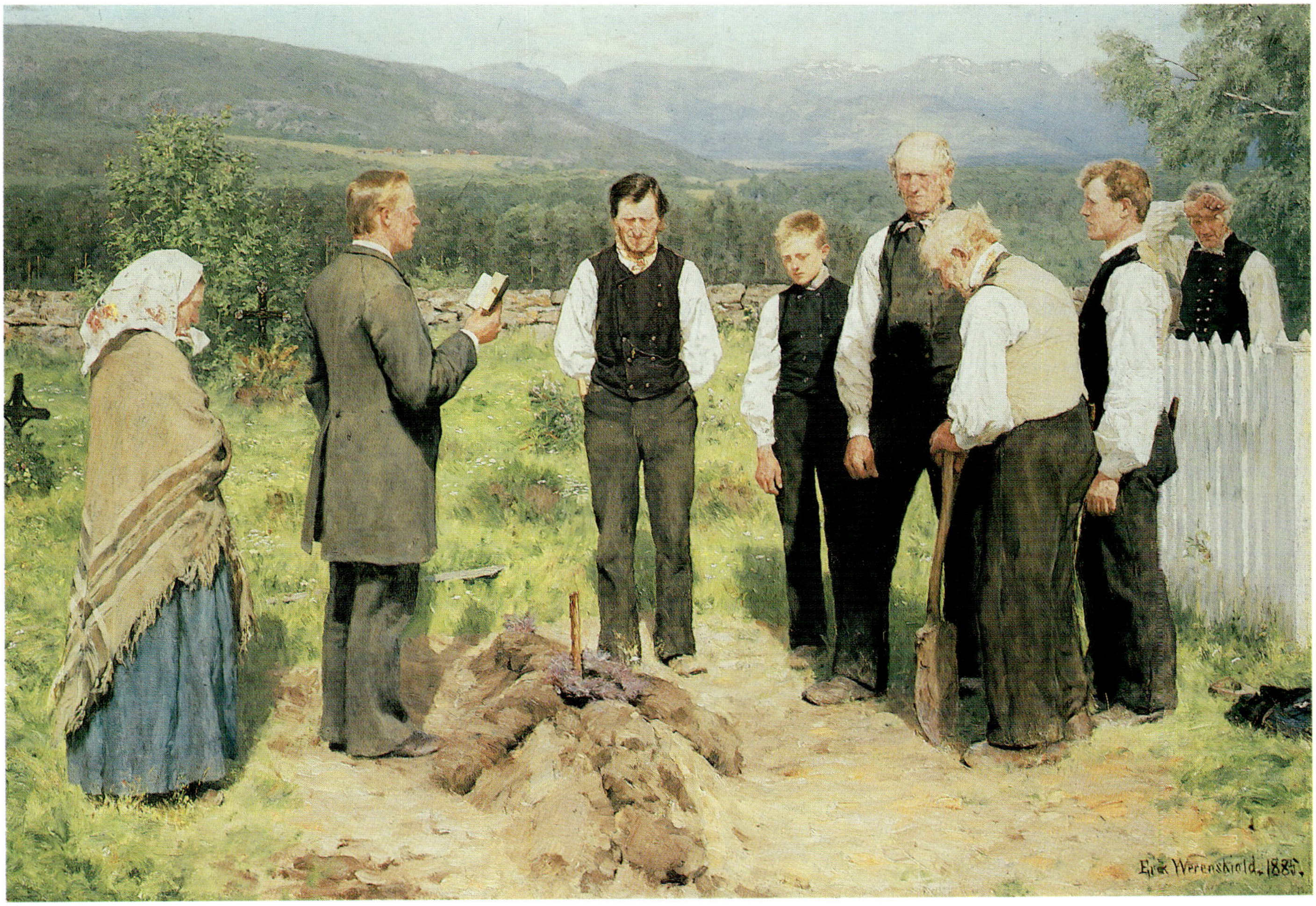

44 Erik Werenskiold, Begräbnis auf dem Lande,
1883/85
Öl, 102×150 cm; Oslo, Nationalgalerie

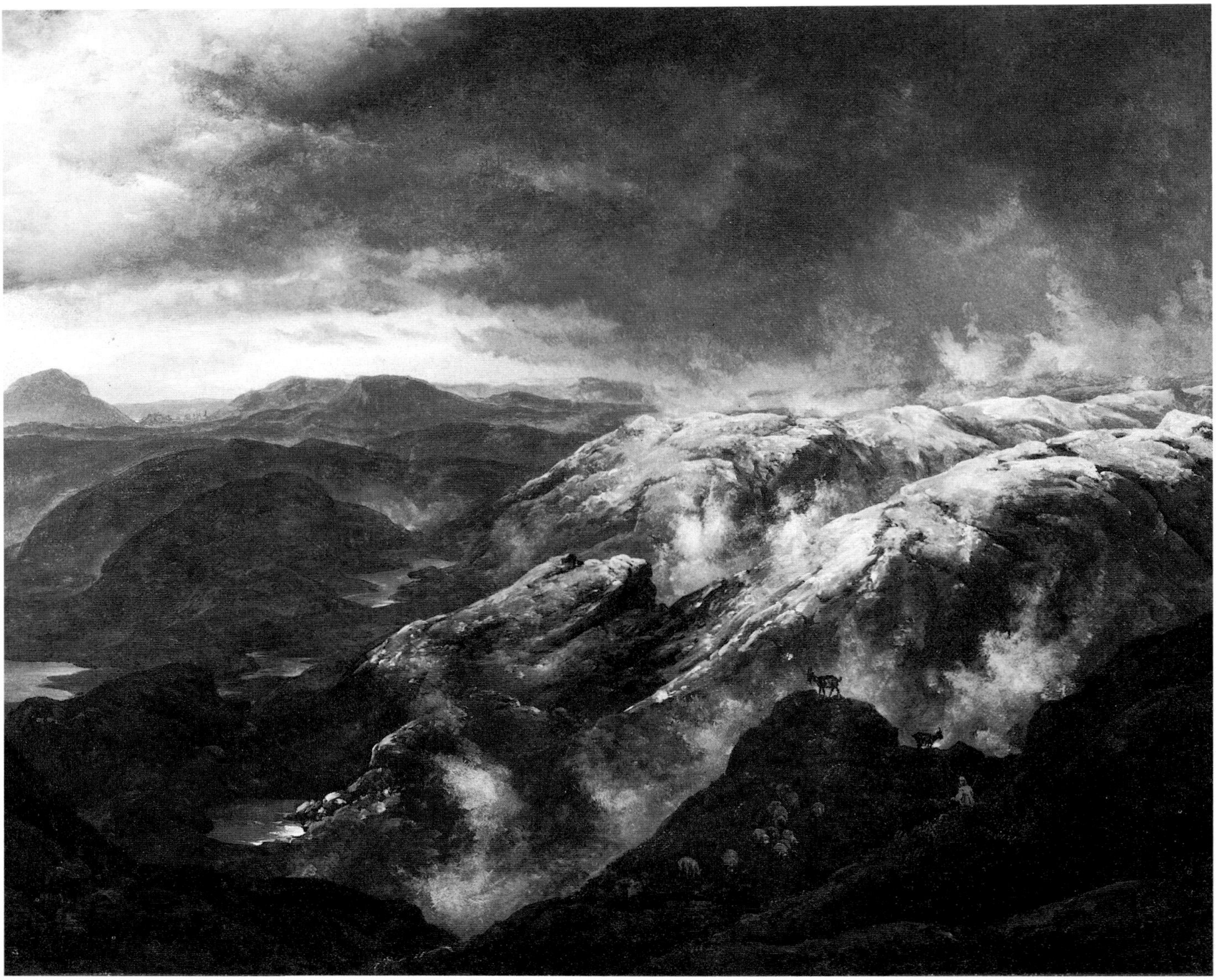

45 Vergleichsbild: Johan Christian Claussøn Dahl,
Fra Lyshornet, 1836
Oslo, Nationalgalerie

46 Erik Werenskiold, Wartende Kinder, 1893
Öl, 135,2×100,8 cm; Kopenhagen, Staatliches
Museum für Kunst

folgende Seiten

47 Harald Sohlberg, Nach dem Schneesturm, 1903
Öl, 61×91 cm; Oslo, Nationalgalerie

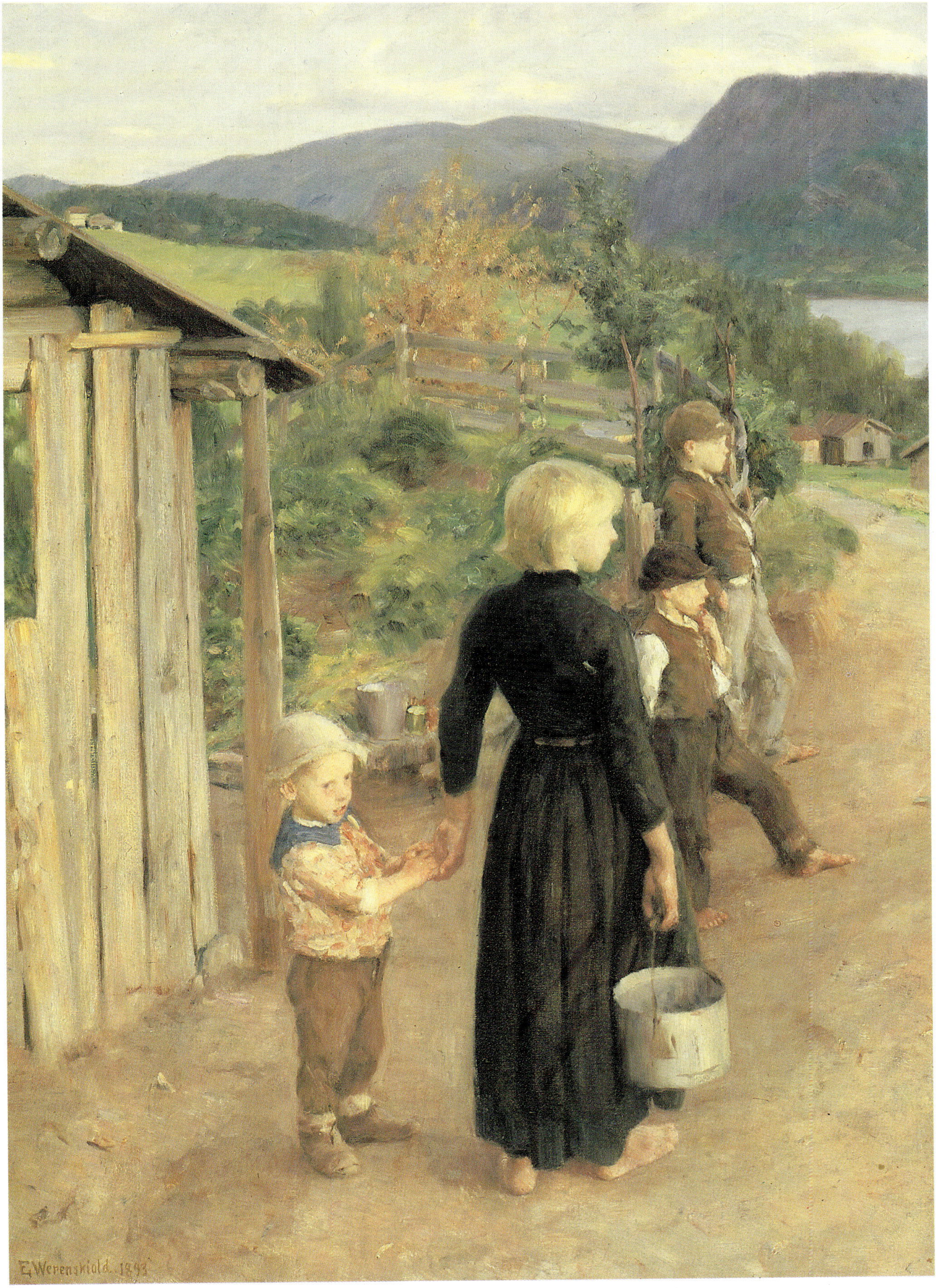
E. Werenskiold

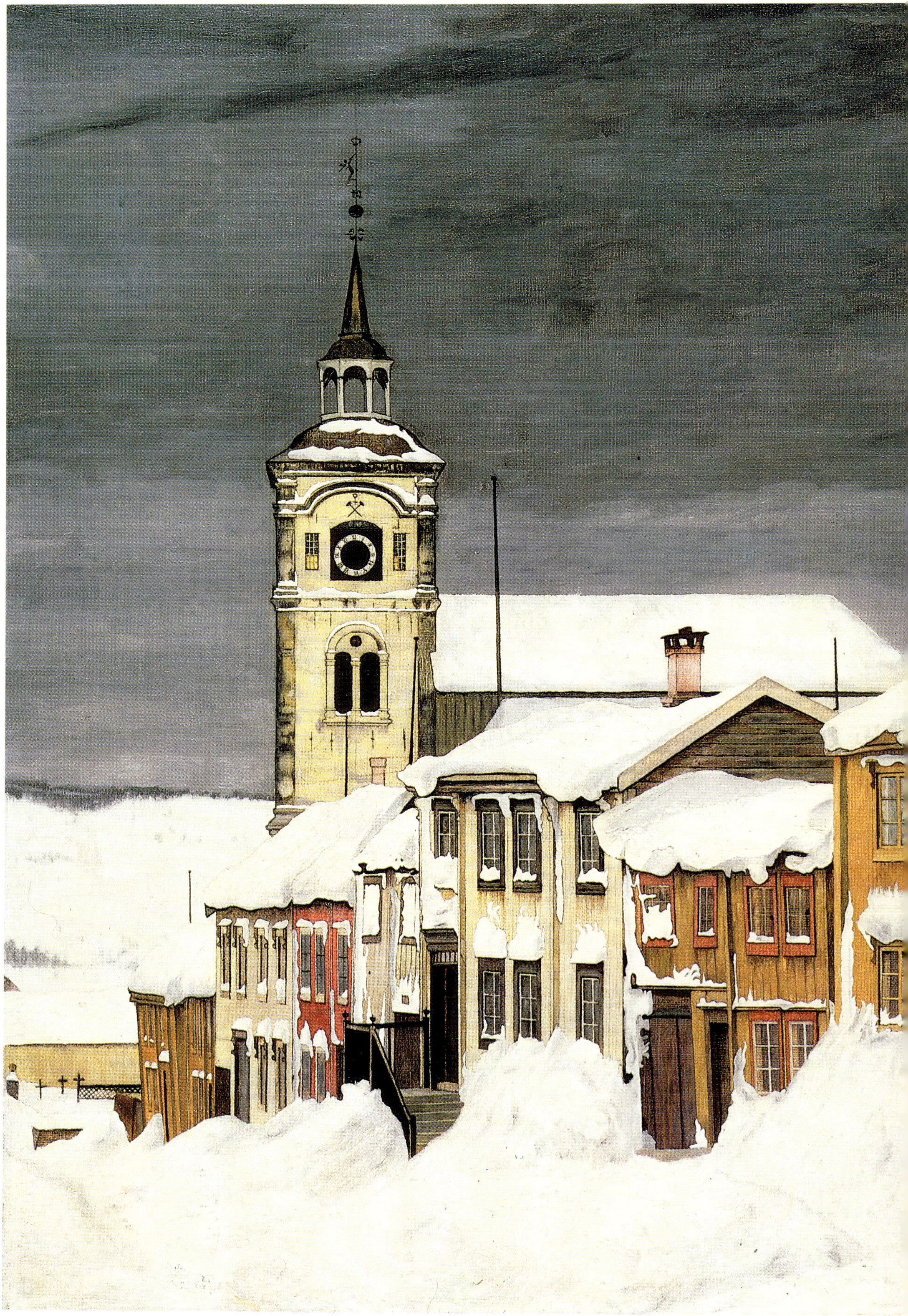

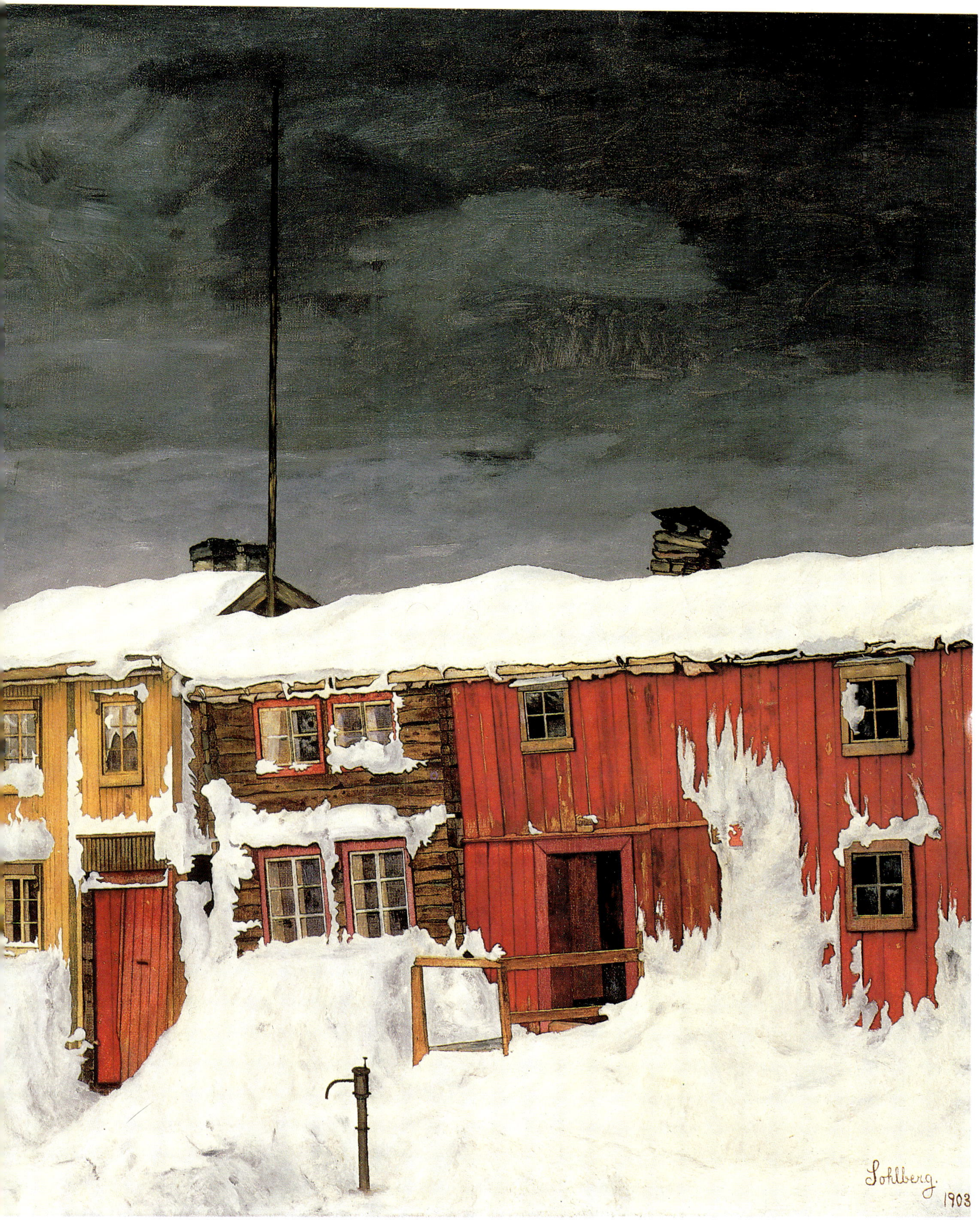
Sohlberg.
1903

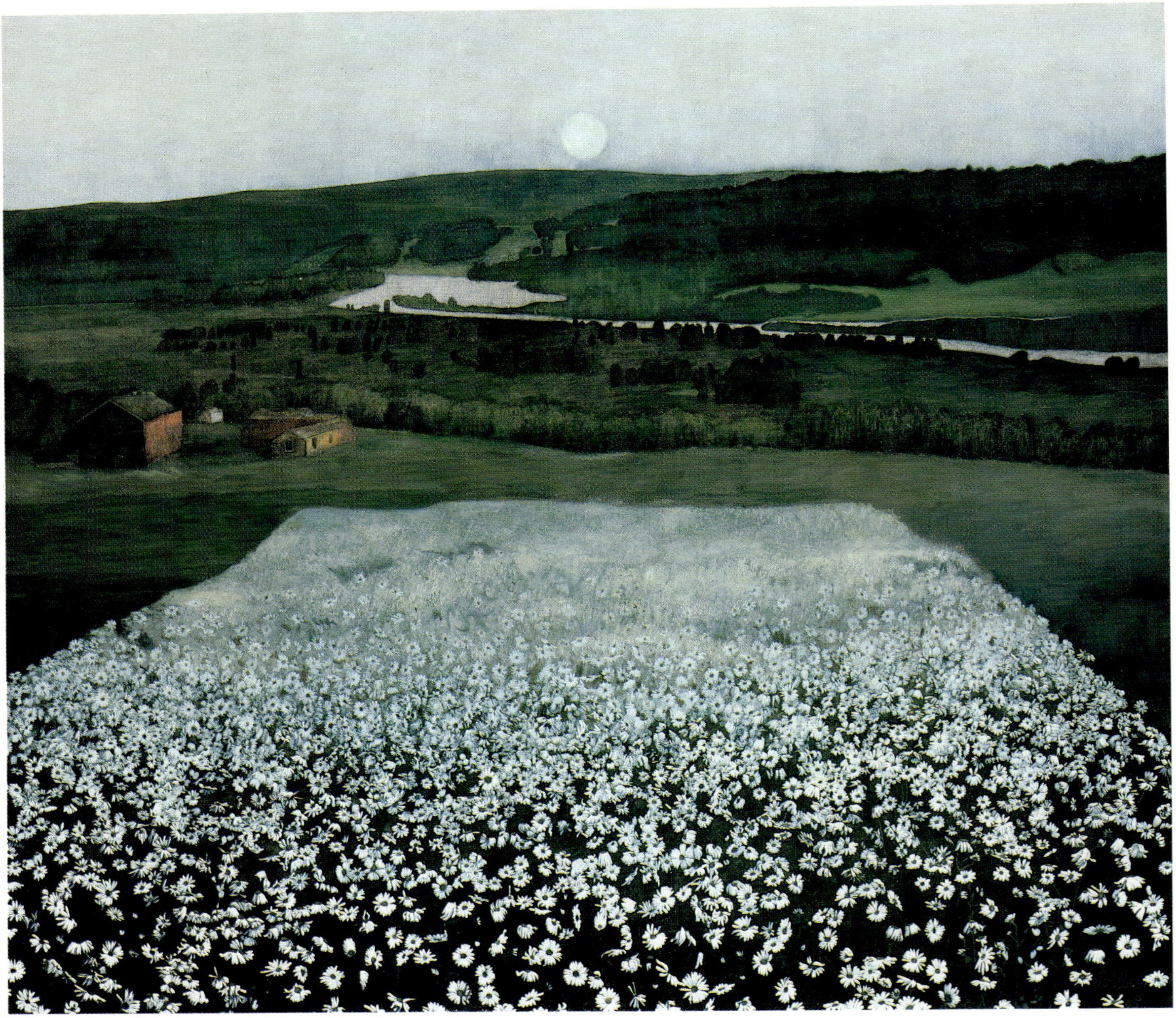

48 Harald Sohlberg, Blumenwiese im Norden, 1905
Öl, 96×111 cm; Oslo, Nationalgalerie
49 Harald Sohlberg, Nachtglut, 1893
Öl, 79,5×62 cm; Oslo, Nationalgalerie

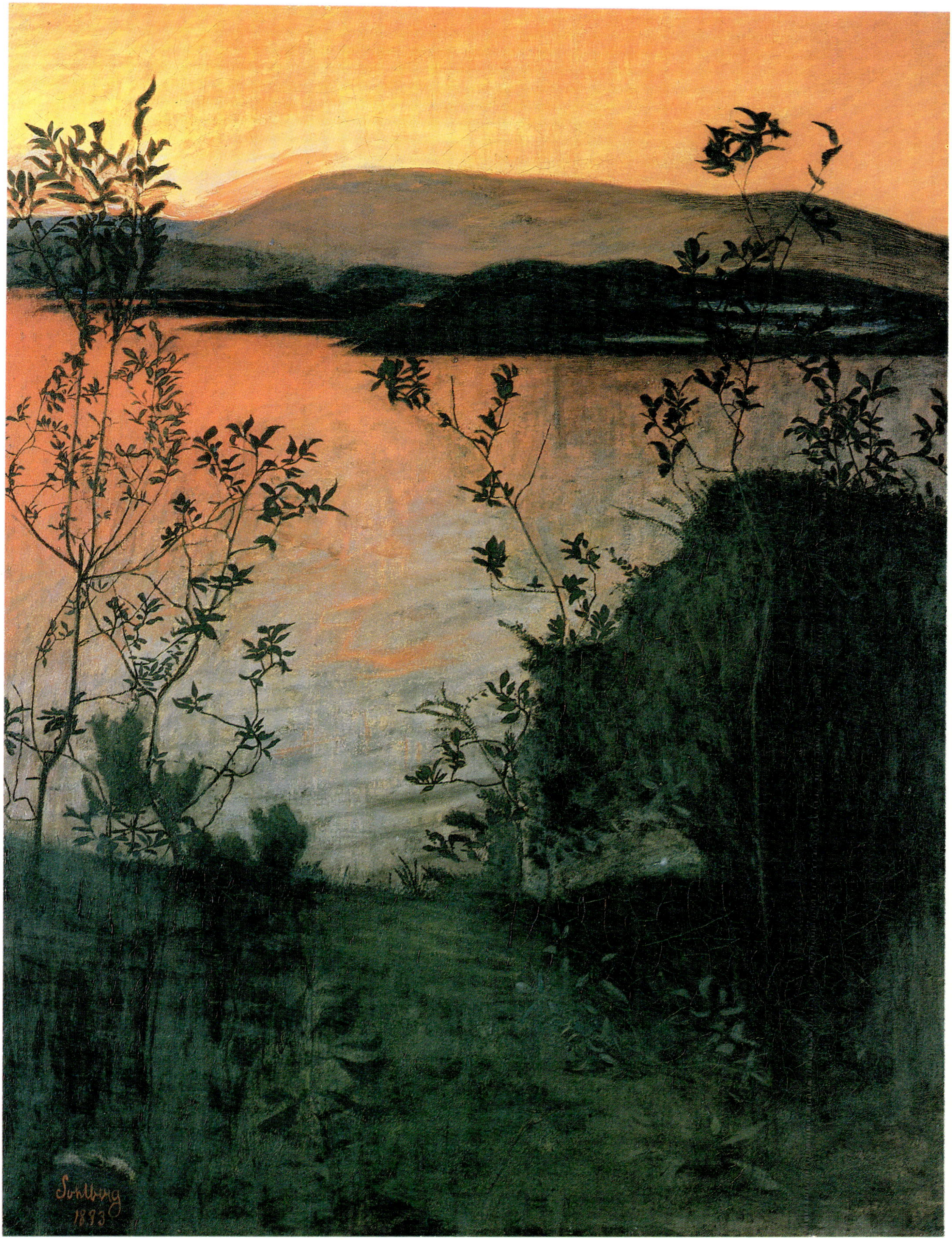
Sohlberg
1893

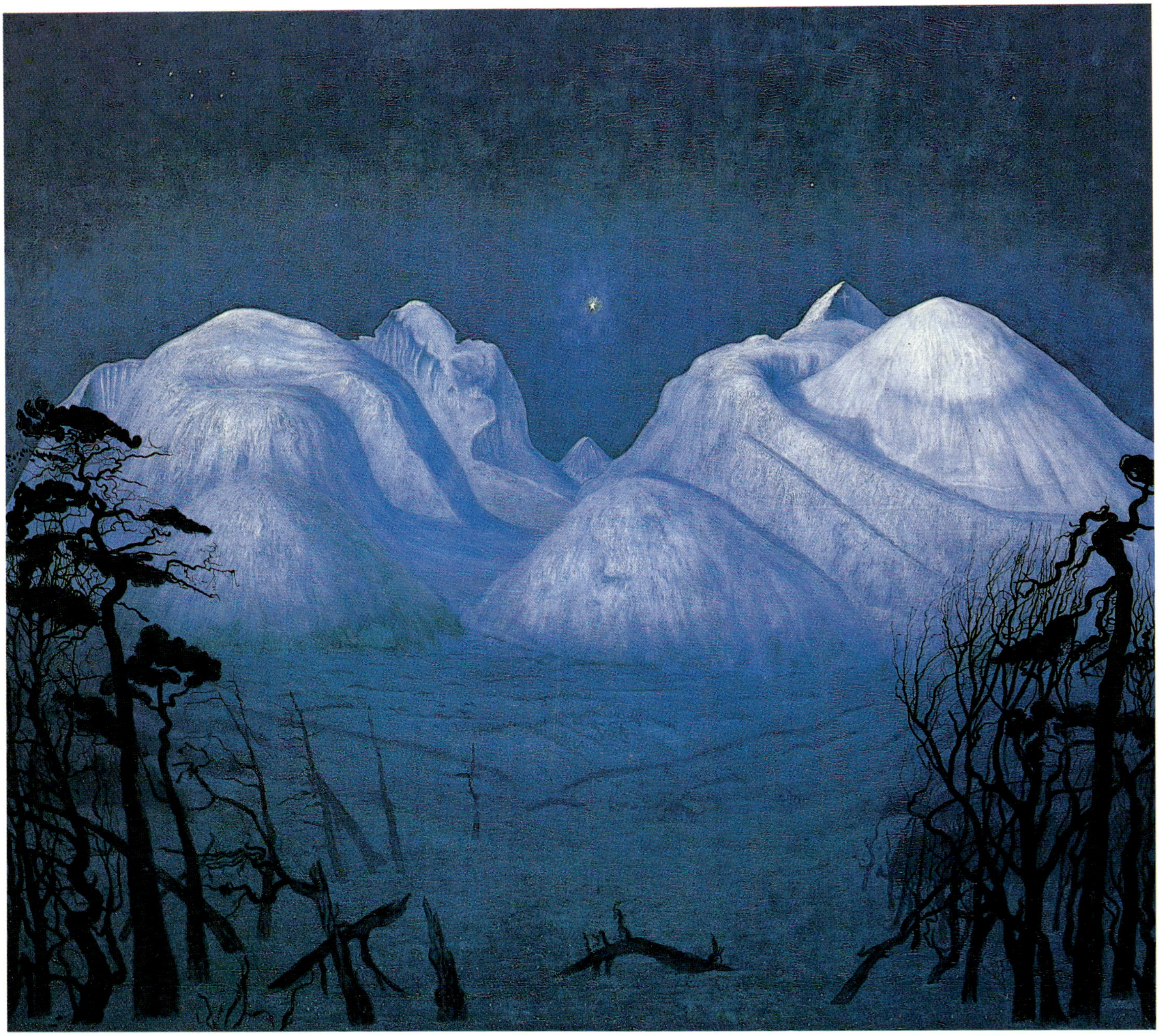

50 Harald Sohlberg, Winternacht in Rondane, 1914
Öl, 160×180 cm; Oslo, Nationalgalerie

nicht mehr in realistischen Bildern der Landschaft darstellen wollte. Die Maler, die weiterhin Landschaften malten, sahen sie stimmungshaft und träumerisch, als Zuflucht der Seele, als Hort – nicht mehr der Kraft, wie bei Dahl, sondern der Stille. Zugespitzt: die Landschaft bei Dahl hat auch einen politischen Sinn, die der Maler der 1890er Jahre hat ihn offenbar nicht.

Man darf hier auch an die neuen Freizeitgewohnheiten der städtischen Ober- und Mittelschichten erinnern. Man wanderte auf Waldwegen, machte Langfahrten auf Skiern, badete in den Seen und im Meer. Wer es irgend geldlich vermochte, verbrachte einen Teil des Sommers auf dem Lande oder an der See, wo man sich einmietete oder ein kleines Haus kaufte. Das heißt, daß man nun die Natur viel stärker körperlich und sinnenhaft erlebte als die Menschen früherer Zeiten. Dahl hatte sein Land mit den Augen wahrgenommen, er fuhr im Wagen oder zu Schiff und ging nur kurze Strecken zu seinen Motiven hin. Werenskiold dagegen wanderte und empfing die Natur mit allen Sinnen.

Werenskiold war bei weitem nicht der einzige Maler in den 1890er Jahren, der seine Bildthemen seelenhaft und stimmungshaft auffaßte. Wir sahen ja bei Prinz Eugen und bei Eugène Jansson, daß man noch tiefer in die Seele hinabsteigen konnte, von den Gefühlen und Stimmungen zu den Empfindungen und ihrem Stimmungston; in solchen Bildern sind keine Menschenfiguren zu gebrauchen. Werenskiold aber gibt uns mit den *Wartenden Kindern* und anderen Gemälden der 1890er Jahre vorzügliche Belege für die Zusammenstimmung von Mensch und Milieu – Organismus und Biotop, nicht wissenschaftlich, sondern seelenhaft aufgefaßt.

Harald Sohlberg

Harald Sohlberg schrieb an Jens Thiis, der damals Museumsdirektor in Trondheim war und 1908 Chef der Nationalgalerie wurde, am 21. November 1906: »Im übrigen weiß ich nicht, was ich Dir mehr klarmachen soll. Es sei denn, warum ich bis jetzt hauptsächlich Abend- und Nachtbilder gemalt habe. Erstens weil ich meine, es gäbe so unglaublich viel von der nordischen Nacht zu berichten. Mir scheint, daß es ständig etwas Neues in ihr gibt, die merkwürdigsten, bald unbestimmten, bald starken Stimmungen. Und mir scheint, es wird so wenig über sie gesagt hier bei uns. Es sind nicht viele, die das versucht haben. Vielleicht auch nicht viele, die es so kindhaft stark gefühlt haben wie ich. Vor allem habe ich die starken Stimmungen gemalt, bis jetzt. Denn sie haben mich am meisten und tiefsten getroffen. Ich habe diese späten Stunden lieb gewonnen. Ich weiß auch keine Stunde am Tage, in der ich je mehr ich selber habe sein können als in diesen. Es liegt und brütet so viel in einem, was sich gleichsam nicht ans Tageslicht wagt. Es geniert sich! Ist das nicht so bei allen Menschen? Da sind Zweifel und Fragen und Triebe, die erst die abendlichen Verhältnisse frei werden lassen. Ja, ich liebe diese Stunden. Denn wenn der Arbeitstag zu Ende ist, dieser berechnende Arbeitstag, der meist den Sinn und die Kräfte an das kalte, geschäftsmäßige Alltagsleben und seinen Wirrwarr bindet, wenn es still geworden ist über der Erde, wenn der Bauer von seiner Erdarbeit heimgegangen ist und die Hammerschläge dahingestorben sind, wenn die große, unerklärliche und ergreifende Stille schwer auf der Erde ruht, diese stille, stille Stunde, ja, wo die ernstesten und schwierigsten aller Fragen sich einem aufdrängen – wenn ich da still und allein oder mit meinem Mädchen wandern darf – diese Stunde liebe ich. Sie ergreift mich mehr als irgend eine Kunst zwischen Himmel und Erde.« (Das Zitat wurde übersetzt aus: Harald Sohlberg, Katalog der Galleri K, Oslo 1986.)

Sohlberg erfaßt in diesem Brief sehr schön die Gefühle und Gedanken, die man sich während der Dämmerung machen kann und die um 1900 geradezu Mode bei den Gebildeten der nordischen Länder waren. Aber man darf fragen: Hat er wirklich die ernstesten und schwersten Lebensfragen in seinen Landschaften gemalt? Haben Abb. 33 sie den gleichen Sinn wie Enckells *Knabe mit dem Totenschädel* oder wie Munchs Abb. 53 *Stimme*, *Eifersucht* usw.? Offenbar nicht. Und man sieht in seinen Bildern nichts von dem Gegensatz der ruhevollen Dämmerung, den der Brief beschreibt: nichts vom berechnenden Alltag, von der Erdarbeit des Bauern, den Hammerschlägen der Industrie. Was Sohlberg gemalt hat, ist die »ergreifende Stille«, das Staunen vor der Natur, das sich auf einen besonderen Gegenstand konzentriert. Eine einigermaßen verwandte Stimmung gibt es bei Caspar David Friedrich – tatsächlich hat auch Friedrich die Raumzonen abrupt aneinander stoßen lassen. – Auch an Sohlbergs Brief sehen wir, daß man vorsichtig mit den Aussagen von Künstlern über ihr eigenes Werk umgehen muß.

Bei einer anderen Gelegenheit schrieb Sohlberg über sein erstes selbständiges und Abb. 49 auch gleich von der Kritik anerkanntes Gemälde *Abendglut*, 1893 (später *Nachtglut* genannt): »Die Sonne war flammend hinter dem Frognerseterberg [im Norden von Oslo] untergegangen und gegen ihren heißen Schlamm von blutroter Farbe zeichnete sich ein kleiner junger Baum mit seinen zarten Blättern beinahe schwarz vom Himmel ab. Ich glaube, daß ich dort und an den Abenden danach das erste, jedenfalls das erste starke Verständnis für die wunderbare Schönheit des einzelnen bekam . . . Sicher ist, daß das hier erwähnte Motiv mit den dunklen Einzelheiten gegen den strahlenden und brennenden Sonnenuntergang sich so stark und unvergeßlich in mein Herz geprägt hat, daß ich keine Ruhe vor diesem schönen Erlebnis bekam, sondern es ein paar Jahre danach malte . . . Dieser Sinn für die Einzelheiten im Ganzen, wie reiche und prachtvolle Ornamentik in einer Kirche, gab auch einen Ausschlag in ein paar anderen Arbeiten vom gleichen Jahr und von derselben Insel [Langøya]. Das ist der Anfang meiner späteren Linie.«

Sohlbergs Landschaftserlebnis

Harald Sohlberg war ein guter Maler stimmungsvoller Landschaften, den man bei flüchtiger Betrachtung seiner Bilder nicht zur *neuen* Kunst um 1900 rechnen möchte. Aber er hat in scheinbar herkömmlichen Formen mehrere suggestive Bilder geschaffen, in denen er seine eigene Variante des Neuen schuf. Er malte recht gewöhnliche Landschaften mit gewöhnlichen Objekten und scheinbar gewöhnlicher Raumauffassung mit Nahraum, Mittelgrund und Fernzone. Aber es fällt auf, daß er eine Zone hervorhebt und eine andere unterdrückt; zudem gibt er keine Übergänge zwischen den Zonen an – jede Zone besteht für sich, abrupt. In der älteren Landschaftsmalerei mit kontinuierlichen Übergängen der Raumzonen in die Raumtiefe hinein erfahren wir auch ein Zeitkontinuum, indem wir in die Landschaft hineinwandern. Der Zeitzusammenhang – »jetzt, bald, vorher« – ist wie der Raumzusammenhang – »hier und nahe, dort und fern« – unsere ständige normale Erfahrung. Sohlberg stellt Störungen dieser Normalität vor unsere Augen, die wir aber als erfreuliche Unterbrechungen erleben können.

Chinesische und japanische Landschaftsmalereien und -holzschnitte, die seit den 80er Jahren bekannt waren, kennen das Raum- und Zeitkontinuum der abendländischen Malerei nicht und haben für die neue Kunst eine Rolle gespielt; im Falle Sohlbergs können sie aber nur indirekt gewirkt haben.

Außer den abrupten Grenzen der Raumzonen hat Sohlberg noch ein anderes überraschendes Mittel der Raumgestaltung benutzt. In seinen frühen Bildern, wie in *Abendglut* läßt er Gegenstände von der hinteren Grenze der Nahzone (Pflanzen, Bäume) bis zum oberen Bildrand aufwachsen und zeichnet sie so, als wären sie schwarze

Scherenschnitte. Sie besitzen folglich keine Körperlichkeit, sondern bilden ein Flächenmuster, das ganz vorn in der Bildebene zu liegen scheint und somit unsere Raumauffassung verwirrt, denn sie wachsen ja nicht vom Boden am unteren Bildrand auf, sondern wurzeln erst an der hinteren Grenze der Nahzone. Hielte man sich an ein Modewort der damaligen Kunstkritik, so wäre diese Störung der »richtigen« Räumlichkeit »dekorativ« gemeint, aber nicht ganz gelungen, denn das sogenannte dekorative Muster Sohlbergs liegt ja nur zum Teil in der vorderen Bildebene. Wirklich dekorative Landschaftsbilder sind nichts anderes als ein eleganter Zeitvertreib, wie man ihn gern an den Wänden von Jugendstil-Cafés anbrachte. So aber läßt sich Sohlbergs Kunst nicht deuten.

Sohlberg hat gern Abend- und Nachtlandschaften gemalt, Bilder sozusagen ungewöhnlicher Tageszeiten, nicht der wachen Arbeit, sondern des Ausruhens, wo man – früher jedenfalls, als es noch kein Fernsehen gab – vor sich hin oder in sich hinein schaute. Im Abendlicht sieht die Welt anders aus, und Erscheinungen in ihr, die wir am Tag kaum wahrnehmen, ziehen unsere Aufmerksamkeit auf sich und können uns betroffen machen. Es ist dieses betroffene Aufmerken, das Sohlberg gemalt hat. Selbstverständlich gilt hierbei nicht länger unsere normale Raum- und Zeitwahrnehmung. Was wir erfahren, sind elementare Empfindungen, die wir schwer benennen können; und zwar erfahren wir sie gerade an ihrem Höhepunkt, wo sie sich uns einprägen – aber festhalten kann sie nur die Kunst.

Das hier Gesagte gilt sowohl von *Abendglut*, 1893, wie von *Sonnenstreifen*, 1894, und *Reife Marken*, 1895/97. Es gilt mit Veränderungen auch von späteren Bildern des Betroffenseins von Sohlberg, wie etwa den verschiedenen Fassungen der *Winternacht in Rondane* (1900/11 und noch spätere Fassungen). Hierzu schrieb Sohlberg: Abb. 50
»Das erste Mal, als ich in meinem Leben das Gebirge sah, das erste Mal, als ich diesen für mich völlig neuen, fremden und in so unbeschreiblich hohem Maße überraschenden Anblick hatte, stand dieses Motiv vor meinen Augen bloß als ein pompöser und schöner Effekt. Ich möchte sagen, bloß als eine weiße, blaue und grüne Farbwirkung. Später wurde dieses selbe Motiv außerordentlich wichtig für mich. Es wurde erlebt . . . Nachdem ich Jahre dort droben verbracht habe und mich im Gebirge Sommer und Winter, Tag und Nacht, bei Schönwetter und Unwetter bewegt habe, nachdem ich die mächtigen, ganz unglaublichen Kräfte kennengelernt habe, die dort zwischen den Bergen losbrechen oder plötzlich von ihnen herunterstürzen konnten . . . ja, in einer mondhellen, totenstillen Winternacht, wo ich wieder einmal allein auf der öden, unendlichen Fläche gegenüber denselben Höhen, sie unter der gleichen Beleuchtung wie beim ersten Mal sah, da waren diese Berge für mich mehr als bloße pompöse und schöne Farbenwirkung, denn jetzt war mir, als stünde ich auf der Schwelle einer anderen, phantastischen und unfaßbaren Welt. Da verstand ich, daß das schon angefangene Bild ganz falsch war, denn es berichtete in keiner Weise von dem, was ich jetzt unausweichlich vor dem Gebirge fühlte, jetzt, wo nicht nur der Maler, sondern der Mensch in mir in tiefster und ehrfurchtsvoller Bezauberung mit dabei war.«

In demselben Brief notiert Sohlberg zwar, daß er »dekorativ und monumental« habe malen wollen – aber diese damaligen Kunstmodebegriffe reichen nicht an das heran, was er den eigenen Worten nach gefühlt und wirklich gemalt hat. In *Winternacht in Rondane* ist die Nahzone fast völlig weggelassen, der Mittelgrund ist so unklar, daß er schon zur Fernzone gehört, und diese allein beherrscht das Bild – überwältigend und den Betrachter auch heute noch betroffen machend.

Man darf hier daran erinnern, daß Ferdinand Hodler im gleichen Jahrzehnt nach 1900, doch etwas später als Sohlberg beginnend, seine Hochgebirgslandschaften mit abrupten Grenzen der Zonen zu malen begann, um schließlich die Berge – Jungfrau, Eiger – nur noch als riesige Erscheinungen der Fernzone zu malen. Anders wiederum

Abb. 47 hat Sohlberg *Nach dem Schneesturm* im Jahre 1903 gemalt. Er hielt sich damals in Røros auf, der sterbenden und schon sehr verarmten Bergwerkstadt des 18. Jahrhunderts auf einer den Wettern ausgesetzten Hochebene. Er zeigt uns die Häuserfronten längs einer Gasse, an deren Holzwänden der Schnee gleich einer Brandung hochgespritzt ist. Das Bild besteht nur aus einem raumlosen Schneevordergrund und dem Mittelgrund mit der Häuserreihe und der Kirche gleich dahinter; es gibt keine Fernzone. Der Anblick wirkt aber weniger erschreckend, wenn wir feststellen, daß der Schnee vor den Türen schon weggekehrt ist.

Abb. 48 1904 entstand die *Blumenwiese im Norden*. Es ist eine farbenlose, bleiche Sommernacht. Man sieht weit übers Land. Aber der Vordergrund ist voll von wilden Blumen, Margeriten und Ampfer. Dieser Vordergrund ist sehr kurz gehalten, wir sind gleich im Mittelgrund, dessen weiße Blumenköpfe zu einem weißen Nebel verschwimmen, und darüber dehnt sich groß das schlafende Land in der Ferne.

Das Landschaftserlebnis, das Sohlberg in seinen Bildern festgehalten hat, fügt sich gut in die Normen der bürgerlichen norwegischen (und schwedischen) Gesellschaft jener Zeit und ist eine der reinsten Ausprägungen dieser Normen. Man suchte während eines Teiles der neuen Freizeit die Berührung mit der Natur; Einzelne suchten sie geradezu mit der wilden Natur, und sie wollten allein sein und sich ergreifen lassen – das war der Fall Sohlbergs. Dafür gab es ja Platz genug in Norwegen.

Von den Empfindungen des Menschen in der Einsamkeit zeugt auch Knut Hamsuns *Pan*. Es ist mir aber nicht bekannt, daß ein Dichter die Betroffenheit und Ergriffenheit geschildert hätte, die Sohlberg in seinen Bildern sichtbar macht. Zu der auf die elementaren Empfindungen gerichteten Aufmerksamkeit ist zu bemerken, daß sie keine sozialen Beziehungen und Rücksichten erlaubt. Sie liegt unterhalb der sozialen Sphäre, bei der höhere, stärker bewußte Schichten der Seele engagiert sind. Ein Beispiel für die Naturauffassung, die zeitlich etwas älter als die Sohlbergs ist, bietet ein Gedicht des jungen Norwegers Nils Collett Vogt, das er in dem Bändchen *Digte* 1887 veröffentlichte:

Draußen

Aber wenn die ganze Luft heult,
der Wind braust, der Schnee wirbelt
und um die großen Höfe jagt,
sitzen die braven Leute um den Herd,
ruhig und warm ist's drinnen.
Doppelt lieb ist der Herrgott,
doppelt ruhig warm das Zimmer,
wenn ein verirrter Gedanke sich
nachts ins Gebirge wagt, wo
der Kampf ums Leben ausgefochten wird
und wo der Sturm herrscht.

Ich habe das bessere Teil gewählt,
ich will mich draußen herumtreiben,

bis zum Knie im Schnee waten,
nie an die dichten, hellen
Fenster der anderen klopfen.
Wolf und Fuchs, Bär und Vielfraß
jagen zusammen über die Hochfläche,
der Bär brummt, der Wolf
heult, der Sturm schlägt gegen
die Fenster der braven Leute,
und ich bin dabei, heule mit,
denn wir sind vom selben Stamm.

Hier sind Ich und Landschaft unterschieden. Die Szene ist deutlich gesehen mit ihren räumlichen Abständen in der stürmischen Winternacht. Da sind einerseits die wohlbehüteten Höfe, andererseits das Gebirge. Die Bewohner der Höfe wagen sich nicht nach draußen. Der junge Mensch aber nimmt den Kampf mit dem Sturm und Schnee auf und fühlt sich den Raubtieren des Waldes verbunden (die waren damals in Norwegen schon sehr dezimiert). Der Jugendtrotz und die Verachtung gegenüber den braven Bürgern ist in jener Zeit, den 1880er Jahren, recht sicher von Nietzsches Übermenschentum beeinflußt. (Dabei hat es Vogt nicht an sozialem Pathos gefehlt, wie seine Gedichte über den Proletarier ausweisen.) Aber es ist ein Maß für die Qualität der Kunst und Dichtung um 1900, wieweit sie sich von Nietzsches Zarathustra entfernt zu halten vermögen. Nils Collett Vogt gehört zum Gefolge Nietzsches – Sohlberg und Edvard Munch nicht. Sohlberg läßt sich von der Natur überwältigen, er macht sie nicht zum Sockel seines Stolzes und Übermuts.

Edvard Munch

Ein paar Bilder von Munch wurden schon im ersten Kapitel vorgestellt. Wenn im folgenden ausführlicher von Munch und seiner Kunst gesprochen wird, geschieht das nicht in der Absicht, den ganzen Munch zu zeigen. Das wäre bei dem Umfang seines Werkes, der Menge seiner eigenen schriftlichen Aufzeichnungen (die meist undatiert sind) und der Fülle von Schriften über ihn eine allzu große Aufgabe. Hier wird nur eine Auswahl von Werken Munchs gegeben, und zwar vor allem aus den Jahren vor 1900, aber es werden auch einige Arbeiten aus der Zeit bis etwa 1910 vorgestellt. Der bekannte und berühmte Munch ist der Munch der 1890er Jahre. Er trat mit neuen Inhalten und neuen Formen der Malerei auf. Damals hatte er sich schon gefunden. Wie kam er dahin? Er hatte keine Vorläufer und Voraussetzungen in der norwegischen Kunst, kaum auch in der übrigen europäischen Kunst. Maltechnisch dürfte Manet für ihn wichtig gewesen sein. Inhaltlich ging es ihm um Lebensfragen – Geschlecht und Tod –, die damals in der Literatur viel diskutiert wurden; aber er hat die Meinungen anderer nicht übernommen, sondern nach eigenen Antworten gesucht.

Es gab nicht viel Kunst in seiner Heimat. Die norwegische Nation war nach dem Selbständigwerden 1814 – nach mehr als vierhundert Jahren der Union mit Dänemark und danach der Union mit Schweden – zu jung und zu arm, als daß sie ein Kunstmilieu hätte schaffen können. Der »Vater« der norwegischen Malerei, Johan Christian Claussøn Dahl lebte in Dresden, da er nicht hoffen konnte, sein Brot als Künstler zu Hause zu verdienen. Die jungen Malerbegabungen konnten sich nur in der Fremde ausbilden lassen, sie studierten in Dresden, dann in Düsseldorf (Adolph Tidemand), schließlich in Paris (Fritz Thaulow, Christian Krohg, Edvard Munch).

Munchs Vater war ein schlecht bezahlter Amtsarzt, ein schwermütiger Mann voller religiöser Grübeleien. Ein Bruder des Vaters, der bedeutende Historiker Peter Andreas Munch, starb früh an Schwindsucht, ebenso wie die Mutter Edvards und eine kleine Schwester; eine weitere Schwester wurde geisteskrank. Edvard selber fürchtete die Tuberkulose und die Geisteskrankheit, war auch selbst in jungen Jahren mehrmals lange krank.

Aus den frühen Jahren: Christiania-Bohême

Daß der Sohn Künstler werden wollte, stieß lange auf den Widerstand des Vaters, der als Pietist allem, was Kunst hieß, mißtraute. Die Schwester der Mutter, die nach deren Tod den Haushalt führte, nahm Edvards Partei. Als der Vater endlich nachgab, veränderte sich das Leben des Zwanzigjährigen völlig. Er kam 1884 in Christiania, dem heutigen Oslo, in einen Kreis von Künstlern und Schriftstellern, die liberal, sozialistisch, atheistisch oder gar anarchistisch dachten. Das war die sogenannte Christiania-Bohême, deren Anführer der Journalist und Parlaments-Referent Hans Jaeger war. Jaeger ließ auf eigene Kosten 1885 einen Roman in zwei Teilen drucken: *Fra Kristiania-Bohemen* (Aus der Bohême von Christiania). Das Werk wurde sofort beschlagnahmt und trug Jaeger einen Prozeß und zwei Monate Gefängnis ein (1886); es kostete ihn auch sein Amt. Das Buch war, angeblich, unsittlich. Jaeger schildert ein paar junge Leute aus dem Mittelstand, die in der Hauptstadt studieren oder studieren sollen. Sie sind dazu erzogen, nichts von Sexualität zu wissen und bis zur Ehe »rein« zu bleiben. Aber der Geschlechtstrieb pocht auf Auslösung, die sie im Bordell suchen. Wenn sie für ein Mädchen ihrer eigenen Klasse schwärmen und sich gar mit ihr verloben, müssen sie Liebe ohne sexuelle Gemeinschaft erleben. Sie können nicht ohne sexuelle Kontakte auskommen, aber es sind Kontakte ohne menschliche Wärme. Auf diese Weise werden sie unfähig zur echten Liebe, und das Leben erweist sich als sinnentleert. Einer von ihnen erschießt sich (es war damals nichts Ungewöhnliches, daß junge Leute Waffen besaßen). – Der Prozeß gegen Jaeger erregte großes Aufsehen. Munch nahm ihn sehr ernst.

Von Haus aus war der Künstler zu strenger sexueller Enthaltsamkeit erzogen und von Sexualangst erfüllt. Die Taten und Ansichten seiner neuen Genossen im Kreis der Bohême müssen ihn erschreckt haben. Soweit seine Biographen herausfinden konnten, hat Munch seinen ersten sexuellen Kontakt nicht von sich aus gesucht, sondern ihn durch eine erfahrene Frau erlebt. Diese hat ihn dann bitter enttäuscht, denn von ihrer Seite war keine Liebe im Spiel gewesen. Ähnlich scheint es Munchs jüngerem Freund Jappe Nilson ergangen zu sein. Liebe war für beide auf immer mit Leid belastet. Von daher stammen Munchs oft wiederholte Motive der »Einsamkeit« und »Eifersucht«.

Schon vor Jaeger hatten in Norwegen Henrik Ibsen und Arne Garborg Fragen der Sexualmoral in ihren Schauspielen bzw. Romanen behandelt. Garborg verdiente sein Brot als Parlamentsrevisor; seine Romane weckten das Mißfallen der bigotten Bauern im Parlament, und er wurde 1887 abgesetzt. Er hätte hungern müssen, hätte er keine Einladungen von deutschen liberalen Vorlesungsvereinen bekommen. Als der große dänische Literatur- und Kulturkritiker Georg Brandes, einer der Bannerführer des bürgerlichen Liberalismus, 1875 Gottfried Kellers Schweizer Novellen und darunter *Romeo und Julia auf dem Dorfe* ins Dänische übersetzte, klagten ihn mehrere Zeitungen an, er propagiere Unsittlichkeit und lose Verbindungen. Darüber berichtete Brandes später in seiner Lebensbeschreibung: »Die Tatsache, daß die beiden jungen Leute in ›Romeo und Julia‹, nachdem sie sich ein einziges Mal umarmt hatten, in ihrer Armut und Aussichtslosigkeit sich von dem Heuschiff, das sie trägt, in das kalte Wasser des Flusses haben gleiten lassen, versetzte die Kritiker in ein Delirium, das sich der Leserwelt mitteilte. Die Novellen verkündeten die ›freie Liebe‹, vor welcher alle diese Journalisten, die privat als frohe Paviane lebten, es nie versäumten, sich zu bekreuzigen.«

Brandes hat hier nachträglich den Kern des Problems in wenigen Worten zusammengefaßt: geschlechtliche Erfüllung und Armut (oder wirtschaftliche Abhängigkeit) vertragen sich nicht miteinander. Während eine aufgeklärte Minorität von diesen Dingen sprechen wollte, um sie wenn möglich zu ändern, betrachtete die Majorität in den besitzenden Klassen die bloße Diskussion über derlei Dinge als unsittlich. – In dem nun folgenden jahrelangen Handgemenge waren Georg Brandes und Bjørnstjerne Bjørnson die Hauptgegner und verfeindeten sich auf immer. Auch Strindberg weckte Ärgernis mit seinen zwei Novellensammlungen *Giftas* (Heiraten), 1884 und 1886, und wurde vor Gericht gezogen, aber freigesprochen.

In keiner der großen Nationen hatte es einen vergleichbaren Aufruhr gegeben, obwohl die Dinge dort nicht anders lagen. In den katholischen Ländern, Frankreich und Italien, gab es weniger an Sexualangst; man verhielt sich praktisch, nicht moralisch und prinzipiell, in den Dingen des Geschlechts. Anders in Deutschland und England, wo die protestantische Moral die Sexualität als solche als Sünde betrachtete. Man akzeptierte die Mißverhältnisse und schwieg in der guten Gesellschaft über sie. Immerhin hatten die Engländer die Möglichkeit, das 1855 anonym erschienene Buch von George Drysdale zu lesen: *The elements of social science, or physical, sexual and natural religion; an exposition of the true cause and only cure of the three primary evils: poverty, prostitution and celibacy*; 1886 hatte das Buch seine 25. Auflage erlebt; 1878 kam es in schwedischer Übersetzung, 1879 in dänischer. – In Deutschland war das Schweigen massiv, auch wenn es nicht hindern konnte, daß ein ungarisch-jüdischer Arzt, Dr. Max Südfeld, unter dem Pseudonym Max Nordau, 1883 in Leipzig ein Buch über *Die conventionellen Lügen der Kulturmenschheit* erscheinen ließ (17. Aufl. 1899); auf Schwedisch kam es 1884, auf Dänisch 1885 heraus. Die deutlichsten Äußerungen zur sexuellen Problematik in der deutschen Literatur finden sich bei Frank Wedekind und Arthur Schnitzler, nämlich in Wedekinds *Frühlings Erwachen*, 1891, und *Erdgeist*, 1895, sowie in Schnitzlers *Anatol* und *Liebelei*, 1895, also später als in den nordischen Literaturen. Den schlimmen Druck der moralischen und intellektuellen Verlogenheit über die Sexualität hat viel später, 1942, Stefan Zweig in seiner Autobiographie *Die Welt von gestern* beschrieben.

»Albertine« von Christian Krohg

Auch der Maler Christian Krohg, der den jungen Munch förderte, griff in die Sexualdebatte ein. In der Erzählung *Albertine*, 1886, schilderte er, wie eine arme Näherin in die Prostitution getrieben wird. Ein Polizist hat sie verführt und sie dann zur Zwangsuntersuchung beim Polizeiarzt angezeigt, eine Erniedrigung, die sie in die Prostitution stürzt. Das ist realistische Literatur und Gesellschaftskritik; der Polizist benutzt seine Stellung, um sich Lust zu verschaffen und hernach jeder Verantwortung zu entgehen. – Krohg hat das Schicksal dieser Albertine auch gemalt, teils in Einzelbildern des Mädchens und ihrer Genossinnen, teils in dem großen realistischen Gemälde *Albertine beim Polizeiarzt*, 1885/87. Das Geschick der armen Näherinnen, das er durch seine Modelle kennenlernte, hatte ihn seit 1879 beschäftigt. Das Bild mit seinem Dutzend Figuren ist ohne Kenntnis der Erzählung nicht zu verstehen. Man sieht ein einfach gekleidetes Mädchen, in sich gekehrt, in einer Umgebung von modisch gekleideten, vulgär aussehenden, nach außen gerichteten, neugierigen und klatschsüchtigen »Damen« – eine Sittenschilderung nach Rezept. Keine Spur davon in der Bildwelt Munchs, der also gar nicht auf die Debatte um die Sexualmoral einging.

Krohgs Buch wurde beschlagnahmt; der Prozeß, zu dem es wegen dieses Buches kam, ging bis zum Höchsten Gericht, das Krohg zu einer Geldbuße verurteilte, die Beschlagnahme aber nicht aufhob. Erst viel später konnte das Buch gedruckt werden – ohne daß das Gericht die Beschlagnahme aufgehoben hätte . . . Der Stoff zu *Albertine* – nicht das fertige Buch – hat Max Klinger, Krohgs Künstlerfreund und Akademiekamerad aus der Karlsruher Studienzeit, zu der großen Radierungsfolge *Ein Leben*, 1884, angeregt.

Es gab einen langen Streit in allen nordischen Ländern. Auch Finnland wurde betroffen, was unter anderen die sozialistische Schriftstellerin Minna Canth zu spüren bekam. Ein dänischer Literaturforscher hat diese Ereignisse geschildert: Elias Bredsdorff, *Den store nordiske krig om seksualmoralen*, Kopenhagen 1973. Nur wenige von den Streitenden sagten es deutlich, daß die sogenannte Unsittlichkeit ihren Grund in den sozialen Verhältnissen hatte. Für die Sozialisten war der Übelstand ein Grund mehr, den Kapitalismus zu verdammen und auf eine Lösung des Problems als Folge der Revolution zu hoffen. – Bei der ganzen Diskussion und der geläufigen sexuellen Praxis spielte übrigens die Tatsache, daß es längst empfängnis- und ansteckungsverhütende Mittel, Kondome, gab, eine erstaunlich geringe Rolle.

Edvard Munch stand den Kritikern der herrschenden Sexualmoral oder Unmoral persönlich nahe. Man hätte denken können, daß auch er dieses Thema in seiner Kunst behandeln würde. Das hatte ja Christian Krohg getan. Munch folgte ihm aber nicht, obwohl ihn die erregte Debatte sicher tief berührte, deren beste Seite der Protest gegen die Erniedrigung der Frauen war. Fragwürdiger war die von manchen seiner Freunde erhobene Forderung nach sexueller Freiheit. Aber der Maler Munch hat sich weder um das eine noch das andere gekümmert, sondern sein eigenes Thema gemalt: Sexualität als Leid. Zugleich hat er das Mitleiden mit den Leidenden gemalt. Er führte Klage über das Menschenlos, er malte den »Seufzer der Kreatur«, von dem der Apostel Paulus schrieb. Hier spricht Munchs christliche Erziehung, vielleicht sogar das Ethos des Vaters, des Arztes und religiösen Grüblers Dr. Christian Munch.

Es ergibt sich also: die Anschauung von Leben, die aus Munchs Bildern von 1885/86 spricht – *Das kranke Kind*, *Pubertät*, *Madonna* (von denen die beiden letzteren verschollen sind) – ist das Fundament für Munchs Schaffen auch in den 1890er Jahren geblieben. Es ist vom Erlebten, nicht von irgendwelchen literarischen Einflüssen aus, geformt.

Munchs Malweise und Krohgs Kritik

Von der künstlerischen oder malerischen Gestaltung dieser Bilder ist zu sagen, daß sie – im Vergleich mit zeitgenössischer Malerei – »schludrig« gemacht ist. Wie kam Munch zu solcher Schludrigkeit? – Zeit seines Lebens hat er seine eigenen Gemälde, Skizzen, Graphiken, Briefe, Briefentwürfe, Tagebuchnotizen, Material für eine Autobiographie und für (wenigstens) einen Roman gesammelt und am Ende alles zusammen testamentarisch der Stadt Oslo vermacht. Sie hat ein Munch-Museum gebaut, und dort ist diese ganze persönliche Hinterlassenschaft Munchs aufbewahrt. Da die zahllosen schriftlichen Aufzeichnungen Munchs selten datiert sind, haben die Verwalter des Museums eine nicht enden wollende Aufgabe.

Zu dieser Hinterlassenschaft gehören auch die frühen Niederschläge von Munchs formaler und malerischer Begabung. Zunächst arbeitete er schülerhaft brav, durchaus im Rahmen herrschender realistischer Auffassungen. Aber in Bleistiftskizzen von 1884 deutet sich zum erstenmal an, daß Munch »schludert«: Er skizziert ein paar häusliche Szenen am Abend, der Vater ruht aus, die Tante, die nach dem Tod der Mutter den Haushalt führt, zündet eine Lampe an. Die Figuren sind nicht durch Konturen, sondern nur durch Licht und Schatten erfaßt, in großen, einfachen Massen. Einstweilen geschieht das nebenbei und in kleinem Format. Munch malt weiterhin gewissenhaft Stadtbilder, vor allem den Ausblick von der väterlichen Vorstadtwohnung gegen die alte Kirche von Aker, in kleinem Format (schon aus Geldgründen). Aber 1885/86 – Munch war 22 bzw. 23 Jahre alt – kommen auf einmal seine eigenen Themen, Tod und Sexualleid, zu Tage; in großen Formaten und – eben mit jener »Schludrigkeit« gemalt. Die Figuren sind unklar konturiert, der Pinsel streicht über große Flächen hin, die Farben sind uneinheitlich gebrochen, wie verschmutzt, mit dem Palettenmesser geschabt, manchmal gar mit den Fingernägeln gekratzt. Gustav Wentzel, einer seiner Malerkameraden, sagte zu Munch: »Du malst wie ein Schwein!« Und Christian Krohg, der ihm doch wohlgesonnen war, kritisierte ihn hart – mündlich, aber auch schriftlich, ohne freilich Munchs Namen zu nennen.

Krohg hatte kein eigentliches Verständnis für Munch, obwohl er ihn stützte. Anläßlich der nordischen Industrie-, Landwirtschafts- und Kunstausstellung in Kopenhagen 1888, auf der Munch zwei Bilder zeigte (aber Krohg kannte ja von zu Hause das meiste, was Munch gemalt hatte), schrieb Krohg »Das einzig Notwendige in der Kunst« im Kopenhagener *Kunstbladet* 1888 und gab erst einmal sein eigenes Programm: »Die Kunst soll ein lebendes Stück der Kulturentwicklung sein, so daß sie alle Menschen ergreift, nicht nur ein paar Fachleute und raffinierte Sammler. Wenn sie das nicht tut, ist sie für die Demokratie nicht zu brauchen und lebt nur dadurch weiter, daß wir unter altertümlichen Formen existieren, bei denen einzelne immer noch die Möglichkeit haben, das Geld des Volkes für Luxusgegenstände zu verwenden. Aber sollen wir denn Publikumsbilder herstellen, sollen wir für die große Masse malen? – Ja. Du sollst so malen, daß du die große Masse ergreifst, rührst, ärgerst oder erfreust – gerade mit dem, was dich selber erfreut, gerührt, geärgert oder ergriffen hat, denn – so hoffe ich – du hast dein Bild eben deswegen gemalt. Kannst du das Publikum nicht mit demselben Erleben ergreifen, das dich ergriffen hat, so ist deine Arbeit überflüssig, wäre sie auch noch so meisterhaft . . . Das Publikum hat recht. Es ist deine Pflicht, das widerstrebende Publikum am Kragen zu packen und es dazu zu bringen, stehen zu bleiben und das zu betrachten, was du zeigen willst.«

Danach kritisiert Krohg die ausstellenden jungen Maler aus den drei nordischen Ländern. Technisch seien die Dänen am besten. »Von den jungen Norwegern (unter ihnen also Munch) ist nicht viel anderes zu sagen, als daß sie das meiste opfern und das wenigste erreichen. Sie opfern gern Zeichnung, Farbe und Behandlung um eines Eindrucks oder einer Wirkung willen, die sie nicht erzielen. Das kommt wahrscheinlich u. a. daher, daß sie ohne Bewußtsein und Willen opfern. Ihr Opfer geht so vor sich, daß sie, wenn sie meinen, etwas Gutes ins Gemälde gebracht zu haben, dabei stehen bleiben, in der Angst, dieses Gute zu verderben. Sie arbeiten aufs Geradewohl und rechnen damit, daß durch einen glücklichen Zufall etwas Gutes in das Bild purzeln wird, und dann werden sie aufhören, um es festzuhalten. Sie können nichts.« (Wieder abgedruckt in *Kampen for tilvaerelsen* 1920/21 bzw. 1952.) Wenige Jahre später, 1891, 1892 und 1902, hat sich Krohg viel verständnisvoller über Munch geäußert, ganz offenbar nach ausführlichen Gesprächen mit dem Jüngeren, in denen er einsah, daß er ihn nicht ändern konnte. Krohg verstand, bei aller Andersartigkeit, daß Munch ein echter Künstler war. Dabei hat Munch dem Älteren klar gemacht, daß er dessen Malerei und den ganzen Realismus in der Kunst ablehnte. Krohgs Programm von 1888 sollte eigentlich auf Munch passen, der ja wirklich das malte, was ihn ergriffen hatte.

Aber damals wie auch später hielt Krohg daran fest, daß Munchs Bilder ungenau und unvollständig seien. Er hörte zwar Munch zu und zitierte ihn richtig, wie man aus eigenen Äußerungen Munchs in anderen Zusammenhängen sieht, aber wirklich eingeleuchtet haben ihm diese Dinge nicht. Krohg selbst sah die Welt willens- und verstandesmäßig: eben realistisch. Sie war »Außenwelt«; indem man sie malte, nahm man Stellung zu ihr und maß sie an dem eigenen, inneren Maß. Munch aber ging vom eigenen inneren Erleben aus, für das ihm die äußere Welt gleichsam nur »zufälliges« Material, »zufälligen« Anlaß bot.

Christian Krohg schrieb über Edvard Munch 1892: »Seine Kunstauffassung ist im Grunde immer die gleiche gewesen und hat sich zum Haß auf den Realismus zugespitzt. Man soll nicht so malen, wie man es sieht, sondern wie man es sah, sagt er, denn weil eine Gemütsstimmung heute nie genau die gleiche ist wie gestern oder am

Abend wie am Morgen, kann man nicht den feinen seelischen Eindruck festhalten, wenn man jedesmal so malt, wie man es sieht. Darum hilft es auch nicht, lange an einem Bild zu arbeiten, man muß sich unendlich in Acht nehmen, daß man nicht in einer späteren Gemütsstimmung das zerstört, was man Empfindliches und Feines herausbekommen hat – deshalb zieht er es vor, ein Gemälde unfertig stehen zu lassen, sobald die Gefahr auftaucht, daß etwas verloren geht. Es ist der seelische Ausdruck, und nur dieser, den er darstellen will. Er will kein Bild der zufälligen Natur haben. – Haben z. B. die Wolken, wenn man in einer aufgeregten Stimmung ist, wie Blut ausgesehen, kann es wohl nichts nützen, wenn man irgendwelche allgemeinen, richtigen Wolken malt. Man muß den direkten Weg gehen – die Wolken wie Blut malen. – Munch meint, es sei eine Erleichterung für die Maler, das zu wissen und so zu denken, denn dann können wir nie von der Photographie überholt werden. Und er kann nicht verstehen, wie man so idiotisch anspruchsvoll sein kann, zu glauben, etwas zu malen, was auch annähernd der Natur gleicht oder sie wiedergibt.«

Und 1902 schrieb Krohg: »Es ist Munchs eigene persönliche und individuelle Stimmung bei eben der einzelnen Gelegenheit, die im Bild liegt. Nicht die, in die er kommt, wenn er das betreffende Motiv sieht, sondern die, in der er sich schon im voraus befindet, ohne Rücksicht auf das Motiv. Und dann malt er das Motiv, so wie es in der Stimmung aussieht, in der er sich befindet. Daraus folgt, daß Natur und Motiv nicht der Natur ähneln können, denn Motiv und Natur ändern sich je nach seiner Stimmung. . . . Er läßt alles Nebensächliche aus, das es immer nebenher gibt und das die Harmonie verdirbt. Er läßt es nicht absichtlich aus, er sieht es nicht, fühlt es nicht. Er läßt nicht nur aus, sondern fügt anderes hinzu, bis er das Ziel seiner Stimmung trifft. . . . Er ist kein Stimmungsmaler, sondern Maler seiner Stimmung. Und darin zeigt er sich als der große Meister. Diese Stimmung kopiert er getreu und genau. Hier ist er Realist, sonst nicht.« (Beide Zitate übersetzt aus: Christian Krohg, *Kampen for tilvaerelsen*, ed. Johan Borgen, Oslo 1952, ohne Angaben der Originalpublikation.)

Krohg hat Munch von Anfang an gestützt, obwohl Munch anders malte als Krohg und auch nicht verhehlte, daß er der Malerei Krohgs nicht zustimmte. Später aber, etwa 1904, hat sich Krohg von Munch distanziert und dieser hat Krohg – zu Unrecht – beschuldigt, an den Verfolgungen gegen ihn teilgenommen zu haben. Und dann, zu einem noch späteren Zeitpunkt, hat Krohg Munchs Aula-Bilder kritisiert.

Geteilt hat Munch Krohgs Ansicht, daß die Kunst alle Menschen ergreifen solle. Er sagte selber: »Man soll nicht länger Interieurbilder malen und Leute, die lesen, und Frauen, die stricken. Es sollen lebende Menschen sein, die atmen und fühlen und leiden und lieben – Ich will eine Reihe solcher Bilder malen. Die Menschen sollen das Heilige daran verstehen und sollen den Hut abnehmen wie in einer Kirche.« (Aus dem Entwurf des sogenannten *St.-Cloud-Manifests*, Ende 1889.)

Krohg kritisierte Munch 1888, weil er Zeichnung, Farbe und Behandlung, d. h. genaue Durcharbeitung um eines Eindrucks oder einer Stimmung willen opfere. Munch hat versucht, dem Älteren zu erklären, daß ihm alles auf den seelischen Ausdruck ankomme. Dieser aber stecke nicht in der genauen Wiedergabe der Realität, sondern in der Stimmung, die der Künstler beim Anblick dieser Realität erlebt habe. Daraus folgte für Munch selbstverständlich, daß er schnell arbeitete, mit breiten Pinselstrichen, nur der inneren Vorstellung, nicht den äußeren Objekten verpflichtet. Das konnte Krohg möglicherweise theoretisch verstehen, aber das praktische Ergebnis in der Kunst Munchs blieb ihm fremd.

Krohg malte das, was er dachte und fühlte, aber er war ein so aktiver Mensch, der die Welt packen und gegebenenfalls ändern wollte, daß er nie Zustände der Furcht oder Stimmungen der Schwermut gemalt hat – er hätte sie nicht malen können. Krohg mochte sich darauf berufen, daß man in der europäischen Kunst bis dahin immer das Seelenleben durch Bilder der äußeren Welt sichtbar gemacht hatte. Die neuen französischen Theorien des Impressionismus, der Malerei des flüchtigen Eindrucks und des schnellen Augenblicks, hatten keine Wirkung auf Krohg. Munch wußte (jedenfalls vor und um 1888) nichts von diesen Theorien; sie hätten ihm im Gespräch mit Krohg auch nicht geholfen. Krohg merkte sich, was Munch vom Ausdruck einer inneren Stimmung gesagt hatte, aber die Malerei, die sich daraus ergab, lehnte er ab; das taten auch die vielen anderen Kritiker der Kunst Munchs.

Ausstellungsskandal in Berlin 1892

Munchs internationale Berühmtheit begann mit einem Ausstellungsskandal in Berlin im Spätherbst 1892. Darüber hat Reinhold A. Heller geschrieben: *Affaeren Munch*, Berlin 1892/93, in: *Kunst og Kultur*, 52, 1969. Da diese »Affaere« ein Stück deutscher Kunstgeschichte ist, soll hier Hellers Untersuchung kurz wiedergegeben werden: Munch war vom Verein Berliner Künstler am 4. Oktober 1892 zu einer Sonderausstellung eingeladen worden. Die Ausstellung fand in dem neu eingerichteten Architektenhaus Wilhelmstraße 92 statt. Im Hauptsaal, einer Rotunde unter Glaskuppel, hingen an den Wänden »55 Ibsensche Stimmungsbilder« – so nannte sie der Kritiker Adolf Rosenberg, der aber sonst völlig negativ urteilte (*Kunstchronik*, NF, 4, 1892/93).

Die Einladung hatte eine Vorgeschichte. Im Jahr 1891 hatte der Verein Berliner Künstler sein 50jähriges Jubiläum gefeiert, wobei er zu einer internationalen Kunstausstellung eingeladen hatte. Unter anderen waren auch mehr als dreißig norwegische Maler eingeladen worden, deren Sprecher Otto Sinding war. Aber da trat plötzlich eine brüske Störung ein. Der Verein stand – man war ja in Preußen – sozusagen unter dem Kommando des kaiserlichen und königlichen Hofmalers Anton von Werner, der einst dem jungen Kaiser Zeichenunterricht erteilt hatte. Einem in der Kunstgeschichte sonst unbekannten norwegischen Landschaftsmaler aus der Düsseldorfer Schule, Hans Dahl, fiel es nun ein, Sinding bei Werner als den Anführer einer Clique »anarchistischer Impressionisten« zu denunzieren. Anarchismus und Impressionismus aber waren in Berlin zwei schlimme Reizwörter. Werner befahl, die schon ausgeschickten Einladungen zurückzurufen, woraufhin die ausgeladenen Künstler, unter ihnen auch Munch mit vier Bildern, ihre Arbeiten nach München zur Ausstellung im Glaspalast im Juli 1891 schickten. Wie es dann zu der Einladung des Vereins an Munch gekommen ist, bleibt unklar, da das Archiv des Vereins verlorenging. So viel weiß man, daß es ein inzwischen vergessener norwegischer Maler, Adelsteen Normann, war, der Munch in Vorschlag brachte. Und weiter weiß man, daß auch der in München tätige deutsche Maler Fritz von Uhde den Norweger bei dem Berliner Verein empfahl. Er hatte die Herbstausstellung in Christiania 1888 gesehen, einschließlich der Bilder Munchs – und auch jenen im Münchener Glaspalast hatte er Beachtung geschenkt.

Bei diesen Gemälden Munchs, die in München 1891 zu sehen waren, handelte es sich um folgende: ein kleines *Porträt des Vaters* von 1881 – *Mondschein*, *Karen Bölstad am Wegrand sitzend*, 1888 – *Inger* (Munchs Schwester) *am Strand*, 1889 – *Nacht in St.-Cloud*, 1890 – *Melancholie*, Pastell, 1891. Die Bilder, die Munch 1892 nach Berlin schickte, waren meist in der Nachfolge des französischen Spätimpressionismus und James McNeill Whistlers geschaffen; der Künstler war ja 1890 und 1891 in Paris gewesen. Darunter gab es das impressionistische Bild *Rue Lafayette,* 1891, und das

»Ibsensche Stimmungsbild« *Nacht in St.-Cloud* von 1890, das wohl ebenfalls als *whistlerisch* gelten könnte. Die meisten dieser Gemälde waren 1891 und 1892 in Nizza und in Åsgårdstrand entstanden.

Für Berlin war Munchs Kunst völlig neu. Hier kannte man den Impressionismus noch kaum und ließ den sog. Naturalismus eines Liebermann oder Uhde, d. h. jene im Gefolge Manets und des Holländers Jozef Israels sowie Courbets und Bastien-Lepages entstandene Malerei, nur sehr ungern gelten. Im Ausland dagegen war man um 1890 schon auf dem Weg zu einer anti-naturalistischen Kunst, die einstweilen in Berlin noch gänzlich »unerhört« war. Nun hatte man sie also in Munchs Bildern vor Augen.

Munch schrieb am 5. November 1892 nach Hause: »Ja, jetzt ist die Ausstellung eröffnet – sie ruft kolossales Ärgernis hervor – hier gibt es nämlich eine Menge elender alter Maler, die gegen die neue Richtung rasen – die Zeitungen führen sich schrecklich auf – aber in ein paar Blättern habe ich Anerkennung gefunden – alle Jungen sind froh über meine Bilder.« – Doch solche Bemerkungen waren nur ein Versuch, die Familie zu beruhigen. Es gab, mit einer Ausnahme – Theodor Wolff –, ausschließlich negative Urteile. So schrieb Adolf Rosenberg in der *Kunstchronik* (NF 4, 1892/93): »Was der Norweger in Bezug auf Formlosigkeit, Brutalität der Malerei, Roheit und Gemeinheit der Empfindung geleistet hat, stellt alle Sünden der französischen und schottischen Impressionisten wie der Münchener Naturalisten tief in den Schatten. Es sind Bildnisse, Interieurs mit Figuren, Straßenansichten, Strandlandschaften und groteske Phantasiestücke, die in der liederlichsten Art hingeschmiert sind, sodaß es bisweilen schwerfällt, eine menschliche Figur daraus zu erkennen oder überhaupt nur die Natur eines dargestellten Gegenstandes zu bestimmen. Selbst die beredtesten Verteidiger des naturalistischen Kunstprinzips sind vor solchen rohen Anstreicherarbeiten in die bitterste Verlegenheit geraten. Dass dieses Kunstprinzip schließlich zu so grotesken Verirrungen führen musste, haben freilich die Besonnenen vorausgesehen. Um so erfreulicher ist es, dass die letzten Konsequenzen so schnell gezogen worden sind und sich der Abgrund geöffnet hat, der zur Umkehr mahnt. Über die Munch'schen Bilder, die, wie es in der Voranzeige des Vereins hieß, ›Ibsen'sche Stimmung‹ widerspiegeln sollen, ist kein Wort weiter zu verlieren, weil sie mit Kunst nichts zu thun haben.«

Nur Theodor Wolff zeigte mehr Verständnis: »Ich ging zur Rotunde, um zu lachen. Aber bei allen Heiligen, ich lachte nicht. Denn unter allen seltsamen Einfällen und reinen Schreckensstücken meinte ich feine, außerordentlich zarte Stimmungen zu sehen – in dunklen, vom Mondlicht erfüllten Zimmern, auf einsamen Pfaden, in lautlosen norwegischen Sommernächten – ich glaubte, stille, melancholische, eigentümliche Menschen zu hören, Menschen, die schlafwandlerisch und schweigend über die runden Blöcke am Strand wandeln und tiefen Schmerz in ihrer Brust verbergen. Und ich lachte nicht.«

Im Verein der Berliner Künstler war die Empörung so groß, daß man eine Extrasitzung zusammentrommelte und in ihr nach stürmischer Debatte beschloß, die Ausstellung zu schließen. Die Fürsprecher der Ausstellung verteidigten keineswegs die Kunst Munchs, sondern das Gastrecht. Einzig Walter Leistikow sprach sich offen für Munch aus. Der eingeladene Gast wurde also hinausgeworfen. Noch in derselben Nacht bildete die überstimmte Minorität mit dem Graphiker Karl Köpping an der Spitze die *Freie Vereinigung Berliner Künstler* – die freilich nur eine Sektion innerhalb des alten Vereins blieb und bald wieder einschlief. Es stimmt also nicht, wie man zuweilen lesen kann, daß in der Nacht vom 11. auf den 12. November 1892 und auf Grund des Streites um Munch die *Berliner Sezession* gegründet worden sei – deren Geburtsjahr war erst 1898.

Der Schaden für Munch war erträglich, denn er wurde sogleich nach Düsseldorf und Köln sowie im folgenden Jahr 1893 nach Breslau, Dresden und München eingeladen. Und im Dezember 1893 stellte er wieder in Berlin aus, und zwar 50 Bilder, davon 25 neue. Darunter befanden sich sechs Gemälde, die er »die Liebe« nannte; sie bildeten gleichsam den Kern und Keim des späteren »Lebensfrieses«. Es handelte sich um:
Abb. 8, 53 *Die Stimme*, *Der Kuß*, *Vampyr* (ursprünglich *Liebe und Schmerz* genannt), *Madonna* (ursprünglich *Liebende Frau*), *Melancholie* (ursprünglich *Eifersucht*), *Verzweiflung* (in späterer Fassung *Der Schrei*). Hier gibt es thematische Anklänge an Max Klingers radierte Zyklen *Ein Leben* 1884 und *Eine Liebe* 1887, die Munch bewunderte – aber er hat die Dinge anders als Klinger und neu gesehen. Klinger schildert die Liebe als Verführung und Unglück der Frau, als ein Verhängnis, das er selbst und der Kunstbetrachter von außen sieht und über das wir nachdenken sollen. Der Mann oder die Männer erscheinen hierbei als unproblematisch, und zwar als Schurken, die ihr Opfer ausnutzen und es dann verurteilen.

Munch aber fühlt und leidet mit den vom Geschlecht Getriebenen, mit Mann und Frau. Der Sexualakt kommt in Munchs Bildern nur ganz selten vor; Pornographie hat er nie gemalt oder gezeichnet – es gab im übrigen genug davon. Andere Maler sahen den weiblichen Körper als Anreiz zur Lust, sie sahen mit den Augen des Mannes. Klinger etwa hat das Nackte sehr fleischlich geschildert, als Körper, die zur Lust fähig und bereit sind, Munch ganz und gar nicht. Bei Munch gibt es Nacktheit als Ausdruck der Geschlechtlichkeit – aber sie ist erfüllt von Schmerz und Einsamkeit.

Munchs Berliner Kreis

Man soll Kunstwerke in ihrem geschichtlichen und gesellschaftlichen Zusammenhang studieren und verstehen lernen. Aber welche Zusammenhänge sind dabei heranzuziehen? – Den Ausschlag gibt da oft die Leichtigkeit oder Schwierigkeit, brauchbare Quellen zu finden. Das bequemste ist es, gedruckte Quellen aus der Umwelt des Künstlers zu benutzen, Bücher, Zeitschriften, Zeitungen. Die zeitgenössische Kunstkritik spielt da eine große Rolle. Noch besser, wenn der Künstler sich selber schriftlich geäußert hat, in Tagebüchern, Briefen oder Aufsätzen.

Doch hiergegen ist einzuwenden, daß die Kritiker, auch wenn sie dem Künstler günstig gesonnen sind, und die Künstler selber keineswegs über die »richtige« Interpretation verfügen müssen. Wenn ein genialer Maler etwas Neues in Farben und Formen hinstellt, ist es nicht gesagt, daß er dieses Neue auch in Worten angemessen formulieren kann. Auch die Freunde und die wohlwollenden Kritiker besitzen keine natürliche Begabung, das Neue passend zu verbalisieren. Gerade im Falle Munchs in den frühen 1890er Jahren, wo er längere Zeit in Berlin lebte und arbeitete, griff und greift man gern zu schriftlichen Äußerungen von Kollegen und Freunden Munchs, vor allem solchen, die er im »Schwarzen Ferkel« traf. In Berlin malte Munch 1893
Abb. 55 u. a.: *Der Schrei*, *Vampyr*, *Die Stimme*, und 1894: *Angst*, *Madonna*, *Asche*, *Die Frau in drei Stadien*. In Berlin lernte er auch radieren. Seine ersten 1894 entstandenen Arbeiten auf diesem Gebiet waren: *Das Mädchen und der Tod* (ein Gerippe umarmt ein nacktes Mädchen), *Vampyr*, *Das kranke Kind*. – Munchs Gemälde verkauften sich schlecht. Wer wollte schon diese schmerzlichen Themen in großem Format und in skizzenhafter Malweise an seine Wände hängen? Die Graphik fand eher Käufer. Da Munch auch hier gern in größeren Formaten arbeitete, als es bei Kupferplatten möglich war, griff er zur Lithographie und zum Holzschnitt (in Längsholz).

Im Juli 1894 erschien in Berlin das Buch *Das Werk des Edvard Munch* mit vier Beiträgen, von Stanisław Przybyszewski, Franz Servaes, Willy Pastor, Julius Meier-Graefe. 1895 gab Meier-Graefe eine Munch-Mappe mit acht Radierungen heraus. Aus Munchs Verbindung mit diesen und anderen Schriftstellern zog man den Schluß, daß sie ihn richtig interpretierten und daß er ihre Meinung teilte: Als Maler hatte er in Berlin nichts zu lernen – vielleicht als Denker in Gesellschaftsfragen und Lebensrätseln?

Munch besuchte in Berlin die Gaststätte *Zum Schwarzen Ferkel*, wo eine große Zahl von damals modernen Schriftstellern und Künstlern – darunter Gäste aus dem Norden – verkehrte. Was er da traf, war eine Art Neuauflage der Bohême von Christiania, freilich von viel größerer geistiger Kraft. Am Stammtisch im »Ferkel« saß auch Strindberg, der dem Wirt den neuen Namen *Zum schwarzen Ferkel* vorgeschlagen hatte und den Munch noch im November 1892 porträtierte. Zu den Gästen des »Ferkels« zählten der dänische Dichter Holger Drachmann, der deutsche Dichter Richard Dehmel, der norwegische Dramatiker Gunnar Heiberg, der halb finnlandschwedische, halb deutsche Schriftsteller Adolf Paul, der polnische Schriftsteller Stanisław Przybyszewski – er publizierte damals auf Deutsch, später auf Polnisch – mit seiner norwegischen Frau Dagny Juell, um die es viele Eifersuchtsszenen gab. Was diese Männer nach Berlin zog, war das Theater, und zwar die »Freie Bühne«, die 1889 nach dem Pariser Vorbild des »Theâtre libre« gegründet worden war. Man spielte vor geladenem Kreis und konnte dadurch der Zensur entgehen. Zur Eröffnung gab man Ibsens *Gespenster* (Original: *Gengangere*, 1881; deutsch 1884). Die Gründer der Freien Bühne waren Otto Brahm, Maximilian Harden, die Brüder Heinrich und Julius Hart, der spätere Verleger Samuel Fischer, der Redakteur Theodor Wolff. Man gab auch eine Zeitschrift heraus, *Die Freie Bühne* (später unter dem Titel *Die neue Rundschau*). Das zweite Stück der Freien Bühne war Gerhart Hauptmanns *Vor Sonnenaufgang*, uraufgeführt am 20. Oktober 1889; 1890 brachte die Bühne Hauptmanns *Friedensfest*, 1891 Hauptmanns *Einsame Menschen*.

Es ging dabei immer um die Ehe. Ibsen hatte das Thema der Bühne erschlossen. Die bürgerliche Gesellschaft hatte, indem sie im Lauf des 19. Jahrhunderts reich wurde, immer mehr den Gelderwerb als ihr höchstes Ziel im Leben erkannt – mit üblen moralischen und intellektuellen Folgen, darunter der Erniedrigung der Frauen. Dagegen war Ibsen Sturm gelaufen, am vernehmlichsten mit *Et Dukkehjem*, 1879 (deutsch: *Nora oder ein Puppenheim*, 1880), und mit den *Gespenstern*.

Przybyszewski und Munch über den »Schrei«

In diesem Kreis war man gesellschaftskritisch gesonnen, liberal, emanzipatorisch, gelegentlich auch sozialistisch. Zugleich galt Nietzsche als der große Prophet. Der Munch-Forscher Gösta Svenaeus betont, daß der Kreis um Hans Jaeger in Christiania und der Ferkelkreis in Berlin beide »bohemehaft« waren. Aber sie hatten höchst verschiedene Ideale. Jaeger selbst war Rationalist und Moralist, ja Sozialist. Die moderne Gesellschaft sei nüchtern zu Tode, aber Schöpfung könne nur im Rausch geschehen. Im Ferkelkreis träumte man vom Rausch als Lebensprinzip. Kunst sei Rausch, ebenso wie sexuelle Ekstase, wie aller Gefühlsüberschwang und das Leben selbst.

Man findet die literarische Verherrlichung des Rausches und der Lust in der deutschen Dichtung etwa bei Richard Dehmel, der – wie gesagt – ebenfalls im *Schwarzen Ferkel* verkehrte. Vor allem aber war Przybyszewski der Verkünder des Rauschs und der Sexualität. Im Frühjahr 1893 schrieb er *Totenmesse* und behauptete da: »Am Anfang war das Geschlecht. Nichts außer ihm und alles in ihm . . . Das Geschlecht ist das ewig Schaffende, das Umgestaltende, Zerstörende.« Von daher deutete Przyby-

Abb. 55 szewski Munchs Gemälde *Der Schrei*, das in Berlin ausgestellt war. – In seinem Essay in *Das Werk des Edvard Munch* (erschienen im Sommer 1894) heißt es: »Es ist etwas furchtbar Makrokosmisches in diesem Bild, es ist das Schlußtableau des furchtbaren Kampfes zwischen Gehirn und Geschlecht . . . Auf einer Brücke oder etwas Ähnlichem – es ist ja auch völlig gleichgültig, was es darstellt – steht ein Fabeltier mit weit aufgesperrtem Rachen. Der Held der Liebe existiert wohl nicht mehr: das Geschlecht ist aus ihm herausgekrochen und nun schreit es in die ganze Natur hinaus nach neuer Offenbarung, in der es von neuem dieselbe Qual, denselben Kampf durchleben möchte.«

Ist diese Deutung wirklich in dem Bild verankert? Ist es wirklich aus dem Bild herauszulesen, daß die schreiende Gestalt das Geschlecht, der Zeugungstrieb, die Lebensenergie ist?

Munch hat die phantastische Deutung des Bildes *Der Schrei* durch Przybyszewski nicht dementiert. Er war meist ein schweigsamer Gast unter den redseligen Freunden. Warum sollte er auch den ihn bewundernden Schriftsteller und noch mehr dessen Frau, Dagny Juel, die ihn faszinierte, kränken? – Munchs Kunst hat nichts mit Rausch zu tun, jedenfalls nichts mit sexueller Ekstase, eher noch mit der Niedergeschlagenheit nach dem Rausch. Auch *Der Schrei* ist kein Rausch. Zu diesem Bild, das er mehrmals wiederholt hat, gibt es Notizen Munchs, über die mir Trygve Nergaard in Oslo brieflich am 15. Januar 1985 dankenswerterweise ausführlich berichtet hat. Er notiert, daß diese Aufzeichnungen, Ausstreichungen und Verbesserungen zeigen, was doch wohl auf eine literarische Absicht (Veröffentlichung in der einen oder anderen Form) deutet; tatsächlich findet sich eine Fassung des Textes in einem von Munch herausgegebenen Heft über die Entstehung des Lebensfrieses (ohne Datum, um 1929).

Trygve Nergaard liest eine offenbar frühe Aufzeichnung zum *Schrei* folgendermaßen – Streichungen Munchs hier kursiv: »Jeg gik bortover veien med to venner – solen gik ned *bag åsen over byen og fjorden* – Jeg følte som et pust af vemod – Himmelen blev pludselig blodig Jeg stannet, laenede mig till gjaerdet traet til døden – *mine to venner der sa pa mig og gik videre* – så *over på* over de flammende skyer *over fjorden* som blod og svaerd *og byen* – den blåsvarte fjord og by – Mine venner gik videre – jeg stod der skjaelvende af angest – og jeg følte som et stort, *undeligt* uendeligt skrig gennem *den uendelig* naturen«.

Zu Munchs Schreibweise ist zu bemerken, daß er selten Punkt und Komma benutzte, dagegen oft Gedankenstriche in den Text setzte. In deutscher Übersetzung heißt das:

»Ich ging die Straße entlang (am Ekeberg im Südosten der Stadt) mit zwei Freunden – dann ging die Sonne unter *hinter dem Bergkamm über der Stadt und dem Fjord* – ich fühlte wie einen Hauch von Wehmut – der Himmel wurde plötzlich blutig rot. Ich blieb stehen, lehnte mich an das Geländer, müde zum Tode – *meine zwei Freunde dort sahen auf mich und gingen weiter* – sah *über auf* über die flammenden Wolken *über dem Fjord* wie Blut *und Schwerter und die Stadt* – der blauschwarze Fjord und die Stadt – meine Freunde gingen weiter – ich stand da gelähmt von Angst – und ich fühlte wie einen großen unendlichen Schrei durch *die unendliche* Natur.«

Was Munch hier mit Worten beschreibt und was er im Bild anschaulich zeigt, stimmt weitgehend überein, ist aber weit von Przybyszewskis Auslegung entfernt. Munch schildert im Bild wie im Text eine innere Erfahrung, zusammen mit ihren äußeren Umständen. Alles ist bei ihm aus der Wirklichkeit geholt, kein Wort von

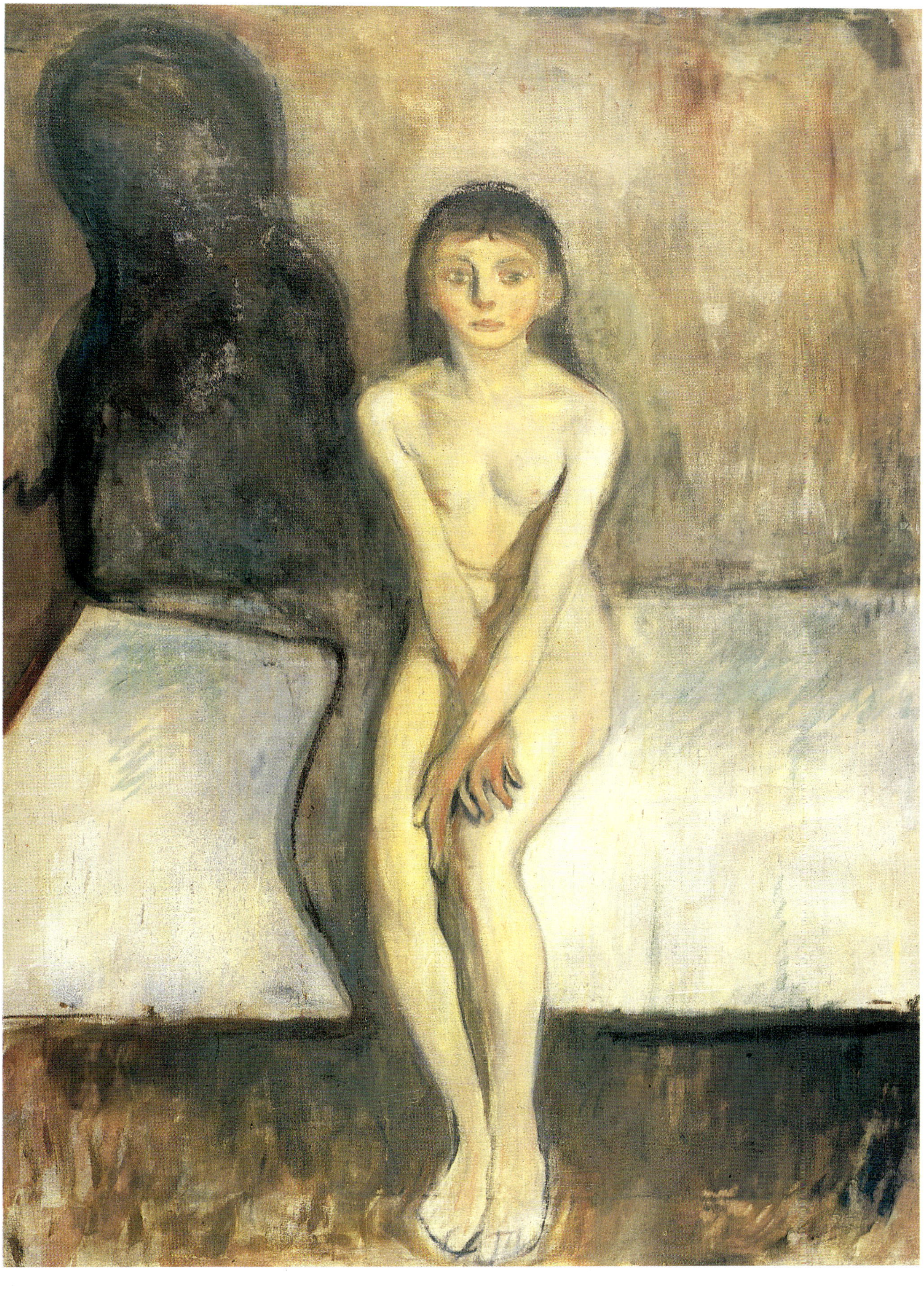

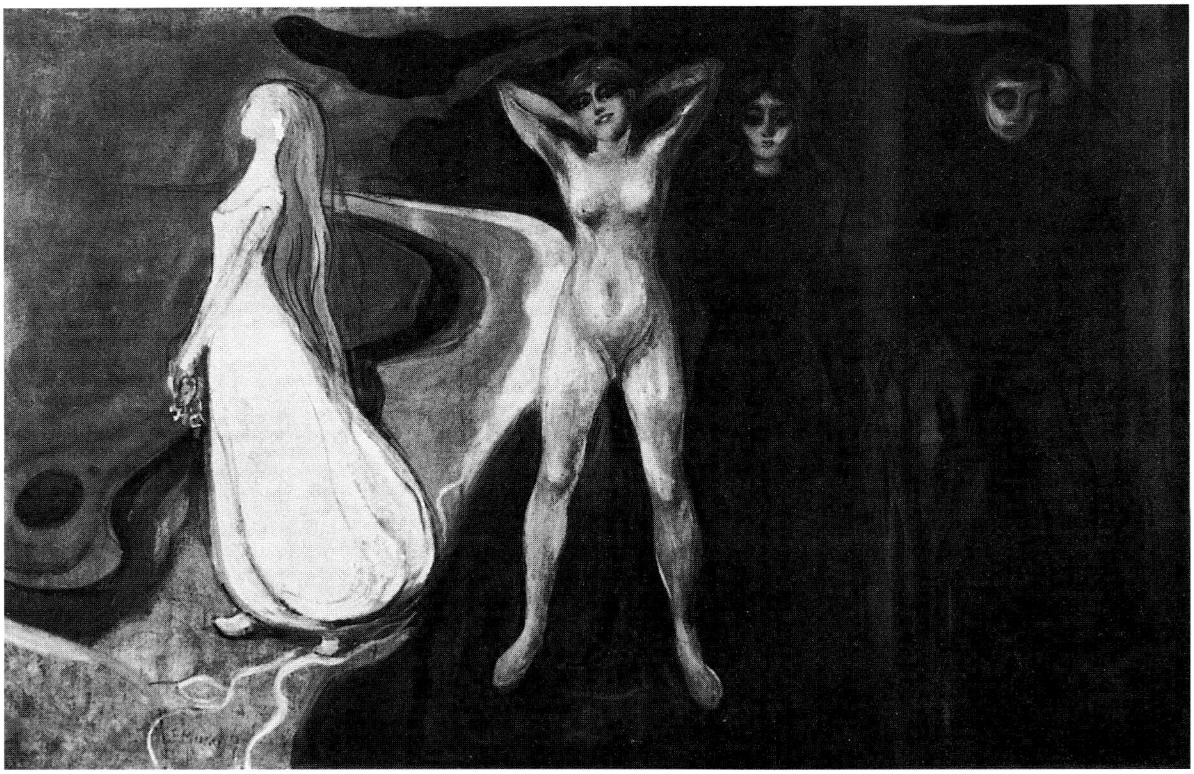

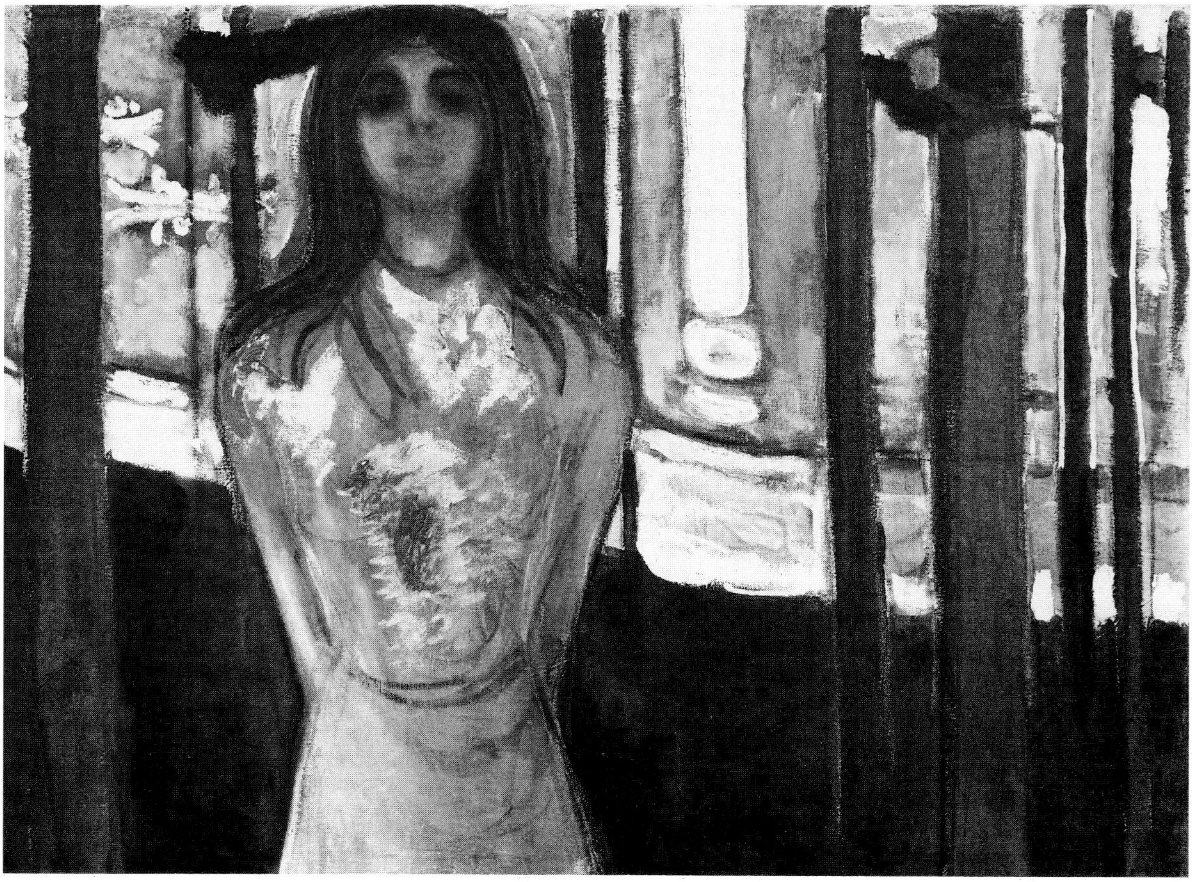

vorhergehende Seite
51 Edvard Munch, Pubertät, 1893
Öl, 91×69 cm; Oslo, Munch-Museum

52 Edvard Munch, Die drei Stadien der Frau, 1894
Öl, 164×250 cm; Bergen, Rasmus Meyers Sammlung
53 Edvard Munch, Die Stimme, um 1893
Öl, 96×118,5 cm; Oslo, Munch-Museum

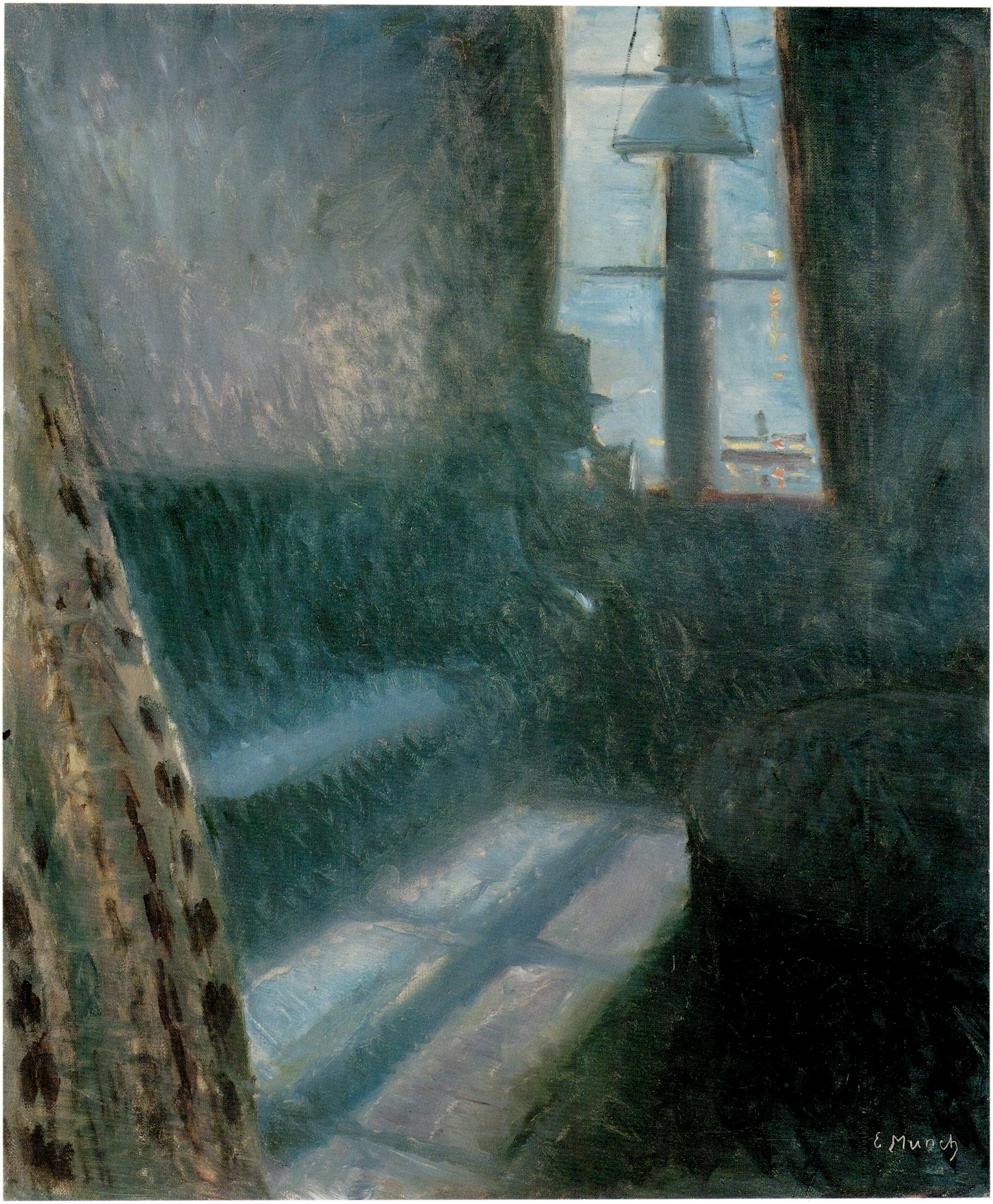

54 Edvard Munch, Nacht in St.-Cloud, 1890
Öl, 64,5×54 cm; Oslo, Nationalgalerie

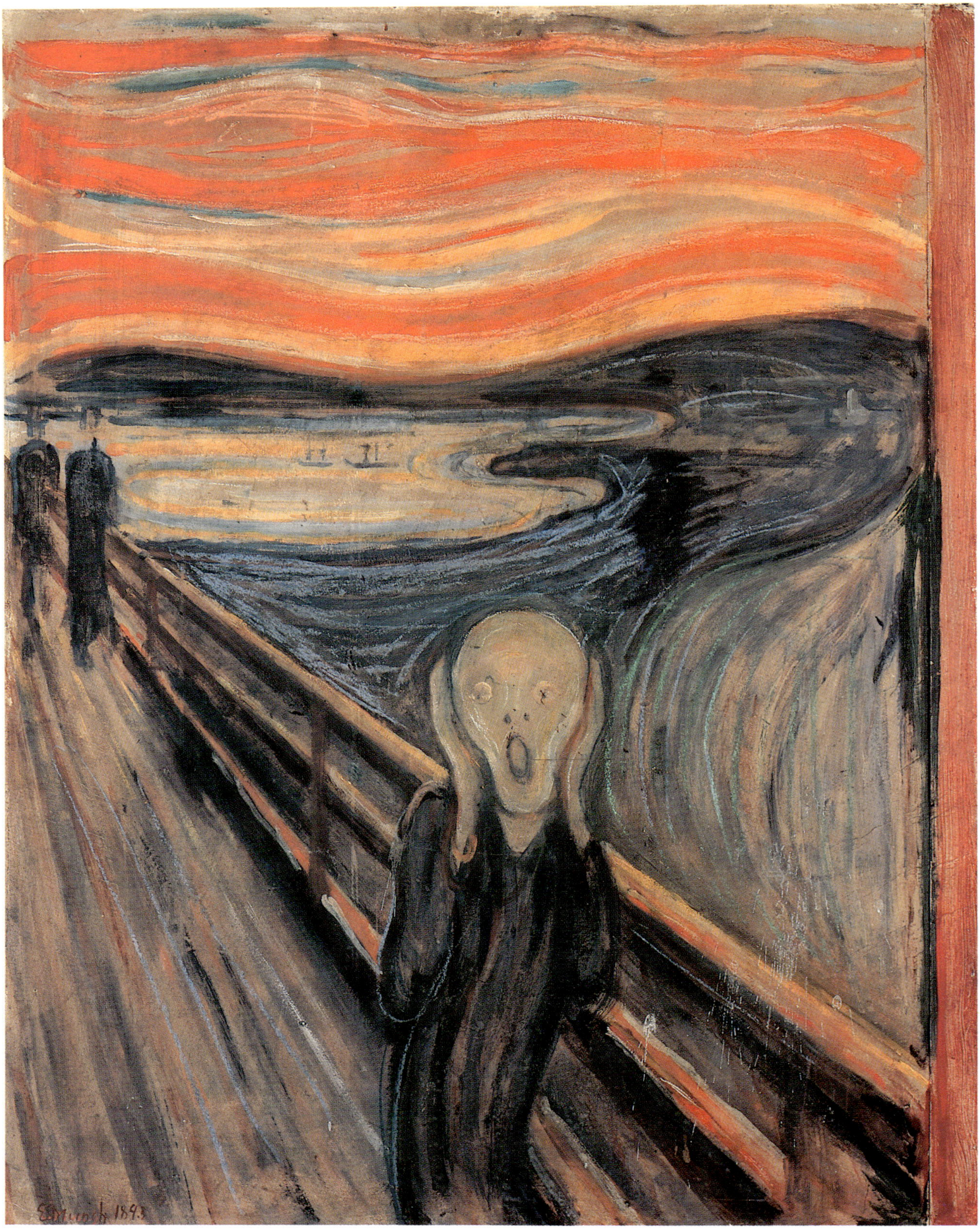

55 Edvard Munch, Der Schrei, 1893
Öl, 84×67 cm; Oslo, Munch-Museum

56 Edvard Munch, Fruchtbarkeit, 1898
Öl, 120×140 cm; Oslo, Munch-Museum

57 Edvard Munch, Landschaft mit Lokomotive, 1900
Öl, 85×109 cm; Oslo, Munch-Museum

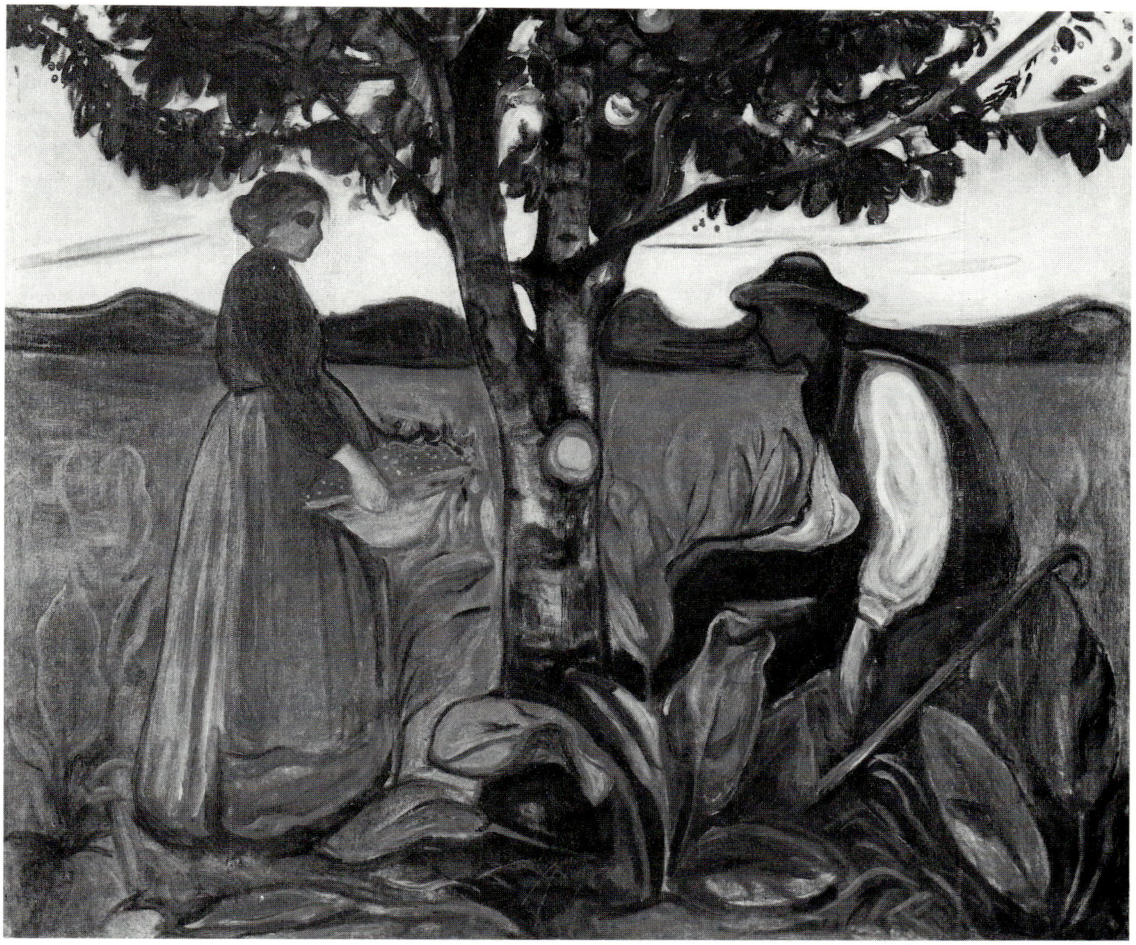

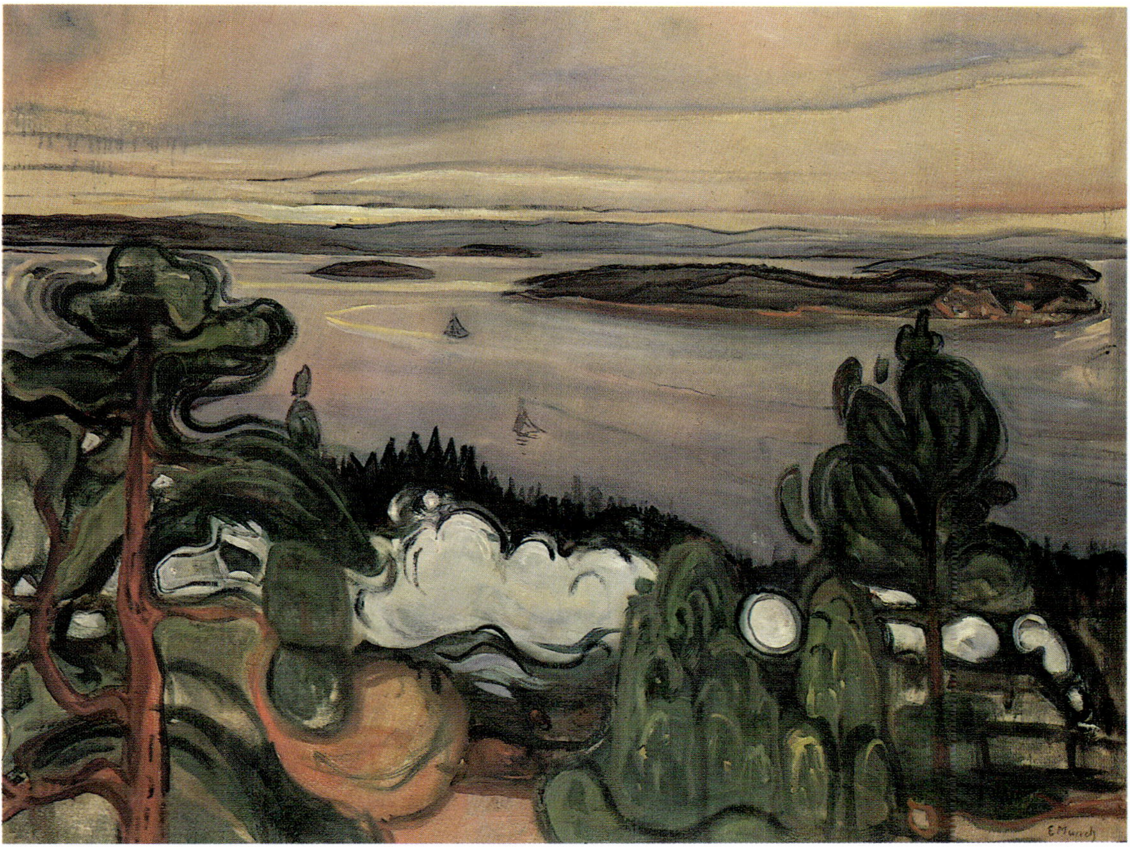
E Munch

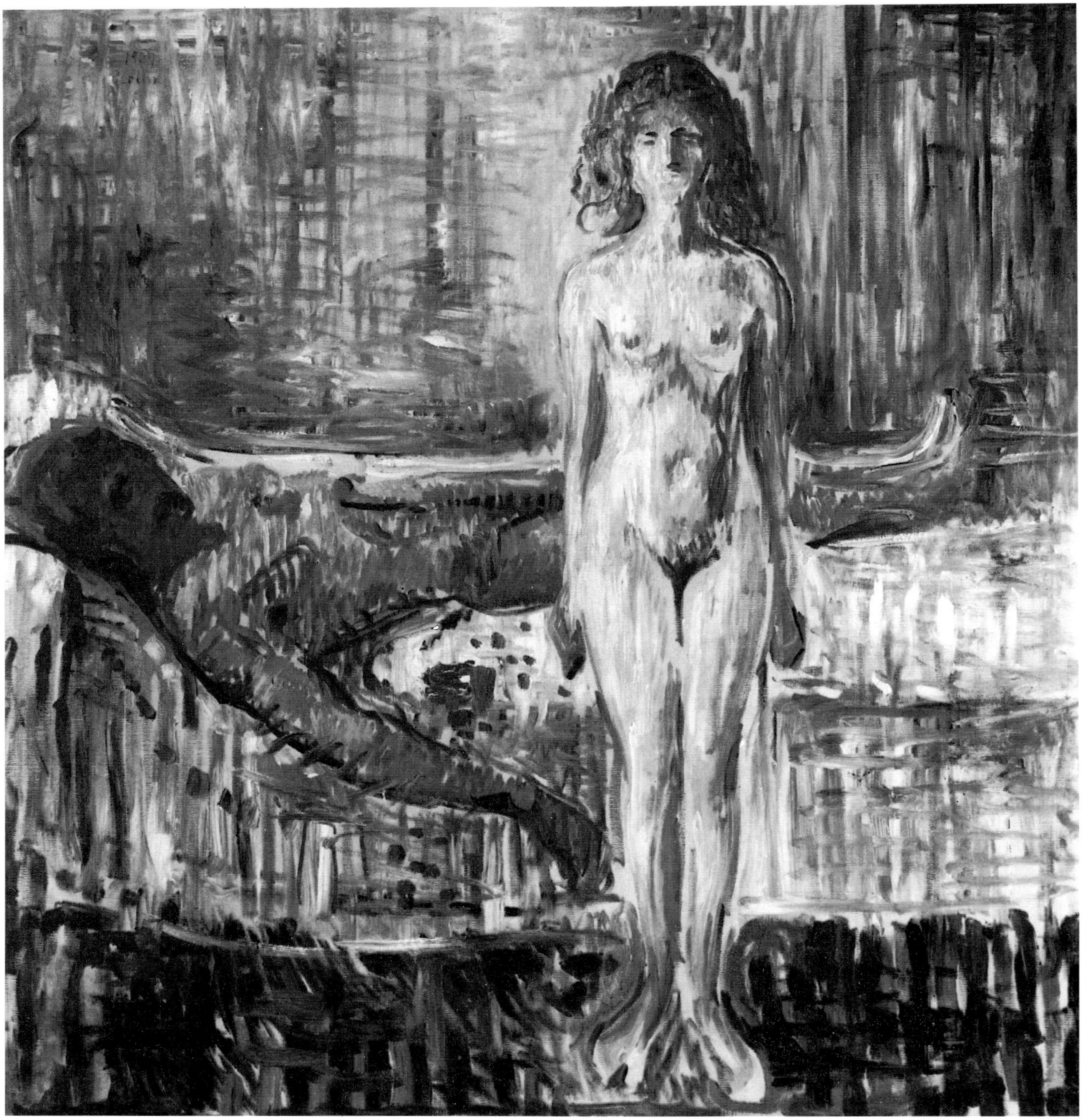

58 Edvard Munch, Marats Tod, 1907
Öl, 151×148 cm; Oslo, Munch-Museum
59 Edvard Munch, Amor und Psyche, 1907
Öl, 118×99 cm; Oslo, Munch-Museum

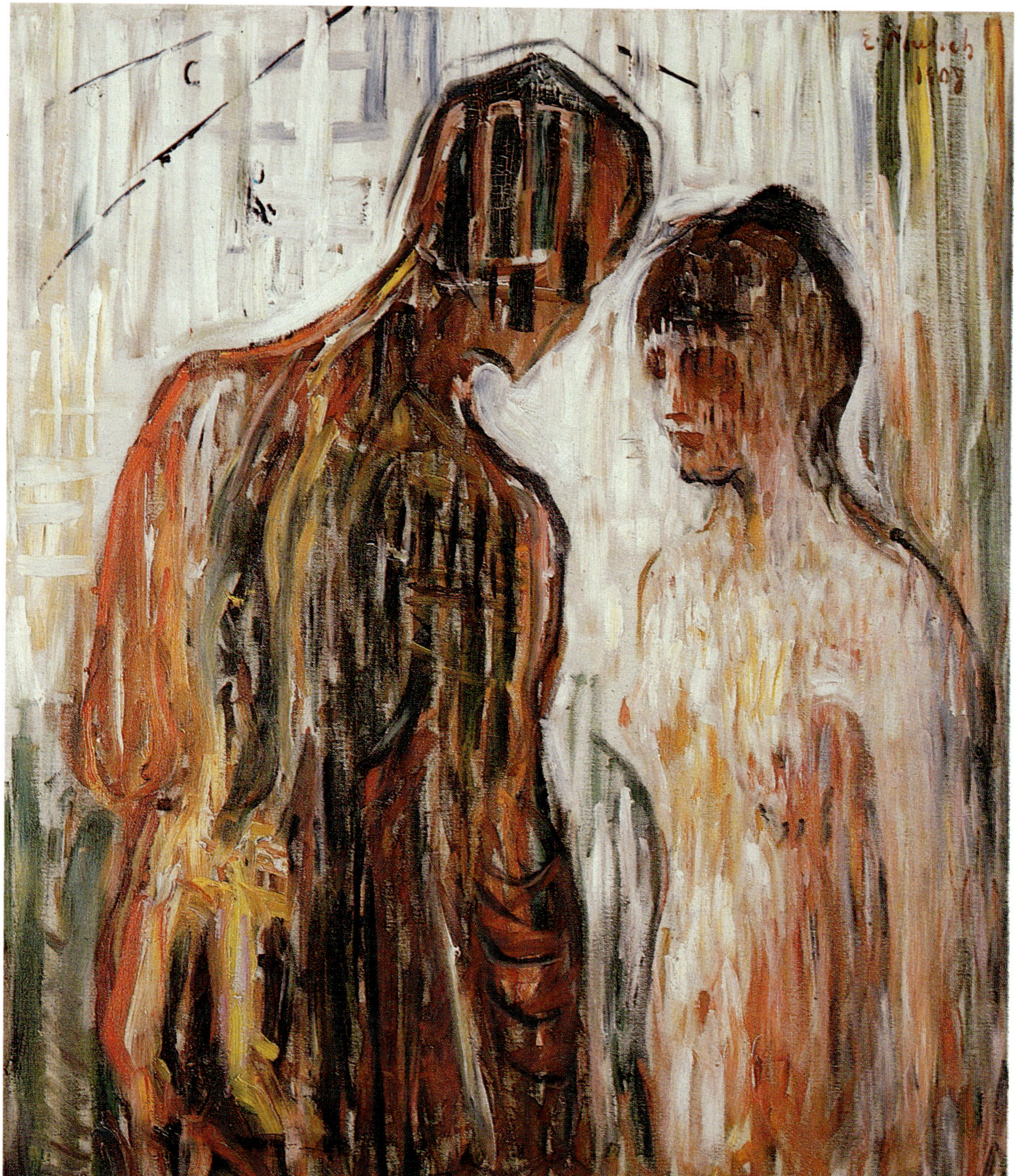

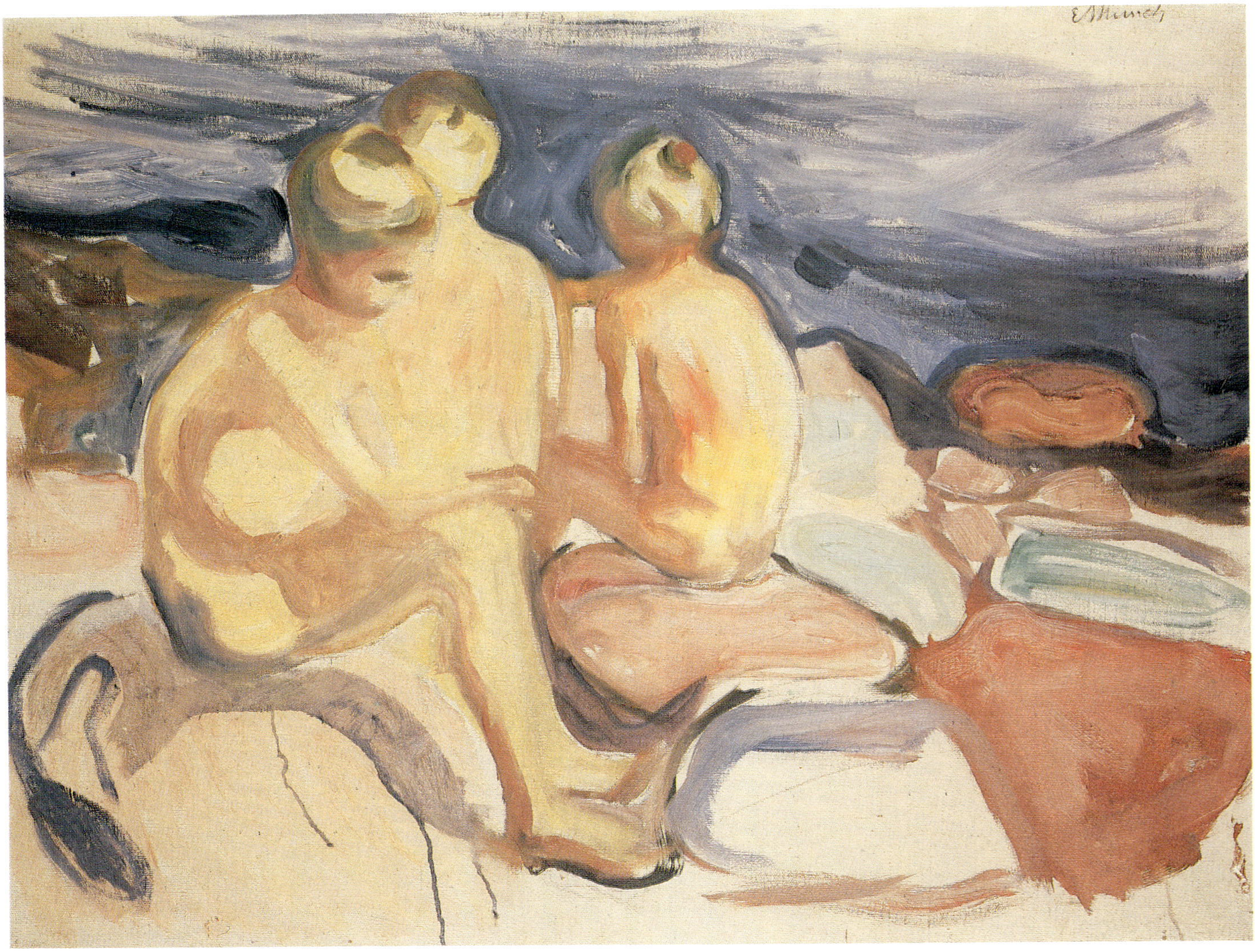

60 Edvard Munch, Drei Jungen am Meer, 1909
Öl, 70,1×90,9 cm; Bergen, Rasmus Meyers Sammlung

Weltanschauung oder Philosophie. In unserem Nervensystem können solche Empfindungen langsam oder plötzlich auftauchen (besonders bei Vergiftung und deren Folgen; banal ausgedrückt, kann der Angstanfall Munchs Teil eines Katzenjammers gewesen sein). Höchst merkwürdig ist aber, daß Munch dieses Nervenereignis ins Bild hat bringen können und daß das Bild so überzeugend zu uns spricht – es vermittelt eine Urerfahrung der Menschenseele. Das hat vorher kein Maler gemalt.

Es gab Bilder des Schreckens vorher in der Kunst, so die Teufelsbilder des Mittelalters, die Mischwesen bei Hieronymus Bosch und Pieter Brueghel, den Nachtmahr bei Heinrich Füssli, grauenhafte Szenen bei Francisco Goya. Aber da ist immer der Schrecken objektiviert in Figuren, die den Schrecken erwecken. Wir sehen eine seelische Kausalität vor uns. Anders – zum ersten Mal anders – bei Munch. Es sind keine bestimmten Vorstellungen oder Erfahrungen, die den Schrei auslösen. Er hat keine Ursache, kein Motiv. Der Schrecken ist nicht »draußen« oder »drinnen«, aber er ist da; keine Phantasie, sondern Realität eines bestimmten Menschen an bestimmtem Ort zu bestimmter Zeit. Er formt – oder entformt – den Menschen, den Ort, die Zeit. – Dieses Bild ist ein Schlüssel zum ganzen Werk Munchs.

Seheindruck und Gedankenbild

Die Themen von Munchs Gemälden, die wir bisher behandelt haben – das gilt durchweg von allen seinen Themen von 1893/94 – waren erlebt und gesehen, es waren keine literarischen Themen. Zwar haben die realistischen Maler von Figurenszenen das, was sie malten, wirklich gesehen – aber sie hatten meist erst eine Idee, ein gedanklich formuliertes Bildprogramm und haben dann ihre Modelle nach dem vorgefaßten Plan aufgestellt und gemalt. Das gilt ausgesprochen von Munchs künstlerischem Ratgeber in den 1880er Jahren, Christian Krohg. In der älteren europäischen Kunst, vor allem im Mittelalter, gibt es (fast) nur gedanklich vorgegebene Themen (z. B. die Taufe Christi). Auch in Renaissance und Barock überwiegen die gedanklich formulierten Themen (z. B. die Taten des Herakles, der Sieg Ludwigs XIV., in der und jener Schlacht, usw.). Landschafts- und Stillebenmalerei lösten sich allmählich aus dieser Gebundenheit (das gilt, mit Vorbehalt gesagt, auch vom Porträt). Im Lauf des 19. Jahrhunderts mehren sich die direkt gesehenen Vorwürfe der Malerei, die gedanklichen treten zurück. So verhält es sich ganz deutlich mit der Malerei des Impressionismus. Die Wirklichkeit – ein Ausschnitt aus ihr – wird als solche, ohne idealistische Bedeutung, wahrgenommen. Man freut sich am Sichtbaren und findet, daß es interessant genug sei, um im Kunstwerk festgehalten zu werden. Munch folgte dieser Richtung. Aber er sah und empfand mehr als die Oberfläche der Dinge. Wenn bei ihm, wie etwa im *Abendgespräch*, 1889, ein Mann mit einer Frau spricht, und die Frau sieht Abb. 7
den Mann nicht an und hüllt sich in ihren Schal, dann spürt Munch, daß hier zwei Menschen nahe beieinanderstehen und doch einander fremd sind.

Indessen stoßen wir 1894 auf das Gemälde *Die drei Stadien der Frau*. Da steht Abb. 52
links, mit dem Profil nach links (vom Betrachter) ein weißgekleidetes, in die Ferne träumendes Mädchen – in der Mitte, frontal, ein nacktes Weib, zu sexueller Lust und Empfängnis bereit und lockend, ja sich geradezu preisgebend – und rechts eine schwarzgekleidete Frau, einsam und bitter in sich gekehrt. Ganz rechts, im Dunkel zwischen Bäumen kaum zu erkennen, ein Mann, der sich zum Weggehen wendet und sich mit einer Schmerzensgeste an den Kopf greift. – Das Munch-Museum in Oslo besitzt eine (wohl frühere) Fassung, wo der Mann zu den Frauen hinblickt.

Diese Szenen kann Munch nicht in der Wirklichkeit gesehen haben. Sie ist arrangiert, um eines Gedankens, eines Programmes willen, eben: »Drei Stadien der Frau«. Man kann eine solche Komposition »symbolistisch« nennen und, wenn man nach Belegstücken für den Umbruch vom Realismus und Naturalismus der 1880er Jahre zum Symbolismus der 1890er Jahre sucht, Munchs Gemälde als Beispiel anführen. Nur: bei anderen Malern sieht der Symbolismus anders aus.

Das »Rätsel Weib«

Jedenfalls paßt Munchs Gemälde in die 1890er Jahre, wo die Schriftsteller über dem *Rätsel Weib* brüteten. Es kamen schlimme Dummheiten an den Tag (Nietzsche: »Wenn du zum Weibe gehst, vergiß die Peitsche nicht!«). Das ging bis zur tragischen Verwirrung bei Otto Weininger (*Geschlecht und Charakter*, 1903). Hermann Bahr äußerte sich erstaunlich klug und gerecht in einem Essay *Die Rätsel der Liebe* (Überwindung des Naturalismus, 1891). Er ging von einem Roman Paul Bourgets aus, *Un coeur de femme*, 1890 (Ein Frauenherz), der einen Zwiespalt der Liebe schildert, in dem die Begierde der Seele sich mit der des Leibes nicht verträgt. »Das ist eine große Neuerung, die Probleme der Gefühle anzugreifen . . . Vordem begnügte sich die Literatur mit den Tatsachen der Gefühle, deren Wesen und Weise vorausgesetzt waren . . . Das Gefühl selber wurde gar niemals durchforscht . . . Daß es mit der idealistischen Formel der Liebe hapert, das merkten wir ja längst: es steckt in ihr ein sexuelles Moment. Aber es hapert auch mit dem unduldsamen Sexualismus der Liebe: es steckt in ihr mehr als das sexuelle Moment . . . Es ist beides in ihr: die Sehnsucht des Geistes nach seiner Ergänzung in einem anderen zum Ganzen und diese nämliche Sehnsucht des Körpers«. Aber Körper und Seele sehnen sich nicht nach dem gleichen Du. Hier kommen wir nahe an manche Bilder Munchs ab 1886 heran. Vor Munchs Aufenthalt in Berlin, seit dem Spätherbst 1892, haben jedoch Bahr und Munch sicher nichts voneinander gewußt. In Berlin können sie sich getroffen haben, da Bahr hier

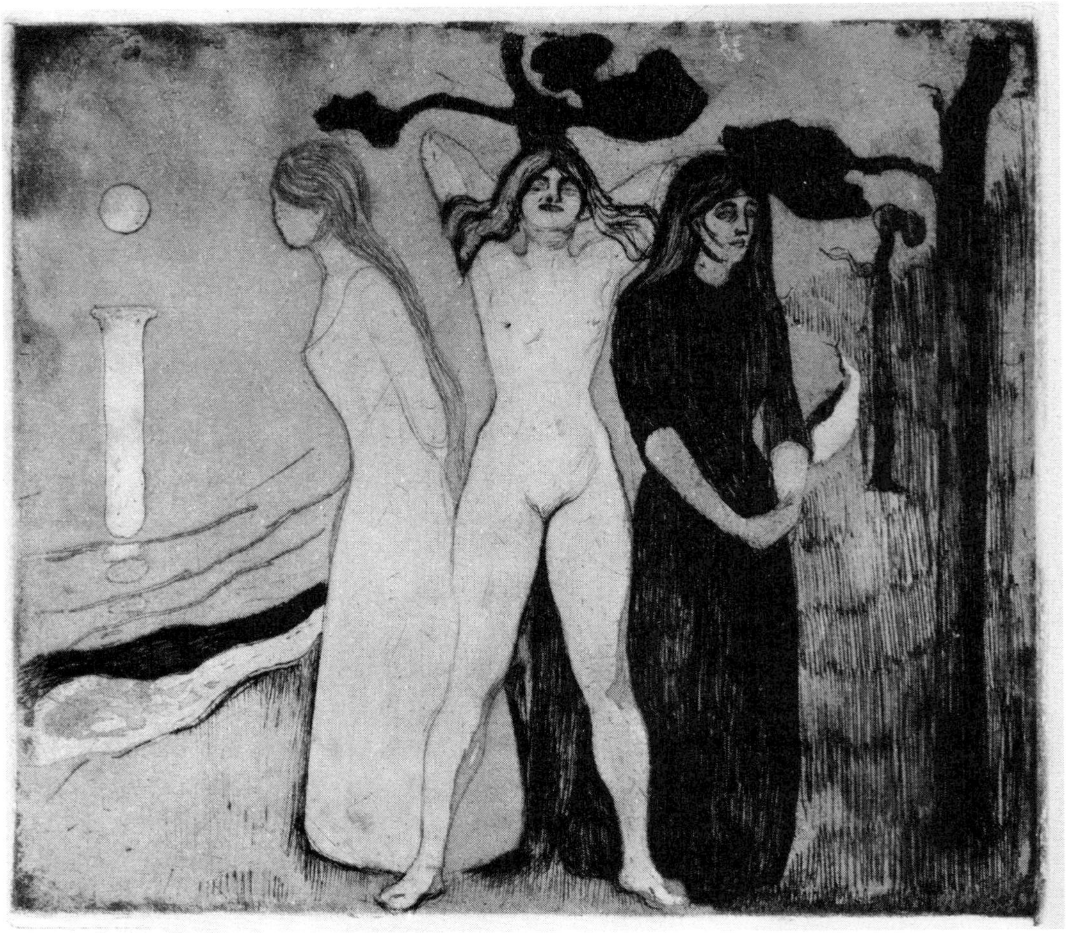

Edvard Munch, Drei Stadien der Frau, 1895 Radierung, 29×33,8 cm; Oslo, Munch-Museum

als Redakteur der Freien Bühne tätig war. Ob Bahr sich über Munchs Bilder geäußert hat, weiß ich nicht.

Auch im *Schwarzen Ferkel* stand »das Weib« auf der Tages- oder richtiger: Abend- und Nachtordnung. Es war ja auch persönlich anwesend in Gestalt von Dagny Juel-Przybyszewska und von Frida Uhl, Strindbergs zweiter Ehefrau. Munch, der in den 80er Jahren in Christiania keine Gesprächsthemen der Bohême (bürgerliche Sexual-Unmoral, Prostitution) gemalt hatte, ließ sich nun, in Berlin, von den Ideen der Literaten beeinflussen. Freilich nicht von ihrem geläufigsten Thema, der Gegenüberstellung von Madonna und Hure. Die Frau als Mutter war in diesem Kreis nicht gefragt; Munch hat sie erst später und auch dann selten gemalt.

Um eine Probe von dem zu geben, was die Männer im *Schwarzen Ferkel* verhandelten, ziehen wir einen Aufsatz des Schweden Ola Hansson heran, der ein Vorgänger und Wortführer der Ideen – auch der verschrobenen – der 1890er Jahre war und sie eifrig zwischen Paris, dem Norden und Berlin hin und her vermittelte.

Hansson kam 1889 nach Berlin, wohin ihn die Freie Bühne gelockt hatte. Im Herbst 1889 heiratete er die deutsch-baltische Schriftstellerin Laura Mohr, die sich Marholm nannte und die ihm zu einer literarischen Karriere in Deutschland verhelfen sollte, da er zu Hause in Schweden als radikal verschrien war. Die Freie Bühne führte 1890 Strindbergs *Der Vater* auf und gab im Frühjahr 1892 Strindbergs *Fräulein Julie*. Hansson hatte starke Propaganda für Strindbergs Bühnendichtung gemacht. Dieser selbst kam im Herbst 1892, kurz vor Munch, nach Berlin, wo er sich alsbald mit Hansson verfeindete. Hansson hatte von Anfang an in der wiederholt erwähnten Gaststätte an der Ecke von Unter den Linden und Neuer Wilhelmstraße verkehrt, die Strindberg dann in *Zum Schwarzen Ferkel* umtaufen sollte. In diesem Lokal hatten schon E. T. A. Hoffmann und Robert Schumann gesessen.

Hansson publizierte am 26. August 1890 in der *Neuen Freien Presse* in Berlin einen Aufsatz über die Liebe (bei der deutschen Fassung hatte ihm seine Frau geholfen), der auch in der norwegischen Zeitschrift *Samtiden*, in deren erstem Jahrgang 1890, erschien. Hansson begann mit dem Hinweis auf einen Aufsatz von Octave Mirbeau im Pariser *Figaro*, der forderte: »Weg mit der Liebe! Raus aus der Literatur mit ihr!« Man müsse endlich der modernen Wissenschaft folgen und nicht länger über das Herz, sondern über das Gehirn schreiben. – Nein, meint Hansson, der Fehler liegt nicht daran, daß die Schriftsteller über die Liebe schreiben, sondern daran, wie sie es tun. Er gibt danach ein paar Beispiele, wie man besser über die Liebe schreiben und den Frauen besser gerecht werden könnte. Er referiert Erzählungen von Gottfried Keller, Paul Bourget, Jens Peter Jacobsen, August Strindberg. Dann heißt es (ich übersetze aus dem Druck in *Samtiden*):

»Solche Abarten Evas, von der trivialen Kokotte bis zur grandiosen Sphinx, Ungeziefer und Rätsel, Doppelmensch und Krüppel – alle der methodischen Forschung nicht zugänglich – zu greifen, zu schildern und zu erklären, ist die Aufgabe des Dichters der Zukunft. Aus diesem Komplex von Schilderungen wird dann eines Tages, ziemlich von selbst und ohne daß man weiß, wie es zuging, die ideale, gute und das Leben erlösende Eva emporsteigen, wie der erste Schmetterling des Sommers aus der Puppe.«

Hier wurde also eine experimentierende Kunst gefordert. Die Künstler und Schriftsteller im Kreis des *Schwarzen Ferkels* waren damit einverstanden, und man versteht, daß sie Munchs Bilder unter eben dieser Devise sahen und bewunderten. Fragt sich aber, ob Munch damit einverstanden war. Man kann an seinen Bildern nicht sehen, daß er eine bessere Eva hätte herstellen wollen. (Im nachhinein darf man fragen: ist es diesen Männern nie eingefallen, daß auch der Mann ein problematisches Geschöpf und möglicherweise verbesserungsbedürftig sei?)

Soweit ich sehe, ist der Bildgedanke der *Drei Stadien der Frau* Munchs eigener Einfall, ohne literarische Vorformung. Indessen hatte diese Komposition große Folgen in Munchs Werk, denn auf sie folgten *Eifersucht*, *Asche*, *Der Tanz des Lebens*, später noch *Marats Tod* und *Amor und Psyche*. Freilich ist zu bemerken, daß diese gedanklich formulierten, nicht real gesehenen Szenen eine Ausnahme im Gesamtwerk des Künstlers geblieben sind.

Der »Lebensfries« und der »Spiegel«

Aber, wird man fragen, es gibt doch einen *Lebensfries* von Munch, sogar in mehreren Fassungen? – Den Titel Lebensfries für eine Reihe seiner Gemälde hat Munch erst spät formuliert, und zwar im Oktober 1918, anläßlich seiner Ausstellung von zwanzig Bildern in Kristiania (seit 1905 schrieb man Munchs Heimatstadt Christiania mit K am Anfang – Oslo heißt die Stadt mit ihrem mittelalterlichen Namen erst wieder seit 1925). Mehrere seiner Gemälde, die unabhängig voneinander entstanden waren, sollten zusammen eine Reihe bilden, mit der er seine Anschauung vom Leben deutlich machen wollte. Munch hat später behauptet, daß die Idee des *Lebensfrieses* auf die Zeit vor 1890 zurückgehe (Arne Eggum, *Edvard Munch*, Oslo 1983). Damals war er mit Hans Jaeger befreundet, der vom Schriftsteller forderte: »Du sollst dein Leben schreiben!« Das konnte Munch auf sich beziehen: »Du sollst dein Leben malen!« Von einem Lebensfries war da nicht die Rede. Was Munch sich damals vorstellte, hat wohl bedeutet: »Male so, als ob du Tagebuch schriebst!« In einem Brief aus Berlin an den dänischen Maler Johannes Rohde im Frühjahr 1893 spricht Munch von einer geplanten Bilderreihe über »Liebe und Tod«. Aber die Reihe von sechs Gemälden, die er zusammen mit vielen anderen Gemälden im Dezember 1893 in Berlin ausstellte, hieß: *Studier til en serie Kjaerligheden* – Studien zu einer Reihe Die Liebe. Diesen Titel trug die Reihe auch im Oktober 1894 in Stockholm. Es handelte sich um Bilder, die später in den *Lebensfries* aufgenommen wurden: *Stimme, Kuß, Vampyr, Madonna, Eifersucht, Schrei*. Ihre Abfolge zeichnet einen dramatischen Verlauf vom Aufwachen der Liebe, vom Verfallensein an die Liebe, von der bitteren Enttäuschung der Liebe. Erst 1902 hat Munch die Todesmotive in die Reihe aufgenommen.

Auch im März 1895, bei einer neuerlichen Ausstellung in Berlin von insgesamt 28 Gemälden, ging die Hälfte von ihnen immer noch unter dem Titel: *Serie: Liebe*. Erst 1902, als Munch in der Berliner Sezession ausstellte, gab es eine Änderung. Hier saßen oben an den Wänden eines großen Saales 22 Gemälde als Fries, über den in Augenhöhe hängenden anderen Gemälden, auf einer einfachen weißen Leinenbespannung, ohne Rahmen. Laut Katalog hießen sie: *Fries, eine Reihe von Bildern aus dem Leben*. Daß die Zahl auf 22 gestiegen ist, beruht auf der Einfügung mehrerer Todesbilder in die Reihe. Hier erschienen nun im Titel *Fries* und *Leben* nebeneinander. Aber von »Lebensfries« ist noch immer keine Rede; erst 1918 gab Munch der Reihe den Titel *Lebensfries*.

Während seines Pariser Aufenthaltes (März 1896 bis April 1897) vertiefte sich Munch in graphische Arbeiten. Im Sommer 1897 muß er den Plan gefaßt haben, eine Serie von Holzschnitten und Radierungen unter dem Titel *Spejlet* (Der Spiegel) herauszugeben, denn der Katalog seiner umfassenden Ausstellung in Christiania im September-Oktober 1897 – er zeigte Gemälde, Lithographien, Holzschnitte, Radierungen, Skizzen – enthält die Notiz, daß 22 der ausgestellten graphischen Blätter in einer Mappe »Spejlet« herauskommen sollten. Hier sind die Themen der Reihe *Liebe*, aber

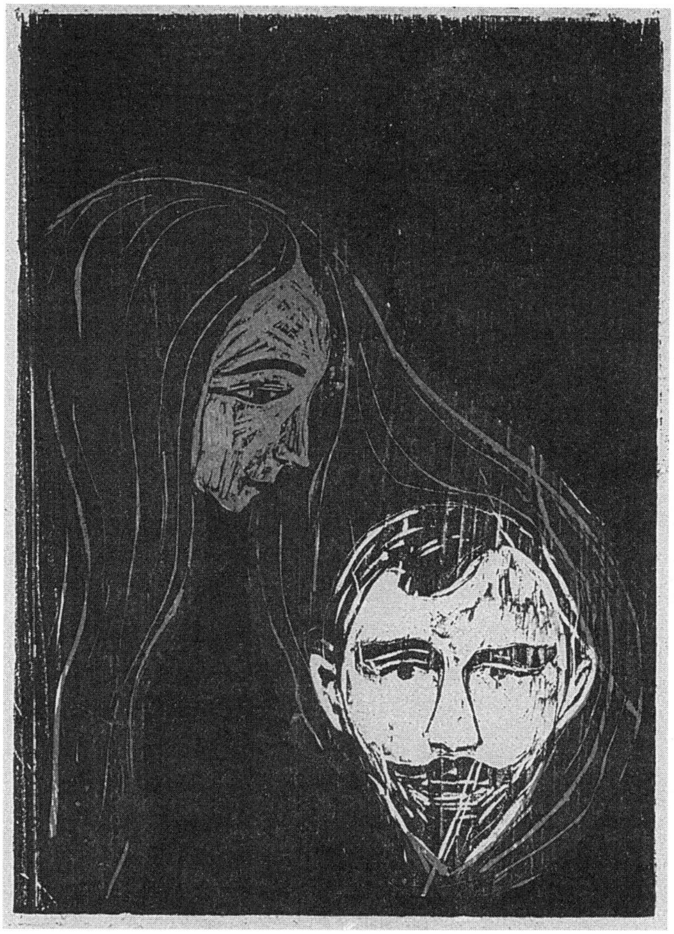

Edvard Munch, Männerkopf in Frauenhaar verstrickt, 1896
Holzschnitt aus »Der Spiegel«

auch Todesthemen vereinigt. Obwohl Munch eifrig mit der Vorbereitung dieser Mappe beschäftigt war, kam sie nicht heraus, und die betreffenden Graphiken verblieben Einzelblätter.

Was Munch mit dem Titel *Spiegel* beabsichtigte, war wohl, einen »Spiegel des Lebens« zu geben. Literarisch war der *Spiegel* seit langem bekannt, schon im Mittelalter hießen Schriften über die rechte Lebensführung »Spiegel«. Auf norwegisch gab es den *Königsspiegel* aus dem 13. Jahrhundert, an dessen Herausgabe Munchs Onkel, Peter Andreas Munch, stark beteiligt war. Munchs Vater las den Seinen gern Übersetzungen aus dem Altnordischen vor, darunter vermutlich auch den *Königsspiegel*. (Über den Spiegel-Plan hat sich erstmals – und ausführlich – Bente Torjusen geäußert – *The Mirror*, in : *Edvard Munch, Symbols and Images*, with introduction by Robert Rosenblum . . . National Gallery of Art, Washington, 1978).

Im Leben wie in der Dichtung und Kunst kam den Spiegeln im Lauf des 19. Jahrhunderts eine immer größere Rolle zu, seit es der Industrie gelungen war, Spiegel in immer größerem Format und billiger als je zuvor herzustellen. Das Titelbild der geplanten Mappe *Spiegel* zeigt nun keinen Spiegel, sondern zwei Köpfe, den einer Frau und den eines Mannes, der in das Haar der Frau verstrickt ist. Das könnte Munch im Bordell im Spiegel gesehen haben, denn die besseren Bordelle rüsteten sich damals mit Spiegeln aus. Freilich ist der Kopf des Mannes kein Selbstporträt Munchs. Aber er hat in den 1890er Jahren in Bildszenen, die er selber wirklich erlebt hatte, öfters seine Identität vertuscht und einen Mannskopf mit anderen Zügen als den eigenen wiedergegeben. In der Mappe *Spiegel* sollten, wie gesagt, laut dem Plan von 1897 Themen der Reihe *Liebe* mit Todesthemen zusammengebracht werden. Aber Munch war nicht zufrieden mit dieser Ordnung. Die Mappe wurde nie gedruckt. Der *Fries* der Berliner Ausstellung von 1902 zeigte zum Teil andere Themen als die des geplanten *Spiegels*.

Aus alledem ist zu schließen: die geplante Reihe wollte sich keinem Plan fügen. Der Grund war, daß die Gemälde oder Graphiken, welche die Reihe bilden sollten, als selbständige Einzelbilder entstanden waren und sich einer nachträglich beschlossenen Zusammenfassung widersetzten. – Wenn eine Bilderreihe wirklich gelingen soll, muß sie von Anfang her geplant sein. Auch als Munch 1918 den »Lebensfries« ausstellte, war das Problem der Reihe nicht gelöst. Er hat nachher neue Fassungen gemalt und mit den Themen hin und her experimentiert. Wenn man heute das Thema *Lebensfries* von 1918 in die 1890er Jahre zurückdatiert, erweckt man den Anschein einer Planmäßigkeit, die es nie gegeben hat.

Munchs Kunst gründete sich auf Erlebnisse. Die lassen sich nicht systematisieren, denn im Grunde ist jedes Erlebnis singulär. Die Idee, seine Erlebnisse in einer Reihe zusammenzufassen, ist höchstwahrscheinlich nicht Munchs eigene Erfindung, sondern stammt aus fremden literarischen Quellen; sie war und blieb eine Theorie, die nicht zu Munchs Praxis paßte.

Der Titel *Lebensfries* dürfte mit einem Modewort des späten 19. und frühen 20. Jahrhunderts zu tun haben. Während man zu Anfang des 19. Jahrhunderts vom »Geist« sprach und sich um die Mitte des Jahrhunderts auf »Natur« berief, hielt man es am Ende des Jahrhunderts und danach eine Zeitlang mit dem »Leben«. Das war eine Folge der großen Fortschritte der Biologie am Ende des 19. Jahrhunderts. Als literarisches Schlagwort bedeutete »Leben« etwa: Veränderung und fließende Bewegung. »Das Leben« war unverantwortlich, grausam, verspielt, träumerisch, rauschhaft, ekstatisch, es war Nervenreiz und Instinkt, Leidenschaft, Lust, Qual, Wille zur Macht . . . nachzulesen bei Nietzsche oder – auf niedrigerem Niveau – bei Przybyszewski oder in den Gedichten Richard Dehmels. In den Literatenzirkeln betonte man die ästhetische Seite des »Lebens« und sprach vom »schönen Leben« (u. a. im Kreis Stefan Georges; der Titel einer Gedichtsammlung Georges lautete *Der Teppich des Lebens und die Lieder von Traum und Tod*, 1900).

Munch kann dem Modewort und seinem Drum und Dran schon in Christiania begegnet sein. Aber mir scheint eher, daß er es in Berlin kennengelernt hat. Jedenfalls ist der »Lebensfries« ein Programm gedanklicher Art und kein ursprünglicher malerischer Einfall. Eben weil er ein Programm war, paßte er im Grunde nicht zu Munchs Kunst. Für ihn war das einzelne Erlebnis der Ursprung des Schaffens. Er hatte ja seine eigenen Erfahrungen vom Leben: Furcht vor dem Tod und der seelischen Erkrankung, Angst vor dem Geschlecht, Einsamkeit. Er bezog die Rede vom »Leben« auf diese Erfahrungen.

Munch hatte – wie gesagt – in Berlin die graphischen Techniken des Radierens und der Lithographie erlernt. Von Max Klinger, den er bewunderte, sah er die Radierungsfolgen *Ein Leben* (1884) und *Eine Liebe* (1887). Aber selber hat er keinen graphischen »Lebensfries« geschaffen. Dagegen stellte er also sechs seiner Gemälde unter dem Titel »Studien über die Liebe« aus. Die Mappe mit acht Radierungen Munchs, die Julius Meier-Graefe 1895 in Berlin mit einer Einleitung herausgab, hat keinen Titel, der irgendwie an den *Lebensfries* erinnerte.

Für ältere Zeiten war es selbstverständlich, daß Bilder für Serien mit einem verbal formulierten Programm geschaffen wurden. Das gilt von Raffael in den Stanzen des

Vatikans, das gilt von Rubens, der die Medici-Suite für die französische Königin Maria de' Medici sowie für dieselbe die Suite der Taten König Heinrichs IV. und die Deckengemälde für König Jakob I. in der Banqueting Hall der Londoner White Hall malte; Poussin schuf *Die Sieben Sakramente* usw. Als man aber im späten 18. Jahrhundert lernte, den Künstler als Original-Genie zu betrachten, der seiner Intuition folgte, widersprachen schriftlich festgelegte Programme dem freien Künstlerschaffen. Munch galt als spontan schaffendes Genie und sah sich selbst auch als solches. Das Programm eines »Lebensfrieses« lag ihm keineswegs nahe. Er unternahm mindestens zwei Anläufe, um es zu verwirklichen. Er kam aber zu keinem definitiven Ende damit.

Es war künstlerisch im höchsten Grad sinnvoll, daß Johann Sebastian Bach, als er die traditionelle Form der Fuge aufgriff – ein Thema wird wiederholt, aber in verschiedenen Stimmlagen und erklingt gleichzeitig über- und untereinander, aber gegenseitig verschoben, wobei keine Disharmonien entstehen dürfen –, Zyklen aus Fugen schuf: das Wohltemperierte Klavier, das Musikalische Opfer, die Kunst der Fuge. Man kann hier geradezu von einer Logik der Kunst sprechen. Eine genau entsprechende Logik gibt es im Falle Rubens' nicht; aber seine Zyklen sind doch Variationen eines einzigen großen Themas, der Verherrlichung der Macht, ja, ein Fest der Macht, zwar mit wechselnden historischen Personen – Maria Medici, Heinrich IV., Jakob I. – aber mit dem gleichen Personal von antiken Göttern, oder christlichen Engeln, mit Allegorien der Tugenden, mit Nymphen, Tritonen, besiegten Giganten. Das war im 19. Jahrhundert nicht möglich, schon gar nicht am Ende des Jahrhunderts, bei van Gogh, Gauguin, Cézanne, Munch. Besonders Munch hat seine Lebens- und Leidenserfahrungen gemalt. Ihre Niederschrift ähnelt am ehesten Tagebuch-Eintragungen oder persönlichen Briefen; sie ist ungeeignet für Zyklen, denn über diese Erfahrungen regiert der Zufall, und es besteht kein vernünftiger Zusammenhang zwischen Liebe und Qual – so oft auch Qual auf Liebe folgt, sie sind durchaus nicht logisch oder kausal miteinander verknüpft.

Zyklen wurden im 19. Jahrhundert selten bestellt und gemalt, jedenfalls nicht von den großen Malern der Zeit. Es gab höchstens historische Reihen wie Alfred Rethels Karlsfresken im Aachener Rathaus und seine Holzschnittfolge *Auch ein Totentanz*, 1848, oder die Nibelungenfresken Julius Schnorrs von Carolsfeld in der Münchener Residenz. Echte Zyklen schuf Claude Monet am Ende des 19. Jahrhunderts: der Heuhaufen bei wechselndem Licht, die Fassade der Kathedrale von Rouen zu verschiedenen Tageszeiten, die Pappeln – jedesmal geht es um die Verwandlungen, die das Tageslicht Stunde um Stunde an den Objekten hervorzaubert: das ist ein streng kausaler Zusammenhang. Darum ist es aber Munch nie gegangen. Es gibt, meine ich, guten Grund, das Programm des *Lebensfrieses* bei Munch – nicht die einzelnen Gemälde – als einen fremden Einschlag in seinem Schaffen zu bezeichnen.

Man darf sich nicht vorstellen, daß Munch unter einer ständigen Bedrohung durch die Finsternis gelebt hätte. Das Malen selber muß ihm ja Befriedigung gewährt haben, und er hielt an seiner Art zu malen fest, obwohl er harte Kritik erntete. Aus den Jahren 1888/91 gibt es eine Reihe hellfarbiger, aber nicht leuchtender, lichtdurchfluteter Gemälde von ihm. Durch Fritz Thaulow und Christian Krohg war ihm die neue französische Freilichtmalerei nahegebracht worden, und 1888 sah er in Kopenhagen zwei Ausstellungen, eine nordische (mit neuen realistischen Freilicht-Gemälden) und eine französische mit Bildern von Manet, Monet, Sisley und Bastien-Lepage, über welch letztere der dänische Kunstkritiker Julius Lange sehr anerkennend schrieb.

Düsternis der Bilder Munchs

Aber als Munch sich im Spätherbst 1889 in Paris befand, erhielt er die Nachricht vom Tod des Vaters. Er malte zwar noch eine Reihe heller Bilder, aber insgesamt trat nun eine lang währende Verdüsterung ein. – Munch notierte: »Und ich lebe mit den Toten – meiner Mutter, meiner Schwester, meinem Großvater, meinem Vater – vor allem mit ihm – Alle Erinnerungen – die kleinsten Dinge – steigen auf – Ich sehe ihn, wie ich ihn sah – das letzte Mal, als er vor vier Monaten Abschied von mir nahm an der Schiffslände – wir waren voreinander etwas geniert – wollten ungern zeigen, wie schmerzhaft der Abschied im Grunde war – wie wir doch aneinander hingen trotz allem – Wie er litt meinetwegen, wegen meiner Lebensführung – in den Nächten – weil ich seinen Glauben nicht teilen konnte« (Eggum, *Edvard Munch*, 1983). Unter dem Eindruck des Todes des Vaters malte Munch zu Anfang des Jahres 1890 die
Abb. 54 *Nacht in St.-Cloud*. St.-Cloud ist ein Vorort von Paris, wohin Munch zusammen mit seinem dänischen Freund Emanuel Goldstein vor einer Epidemie in der Stadt Paris flüchtete. Man braucht eine Weile, um sich in dem flimmernden Dunkelblau des Bildes zurechtzufinden. Man blickt in eine Kammer, gegen das Fenster hin, durch das helles Mondlicht fällt und auf den Boden den Schatten des Fensterkreuzes wirft – das sieht so aus wie ein Leichentuch über einem Sarg. Dann entdeckt man am Fenster, in die Ecke gedrückt, einen sitzenden Mann mit hohem Hut auf dem Kopf (er scheint also hier nicht zu Hause zu sein). Er starrt auf den Fluß unter dem Fenster hinaus, der im Mondlicht glitzert und auf dem ein hell erleuchteter Dampfer vorbeifährt. – Das Drinnen und Draußen, mit der Rückenfigur am Fenster, war ein in der Romantik sehr beliebtes Bildmotiv, an dem man »nahe Realität« und »fernen Traum« sichtbar machen konnte. Munch hat dem Motiv eine eigene Wendung und harte Spannung gegeben. Drinnen gibt es Dunkel und Betrübnis, draußen leuchtet das Leben, an dem der grübelnde Mann keinen Teil hat und nach dem er sich wohl sehnt.

Auch für dieses Gemälde, das wie spontan erfunden aussieht, hat Munch ein Modell benutzt, nämlich seinen Freund Goldstein. Der war der Sohn eines reichen jüdischen Händlers in Kopenhagen, schrieb Gedichte, philosophierte und schmiedete mit Munch zusammen Pläne für eine Zeitschrift. Er war stets zu endlosen weltanschaulichen Debatten aufgelegt und hat Munch sicher stark beeinflußt; er blieb dem Maler auch stets freundschaftlich verbunden. Aus den Gedichten Goldsteins sieht man, daß er an Weltschmerz litt und sich gern in Gefühle unglücklicher Liebe vertiefte. Es ereignete sich gerade damals eine dramatische Verwicklung zwischen Christian Krohg, Oda Krohg und Hans Jaeger, an der Goldstein brieflich in mitleidsvoller Wonne teilnahm.

Es gab also Anlaß genug zu düsteren Stimmungen bei Munch. Ihren Niederschlag fanden sie besonders in den Gemälden der Berliner Zeit, und besonders in Bildern sexueller Konflikte. Mehrere dieser Bilder, und gerade jene, die das stärkste Aufsehen erregten, waren nicht mehr – wie die Bilder der 80er Jahre – realistisch, sondern, wenn man so will, symbolistisch: *Die Frau in drei Stadien, Loslösung, Eifersucht, Asche*. Das Leid, daß sich in ihnen ausspricht, kann selbsterlebt sein, aber keine dieser Szenen ist der Wirklichkeit abgesehen, wie noch das *Gespräch am Abend* von 1888 und die *Nacht in St.-Cloud* von 1890.

Aufhellung in der Malerei Munchs

Munch führte ein gehetztes Leben, ständig auf Reisen, in Hotels, in gemieteten Ateliers, in Berührung mit vielen Menschen, von den Zeitungen und Zeitschriften beschrieben und meist verurteilt. Aber im Sommer kehrte er immer nach Norwegen zurück, vor allem nach Åsgårdstrand, südlich von Oslo am Oslofjord, näher bei Tönsberg, wo er sich im Sommer 1897 ein Ferienhaus kaufte. Seine finanzielle Lage hatte sich nun sehr verbessert, er war nicht nur auf die Eintrittsgelder seiner Ausstellungen angewiesen, sondern verkaufte seine Gemälde und Graphiken, er bekam Porträtaufträge und galt vielen als Bahnbrecher der Moderne.

Im Jahre 1898 tauchte ein neues Thema in der Malerei Munchs auf: *Fruchtbarkeit*. Abb. 56
Das große Bild zeigt ein Paar auf dem Lande unter einem großen Kirschbaum. Von links kommt eine Frau, die einen großen Korb mit Kirschen vor sich trägt, rechts sitzt entspannt ein Mann, der sie erwartet; großblättrige Gewächse umgeben die beiden. Ein Acker liegt hinter ihnen; ein niedriger, wie von Wogen bewegter Waldrükken schließt die Szene ab, die von warmem Abendlicht übergossen ist.

Der Lübecker Arzt Max Linde, einer der großen Gönner Munchs, kaufte das Bild 1902; er nannte es *Erdsegen*. Arne Eggum bemerkt, es sei eines der ersten Bilder in Munchs Werk, wo der Mensch den großen Kräften der Natur untergeordnet ist. Man möchte das ändern und sagen: wo der Mensch mit der Natur zusammenstimmt.

Ragna Stang schreibt über dieses Bild: »Der Symbolismus ist nicht aufdringlich, die Stimmung ist viel lebensbejahender als in den früheren Werken. Das Bild zeigt einen materiellen, physischen Reichtum in der Farbe und bevorzugt deutlich die Freude des Malers durch die freien, breiten Pinselstriche. Der reife Munch wollte jetzt das Leben nicht mehr aus der Perspektive des Todes sehen« (*Edvard Munch, Symbols and Images*, Katalog Washington). Ragna Stang hat richtig gesehen, daß auch dieses Bild symbolistisch ist, nach einem Programm erfunden, zwar stark empfunden, aber doch nicht wirklich gesehen, sondern arrangiert. Am besten sind doch solche Bilder, die eine reiche Symbolbedeutung tragen und zugleich so aussehen, als ob sie direkt aus der Wirklichkeit geholt seien.

Tulla Larsen und Edvard Munch

Hier ist ein Ereignis aus Munchs Biographie kurz zu erwähnen, nämlich Munchs leidenschaftliche Verbindung mit Tulla Larsen und das stürmische Ende dieser Verbindung. Das gehört in die Jahre 1898–1902 und kann also keinen Einfluß auf die Themen von Munchs Kunst vor 1897 gehabt haben. In der Literatur über Munchs Kunst spielt diese Frau eine größere Rolle, als ihr wirklich zukommt.

Tulla Larsen stammte aus begüterter Familie und hat sich nie Sorgen um ihr Brot machen müssen. Sie war temperamentvoll, künstlerisch begabt und etwas exzentrisch. Munch und sie lernten sich 1896 kennen, traten aber in nahe Verbindung erst 1898. Tulla wollte ihn heiraten. Munch fürchtete für seine Selbständigkeit und ängstigte sich wegen seines doppelten kranken Erbes – er wollte keine Kinder zeugen. So entzog er sich ihr. Es kam 1902 zu einem heftigen Auftritt, Tulla drohte, ihn oder sich zu erschießen, Munch legte die Hand auf die Waffe, ein Schuß ging ab und zerschlug ein Fingerglied Munchs. Das war das Ende der Verbindung. Tulla hatte schon 1901 ein Verhältnis mit dem Maler Arne Kavli begonnen und heiratete ihn 1903. Bald danach fühlte sich Munch von Tulla und ihren Freunden verfolgt. Er griff seine vermeintlichen Gegner tätlich an – ein deutliches Zeichen nervlicher Überreizung.

In einem Briefentwurf Munchs an Tulla Larsen (wie gewöhnlich undatiert) heißt es: »Es war ein heftiger Kampf zwischen meiner Liebe zu meiner Arbeit und meiner Liebe zu Dir. Was, wie ich glaube, aus unserem Zusammenleben zu entnehmen ist, ist, daß ich mich nicht teilen kann. Du bist zu sehr Weib, um Dich mit einer halben Liebe zu begnügen. Ich fühle, es ist so schlimm, daß Du unglücklich bist, Du, die meinem Herzen mehr gegeben hat als irgend eine andere.« (Diese Notizen wie auch das Zitat stammen aus: Jens Dedichen, *Tulla Larsen og Edvard Munch*, Oslo 1981).

Symbolismus

Munch hatte sich in den 1890er Jahren – es waren seine Dreißiger Jahre – als Künstler selber gefunden. Seine Bildmotive, seine Malweise, auch seine graphischen Techniken lagen fest. Wie sollte es weitergehen? menschlich? künstlerisch? Munch war gehetzt, müde, trank zuviel, verirrte sich in Verfolgungswahn. 1908 erlitt er einen Nervenzusammenbruch und suchte Heilung in einer Kopenhagener Klinik. Wiederhergestellt, begann er ein neues Leben, gab das unstete Wanderdasein von Hotel zu Hotel auf und machte sich in der Nähe seiner Heimatstadt seßhaft. Nach vielem Streit wurde ihm die offizielle Anerkennung seines Landes zuteil, als er den Auftrag für die Ausschmückung der Universitätsaula erhielt (endgültig 1914). Davon zu berichten ist hier nicht der Ort.

In den 1890er Jahren, als Munch bereits zu den großen, umstrittenen Neuerern der Kunst gehörte, war der Symbolismus eine neue Kunstbewegung; man konnte – bei ungenauer Bestimmung des Begriffs – Munch zu ihm zählen. Ein Gemälde wie *Fruchtbarkeit* von 1898 war symbolistisch. Aber nach 1900 gab es neue Kunsterscheinungen. Cézannes Malerei begann endlich zu wirken, besonders nach der Ausstellung von 1906 (nach Cézannes Tod). Matisse machte von sich reden; er malte durchaus traditionelle Motive, aber mit einer überraschenden neuen Farb- und Raumauffassung. In Deutschland wurde Ferdinand Hodler Ruhm zuteil; er malte hart konturierte, heftig bewegte, aber an die Fläche gebundene Figuren, ohne eigentlichen Raum. – Ein Schlagwort der neuen Malerei war schon in den Jahren des Symbolismus und noch mehr im frühen 20. Jahrhundert »das Dekorative«. Der Realismus mit genauem Modellstudium und wissenschaftlich richtiger Perspektive war längst abgetan, aber nun ging es auch gegen allen Gefühlsdrang in der Kunst – also auch gegen die Erlebniskunst Munchs. »Das Dekorative« hatte u. a. die Folgen, daß ein Bild nichts erzählen sollte, es sollte flächig sein und Farbflächen ausbreiten, so daß es eine gewisse Gestimmtheit (beileibe keine stärkere Stimmung) andeutete. Gustav Klimt in Wien erfüllte diese Forderungen glänzend. – Munch hielt sich über diese Dinge unterrichtet, ohne sie nachzuahmen.

Die Bilder Munchs, die wir bisher betrachtet haben, gründeten sich auf Erlebnisse, die, wie persönlich sie auch waren, doch allgemein verstanden werden wollten. Es waren, wie wir feststellten, Erlebnisse und Bekenntnisse, sozusagen Tagebuch-Aufzeichnungen – aber es waren keine intimen Aufzeichnungen, sondern solche, die jedermann lesen sollte. Würde Munch weiterhin solche Erlebnisbilder malen? Die Gefahr war, daß er sich wiederholte. Mit den symbolistischen Gemälden vom Typ der *Drei Stadien der Frau*, *Eifersucht* ging er vom Erlebnis zur Systematisierung des Erlebten über. Zu dieser Produktion gehört auch *Fruchtbarkeit*. Munch kam hier in die Nähe einer Begriffsmalerei (Hodler war damals wohl der stärkste Vertreter einer modernen Begriffsmalerei). Das war ein schwieriges Feld für Munch, weil er ursprünglich ein so ausgeprägter Erlebnismaler gewesen war. Er hat tatsächlich auch nicht viele Bilder dieser Art geschaffen. Das großartigste darunter ist die *Geschichte* für die Ausschmückung der Universitätsaula, 1909/11.

Munchs Landschaften von 1900/1901

Von der Unvereinbarkeit der Erlebnisbilder mit dem Symbolismus ist nichts zu merken, als er 1900/01 in Norwegen blieb und am Oslo-Fjord eine Reihe von Landschaften, namentlich Winterlandschaften malte, so wie er sie von seinem Atelier in Nordstrand sehen konnte. Er malte in seiner gewohnten summarischen Weise. Obwohl er sich an das reale Aussehen der Gegend hielt, faßt man die Bilder nicht als Rapport von einer bestimmten Landschaft auf. Es gibt hier keine markanten Sehenswürdigkeiten, es sind norwegische Landschaften irgendwo an der Küste des südlichen Teiles Norwegens.

Abb. 57

Innerhalb der Geschichte der norwegischen Landschaftsmalerei sind diese Bilder keineswegs selbstverständlich. Munch kannte natürlich die Landschaften Johan Christian Claussøn Dahls, des »Vaters der norwegischen Malerei«. Dahl arbeitete topographisch genau, füllte aber seine Bilder mit einem großen Atem, im erwähnten Sinne: »*Unser* Land!« Zu Munchs Zeiten stand ein älterer norwegischer Maler, ein Schüler Dahls, Hans Gude, der in Deutschland wirkte, in gutem Ansehen. Er malte große Aussichten über effektvolle norwegische Landschaften mit Fjorden und Bergen – in den besten Werken seiner Spätzeit legte er einen besonderen, eigenartigen Glanz über Meer und Himmel. Man kann bei Hans Gude eine Weiterführung der Tradition Dahls sehen. Abb. 45

Munchs Kunst wirkt gegenüber dieser gepflegten Malerei brutal. Er überschneidet die Bildelemente im Vordergrund unten, erlaubt dem Betrachter also keinen sicheren Standpunkt und geht von wenigen großen Vordergrundelementen (Bäumen, Felsblökken) sehr schnell in den Mittelgrund hinein, wobei ihm in den Winterbildern der dicke Schnee erlaubt, über alle Einzelheiten im Raum hinwegzustreichen; dann öffnet er einen großen Fernblick über das Wasser zu den fernen Schären oder Höhenzügen. Auch die Wasserfläche eignet sich für Munch gut dazu, alle Einzelheiten wegzulassen (Gude hatte säuberlich Wellen und Spiegelungen im Wasser gemalt).

Munch gestaltet hier eine Tiefenräumlichkeit wie nie zuvor in seinen Bildern. Das ist bemerkenswert, denn in der europäischen Malerei hatten seit der Mitte des 19. Jahrhunderts alle neuschöpferischen Künstler die Fernlandschaft (wie man sie bei dem großen Meister Joseph Anton Koch sieht) aus ihren Bildern ausgeschlossen. Seit Théodore Rousseau hatte man den Nahraum betont und die Szene mit dem Mittelgrund enden lassen – so war es bei Charles-François Daubigny, und so noch mehr bei den Impressionisten. Erst am Ende des 19. Jahrhunderts kam bei wenigen großen Malern die Fernlandschaft wieder zu Ehren, zuerst bei dem alternden Cézanne, bei Segantini – und bei Munch; Hodler hat erst nach 1900 Fernlandschaften gemalt – er kam sogar darauf, Nahzone und Mittelgrund auszuschließen und die Fernlandschaft, etwa die Höhen des Eiger, wie aus dem Nichts auftauchen zu lassen.

Gemeinsam für Cézanne und Munch ist – bei ansonsten großer Verschiedenheit – die Unzugänglichkeit ihrer Landschaftsräume: man kann nicht in sie hineinwandern (was man bei Koch und Dahl und Ferdinand Georg Waldmüller und auch noch bei Gude tun kann). Man wird bei Cézanne wie bei Munch daran gehindert, Einzelheiten zu erfassen, etwa zu zählen, wieviel Äste eine Kiefer hat. Cézanne löst alle Einzelheiten in seine oft zitierten »Prismen« auf – es sind keine Prismen –, Munch klumpt sie zu großen organischen, aber nicht näher zu bestimmenden Formen zusammen. Man kann bei beiden nichts Einzelnes erkennen, aber wird getroffen von der Größe dieser Natur. Es geht bei Munch nicht um ein genaues Sehen und gedankliches Erkennen der Landschaft – »das ist eine Kiefer« –, sondern um ein erstes schnelles Reagieren. Etwa so, daß der Maler von einem Anblick betroffen, ja erschreckt ist und sich nun wehrt, indem er gerade diesen Anblick festhält.

Max Linde und der »Märchenfries«

In Berlin machte Munch die Bekanntschaft des Kunstfreundes Max Kollmann, der unermüdlich Käufer für Munchs Arbeiten warb. 1902 vermittelte Kollmann Munchs Beziehung zu dem Lübecker Augenarzt und Kunstmaler Dr. Max Linde, der Bilder von ihm kaufte und umgehend eine Schrift über *Edvard Munch und die Kunst der Zukunft*, Berlin 1902, verfaßte. Linde bestellte noch 1902 eine graphische Mappe bei Munch und ließ ihn 1903 ein Gruppenporträt seiner vier Söhne malen (Lübeck, Behnhaus). Für das Kinderzimmer in seiner Villa wollte Linde einen gemalten Fries von Munch haben. Munch malte elf Entwürfe (sie kamen nie zur Ausführung) für einen *Märchenwald*, darunter mehrere mit Kindern, die sich Hand in Hand auf dem Weg zum Wald befinden. Das Motiv des Märchenwaldes selbst tauchte schon 1899 in Munchs Werk auf; hier stehen vorn links und rechts Tannen mit der Andeutung von Gesichtszügen von Trollen. Die meisten dieser Entwürfe befinden sich im Munch-Museum, einer in der Nationalgalerie.

Die elf bzw. zwölf Entwürfe zum *Märchenwald* hat erstmals Arne Eggum zusammengestellt; sie waren 1979 auf einer Ausstellung der Kastrupgård-Sammlung in Kopenhagen zu sehen. Eggum hat nachgewiesen, daß das Motiv dieses Waldfrieses, so harmlos es auch aussieht, in der Tiefe doch mit traurigen Kindheitserlebnissen Munchs zusammenhängt. Eggum meinte, die Reihe sei eine Variante, ins Kindliche hin, der Winterlandschaften von 1899–1901. Sie ist aber doch motivisch und räumlich anders gestaltet. Alle Märchenwaldbilder haben einen ruhigen Vordergrund, von dem aus der Betrachter in den Wald hineinwandern kann, was ja die Kinder auf den erwähnten drei Bildern wirklich tun, und keines von ihnen hat eine Fernzone. Der Raum schließt im Mittelgrund mit den spitzen Konturen einer Reihe von Tannen, die eine zur vorderen Bildfläche parallele Bühnenrückwand bilden. Das deutet darauf, daß Munch sich hier vom Gedanken einer dekorativen Malerei hat leiten lassen . . . nicht zu seinem Vorteil.

In den folgenden Jahren hat Munch hie und da Landschaften gemalt; sie sind aber nicht so markant in seinem Werk wie die von 1899–1901; das gilt erst wieder von den Landschaften von Kragerøy 1910 und 1911, die aber außerhalb unseres Zeitrahmens liegen.

»Marats Tod« – das letzte Erlebnisbild Munchs

Nach 1900 gibt es kaum noch Erlebnisbilder in Munchs Werk, mit Ausnahme des Marat-Themas. Bilder wie *Begierde*, *Eifersucht* u. ä. sind nur neue Varianten älterer Erlebnisbilder. Mehrere skizzenhaft gemalte Szenen aus Bordellen sind künstlerisch gleichgültig; seit Toulouse-Lautrecs Bordellszenen berühmt geworden waren, gehörten derlei Bilder zu den Pflichtübungen von Malern, die gern »modern« sein wollten.

Abb. 58 Größeres Gewicht kommt den Marat-Bildern Munchs zu. Seit er bei jener endgültigen Auseinandersetzung mit Tulla Larsen 1902 durch einen Revolverschuß ein Fingerglied verloren hatte, steigerte sich Munch immer mehr in den Wahn hinein, Tulla habe ihn ermorden wollen. Bei diesen Phantasien fiel ihm die Ermordung des französischen Revolutionsführers Marat durch Charlotte Corday ein. Das war freilich ein politischer Mord, der sich so abspielte, daß die Corday mit einem fingierten Bittbrief bei Marat, der im Bade lag, eindrang und ihn erstach. Nach einem Vorstadium 1908, wo beide Figuren völlig angekleidet sind – der Mann links tot auf einer Chaiselongue liegend, die Frau rechts stehend, gerade vor sich hin blickend (Munch-Museum), malte Munch 1907 beide Figuren in gleicher Aufstellung, aber beide nackt (Munch-Museum); Munch war damit weit von der historischen Tatsache, an die er dem Titel nach anknüpfen wollte, entfernt (in veränderter Aufstellung noch einmal 1907, Munch-Museum). Offenbar sind jedenfalls die Bilder von 1907 so zu verstehen, daß die beiden sexuellen Kontakt gehabt haben und daß die Frau den nichts ahnenden Mann hernach umgebracht hat. Also noch einmal eine Inszenierung des »Kampfes der Geschlechter« aus den 1890er Jahren, nun völlig katastrophal; und noch einmal eine Dokumentation von Munchs Sexualschrecken. – Die Gemälde sind durchaus symbolistisch gedacht, nur waren Gräßlichkeiten dieser Art damals schon aus der Kunstmode gekommen.

Marats Tod dürfte das letzte Erlebnisbild Munchs gewesen sein, wenn man nicht seine bis zuletzt wiederkehrenden Selbstporträts – von der Art des *Selbstporträts in der Hölle*, 1904/05 (Munch-Museum) oder des *Selbstporträts beim Wein*, 1906

(Munch-Museum) – zu dieser Kategorie rechnen will. Aber sie bilden schon rein motivisch eine Gruppe für sich, da sie unverhüllt Selbstporträts sind.

Das Gemälde »Amor und Psyche«

Es blieb nicht bei *Marats Tod* und der Schuld der Frau, denn zu den Arbeiten gegen Ende der hier behandelten Zeit gehört das Gemälde *Amor und Psyche*, 1907. Es zeigt fast lebensgroße Figuren (Kniefiguren) in einer heftigen Malweise, die Munch gerade damals in wenigen Gemälden praktizierte. Das Thema ist ungewöhnlich bei Munch – es ist ein Mythos aus der Antike. Aber im Bild erinnert nichts an die Antike. Es zeigt einfach Mann und Frau, beide nackt, und der Titel macht zunächst das Bildgeschehen nicht klarer. Das Licht fällt von links ein und löst den Körper der Frau beinahe auf; aber ihr Gesicht gerät schon in den Schatten. Den Mann sehen wir nur vom Rücken her, er steht ganz im Schatten. Die Frau steht aufrecht mit hängenden Armen, untätig. Sie sieht ihm nicht ins Gesicht. Sieht sie ihn überhaupt? Wird er schon zum Schatten vor ihren Augen? Auch der Mann steht, aber er neigt den Kopf zu ihr. Sicher blickt er auf sie, in ihr Gesicht. Seine Rechte hängt handlungslos, er berührt die Frau nicht. Die gesenkte rechte Schulter verstärkt die Handlungslosigkeit bis zur Resignation. Die linke Schulter aber ist hochgezogen, und der linke Arm abgewinkelt, vielleicht mit einer Geste gegen sie hin. Die ganze Komposition ist mit senkrechten Pinselstrichen gemalt, feinere an der Frau (überwiegend kalte Farben), viel gröbere am Mann (wärmere Farben). Besonders auffällig sind die groben Pinselstriche an seinem Kopf, die die körperliche Gegenständlichkeit des Mannes zu vernichten drohen.

Abb. 59

Man möchte das Bildgeschehen so deuten, daß er sich von ihr trennt, aber mit leidvoller Zuneigung. Hier kommt uns nun der Titel des Bildes zu Hilfe. Der antike Roman von Amor und Psyche erzählt, daß Amor sich in Liebe mit Psyche vereint hat, aber er kommt nur nachts zu ihr, und sie darf kein Licht anzünden, um den, der sie beglückt, zu sehen. Wenn sie es trotzdem tut, muß er sie verlassen. Die Schuld liegt bei ihr. Dieses Geschehen haben die Maler der älteren europäischen Kunst oft dargestellt, auch Raffael in der Villa Farnesina in Rom. Bei seinem Aufenthalt in Rom 1900 hat Munch Raffaels Fresken mit besonderem Interesse studiert – wohl in Gedanken an monumentale Kompositionen (das »Dekorative« und das »Monumentale« waren damals Stichwörter der Kunstkritik). Eine andere Komposition mit Amor und Psyche, die Munch gekannt haben dürfte, ist die Gruppe Johan Tobias Sergels von 1774/77 im Stockholmer Nationalmuseum. Als eine Szene unglücklicher Liebe muß sie Munch aufgenommen haben. Bei Sergel löst sich Amor aus Psyches Armen, um zu entfliegen, aber er blickt noch einmal auf sie, freilich mit ungerührtem Gesicht. Das mag Munch aufgegriffen und geändert haben. Bei ihm leidet Amor unter der Trennung. In den älteren Bildern ist Psyche schuldig und ist sich dessen bewußt und leidet unter ihrer Schuld und ihrem Verlust. Munch zeigt statt dessen Psyche unbewegt, die seelische Bewegtheit liegt ganz auf Seiten Amors. Er handelt, aber unter Leiden und Mitleiden. Wenn ich das Gemälde recht deute, so sieht Munch beide als schuldig und leidend. Das ist eine neue Auffassung, auch bei Munch. Es ging ihm nicht mehr um das »Rätsel Weib«, sondern um das Rätsel von Mann und Frau, denen sich Liebe in Leid verwandelt.

Die eigentümliche Pinseltechnik dieses Gemäldes kommt auch noch bei einigen anderen Bildern von 1907 vor, aber nirgends so ausgeprägt wie hier. Es kann sich kaum um maltechnische Experimente handeln. Munch kümmerte sich nicht um derlei Dinge. Ihm kam alles auf die Ausdruckskraft der Kunst an. Darum dürfte es auch hier gehen, und zwar um den direkten Ausdruck seelischer Erregung. Zu diesem

Gemälde und zu anderen Bildern nackter Menschen bei Munch ist noch einmal zu bemerken: er hat nie körperlich schöne und sexuell lockende Gestalten gemalt.

Abb. 7 Blickt man nicht ganz zwanzig Jahre zurück in Munchs Werk, trifft man auf das *Abendgespräch* von 1889: auch hier Mann und Frau, einander fremd, der Mann werbend, die Frau sich verschließend. Hier ist das unheimliche Thema der unerreichbaren Gemeinschaft der Geschlechter noch versteckt; die Szene scheint alltäglich, realistisches Genre. 1907 ist alles Genremäßige weggefallen, die beiden sind nackt, Ort und Zeit unbezeichnet, die Malerei ist unrealistisch; die Nacktheit der beiden könnte auf ihre Vereinigung deuten, verschärft aber nur ihre gegenseitige Fremdheit. – Der Vergleich der beiden Bilder zeigt, daß der 34jährige Munch sich der Tragik, die der 26jährige nur geahnt hatte, nun voll bewußt ist. Es gibt keine Versöhnung. Man wird aber auch nicht übersehen, daß *Amor und Psyche* eine Art Widerruf von *Marats Tod* ist.

Bilder von Badenden

Aus dem Jahr 1899 stammt ein Holzschnitt Munchs mit *Badenden Jungen* (Schiefler 127). Damit griff er recht spät ein seit den 1880er Jahren beliebtes Motiv auf. Vorher hatten die Maler nackte Menschen nur im Atelier aufstellen und studieren können. Als die Freilichtmalerei in Gang kam, entwickelte sich gleichzeitig auch eine neue Körper- und Sportkultur des oberen Mittelstandes mit Baden (freilich in recht umfangreichen Badeanzügen), Rudern, Segeln, Wandern. Nacktbaden war aber noch lange überall verboten. Es mochte Kindern an einem einsamen Strand der nordischen Länder erlaubt sein. So hat Peter Severin Krøyer 1884 einen Sommertag mit nackten Kindern am Strand in Skagen gemalt (Kopenhagen, Hirschsprung). Aber das war noch keine richtige Freilichtmalerei mit nackten Figuren. Die schuf erst Anders Zorn 1888.

Edvard Munch,
Badende Jungen, 1899
Holzschnitt;
36×44 cm; Oslo,
Munch-Museum

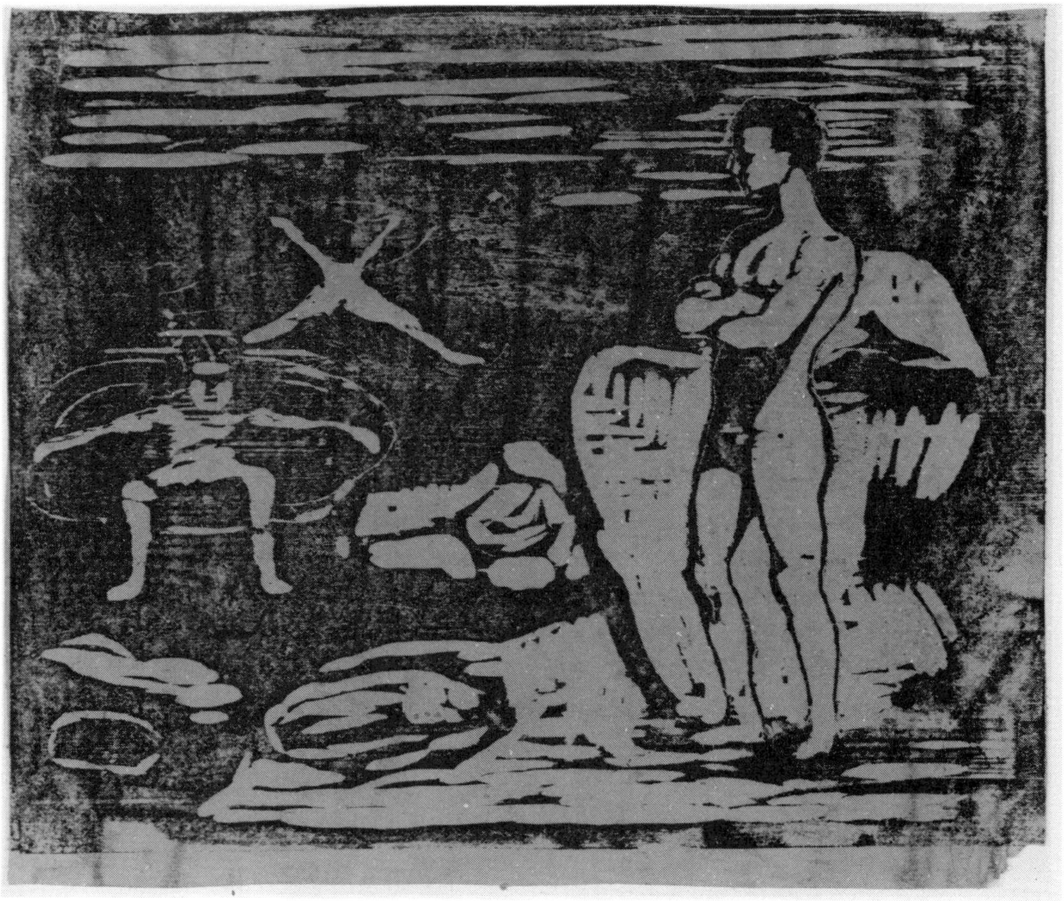

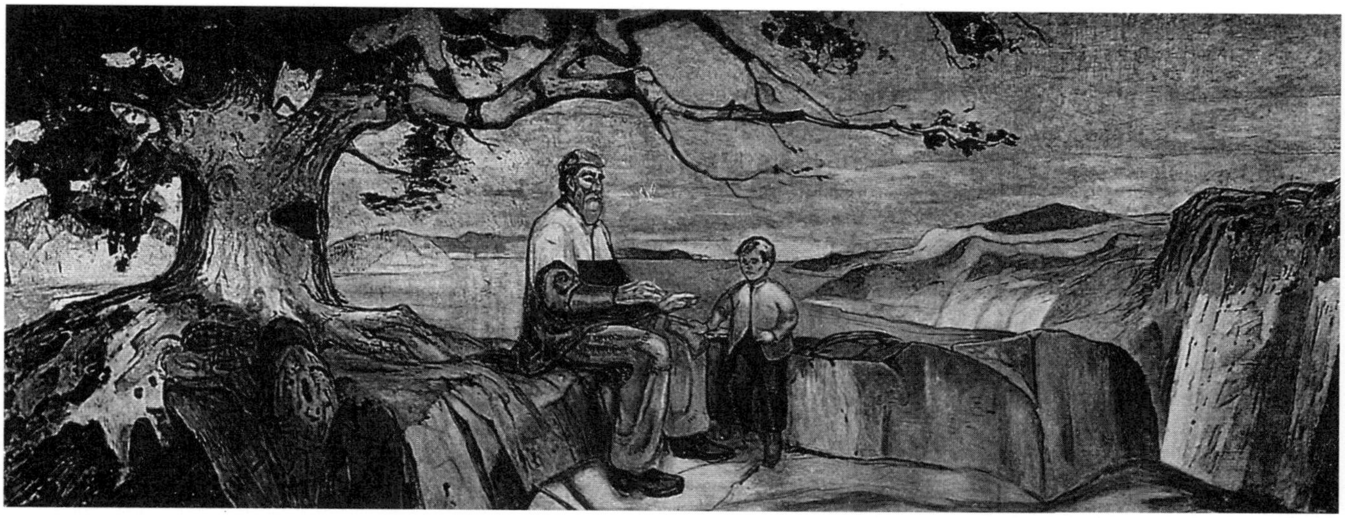

Edvard Munch,
»Geschichte aus dem Lebensfries«, 1911
Öl, 452×1165 cm;
Oslo, Aula der Universität

Munch griff das Thema der nackten Badenden auf, ohne dabei Freilichtmalerei treiben zu wollen. Das geschah zuerst 1899 und dann 1901 oder 1902 mit den *Badenden Mädchen* in lebhafter Bewegung (Munch-Museum). 1904 malte er in großem Format *Badende junge Männer* mit sowohl bewegten wie ruhig stehenden Figuren (Munch-Museum). Ebenfalls in großem Format sind die *Badenden Männer*, gemalt 1907 in Warnemünde am Nacktbadestrand, mit einer neuen, wohl dekorativ gemeinten Malweise. Derartige Darstellungen waren keine Erlebnisbilder mehr. Was aber wollte Munch mit ihnen sagen?

Äußerlich gesehen, konnte Munch mit sich und seiner Lage in den Jahren nach 1900 zufrieden sein. Er galt als einer der Führer der modernen Kunst. Man bezahlte seine Arbeiten sehr gut. Als Porträtmaler war er erfolgreich. Zu Hause stieß er freilich noch immer auf mehr Ablehnung als Anerkennung. Aber seine Nerven waren zerrüttet. Das kann nicht nur äußere Ursachen gehabt haben. Er scheint auch künstlerisch unsicher gewesen zu sein. Die Bilder der Badenden, die motivisch neu in seinem Werk waren, können ihn nicht befriedigt haben. Man hat gesagt, sie seien ein Bekenntnis zur männlichen Lebenskraft. Aber nach allem, was Munch vorher erfahren und geschaffen hatte, ist das keine glaubhafte Antwort auf die Frage nach dem Sinn des Lebens und Leidens.

Die Natur als heilende Kraft? Vielleicht . . . die Landschaftsbilder aus den Wintern 1889/90 und 1890/91 könnten darauf deuten, zumal die Landschaften aus Kragerøy 1910/13 uns diese Antwort noch deutlicher bestätigen. Ebenso »die Sonne« der Aula-Ausschmückung. Aber wo bleibt da der Mensch? Er war doch das Hauptproblem für Munch? Vielleicht ein Zusammen von Natur und Mensch, wie schon einmal in *Fruchtbarkeit* von 1898? Aber der menschliche Gehalt müßte noch vertieft werden . . . Eine Verwirklichung des Zusammmenklanges von Natur und Mensch fand Munch in einem (soweit ich weiß) wenig beachteten Gemälde von 1909. Das große Bild ist mit ganz leichten, dünnen und hellen Farben gemalt, die den Malgrund kaum decken. Drei Jungen, Zehn- oder Elfjährige, hocken beieinander am Meeresstrand in einer Senke zwischen mächtigen runden Felsblöcken. Es ist ein Sommertag, Sonnenlicht und -wärme füllt die ganze Szene. Die drei haben wohl miteinander geschwatzt, sicher über belanglose Dinge, aber jetzt schweigen sie. Das tun ja die Menschen auf Munchs Bildern meist. Sie sind sorglos, nackt hingegeben dem goldenen Augenblick anspruchslosen Glücks, aber doch jeder für sich allein. Um sie herum die Elemente, wie sie

Abb. 60

seit Urzeiten waren. Die Felsen sind von Meer und Eis rundgeschliffen, von Sonne, Wind und Regen geglättet. Erdurzeit Menschenzukunft.

Die wenigen einfachen Bildgegenstände erwecken ohne weiteres sehr große und weitreichende Assoziationen. Das ist große Kunst. Wieviel Munch dabei beabsichtigt hat, spielt keine Rolle. Munch hat das Bild noch im gleichen Jahr 1909 an Rasmus Meyer verkauft, es gehört nicht zu denen, von denen er sich schwer trennte und nach denen er Repliken malte, um sie ständig um sich zu haben. Dennoch sind die *Drei Jungen am Meer* ein großes und für Munch höchst charakteristisches Werk.

Das Wandgemälde »Geschichte«

Am Ende des Kapitels über Munch muß noch das Wandgemälde *Geschichte* in der Aula der Universität Oslo erwähnt werden. Munch hoffte, daß ihm die Ausschmükkung der Aula der nationalen Universität – Norwegen hatte damals nur diese eine – übertragen würde, und machte seit 1909 Skizzen für eine zu erwartende Konkurrenz. Die Sache zog sich lange hin, erst 1914 fiel der endgültige Entscheid zugunsten Munchs. Das Programm dieser Aula-Bilder war durchaus traditionell. Im Festsaal einer Universität sollten vier Fakultäten im Bild erscheinen: Theologie, Medizin, Philosophie, Naturwissenschaften. Für die Philosophie konnte auch die *Geschichte* eintreten. Seit alters – und jedenfalls weithin im 19. Jahrhundert – stellte man die Fakultäten in Form allegorischer Frauengestalten, antikisch drapiert, dar. Sie hielten ein Buch oder eine Waage oder andere »sprechende« Instrumente in den Händen. Sie konnten Begleitfiguren bekommen, hervorragende Gelehrte ihres Faches oder Studenten. Derlei Allegorien waren nichts für Munch, sie waren damals auch schon meist außer Gebrauch. Nur: was setzt man an ihre Stelle?

Munch hätte eine markante Episode aus der norwegischen Geschichte wählen können. Etwa nach dem Vorbild Ferdinand Hodlers, der einen 1897 vom Schweizerischen Landesmuseum in Zürich ausgeschriebenen Wettbewerb mit seinem Entwurf zum »Rückzug von Marignano« (1515) gewonnen hatte, aber bis 1910 warten mußte, ehe er den Auftrag ausführen durfte.

Munch hätte vielleicht auch den berühmten Geschichtsschreiber der norwegischen Geschichte, Snorre Sturlason, darstellen können. Aber Snorre war Isländer und handelte von Seehäuptlingen und Königen.

Anders verhielt es sich mit dem Gedanken der mündlich tradierten Geschichte, deren Träger das Volk war. Der Gedanke stammte letztlich von Herder, war aber bei den Historikern Norwegens im 19. Jahrhundert heimisch geworden. Einen besonderen nordischen Auftrieb bekam er durch den großen dänischen Volkserzieher und Prediger Nikolaj Frederik Severin Grundtvig, der das gesprochene Wort als das eigentliche Mittel der individuellen und Volkserziehung propagierte und eine starke Tradition in Dänemark und Norwegen gründete. Munch hat sicher durch seinen Vater von ihm gehört. Der alte Mann, den er darstellte, könnte eine Figur Grundtvigs sein.

Für die *Geschichte* erfand Munch eine großartige einfache Veranschaulichung: ein alter Mann erzählt einem Jungen »die Geschichte«. Vielleicht ist der Alte blind: Homer . . . Munchs Alter ist ein Fischer oder Seemann in geflickten Kleidern. Er sitzt unter einer uralten Eiche hoch oben über einem kahlen norwegischen Fjord. Der Junge geht ganz in dem Gehörten auf; der Alte scheint sich nicht um ihn zu kümmern. Man hat gesagt, der Alte spinne Seemannsgarn. Aber wozu dann die Eiche? Wozu der Fjord? Die Eiche ist viel älter als der Alte, sie hat selber eine lange Geschichte. Die Erzählung des Alten muß mindestens den Jahren der Eiche entsprechen. Und der Fjord?

Jetzt liegt er einsam. Aber auf ihm sind die schwarzen Schiffe der Wikinger gefahren. Da unten hat vielleicht die kleine Flotte des Aufrührers und späteren Königs Sverre Sigurdssøn gelegen, während von draußen die viel größere Flotte des gekrönten Königs Magnus Erlingssøn heransegelte und in den Untergang hineinfuhr, so wie diese dramatischste Episode der mittelalterlichen Geschichte in der Sage des Königs Sverre geschildert wird. Für Munch war die Geschichte seines Landes wohlbekannt, denn sein Vater hatte sie den Kindern vorgelesen. Wenn Munch einen alten Fischer die Geschichte Norwegens erzählen läßt, dann zeigt er uns: Es ist das Volk, dem diese Geschichte gehört und das sie von Generation zu Generation weitergibt. Es geht nicht um Gelehrsamkeit, sondern – abstrakt gesagt – um Volk und Geschichte, und das heißt hier: es geht um demokratisches Gedankengut. Munch war politisch nicht engagiert, aber er war durchaus Demokrat und allgemein »links« ausgerichtet.

Etwas von demokratischen Vorstellungen steckt tatsächlich in diesem Bild. Das ist nichts Auffälliges in Norwegen, das seit 1814 eine der demokratischsten Verfassungen Europas hatte. Tatsächlich war Norwegen verfassungsmäßig schon am Ende des 19. Jahrhunderts eine parlamentarische Demokratie, obwohl es ein Königreich war und blieb; die Regierung war und ist ausschließlich von der Mehrheit im Parlament (*Stortinget*) abhängig.

Im übrigen ist das Bild auch ein Erlebnisbild Munchs: Er erinnert sich an den Vater, wie er aus den Schriften seines verstorbenen Bruders, des Historikers Peter Andreas Munch, vorliest. – Auch diesmal: ein einfaches Motiv, wenige Gegenstände – und eine Fülle von Assoziationen. Wenn ein Maler das erreicht, und sei es auch nur in wenigen Werken, ist er ein großer Künstler.

Bildnismalerei

Rückblick auf das 18. und 19. Jahrhundert

Es sei mit einem Rückblick begonnen. Im 18. Jahrhundert folgte die Porträtmalerei in Dänemark und Schweden in der Hauptsache französischen Mustern, und dabei blieb es auch im 19. Jahrhundert. Nur verlor die schwedische Porträtmalerei, wie überhaupt die gesamte schwedische Malerei, in der 1. Hälfte des Jahrhunderts sehr an Qualität, ganz im Gegensatz zu Dänemark, dessen Kunst in der gleichen Zeit ein goldenes Zeitalter erlebte. Ganz allgemein sehen wir bei einem Rückblick, daß das Porträt sich im Laufe des 18. Jahrhunderts verbürgerlichte (das niederländische Porträt war schon im 17. Jahrhundert bürgerlich). Wenn auch die große Machtgeste der Porträts aus dem 17. Jahrhundert im folgenden Jahrhundert verschwand, blieben doch die Porträts des 18. Jahrhunderts auf die Gesellschaft bezogen. Wir sehen den Porträtierten an, nicht nur daß sie der Mode folgen, sondern auch daß sie sich höflich und verbindlich, wie bei einem Empfang, benehmen. Sie vermeiden es, ihre Individualität, ihre Sonderart, zur Schau zu stellen. Sie wenden sich dem Betrachter zu, ziehen ihn in ein leichtes Gespräch. Auch wenn der Maler sie in einem Salon mit kostbaren Möbeln in gefälliger Form zeigt, ist damit weniger individueller Geschmack und Besitz gemeint, sondern eher Gesellschaftsstil oder zu vererbendes Gut. Die Oberschicht des 18. Jahrhunderts lebte in einer für uns unvorstellbaren Sicherheit, sie verließ sich darauf, daß der Zustand von heute fortbestehen würde. Sie dachte möglicherweise an eine vorsichtige Reform der Gesellschaft, an die Abschaffung von Hexenprozessen und Prügelstrafen, an die Verbesserung der Landwirtschaft, an die Förderung der Manufakturen. Das gute Gemeinwesen für alle schien, wandte man nur Vernunft an, leicht erreichbar. Niemand dachte an gewaltsamen Umsturz. Man durfte Staat und Politik diskutieren, man durfte der Phantasie und den Gefühlen mehr Raum geben als früher, aber – soweit uns die Porträts des 18. Jahrhunderts berichten – es gab keinen heftigen Protest, keine artikulierten Konflikte, keinen Aufruhr.

Das änderte sich mit der französischen Revolution, und das zeigte sich auch in den Porträts der großen Maler wie Jacques-Louis David und Jean-Auguste-Dominique Ingres. Bei ihnen erscheinen Individuen, die imstande sind, sich zu behaupten, Konflikte durchzustehen und, gegebenenfalls, Konflikte zu entfesseln. Derlei Willensbekundung war freilich nicht die Sache der Deutschen und Dänen, deren Länder durch die napoleonischen Kriege wirtschaftlich ruiniert waren, so daß nur wenig Wohlstand und sozialer Aufstieg möglich war. Vor allem die Porträts des »Goldenen Zeitalters« der dänischen Malerei sind still, zurückhaltend, anspruchslos – Sonntagsbilder von Handwerkern und Kaufleuten, die sechs Tage gearbeitet haben und nun den Maler in die gute Stube bitten.

In der französischen Malerei erschienen etwa ab 1840 neue Zeugnisse von Konflikten, nicht mehr von Kämpfen in der Gesellschaft, sondern von inneren seelischen Gegensätzen, wie sie die romantische Theorie den Genies zuschrieb – so bei Delacroix. Courbet hat Porträts und Selbstporträts gemalt, aus denen eine große innere Unruhe und trotzige Selbstbehauptung nach außen spricht. Insgesamt: die Bildniskunst des 19. Jahrhunderts erlaubte sich in steigendem Maße, Individuen gegen oder ohne die Gesellschaft zu zeigen. Zugleich ging sie viel mehr als vorher auf das Individuum ein, wollte seiner Sonderart gerecht werden und verdeckte die inneren Konflikte der Persönlichkeit nicht länger.

Das gilt selbstverständlich nur von den großen Künstlern, die selber ihre Besonderheit und die Möglichkeit von Konflikten mit der Gesellschaft erlebt haben müssen, um das Porträt eines Mitmenschen mit dessen Sonderzügen malen zu können. Alle gegenständliche Malerei ist eine Auseinandersetzung des Künstlers mit der Welt oder mit einem Stück von ihr – alle Porträtmalerei ist eine Begegnung von Du und Ich. Im 19. Jahrhundert war diese Begegnung weniger durch verbindliche gesellschaftliche Normen geschützt bzw. eingeschränkt als früher. Die Künstler erhoben nun einen stärkeren Anspruch darauf, sich selber in ihrem Werk auszudrücken. Das läßt sich ausgezeichnet in Landschaften und Stilleben, zuweilen auch in Historienbildern bewerkstelligen, weniger gut im Porträt, bei dem der Künstler der Eigenart eines Du gerecht werden soll. Die Folge ist: die wirklich guten Porträts des 19. Jahrhunderts sind Bildnisse von Menschen, denen der Maler nahestand, von Familienmitgliedern, Freunden, Gesinnungsgenossen. Was der Maler in einem Du dieser Art sieht, sind sozusagen Varianten seiner Ich-Eigenart. Darum stoßen wir im 19. Jahrhundert viel öfter als vorher auf Porträts, die der Maler im Selbstauftrag geschaffen hat – das gilt gerade von den besten Bildnissen dieser Zeit. Die Voraussetzung für gute Porträts waren weniger günstig, wenn der Maler einen bezahlten Auftrag von einem ihm bis dahin unbekannten reichen oder mächtigen Mann bekam. Ingres nahm Aufträge nur an, wenn ihm der Besteller sympathisch war. Bei Porträts von Frauen der Oberschicht hatten es die Maler leichter: hier konnten sie in eine – sei es auch versteckte – erotische Huldigung ausweichen.

Die Porträts des 19. Jahrhunderts enthalten in Stil, Komposition, Raum- und Lichtgestaltung, Farbenwahl und Malweise keine auffälligen Neuerungen gegenüber den Porträts der vorhergehenden Jahrhunderte. Sie sind – um es mit dem sehr weiten Begriff zu bezeichnen – realistisch, so wie es die übrige Malerei (Historie, Landschaft, Genre, Stilleben) meist auch war. Im Inhalt freilich sind die Porträts des 19. Jahrhunderts, wie schon bemerkt, bürgerlich. Aber der Impressionismus – anfänglich die Malerei einer kleinen Gruppe in Paris in den 1870er Jahren – veränderte die Malerei von Grund auf. Ohne daß die Impressionisten von Anfang an auf einen Umsturz bedacht gewesen wären, behandelten sie Raum, Licht und Farbe in ihrer Gesamtheit, nicht mehr als Einzelelemente, die bei der Arbeit des Malers gesondert zu betrachten sind.

Gezieltes Sehen und perspektivischer Raum

In der Praxis erlebt man ja diese Bestandteile des Sehvorganges zunächst einmal ungeteilt und unterscheidet sie erst bei genauerer Betrachtung und gezielter Aufmerksamkeit. Das ist z. B. der Fall, wenn wir auf einer belebten und verkehrsreichen Straße gehen und Zusammenstößen ausweichen wollen. Ungeteilt dagegen sehen wir, wenn wir uns an einem freundlichen Nachmittag auf einer Parkbank ausruhen. Das gezielte Sehen dient der Erfassung bewegter Körper im Raum, auf uns zu, an uns vorbei, von uns weg. Mit gezieltem Sehen berechnen wir auch unsere eigenen Bewegungsmöglichkeiten im Raum. Indem wir Bewegungen und Bewegungsmöglichkeiten sehen, sehen wir auch Zeit in Form eben abgelaufener oder künftig möglicher Bewegungen. Solange wir ziehende Wolken oder fließendes Wasser betrachten, können wir damit rechnen, daß vergangene und künftige Bewegung gleich sind. Sehen wir indessen die Bewegungen von Menschen oder Tieren, sind wir nie ganz sicher, was nächstens geschehen wird. Zukunft wird als Möglichkeit freier Bewegung im Raum erlebbar.

Der Perspektivraum der Malerei, den die Künstler der italienischen Renaissance im 15. Jahrhundert erfanden, ist mehr als das perspektivische Zeichnen mit einem Fluchtpunkt, das wir in der Schule gelernt haben. Es ist der Raum für Bewegungen von einem Ort zum anderen, das heißt für Handlungen, und das heißt für (begrenzte) Freiheit. Auch die reinen Landschaften ohne Menschen, bei den Malern von Albrecht Altdorfer bis zu Hans Thoma oder Iwan Schischkin, zeigen uns Raum, in dem wir wandern oder in dem andere Menschen sich bewegen könnten. Auch in ihnen ist Freiheit mitgemeint.

Bei den Impressionisten und ihren Nachfolgern sind der perspektivische Raum und das Helldunkel verschwunden. Es gibt zwar noch einen ungefähren Raum mit näher und ferner, oben und unten – aber unsere Aufmerksamkeit wird nicht mehr gelenkt, unser Blick darf beliebig gleiten, wie er es tut, wenn wir auf einer Parkbank ausruhen. Die räumlichen Erstreckungen werden unklar. Das war einerseits ein großer Gewinn für die Malerei, die nun mit reinen Farben allein arbeiten durfte und mit ihnen allein Raum und Licht gestaltete, aber es folgte andererseits daraus, daß die impressionistischen Maler keine Historienbilder mehr malen konnten (man wende nicht ein, daß Manet 1867 die *Erschießung Maximilians* gemalt hat; er war zwar der Freund der Impressionisten, wollte aber selber kein Impressionist sein).

Da es zum Begriff des Menschen gehört, daß er ein Individuum ist und eine eigene Vergangenheit und Zukunft und damit Freiheit besitzt, sehen wir schnell, daß die impressionistische Malerei sich wenig für das Porträt eignete. Das Porträt braucht Raum, Licht, Schatten, damit der dargestellte Mensch sich bewegen kann. Wir müssen ihm ein Bewußtsein seiner selbst, Erinnern und Vorausbedenken zutrauen können. Der Maler muß nicht notwendig einen perspektivisch gezeichneten Raum (Zimmer oder Landschaft) um den Dargestellten herum geben, er kann sich auch mit einem sog. neutralen Hintergrund begnügen, wenn nur das Helldunkel über ihn spielen kann. Wichtig ist auf jeden Fall, daß der Dargestellte uns als glaubhaft dreidimensional in einer glaubhaften dreidimensionalen Welt erscheint, wobei uns das Bild Zeit spürbar macht. Die Künstler können sogar ganz auf Farbe verzichten; es gibt vorzügliche Porträts in den verschiedenen graphischen Schwarz-Weiß-Techniken. Nur die Illusion der Dreidimensionalität ist unabdingbar.

Das Bildnis Renholm von Ernst Josephson

An dieser Stelle sei auf ein Porträt des schwedischen Malers Ernst Josephson hingewiesen. Er darf zu den großen Porträtisten des späteren 19. Jahrhunderts gezählt werden. 1879 kam er nach Paris und nahm, höchst empfänglich wie er war, alsbald starke Eindrücke von der neuen französischen Malerei auf. Dabei handelte es sich Abb. 61 aber nicht um den reinen Impressionismus (Monet, Renoir), sondern vor allem um die Einwirkung Manets. Es ist hier nicht der Ort, von Josephsons reicher Kunst, seinen inneren Konflikten, seiner geistigen Erkrankung zu berichten. Hier soll nur eines seiner Porträts besprochen werden, das die große Tradition der Porträtmalerei des 19. Jahrhunderts repräsentieren mag: *Der Journalist G. Renholm*. Von hier aus lassen sich die Veränderungen messen, die uns in der Bildniskunst der folgenden Jahre begegnen.

Es sieht so aus, als schildere Josephson einen flüchtigen Augenblick, in dem der Reporter eine Beobachtung macht, vielleicht eine Frage stellt. Aber dann sehen wir, daß das Bild von unten her stabil unterbaut ist. Die Knie des Mannes und der Stuhl bilden einen symmetrisch angeordneten Sockel, der zudem dunkel und schwer erscheint. Danach aber kommt Bewegung in die Gestalt. Die rechte Hand mit dem Schreibstift stützt sich auf den rechten Oberschenkel. Der Oberkörper neigt sich zur Seite. Die zerknitterte weiße Weste zeichnet eine steil steigende Linie schräg nach oben. Hier greift die linke Hand mit dem Notizblock ein. Die Bewegung drängt weiter nach oben, zu dem schräg gehaltenen Kopf hin. Der Blick Renholms wird durch das Monokel geschärft und konzentriert. Es entsteht ein Übergewicht nach rechts hin (vom Betrachter aus gesehen). Die Hand mit dem aufgeschlagenen Block, die Krawatte, der geneigte Kopf, der Blick durch das Monokel, das alles ist lebhaft, ausdrucksvoll, »sprechend«, liegt aber alles in der rechten Bildhälfte. Die herkömmlichen Regeln der Kunst fordern eine ausgewogene Komposition, fordern Gegengewichte, in diesem Falle in der linken Bildhälfte. Der Maler hat sie wirklich angebracht, in Form des schmalen Hochrechtecks mit dem Gipsabguß eines Reliefs von Goujon, das in sich reiche Verschiebungen um die Lotachse herum aufweist. Aber nicht einmal hier gibt es Ruhe: links oben steckt hinter dem Relief ein kleiner Zweig.

Also: sowohl Ruhe wie Bewegung, Stabilität wie Labilität. Der Maler war ein empfindlicher und empfindsamer, leicht bewegter Mensch, und diese seine Eigenart kommt in allen seinen Arbeiten zum Ausdruck. Zugleich aber mußte er seinem Modell gerecht werden. Es ist dessen Lebhaftigkeit, dessen Aufmerksamkeit gegenüber der Welt, dessen gepflegte Erscheinung, die ins Bild kommen mußten. Man sieht ferner die Selbstbehauptung dieses Mannes, der stabil vor uns sitzt und Distanz – mit Hilfe des Notizblockes – zwischen sich und den Gesprächspartner legt. Der Raum, in dem sich Renholm befindet, ist wenig tief, unser Abstand zu ihm nicht sehr groß. Das Sitzen und die Körperhaltung des Dargestellten ergeben eine ungezwungene Atmosphäre. Zugleich ist die klassische französische Kultur anwesend – eben in jenem Relief Goujons.

Hier entfalten sich eine Persönlichkeitskultur und eine Psychologie, die älter sind als die Psychologie der in diesem Buch behandelten Kunstwerke; in diesen sprechen Stimmen von unten, »das Flüstern des Blutes, das Gebet der Markknochen« (Knut Hamsun). Für Josephson, Renholm und ihr 19. Jahrhundert war die Persönlichkeit der höchste Wert mit Intelligenz, gezügeltem Gefühlsleben, moralischer (auch sozialer) Verantwortung, ästhetischer Schulung, Streben nach Harmonie. Die Kunst, von der unser Buch handelt, revoltierte nicht gegen die ältere Lebenshaltung, aber sie wandte sich von ihr ab und suchte neue Einsichten in das Menschenwesen. Indem sie auf die Stimmen von unten lauschte, konnte sie nicht mehr bewußt nach Harmonie und Klarheit streben. Das aber heißt, daß die neue Kunst weniger geeignet war, Porträts als Bilder von Persönlichkeiten in der Begegnung von Modell und Künstler zu schaffen, wobei beide mit ihrer vollen Menschlichkeit engagiert sind.

Selbstverständlich kann ein Maler einen bestimmten Menschen expressionistisch oder kubistisch oder sonst in einer nichtrealistischen Weise darstellen. Nur: dabei kommt kein Porträt heraus, in dem sich Ich und Du begegnen.

Die Probe dafür liefern uns mehrere Porträts von Ferdinand Hodler, der in seiner späteren Zeit (als er 55 Jahre und älter war) seine Geliebte Valentine Godé-Darel immer wieder gemalt hat, dabei mehrfach ohne Raum und ohne Helldunkel, bloß mit dichten Strichen reiner Farben und einer deutlichen Umrißlinie. Aus Hodlers Abb. 64

Biographie weiß man, wie tief er mit ihr verbunden war. Aber er malte sie so, daß sie unzugänglich bleibt, kein Du, eher eine Maske oder ein Monument. Sie erkrankte und starb an Krebs. Hodler hat sie auf dem Krankenbett und als Tote gemalt, nun aber mit einem knapp angedeuteten Raum um sie herum und mit einigen wenigen Lichtern und Schatten. Obwohl er sie hier im Profil darstellte, ist sie nun als Mitmensch vergegenwärtigt, der leidet und das Leiden gefaßt erträgt.

Symbolismus im Porträt bei Axel Gallén und Ejnar Nielsen

Zwei andere Proben finden wir bei dem Finnen Axel Gallén 1896 und dem Dänen Ejnar Nielsen 1907. Hier war es nicht mehr der Impressionismus, sondern der Symbolismus, der dem Porträt abträglich war.

Gallén hat seine Mutter durchaus realistisch und dreidimensional in Licht und Schatten gemalt, aber er hat ihr einen symbolistischen Hintergrund gegeben, eine
Abb. 63 mystisch sein sollende Abendlandschaft, die der Mutter eine höhere oder tiefere Bedeutung geben soll, sie aber statt dessen verfremdet.

Abb. 62 Im Falle Nielsens hat die Theorie des Jugendstils und des Art Nouveau, derzufolge der Maler die Fläche zu bewahren und die Illusion räumlicher Tiefe zu vermeiden hatte, den Maler dazu verführt, Ellen Key in die Fläche zu pressen, um sie als Seherin – man nannte sie tatsächlich die »nordische Sibylle« – darzustellen, die der Zeit entrückt und über den Raum erhaben ist. Ellen Key wollte eine Lehrerin der Lebensweisheit sein (das gab es gerade im frühen 20. Jahrhundert). Wenn daher der Betrachter vor diesem Bild an Buddhastatuen denkt, so ist das eine berechtigte Assoziation. Aber wie macht man Weisheit oder Weisheitslehre im Bild anschaulich – mit eigentlichen Bildmitteln und nicht mit literarischen Anspielungen? Man mag daran denken, wie still und von innen leuchtend Rembrandt ein paarmal das Gesicht Jesu gemalt hat . . . Es ist dem Maler Nielsen nicht gelungen, Ellen Key als Mitmensch – der sie für viele Menschen war – überzeugend vor uns hinzustellen.

Nach diesen kritischen Bemerkungen sind wir dem Leser die Beschreibung von ein paar guten Bildnissen schuldig. Auf deutscher Seite ist vor allem Wilhelm Leibl zu nennen, auf nordischer neben anderen Ernst Josephson und Anders Zorn.

Anders Zorn als Porträtist

Anders Zorn hatte größte Erfolge als Porträtmaler. Er hatte es verstanden, sich in London und Paris an die rechten Leute empfehlen zu lassen, die seine Fähigkeit erkannten. Er unternahm sieben Reisen nach den USA und teilte sich, sozusagen, die dortigen Aufträge mit John Singer Sargent, dem er aber in der Sicherheit, den menschlichen Kern zu treffen, überlegen war (man darf dabei nicht vergessen, daß Sargent ein brillanter Maler war). Mit europäischen Begriffen gemessen, war Zorn ein Emporkömmling; als Self-made-man genoß er die Sympathien der Amerikaner. Unter diesen Männern und Frauen gab es mehrere große Sammler und Donatoren von Kunst, Bibliotheken und Museen. Das gefiel Zorn, der das Geld, das er von ihnen für seine Porträts bekam, selber in Kunstkäufe und Kulturstiftungen steckte.

Abb. 65 Zu den besten Bildnissen von Zorns Hand gehört das Porträt der Königin-Mutter Sofia von 1908. Besteller war ihr Sohn, Prinz Eugen, der selber Maler war und der es seiner Mutter verdankte, daß der König ihn von den Pflichten eines Königssohns befreite und ihm die Ausbildung als Künstler erlaubte. Es sollte sich aber nicht einfach um ein Privatporträt handeln, denn das Bild war für das Schloß bestimmt (erst später bekam Eugen es für seine Villa Waldemarsudde, wo es noch heute im Salon hängt).

Das Porträt zeigt die Königin in Lebensgröße, sitzend, weiß gewandet, in bequemer Haltung, mit wachen Augen blickend, in freundlicher Aufmerksamkeit für den Besucher und zugleich in unangestrengter Reserviertheit, wie es bei ihrer hohen Stellung notwendig ist. Hier sei bemerkt, daß es eine nahezu unmögliche künstlerische Aufgabe ist, gute Bilder konstitutioneller Monarchen zu malen – man darf ihnen nicht das Aussehen des absoluten Herrschers Ludwig XIV. geben, das wäre ein Verstoß gegen die Verfassung; man darf sie aber auch nicht als Privatleute hinstellen, denn sie dienen ja der Nation als einigendes Symbol.

Zorn gibt alle Nebendinge mit flüchtigem Pinsel wieder; den Vorhang als nahezu neutralen Grund, den Stoffüberzug des Sessels, das weite und luftige Kleid, und konzentriert sich auf Gesicht und Hände. Sein Hauptwirkungsmittel ist die Verteilung großer kalter und warmer Flächen. Es sieht wie ein Zufallsergebnis aus, ist aber mit sicherem Blick abgewogen.

Schematisch gesehen, ist das Porträt der Königin Sofia wie folgt komponiert – die beiden Außenreihen beziehen sich auf den Umraum der Figur, die Angaben der Mitte auf die Figur.

kalt			warm
	kalt		
warm			kalt
	warm	kalt	
	kalt	warm	
warm			kalt

Das Gesicht mit seinen beiden Hälften in kalt bzw. warm bildet den Kern der ganzen Komposition. Hier erscheinen Rot-Töne, die sonst nur noch schwach an den Rändern des Gemäldes auftauchen, und zwar in einer relativ kleinen Fläche gegenüber den sonst vorherrschenden Tönen von Weiß und Blau. Gerade das macht das Gesicht so intensiv lebendig.

Zorn war ein ganz großer Meister in der Handhabung von kalt und warm. Die Geschichte von kalt und warm in der europäischen Malerei ist bisher nur wenig erforscht, darum kann ich hier nur eine in vielem unsichere Skizze geben. Man müßte dabei auch ständig vergleichende Blicke auf die Geschichte der Farbe (auf die Verwendung von Rot, Blau, Gelb, Grün, Braun und den Mischtönen) werfen, auf die des Helldunkels und der Schwarz-Weiß-Skala, die alle mit der Warm- bzw. Kalt-Tönung verschränkt sind.

Hier sei nur kurz bemerkt, daß das hohe Mittelalter (besonders das 12. Jahrhundert) reines Rot und Blau, und zwar beide warm, bevorzugt; daß bei Jan von Eyck und den Niederländern das Helldunkel seinen Einzug hält; daß Raffael die Harmonie seiner reifen Bilder, wie der Sixtinischen Madonna in Dresden, mittels einer durchgehenden Graubrechung aller Farben erreicht, was bei ihm noch keineswegs zum Helldunkel als Hauptgestaltungsmittel führt – das gibt es erst beim reifen Tizian; Caravaggio und Rembrandt setzten vor allem auf ein reich gradiertes Helldunkel und unterdrückten die reinen Farben. Kalt und warm scheinen bis zum Ende des 18. Jahrhunderts keine führende Rolle gespielt zu haben, obwohl die guten Maler instinktiv mit kalt und warm arbeiteten, besonders schön Chardin. David setzte einen Neubeginn, indem er der Malerei den Auftrag gab, das Tageslicht wiederzugeben – konsequent hatte diese Forderung vor ihm niemand an die Malerei gestellt. Das Licht ist kalt, die Schatten sind warm. Helldunkel ist dabei ein Nebenergebnis, nicht mehr die Hauptsache, wie etwa bei Caravaggio und Rembrandt. Unter den wenigen Schülern Davids, die seine Lehre vom Tageslicht ernst nahmen, war der Däne Eckersberg, dem sein Schüler Købke mit vorzüglicher Beobachtung von kalt und warm folgte. Fast kein Helldunkel bei gleichzeitiger größter Aufmerksamkeit auf kalt und warm ist das Charakteristikum der Malerei Ferdinand Georg Waldmüllers, aber er machte nicht dieselben Farben zu Trägern von sowohl kalt wie warm und gab keine großen Flächen einer und derselben Farbe in kalt *und* warm – gerade das ist Zorns Sache. Im Porträt der Königin Sofia tönt Zorn das Weiß des Kleides einmal kalt und einmal warm und verfährt auf die gleiche Weise mit dem Blau des Hintergrundes.

Zorn hat seine Sensibilität für kalt und warm nicht erst in diesem Porträt an den Tag gelegt. Sie ist ein Hauptmerkmal seiner Malerei seit den späteren 1880er Jahren, wo er sie zuerst an Naturstudien, namentlich an den Wasserflächen erprobte. Kalt und warm sind unsere elementaren Empfindungen, Haut-und Berührungsempfindungen, die wir mit anderen Lebewesen teilen. Sie spielen im Aufbau der bewußten Persönlichkeit keine große Rolle, scheinen also nicht besonders geeignet, um in ihrem malerischen Äquivalent dem Porträt zu dienen. Wenn Zorn sie dennoch ins Porträt einführt, wirken sie als Ausdruck von Vitalität. Zorn, selber erfüllt von einer elementaren Vitalität, spürt die Lebenskraft anderer und macht sie im Porträt durch seine Kalt-warm-Technik sichtbar – neben anderen Seiten der dargestellten Persönlichkeit.

Zorn schuf nach dem Gemälde der *Königinwitwe Sophia* von 1908 im Jahre 1909 eine Radierung. Sie ist routiniert gemacht – Zorn konnte alles verkaufen, was er machte, und nach etwa 1905 begann er zu schludern. Er hat sich hier nicht einmal die Mühe gemacht, das Gemälde seitenrichtig wiederzugeben. Das helle Feld rechts oben in der Radierung ist kein Fenster, sondern ein stark beleuchtetes Regal an der Wand – das Licht kommt in der Radierung von links. – Zorn hat viele seiner Porträtgemälde radiert – meist ohne die Seiten zu verkehren.

Es ist an sich ein riskantes Unterfangen, kalt und warm als tragende Elemente in die Porträtmalerei einzuführen, da sie an unseren Berührungssinn appellieren, was dem Dialog, den Porträts normal anregen (Josephsons Renholm-Porträt!), nicht voranhilft. Im Dialog geschieht eine gedankliche und (oft) gefühlshafte Kommunikation. Eine Berührung, ein Handschlag, ein Streichen übers Haar, ist eine Kommunikation anderer Art. Indem Zorn stark mit warm und kalt auch im Porträt arbeitet, bringt er Vitalität ins Spiel, seine eigene sowohl wie die des Porträtierten und die des Betrachters. Vitalität verbindet Menschen miteinander, regt Sympathie an (zuweilen auch instinktive Feindschaft). Im Fall des Porträts darf sie natürlich nicht die Individualität des Dargestellten verringern. Zorn verwahrt sich dagegen, indem er u. a. eine ordentliche Distanz ins Bild bringt. Die Königin beugt sich uns nicht entgegen, sondern lehnt sich zurück; ihr Blick verbleibt reserviert.

Indem Zorn mit warm und kalt arbeitet, zeigt er sich als ein in seiner Zeit moderner Maler. Zugleich verfügt er über andere ausdrucksvolle künstlerische Mittel, so daß er der Aufgabe der Porträtmalerei, Individualität und Persönlichkeit anschaulich zu machen, gerecht wird.

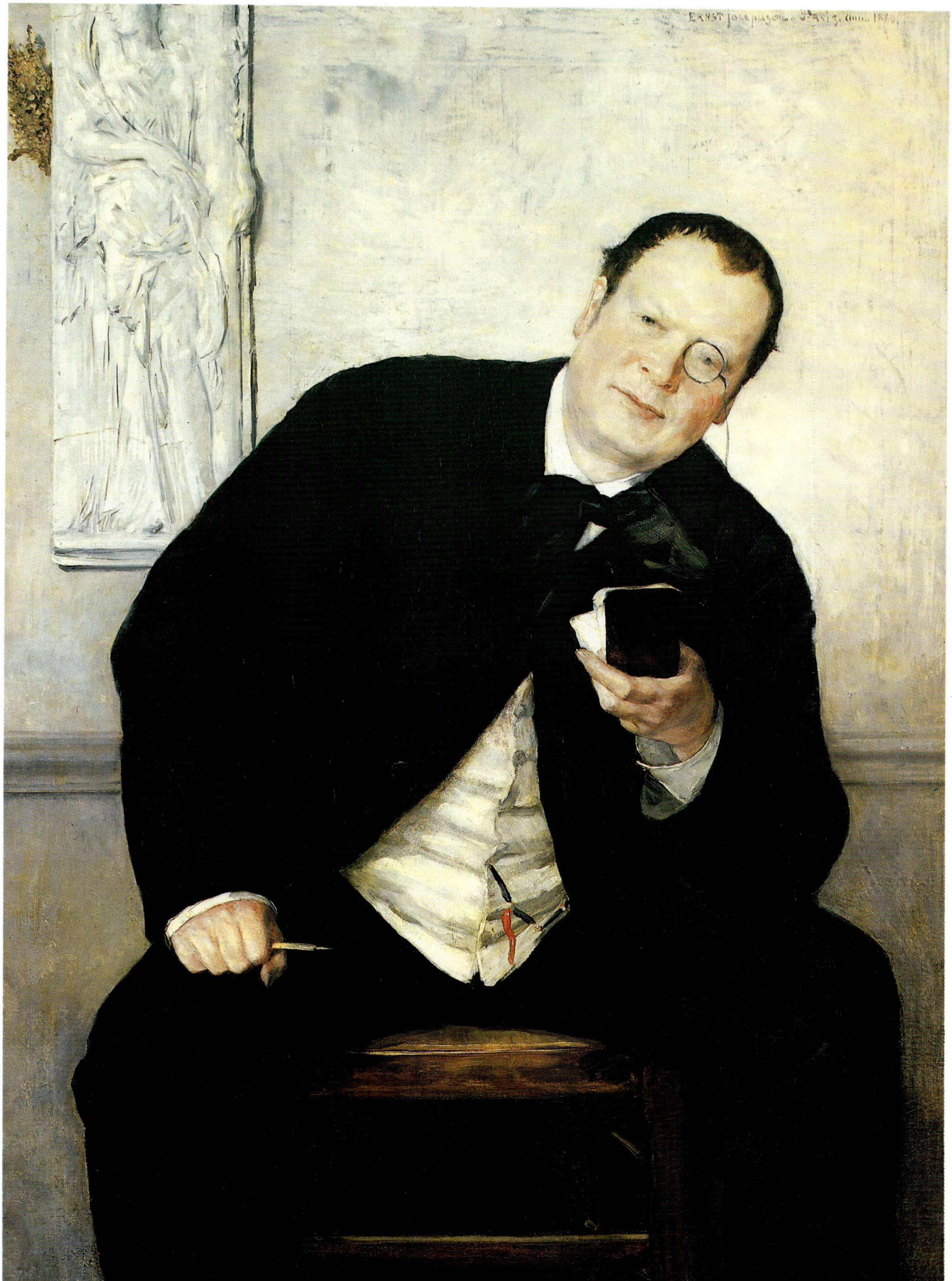
ERNST

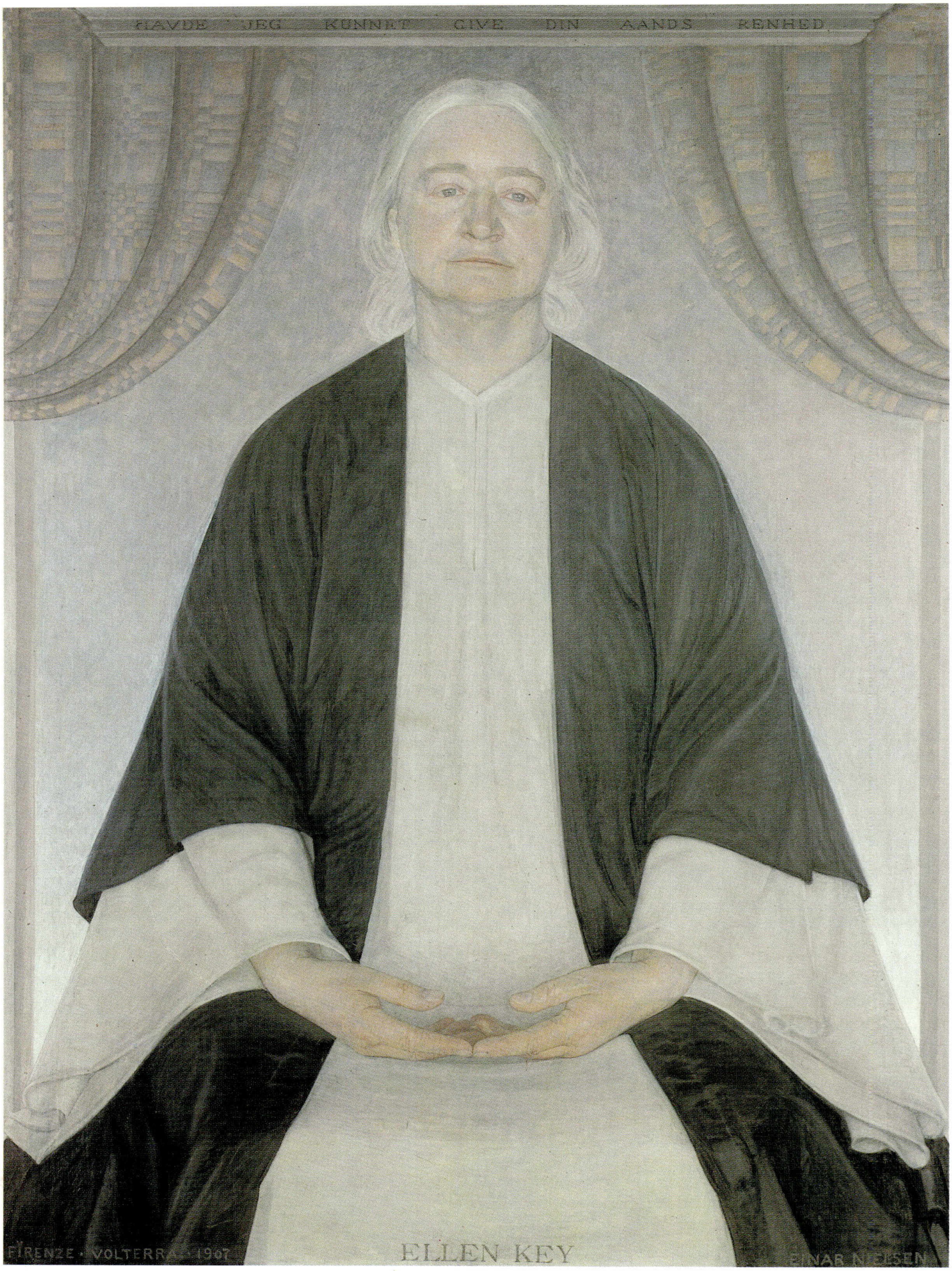

vorhergehende Seite
61 Ernst Josephson, Der Journalist G. Renholm, 1880
Öl, 130×97 cm; Stockholm, Nationalmuseum

62 Ejnar Nielsen, Bildnis Ellen Key, 1907
Öl, 130×98 cm; Stockholm, Nationalmuseum

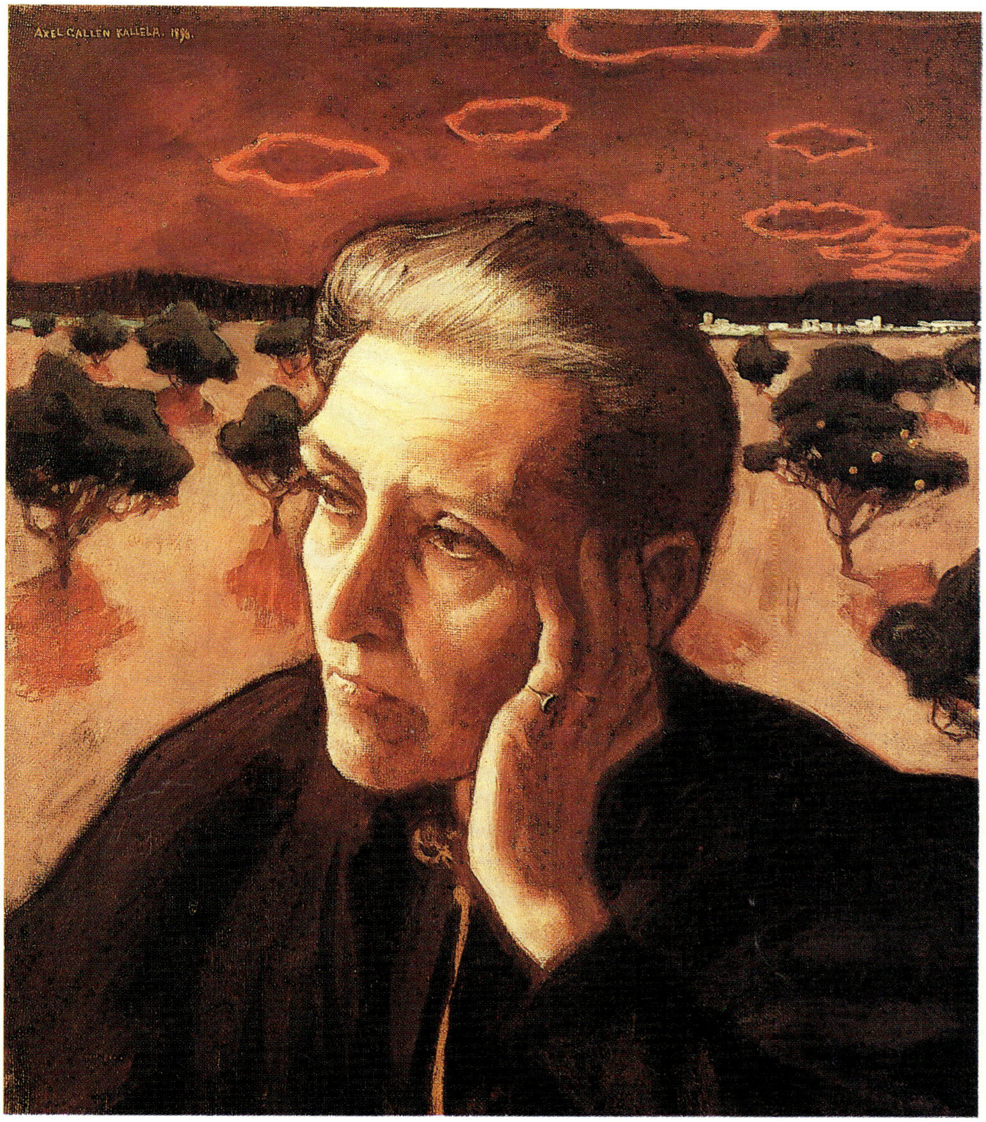

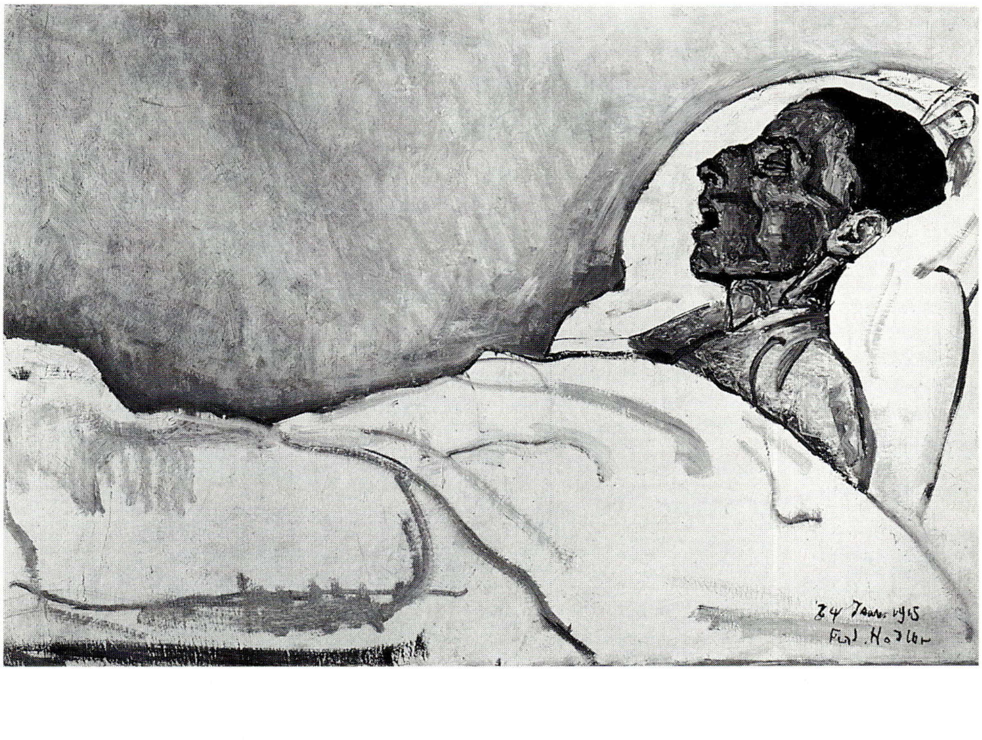

63 Axel Gallén, Bildnis der Mutter, 1896
Öl, 33×29 cm; Stockholm, Nationalmuseum

64 Vergleichsbild: Ferdinand Hodler, Valentine Godé-Darel auf dem Sterbebett, 1915
Öl, 60,5×90,5 cm; Basel, Kunstmuseum

folgende Seite

65 Anders Zorn, Bildnis der Königin Sophia, 1908
Öl, 132,5×96 cm; Stockholm, Waldemarsudde

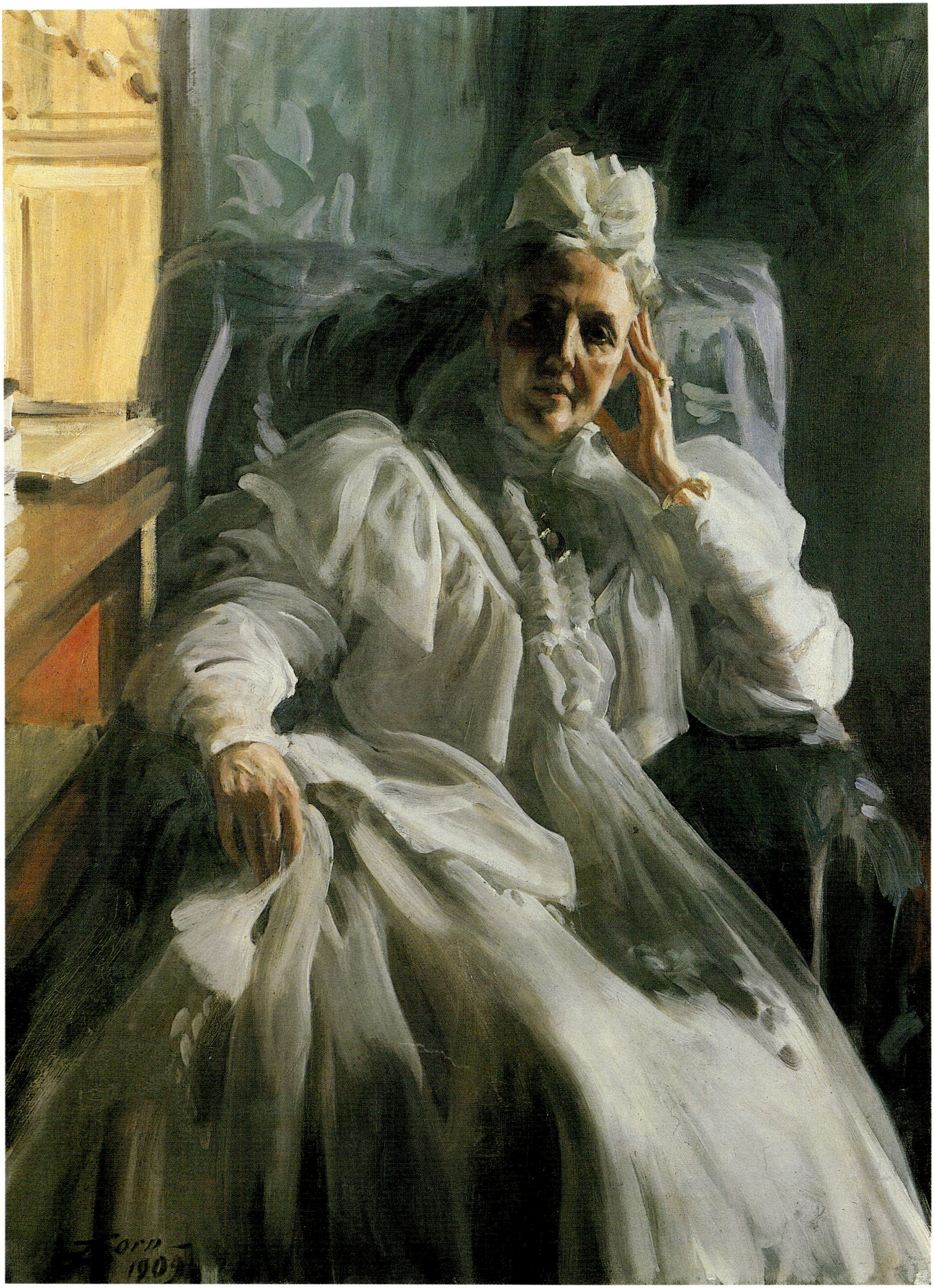

Neue Architektur

Merkmale der neuen Architektur in einem Schema

Die Beobachtungen, die wir an einem Bau von Lars Sonck machten, lassen sich in einem Schema zusammenfassen, in dem wir zum Vergleich mit solchem neuen Bauen die entgegengesetzten Merkmale älterer Architektur aufführen:

Herkömmliche Architektur im 19. Jahrhundert	Neue Architektur um 1900
Symmetrie, leicht zu erkennende Ordnung. Geometrizität	Asymmetrie, keine leicht erkennbare Ordnung
Materialqualitäten sind neutralisiert	Materialqualitäten betont, sichtbar, tastbar
Flächigkeit, Mauer als Fläche	Blockhaftigkeit, Mauer als Masse
Oberflächen glatt	Oberflächen rauh
Wirkung auf den Betrachter: Wachheit, klares Urteil	Wirkung auf den Betrachter: Stimmung, Kontemplation
Historismus, der gedankliche Assoziationen weckt	Absage an den Historismus und die Gedanklichkeit
Distanzen außerhalb und innerhalb des Baues: meßbar	Distanzen: sich der Messung entziehend
Raum als Hohlraum zwischen körperhaften Wänden	Raum als Raumkörper zwischen unbestimmten Wänden

Die neuen Merkmale zeichnen die besten Bauten nicht nur der nordischen Länder aus, sondern sind auch sonst in Europa zu finden; indessen werden sie nirgends so eindeutig wie im Norden erkennbar. Sind diese neuen Charakteristika der Architektur um 1900 mit einem Schlag zutage getreten? Nein, es gab Vorstadien und Vorbereitungen. Zu ihnen gehörten Bauten von Henry Hobson Richardson in den USA, mit Asymmetrie, Blockhaftigkeit, rauhen Oberflächen, betonten Materialqualitäten.

Auch englische Architektur hat eine Rolle gespielt; asymmetrische Kompositionen kamen oft in ihr vor. Aus Schottland bezogen nordische Architekten die Vorliebe für Granit. Vom deutschen Neubarock konnte man imposante Massenwirkungen lernen. Die skandinavischen Architekten nahmen gern Anregungen von außen auf.

Zugleich war man aber überall im Norden patriotisch gesonnen (nicht: aggressiv-nationalistisch). Man suchte nach einheimischen Vorbildern. Da gab es die kleinen

Dorfkirchen aus Granit aus dem 12. Jahrhundert und die städtischen Kirchen aus Backstein aus dem 13.–15. Jahrhundert. Ferner war da die skandinavische Spielart der niederländischen Renaissance des 16. und 17. Jahrhunderts. In Dänemark begeisterte man sich hierbei an den Bauten Christians IV. (spätes 16. Jahrhundert und frühes 17. Jahrhundert; das waren Backsteinbauten mit Hausteindetails und geschweiften Giebeln). In Schweden berief man sich auf die deutsch beeinflußte Wasa-Renaissance etwa der gleichen Zeit. Die nordeuropäischen Bauten waren stilistisch oft Vereinfachungen und Vergröberungen europäisch-festländischer Architektur, weil die Bauherren weniger reich und die Handwerker weniger geschickt waren. Die Fachleute, die vom Festland einwanderten, waren meist nicht die allerersten Kräfte, denn diese fanden zu Hause auch in schlechten Zeiten immer noch Arbeit. Aber gerade die Anpassung der ausländischen Muster an einheimische Verhältnisse wurde geschätzt.

Daß man einheimische Vorbilder suchte, ist ein Ausdruck des allgemein verbreiteten Nationalismus und Historismus des 19. Jahrhunderts. Aus dem gleichen nationalen Bestreben läßt sich auch verstehen, daß man – bewußt oder unbewußt – nicht so bauen wollte wie der Nachbar. Das gilt für die Großherzöge von Mecklenburg gegenüber Preußen ebenso wie für die Dänen gegenüber Preußen und Deutschland – besonders nach dem Krieg von 1864 und dem Verlust der Herzogtümer Schleswig und Holstein. Die Norweger wollten nicht an die 1814 aufgelöste Union mit Dänemark erinnert werden und schickten ihre (wenigen) jungen Architekten zur Ausbildung an die Technische Hochschule nach Hannover. Finnland wollte von der einstigen Verbindung mit Schweden nichts wissen und suchte deutsche und französische Anknüpfungen.

Man war also sowohl patriotisch gesonnen wie gegenüber ausländischen Einflüssen aufgeschlossen. Dennoch ist das Neue, das herauskam, kein Produkt, das sich aus den Voraussetzungen errechnen ließe.

Das Rathaus in Kopenhagen von Martin Nyrop

Der Erstling der neuen Architektur war das Kopenhagener Rathaus von Martin Nyrop. Im nachhinein sagt man leicht: das Rathaus ist typisch dänisch. Aber diese *danskhet* (Dänischkeit) gab es vorher nicht. Erst Nyrop hat sie geschaffen. Entsprechendes gilt von Sonck und Saarinen in Finnland, von Wahlman, Boberg und Östberg in Schweden. – Henrik Bull, Norwegens wichtigster Architekt zu jener Zeit, erscheint weniger ausgeprägt; sein Nationaltheater in Oslo ist noch historisch, sein Altertumsmuseum ist nicht so modern wie die Bauten Nyrops, Soncks und Wahlmans.

Abb. 67–70

Martin Nyrop siegte 1888 in einem vorläufigen Skizzenwettbewerb um das neue Kopenhagener Rathaus. 1892 wurde sein endgültiger Entwurf gutgeheißen; der Bau schritt langsam voran, erst 1905 konnte man ihn einweihen, nachdem schon Teile von ihm vorher in Gebrauch genommen worden waren. Nyrop hatte, obwohl er schon über die Vierzig war, keine vorherige Erfahrung mit Monumentalbauten. Er hatte überhaupt nur wenige Arbeiten ausgeführt, sein größter bisheriger Auftrag war die nordische Industrie-, Landwirtschafts- und Kunstausstellung 1888 gewesen, deren Pläne er 1888 entworfen hatte. 1881/83 hatte er als Stipendiat Europa bereist. Nach der Heimkehr wurde er Assistent des Professors Hans J. Holm an der Architekturschule der Kopenhagener Kunstakademie, deren Zögling er seit 1871 gewesen war.

In der dänischen Architektur der zweiten Hälfte des 19. Jahrhunderts herrschte wie auch sonst in Europa der Historismus mit Neugotik und Neurenaissance, den vor allem Frederik Meldahl glanzvoll vertrat. Er saß auf einem der beiden Lehrstühle der Architekturschule und hatte viele öffentliche und private Aufträge. Er zeichnete schwungvolle Fassaden und interessierte sich und seine Schüler wenig für die Durcharbeitung des Inneren seiner Bauten; ebenso wenig lag ihm, wie vielen anderen Architekten des Historismus, an der Materialgerechtigkeit; mit Verputz und Farben, Stuck und Gips konnte man jedes billige Material zudecken.

Neben Meldahl und seinen Anhängern stand eine zweite Gruppe dänischer Architekten, die sich gegenüber den historischen Mustern etwas freier verhielt und das Material, vor allem Backstein, sichtbar werden ließ. Sie gingen von Daniel Herholt aus, dessen Schüler Hans J. Holm Assistent an dem zweiten Lehrstuhl der Architekturschule, unter Professor Christian Hansen, war. Nyrop studierte unter Hansens Leitung und schloß sich eng an Holm an.

An dem großen Holzbau der Industrieausstellung kann man nur ahnen, daß Nyrop komplexe Bauprogramme mit festem Griff, sowohl als Ganzes wie auch in allen Einzelheiten, zusammenzuhalten vermochte. Eben damit zeigte er sich allen Konkurrenten im Rathauswettbewerb überlegen.

Das Rathaus sollte, wie sich das bei Rathäusern des späteren 19. Jahrhunderts gehörte, eine ganze Reihe von Funktionen in sich vereinen. Es sollte einen Festsaal und kleinere Repräsentationsräume enthalten, ferner natürlich den Sitzungssaal der Stadtverordneten, Säle für die einzelnen Ausschüsse, Amtszimmer für die verschiedenen Zweige der Stadtverwaltung, Bibliothek und Archiv. Wie sollten diese Räume im Verhältnis zueinander liegen? Wie konnte man leicht vom einen zum anderen kommen? Über welche Treppen und Gänge sollten die Bürger Zugang zu den Ämtern finden? Das Kopenhagener Programm war so groß, daß man selbstverständlich nicht alle Räume in einem Block unter einem Dach unterbringen konnte. Der Bau mußte aus Flügeln um einen oder zwei Innenhöfe bestehen. Das Programm schrieb vor, daß der eine Innenhof überglast werden sollte.

Natürlich sollte der Bau eine ansehnliche Fassade und einen Turm bekommen. In den großen deutschen Städten war die Neugotik der gegebene Stil für ein Rathaus. So auch in Frankreich und England im 19. Jahrhundert. Dabei dachte man an die großen mittelalterlichen Städte mit ihrer – besonders in Deutschland und Italien weitgehenden – Selbstverwaltung. In den nordischen Königreichen waren die Städte nie so groß und reich gewesen wie im übrigen Europa. Der Historismus fand in den nordischen Ländern wohl Kirchen und Burgen, königliche Schlösser und Herrenhöfe, aber keine Rathäuser als würdige Vorbilder. – Man war aber auch in Dänemark so stark an die historische Architekturidee gebunden, daß in der Konkurrenz neben Nyrops Entwurf auch ein neugotisches Rathaus auftauchte und den zweiten Preis zugesprochen bekam. Letzterer Entwurf enthielt aber kein überzeugendes Raumprogramm. Gerade das aber hatte Nyrop vorgelegt. Daß sein Entwurf nicht historistisch war, galt nicht als sein Hauptverdienst.

Auch Nyrops Rathaus hat historische Züge, wie den Turm und den Zinnenkranz. Auch die Kombination von Backstein mit Hausteindetails gehörte zur älteren dänischen Architektur, besonders im 17. und frühen 18. Jahrhundert. Aber das Ganze hatte seinen eigenen Stil. Vor allem: Nyrops Bau ist ein Block, nicht bloß eine Fassade. Durch den Turm bekommt er einen asymmetrischen und dynamischen Einschlag. Der Architekt stellt die liegende Masse des Baues gegen den hoch aufragenden, steilen Turm. Für den Eindruck der Geschlossenheit des Ganzen ist der hohe Zinnenkranz wichtig, ebenso das Fehlen der Fenster links und rechts zuäußerst in den beiden unteren Geschossen der Hauptfassade und neben dem Tor.

Nyrops Rathaus trägt noch nicht alle Merkmale der neuen Architektur um 1900, aber doch schon eine Reihe von ihnen. Er entfernt sich auch von der Rationalität der älteren Architektur, indem er die Fensteröffnungen in den drei Geschossen je verschieden teilt: im Untergeschoß drei Öffnungen, im zweiten Geschoß zwei, im Obergeschoß wieder drei. Wenn man über dem großen Portal ein großes Mittelfenster oder eine große Tür zum Balkon erwartet, wird man enttäuscht; nur eine kleine Tür führt zum Balkon hinaus, statt dessen steht über der kleinen Tür in einer Nische eine überlebensgroße Statue des Stadtgründers, des Bischofs Absalon. Die mittlere Achse der Fassade wird oben in der Höhe noch einmal durch das große, vergoldete Stadtwappen vor der Zinnenmauer betont. Nyrop hat darauf verzichtet, die Fassade in herkömmlicher Weise durch Risalite (vorspringende Mitte, etwas weniger vorspringende Eckteile) zu gliedern. Die einheitliche Mauer herrscht vor, auch wenn die Erker links und rechts im Hauptgeschoß starke Gewichte an den Flanken der Fassade bilden. Das ergibt eine neue Dynamik gegenüber älterer Fassadenbildung. Nyrop hat selber in der Folgezeit keinen Bau von ähnlichem Rang entworfen. Er hatte auch keine Schüler. Aber mehrere jüngere Architekten in den nordischen Ländern haben sich mit seinem Werk auseinandergesetzt. Diese Jüngeren wollten Bauten hinstellen, die sich mit Nyrops Rathaus an Kraft und Originalität messen konnten. Den größten Anlaß, mit Nyrop zu wetteifern, hatte Ragnar Östberg, als er den Auftrag für das Stockholmer Stadthaus erhielt. Es bleibt Nyrops Verdienst, daß er ein neues Maß architektonischer Qualität im Norden gesetzt hat.

Bei einem Blick auf die großen etwa gleichzeitigen Rathausbauten in Deutschland (Hamburg, Hannover, Leipzig, München) wird man feststellen, daß sie länger am Historismus festhielten oder – Leipzig – im Detail hinter Nyrop zurückblieben.

Ein traditioneller Bau: die Matthäuskirche in Norrköping von Helgo Zettervall

Der schwedische Architekt Helgo Zettervall (1882/97 Chef der obersten Baubehörde) war zuerst als Restaurator alter Kirchen bekannt geworden (sein erster Auftrag ab 1860 galt dem Dom zu Lund). Wie üblich, machte er ausgedehnte Studienreisen nach Deutschland, Frankreich und Italien. Seit 1875 entwarf er viele Neubauten, nicht nur kirchliche, sondern auch profane, wie Schulen und Privathäuser. Im Oktober 1876 hatte er begonnen, sich mit einem kirchlichen Neubau für Norrköping zu befassen. Die ersten Skizzen für diese Matthäuskirche sind in neuromanischem Stil
Abb. 71, 72 gehalten. Im Mai 1880 und im Juni 1881 hatte er weitergearbeitet; die endgültigen neugotischen Risse entstanden 1890; 1892 wurde die Kirche eingeweiht.

Die Matthäuskirche ist ein schlanker neugotischer Backsteinbau mit einem Turm im Westen; das Innere ist eine dreischiffige Halle mit Emporen in den Seitenschiffen und vorspringendem polygonalem Chor. Die Kirche liegt frei in einem Park als Blickfang am Ende einer größeren Straße. Das ist durchaus gewöhnlich bei Kirchenbauten des 19. Jahrhunderts. Erst ganz am Ende des 19. Jahrhunderts hat man angefangen, die soziale Rolle der Kirchen auch in baulichen Anordnungen zu betonen, indem man Gemeindesaal, Kindergarten, Räume für Diakonie und sonstige Gemeindepflege in nahem Zusammenhang mit der Kirche und als Baugruppe um sie herum errichtete.

Zettervall benutzte das Baumaterial (Backstein für alle Mauern, Kalkstein an Portalen, Fenstern und Giebeln, Metall für die Dächer), um unseren Augen farbige Reize zu bieten, aber nicht um unser Materialgefühl (und schon gar nicht den Tastsinn) zu wecken. Das wird ganz deutlich im Inneren, wo er durchweg mit glatten und spiegelnden Oberflächen arbeitet. Die Bodenplatten sind glasiert, die Wände verputzt, die Bänke dick bemalt und gefirnißt, die dünnen Granitpfeiler glatt geschliffen. Der Besucher der Kirche kann von Anfang an den ganzen Raum gut überblicken. Das entspricht dem Programm der Kirchenbauer des 19. Jahrhunderts überhaupt: Man soll von allen Plätzen der Kirche aus gut sehen und hören können. Jeder soll erfassen, was am Altar und auf der Kanzel geschieht. (In diesem Sinn waren schon die großen spätgotischen Stadtkirchen des 14. und 15. Jahrhunderts angelegt.)

Unser Überblick wird dadurch erleichtert, daß ständig die gleichen Bau- und Ornament-Elemente wiederkehren. Der Abstand von Pfeiler zu Pfeiler ist immer gleich; wenn wir ihn von dem Platz aus erfassen, an dem wir uns gerade befinden, können wir uns dessen sicher sein, daß der gleiche Abstand auch zwischen den von uns entfernten Pfeilern gilt.

Sehen wir zur Decke hinauf, finden wir dort ein Ornament, das aus kleinen, einfach-geometrisch gezeichneten, mageren Elementen besteht, die sich immer wiederholen. Das bewirkt, daß unser Blick längs der Decke schnell in die Raumtiefe gleiten kann. »In die Raumtiefe« – daß heißt zur Kanzel und zum Altar hin. Der Raum schreibt uns ein ganz bestimmtes Verhalten vor. Unsere Aufmerksamkeit soll dem Wort, das von der Kanzel verkündigt wird, und dem Sakrament, das die Gläubigen am Altar empfangen, gelten. Dieses Kircheninnere will uns in eine ganz bestimmte Richtung zwingen. Umgekehrt erlebt der Geistliche auf der Kanzel oder am Altar seinerseits die Richtung auf die Gemeinde hin. Also ein doppelt gerichteter »Verkehr«. Indem hier alle Einzelheiten – Pfeiler, Bänke, Fenster, Emporenbrüstungen, Gewölberippen, usw. – je für sich genormt sind, teilt sich diese Normierung auch den Besuchern und Teilnehmern des Gottesdienstes mit. Sie sollen in dem »Wir« der Gemeinde aufgehen.

Das entspricht genau der Auffassung von Gemeinde und Glauben in der lutherischen Kirche des 19. Jahrhunderts. Zettervalls Kirche ist der perfekte Rahmen des Verhältnisses von gläubiger Gemeinde und gnädigem Gott. Hier bestand im 19. Jahrhundert ein gewissermaßen rationales Verhältnis zwischen Glauben und Gnade. Danach erteilt Gott seine Gnade den Menschen zwar ohne deren Verdienst, aber es ist doch notwendig, daß die Menschen dem Vorbild Christi folgen. Sie sollen ein praktisches Christentum ausüben. Die lutherische Kirche betonte ferner den Nutzen guter dogmatischer Einsichten und (im 19. Jahrhundert) auch guter historischer Kenntnisse von der Reformation, die die reine Lehre wiederhergestellt und dem Staat und der Familie ein sicheres moralisches Fundament gegeben hatte.

Das war eine recht rationale Frömmigkeit. Sie rechnete stark mit der Verantwortung des Einzelnen: Moralität aus Rationalität. Diese Gedanken und Normen und die dazugehörigen Gefühle stecken in den meisten Kirchenbauten des 19. Jahrhunderts. Zettervall, der selbst kein religiöser Mensch war, hat sie ungewöhnlich klar und künstlerisch überzeugend in seinen großen neugotischen Kirchen, Mattheus in Norrköping, Allhelgona in Lund und Oskar-Fredrik in Göteborg ausgedrückt.

Er hat immer Langkirchen gebaut. Von Zentralkirchen, kreisrund oder vieleckig, wollte er nichts wissen. In diesen befinden sich Altar und Kanzel innerhalb desselben Kreises, der zum größten Teil der Gemeinde gehört, wobei die zwei distinkten Richtungen, die es in der Langkirche gibt, nicht hervortreten können. Zettervall lehnte auch hohe, überkuppelte Kirchenräume ab; in ihnen strömt das Licht von oben auf die Gemeinde herab, deren Aufmerksamkeit also nach oben steigt und vom Altar und der Kanzel abgelenkt wird. Das Licht aus dem Kuppeltambour ist ein Bild der Gnade, die dem Menschen ohne sein Zutun zuteil wird, ja, die ihn überwältigt – das paßte ganz und gar nicht zu dem rationalen und moralischen Luthertum des 19. Jahrhunderts.

Zettervalls neugotische Matthäuskirche in Norrköping steht für einen verbreiteten Typus von Kirchen der zweiten Hälfte des 19. Jahrhunderts. Ganz anders verhält es sich mit Wahlmans Engelbrektskirche in Stockholm: sie ist mit nichts zu vergleichen.

Sie sammelt und vereint in sich viele Züge der um 1900 modernen Architektur, aber sie tut dies in einzigartiger Weise. Wahlman selber hat später kein Werk von gleichem Rang gebaut.

Die Engelbrektskirche in Stockholm von Lars Israel Wahlman

Abb. 66, 73–77

Lars Israel Wahlman war ein Schüler des bedeutenden schwedischen Architekten Isak Gustaf Clason, der seinerseits ein Schüler von Fredrik Wilhelm Scholander war; (ab 1864 Chef der obersten Baubehörde). Zusammen mit Clason hat Wahlman 1894 bis 97 das Schloß Hjularöd in Schonen gebaut; bei seinem nächsten großen Auftrag, dem Schloß Tjolöholm (an der Westküste, 40 Kilometer südlich von Göteborg), stand er unter dem modernsten englischen Einfluß (Baillie Scott in der Nachfolge von William Morris). 1906 gewann Wahlman das Preisausschreiben für die Engelbrektskirche in Stockholm. 1907 arbeitete er seine Entwürfe um, 1910/14 wurde die Kirche gebaut.

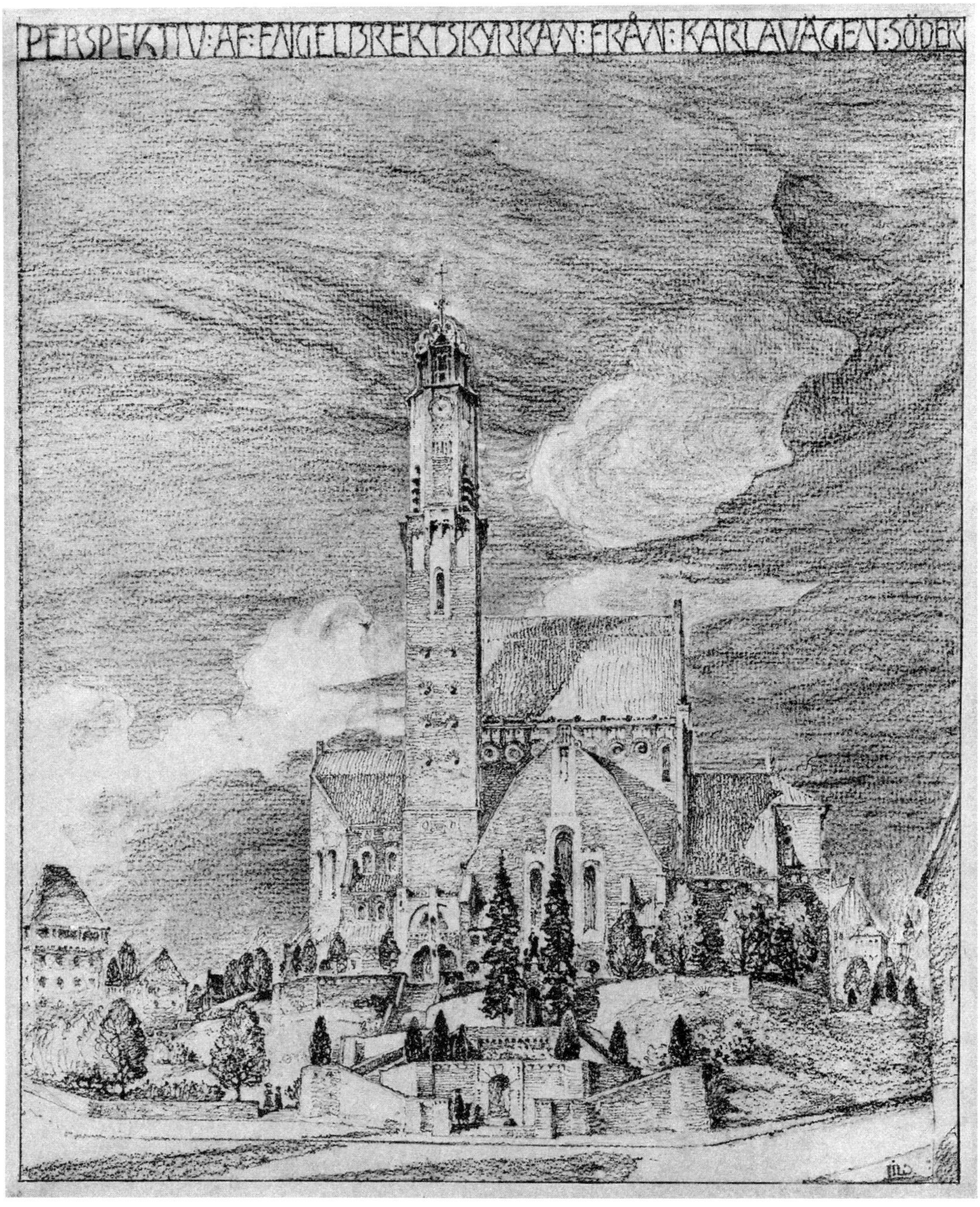

Engelbrektskirche in Stockholm, Entwurfsskizze von Lars Israel Wahlman

Wie kam es zum Bau der Engelbrektskirche (und schon vorher zum Bau neuer Kirchen in den Städten, wie z. B. der Matthäuskirche in Norrköping)?

Angesichts der großen Vermehrung der Bevölkerung war die schwedische lutherische Staatskirche vor allem in den großen Städten völlig unzureichend gerüstet. Man hatte die alte Gemeindeeinteilung bestehen lassen und ihr keine neuen Pfarrstellen zugeteilt, noch viel weniger neue Kirchen gebaut. Ein Pfarrer sollte allein für Tausende, ja Zehntausende von Gemeindemitgliedern sorgen. Die offizielle Kirche unternahm lange nichts, um dem Notstand abzuhelfen. Man mußte die allzu volkreich gewordenen Gemeinden aufteilen – so daß neue Gemeinden an den Stadträndern entstanden – und mußte sie mit Bauten versehen. Es waren vor allem fromme Laien, die für solche Neuerungen eiferten, unter ihnen Carl Alm, der in Stockholm die Gesellschaft zur Beförderung der kirchlichen Seelsorge gründete. 1899 baute die Gesellschaft ihre erste Kapelle, einen Holzbau, der 1903–04 durch die steingebaute Stefanskirche ersetzt wurde. Später kamen Kirchenbauten in Duvbo 1904, Hagalund 1906 und Enskede 1913–15 hinzu – alles Vorstädte von Stockholm. Das größte Vorhaben der Gesellschaft war die Errichtung der Kirche von Nynäshamn, einer Hafenstadt etwa 50 Kilometer südlich von Stockholm, ab 1917 durch Wahlman. Später kam die Kirche in Tureberg von Edvard Milles, dem Bruder des Bildhauers, hinzu (1923 bis 30). Die Errichtung der St. Görans Kirche, der Högalidskirche und der Västerledskirche in Stockholm und seinen Vororten ist durch die Gesellschaft angeregt worden.

Das Ganze war eine Arbeit von unten her, auch wenn die Staatskirche allmählich aktiv wurde. So große Bauten wie die Engelbrektskirche oder die Högalidskirche (von Ivar Tengbom, 1917–23) konnten ja doch nur innerhalb der offiziellen Kirchenorganisation durchgeführt werden. Sicher ist aber, daß Wahlman etwas von den neuen Gemeindegedanken aufgefaßt hatte. Überhaupt gab es eine kirchliche und Frömmigkeitserneuerung um und nach 1900 in Schweden, die dem religiösen Gefühl ein viel größeres Recht zusprach, als es die Theologen des 19. Jahrhunderts zugeben wollten. Man merkt das auch an den Worten, die Wahlman zehn Jahre nach Einweihung der Engelbrektskirche niederschrieb.

Die konstruktive Idee der Engelbrektskirche

In dem Gedächtnisbuch *Engelbrektskyrkan i ord och bild*, Stockholm 1925 (Die Engelbrektskirche in Wort und Bild), sagte Lars Israel Wahlman über sein Werk: »Die Engelbrektskirche will nicht alt und ehrwürdig aussehen, sie will jung und stark sein. Sie will ein hoher Gottesdienstraum für einen frischen Glauben sein, der ständig aus dem lebenden Grund einfacher Wahrheiten aufwächst. Deshalb erhebt sie sich im Inneren mit Bogen über Bogen auf den acht Grundpfeilern, den acht milden Seligkeiten der Liebesreligion. Die Bergpredigt Jesu, die auf die Granitpfeiler im Inneren eingehauen ist, ist die *Grundsymbolik* des Baues. Die Engelbrektskirche will sammeln: sie will eine Gemeindekirche im weitesten Sinn in einer Zeit sein, in der allzuviel zersplitternder Egoismus herrscht. Deshalb erhebt sie sich – wobei sie in gewisser Weise die byzantinischen Kirchen nachbildet – ohne Pfeilerreihen, d. h. ohne Seitenschiffe über freiem Grund, wo ein paar Tausende sich um einen tragenden und einenden Gottesdienst, eine gemeinsame Trauer oder Freude sammeln können. Das ist die Planidee des Baues.

Die Engelbrektskirche will Ehrlichkeit gegen sich selbst. Das ist ihre *konstruktive Idee*. Die Form ihrer Gewölbebögen zeigt den Druck der Mauermassen und den starken Widerstand des Granits in harmonischem Gleichgewicht. Das ist Wissenschaft, aber auch Leben von derselben Art wie in einem jugendlichen, geübten Körper oder einer lebendigen Seele. Es gibt keine unnötigen Massen, jeder Druck, sei es der Mauern

Engelbrektskirche in Stockholm, Zeichnung des Außenbaues von Lars Israel Wahlman

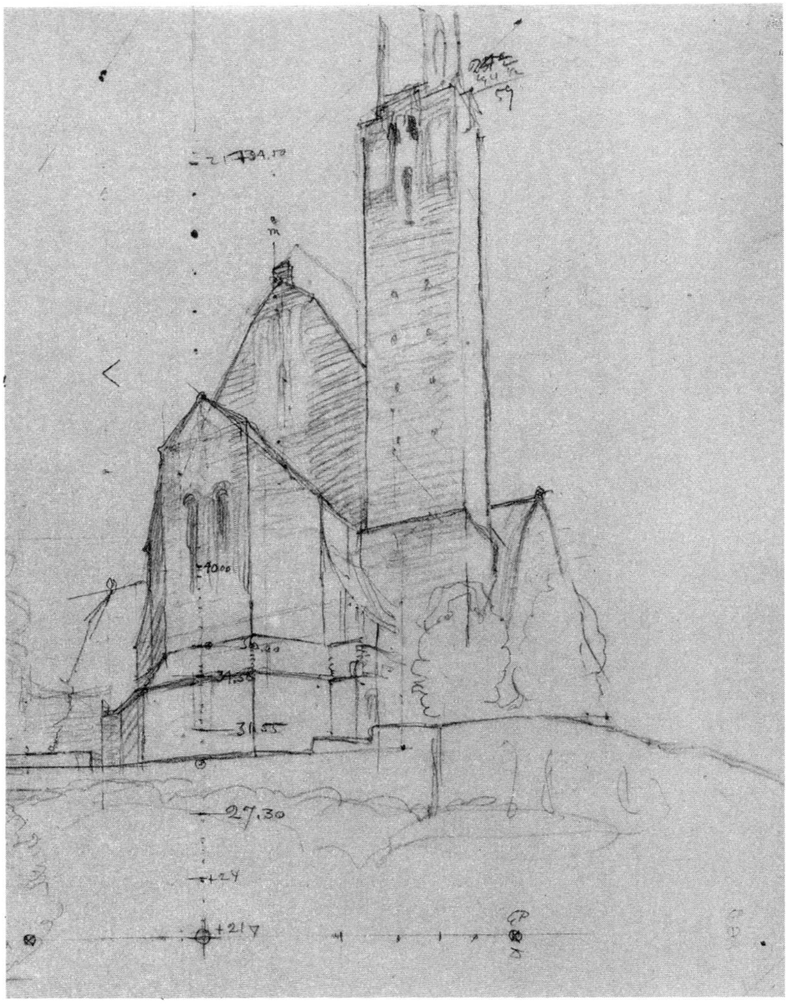

oder der Rippen, wird auf berechnetem Wege zum festen Grund hinabgeleitet. Jedes Material zeigt seine Natur: der harte Granit, der warme Backstein, der durch den Verputz hindurch sichtbar ist, das leichte, geschmeidige Holz, das darum höher hinaufreicht als die anderen Materialien. Fast nichts ist bekleidet, und nichts gibt sich für mehr aus, als was es ist. Das ist das nordische, gotische Grundprinzip der Baukunst (obwohl nicht Gotik).

Ich habe versucht, einen Bau zu schaffen mit dem Evangelium als Geist, mit Schwere und Streben als dem Leben der Materie. Das Äußere der Kirche: es hat in seiner Totalform dem Inneren folgen sollen. Es ist ein unverputzter Backsteinbau, und der Granit erscheint in den untersten Partien zunächst dem gewachsenen Felsen, auf dem die Kirche ruht, um zu bestätigen und zu vermitteln – wie auch im Inneren – und um Portale und Säulen zu formen, die in Jahrhunderten bestehen können. Weiter oben tritt Sandstein hinzu, der eher der Farbe des Backsteins folgt.

Auch das Innere der Kirche strebt danach, eher wachsende Kraft als Ruhe zu zeigen. Der Felsen war einmal eine Klippe in einem stürmischen Meer, viel später ein Windmühlenberg am Rand einer anstürmenden Großstadt. Der Felsen erhält vermehrte Kraft durch Mauern und Treppen und durch die Masse des Baues, der ihn krönt. Und die Krönung der Kirche ist der Turm, der die Gemeinde als Braut Christi symbolisiert. Und diese Krönung trägt selber eine goldene Krone, eine Brautkrone. Der Felsen selber erhebt sich über dem Karlavägen etwa 14 Meter (das entspricht

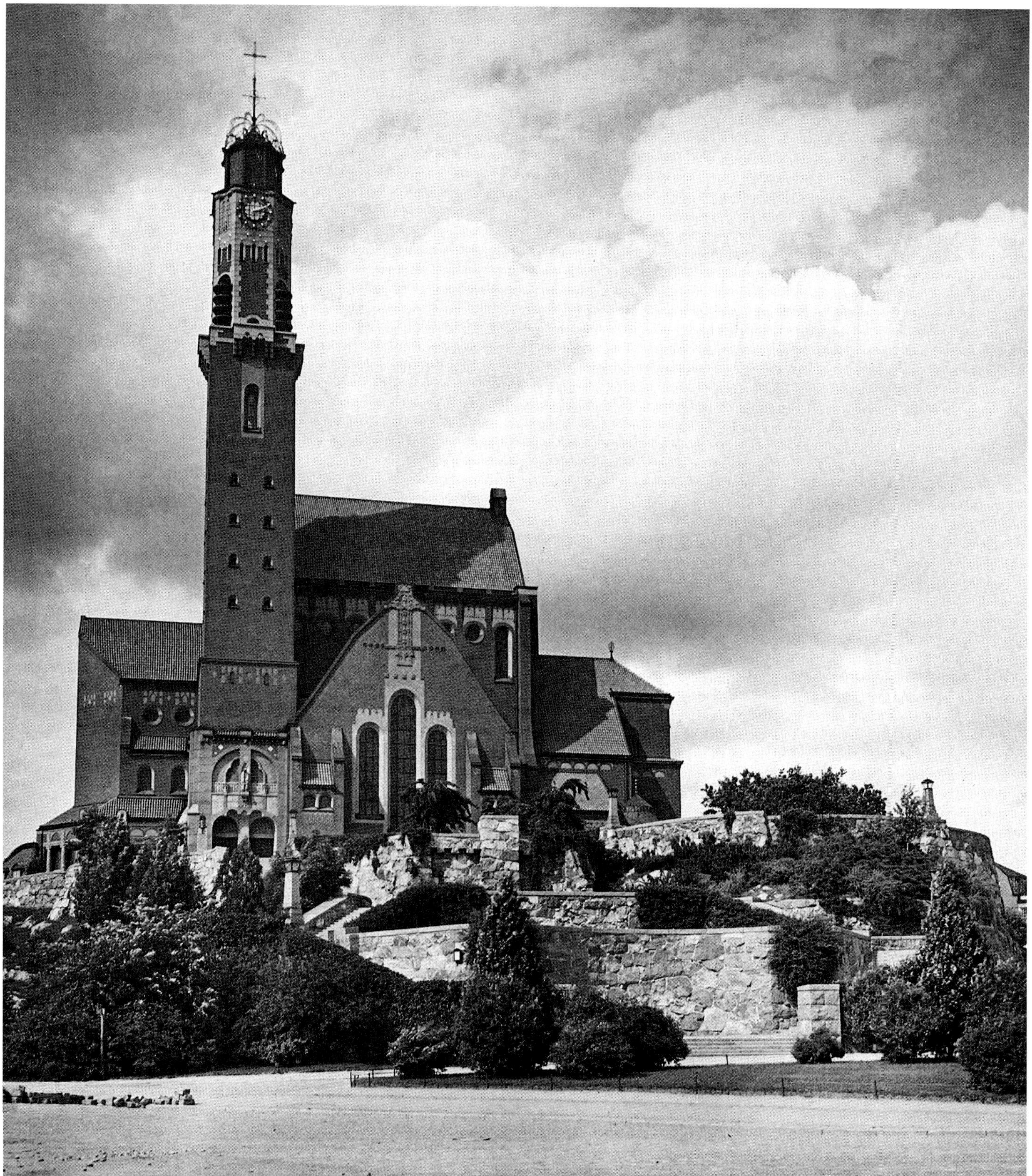

66 Engelbrektskirche in Stockholm, entworfen von Lars Israel Wahlman, Ansicht von Süden

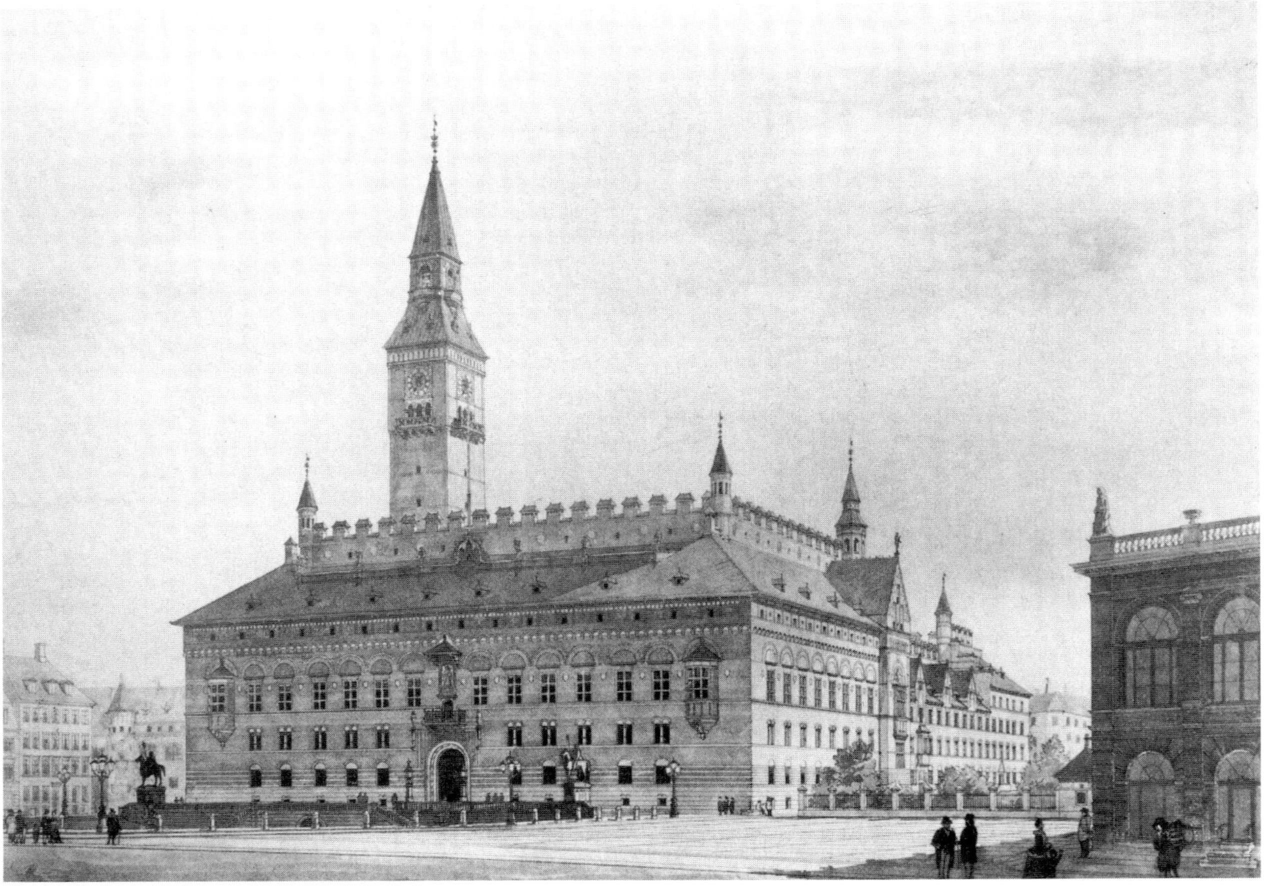

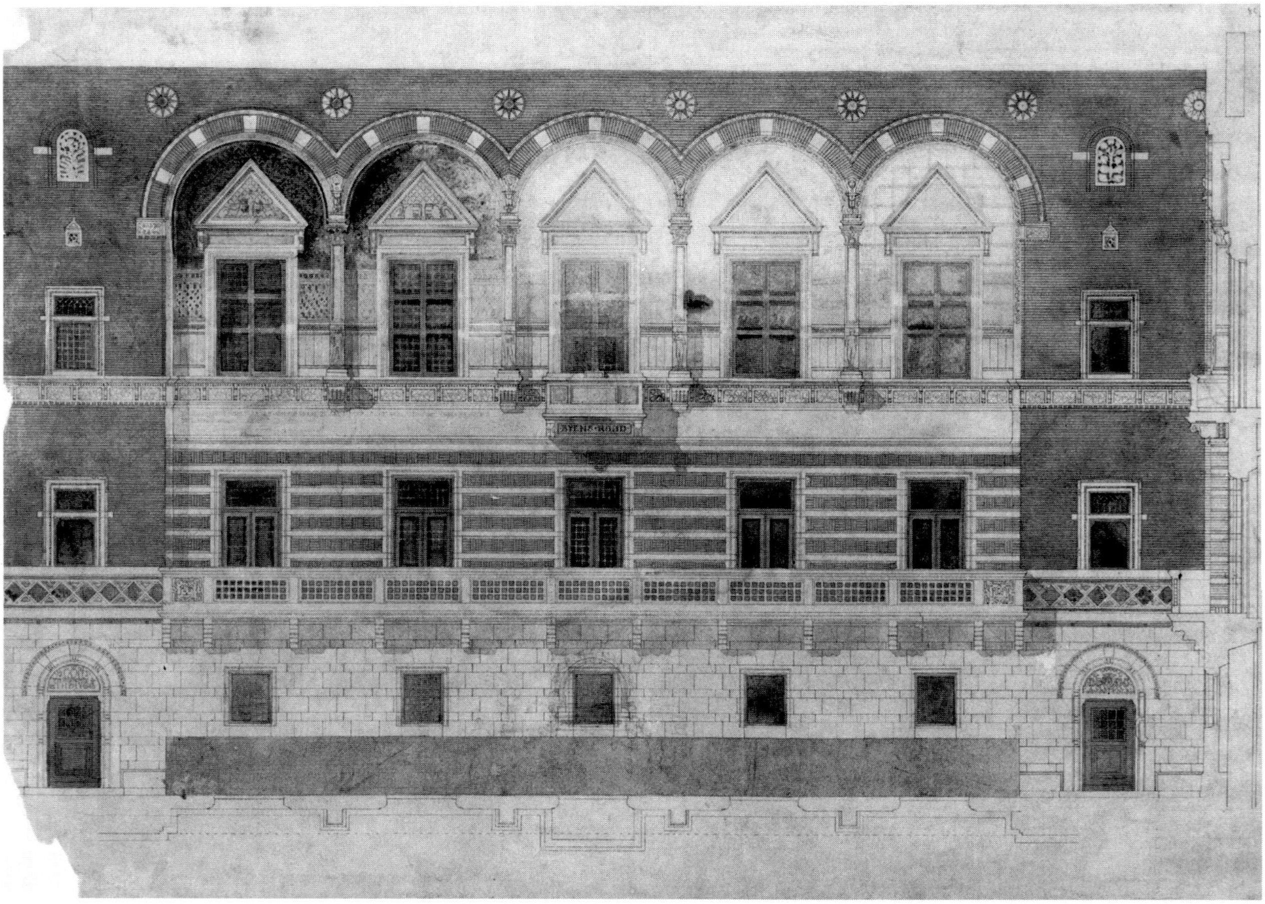

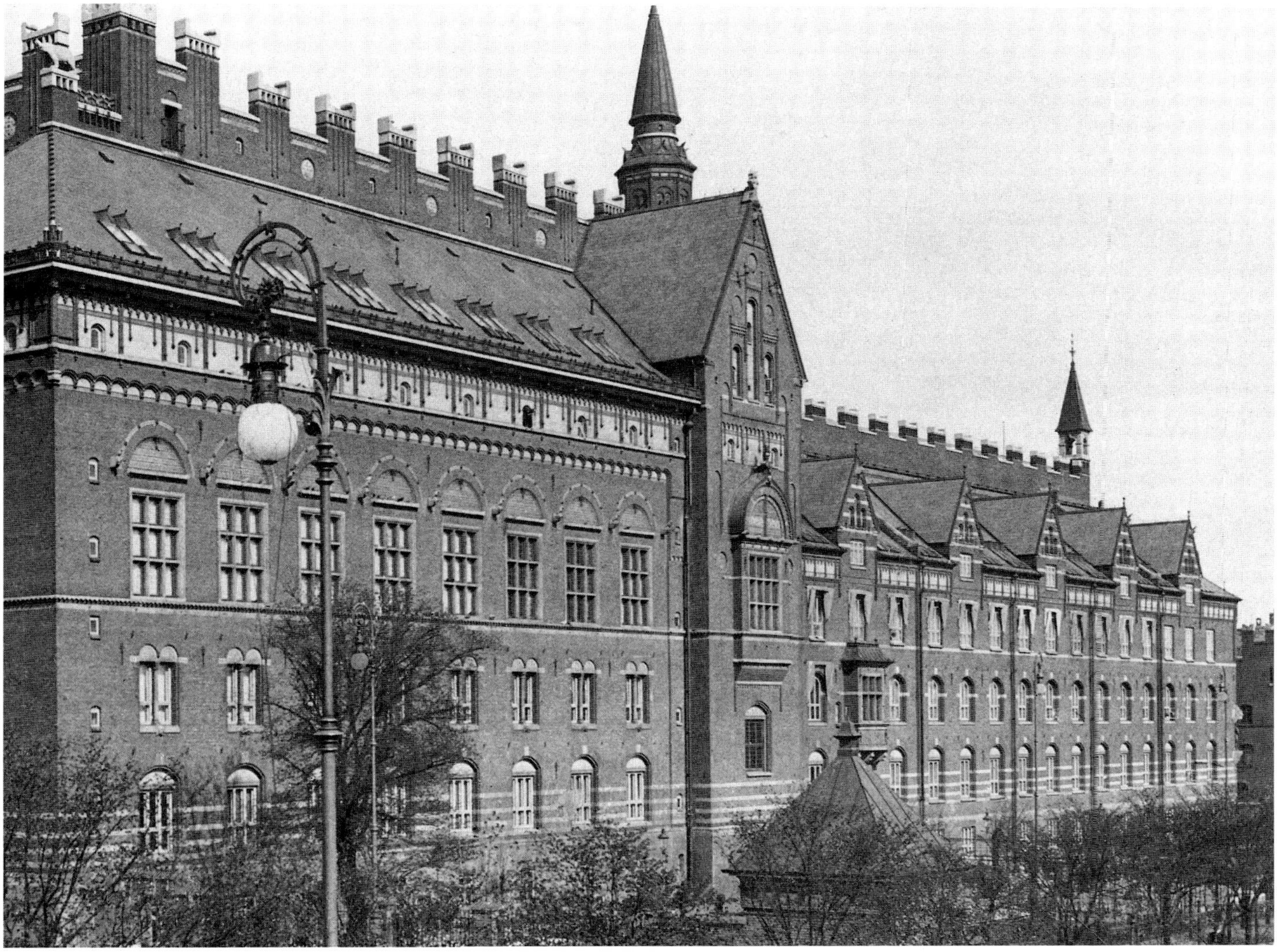

67 Rathaus in Kopenhagen, Gesamtansicht, Zeichnung von Martin Nyrop
68 Rathaus in Kopenhagen, Binnenhoffassade, Zeichnung von Martin Nyrop
69 Rathaus in Kopenhagen, entworfen von Martin Nyrop, Seitenfassade Hans-Christian-Andersen-Straße

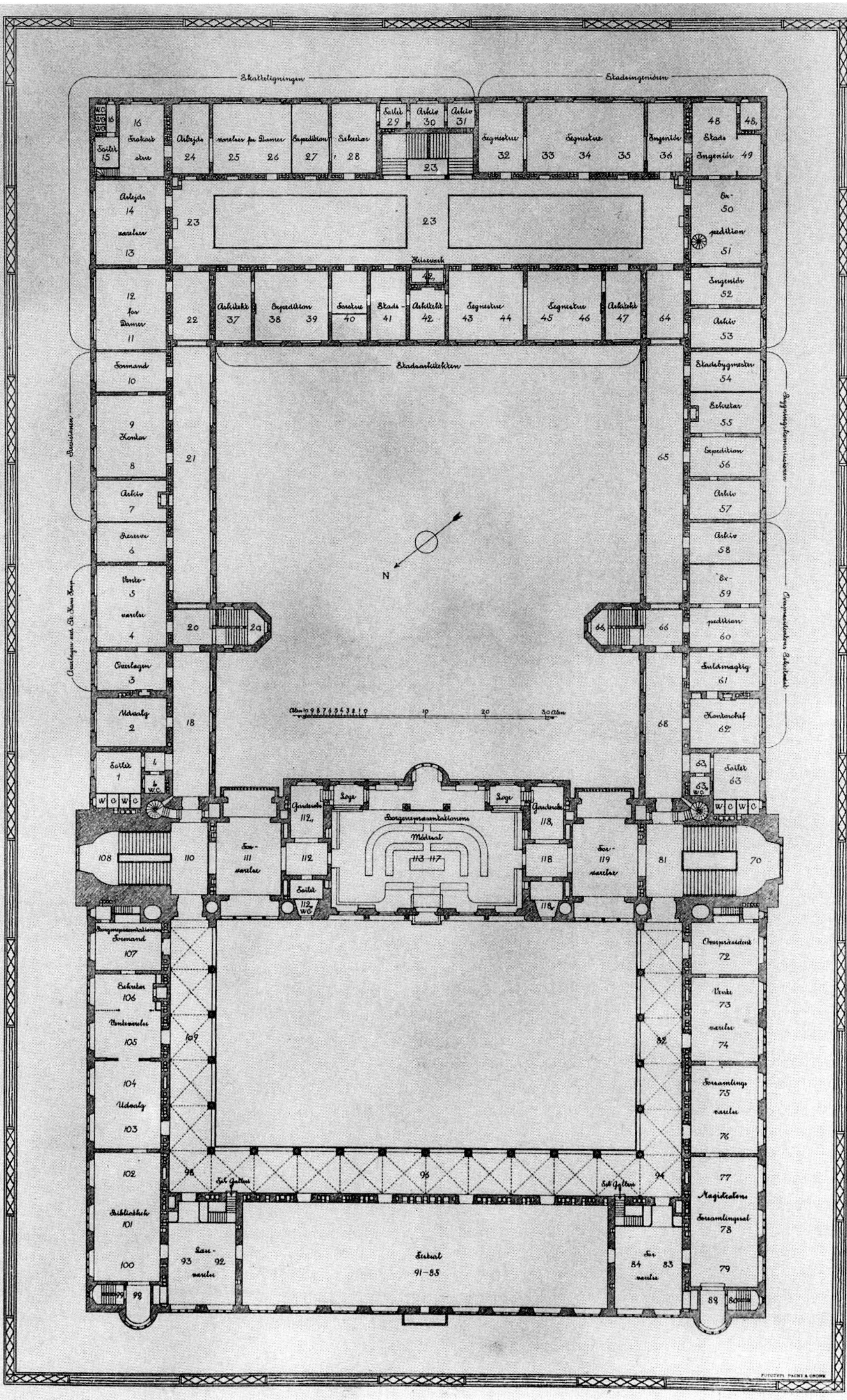
Skatteligningen
Stadsingeniøren
Stadsarkitekten
Borgerrepræsentationens
Mødesal
113–117
Overpræsident
Stadsbygmester
Kontorchef
Magistratens
Forsamlingssal
Bibliothek
Udvalg
Formand
Kontor
Arkiv
Reserve
Overlægen
Ekspedition
Tegnestue
Arkitekt
Ingeniør
Sekretær
Toilet
Garderobe
Loge
Forsamlings
værelse
Vente
værelse
Festsal
91–85
N
FOTOTYPI PACHT & CRONE

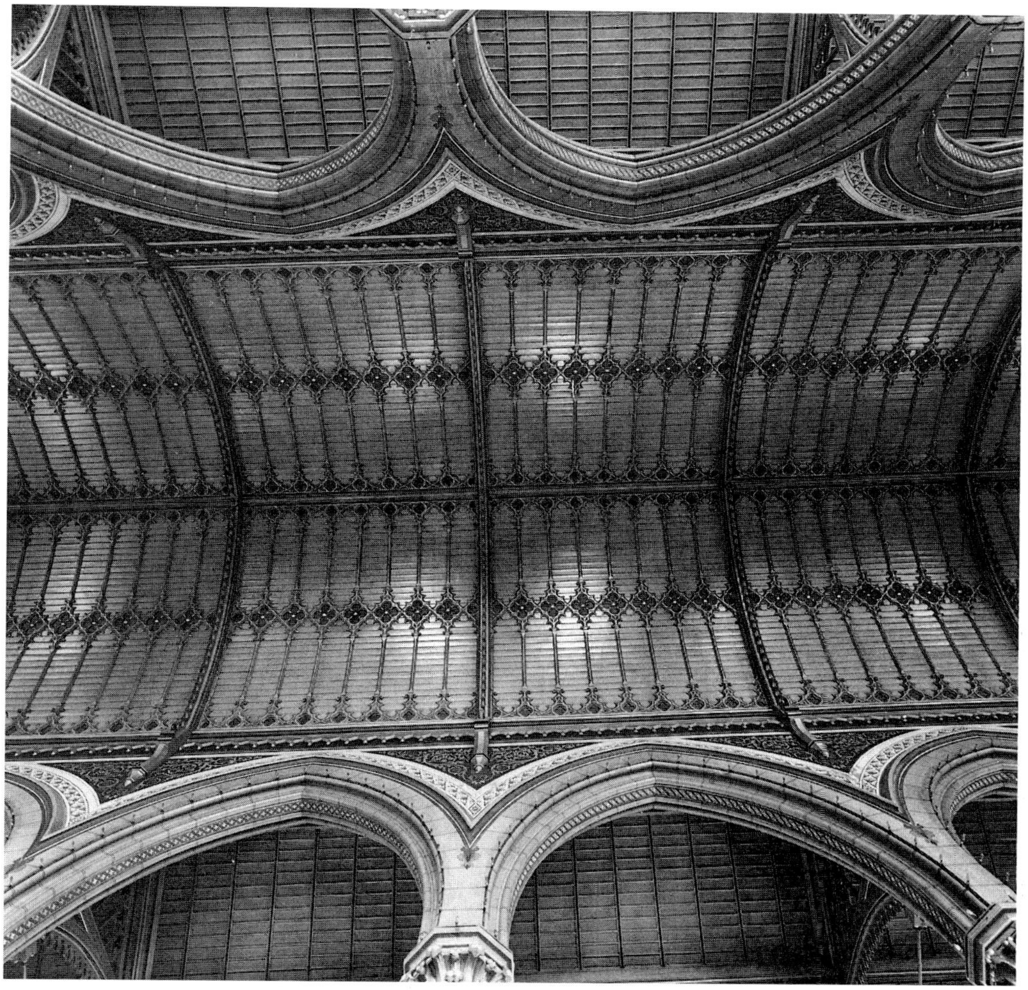

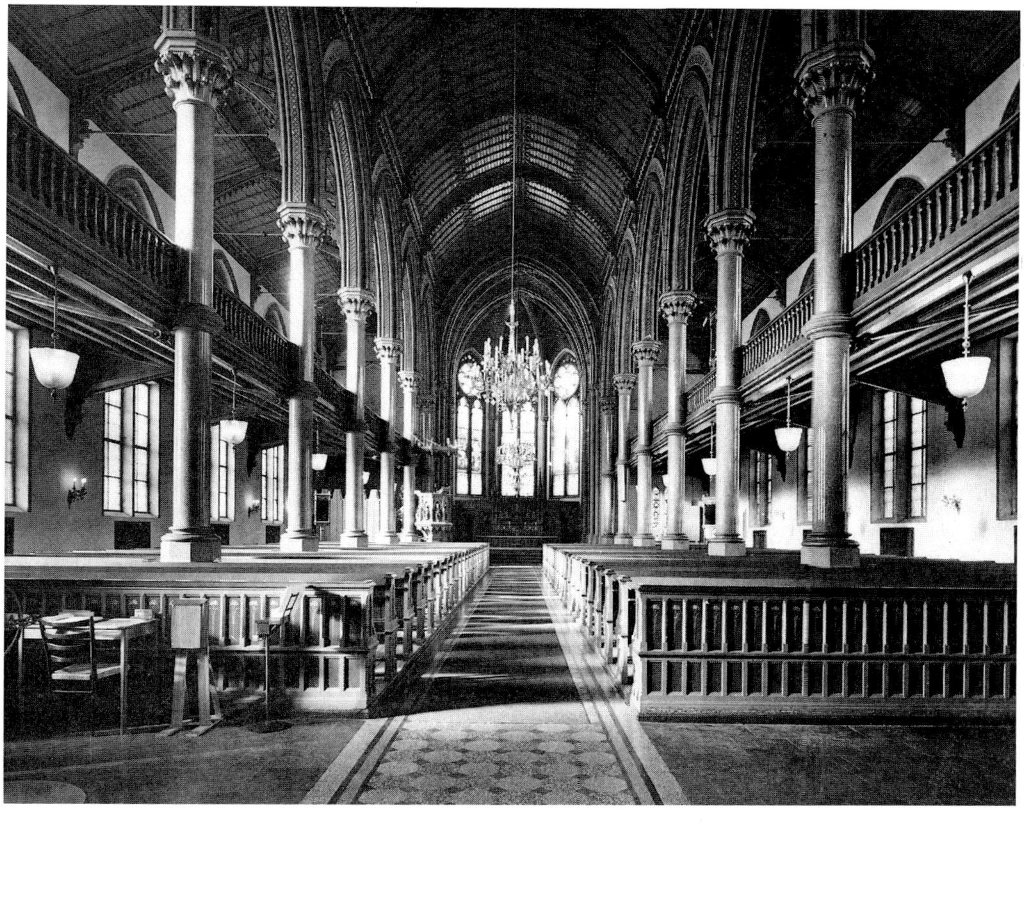

70 Rathaus in Kopenhagen, entworfen von Martin Nyrop, Grundriß
71 Matthäuskirche in Norrköping, entworfen von Helgo Zettervall, Blick zur Decke
72 Matthäuskirche in Norrköping, Innenansicht mit Blick zum Altarraum

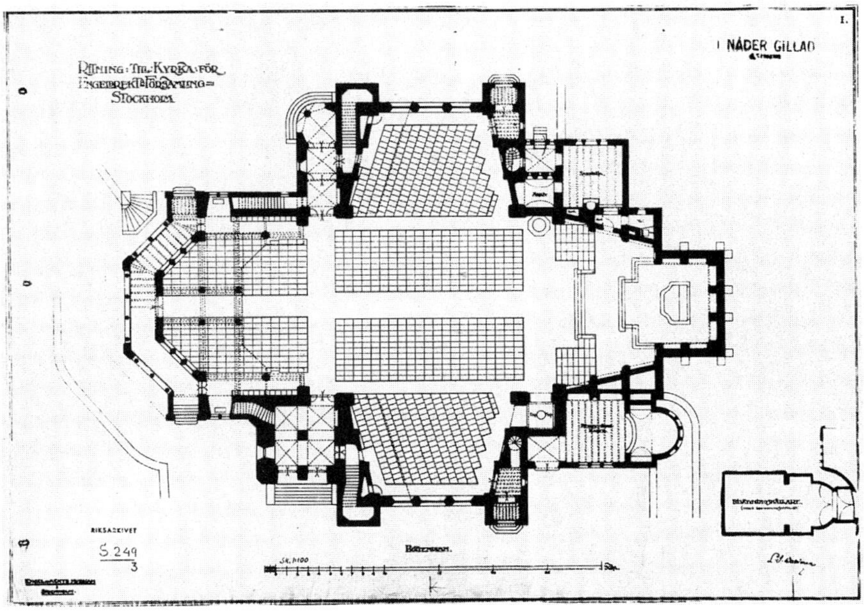

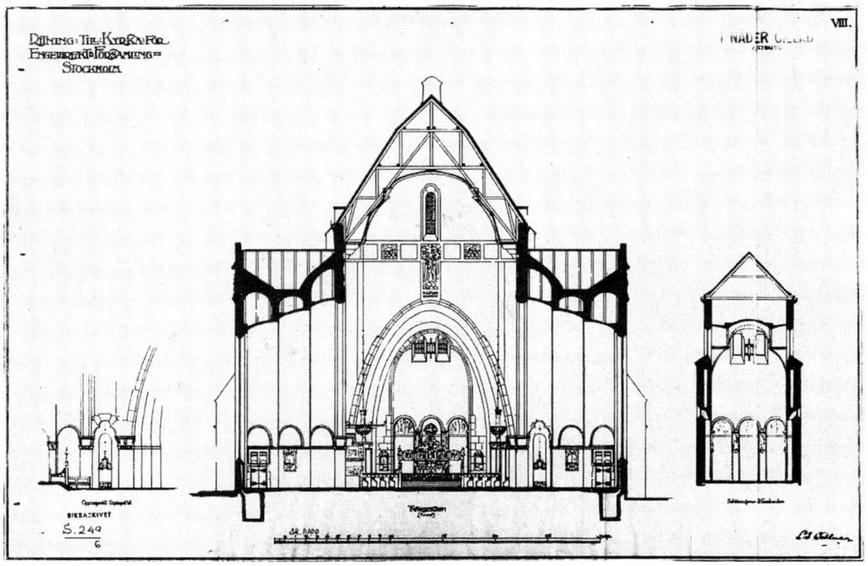

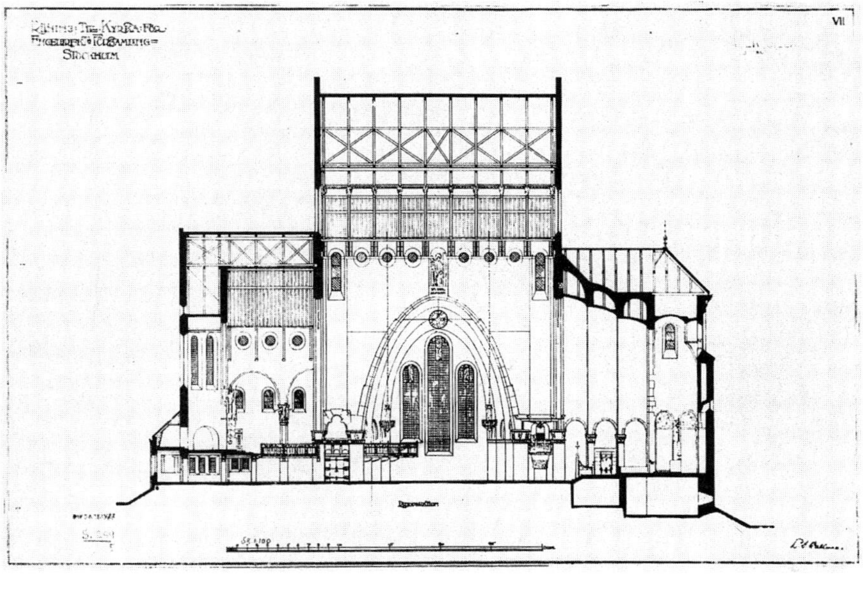

73 Engelbrektskirche in Stockholm, entworfen von Lars Israel Wahlman, Grundriß

74 Engelbrektskirche in Stockholm, Querschnitt

75 Engelbrektskirche in Stockholm, Längsschnitt

76 Engelbrektskirche in Stockholm, Innenansicht mit Blick zum Chor

folgende Seite

77 Engelbrektskirche in Stockholm, Innenansicht mit Blick aus dem Südquerhaus zum Chor, Wandmalerei von Olle Hjortzberg

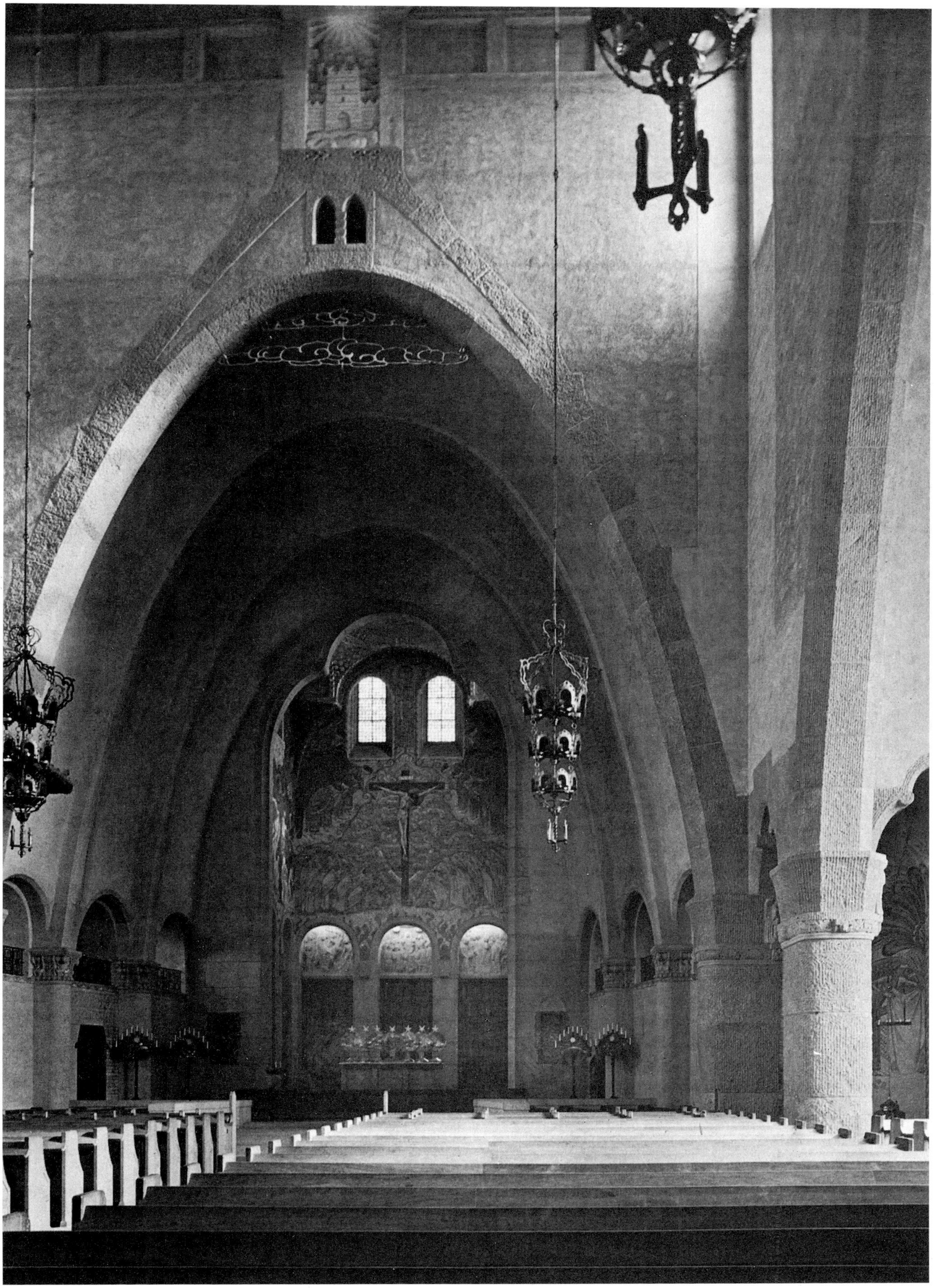

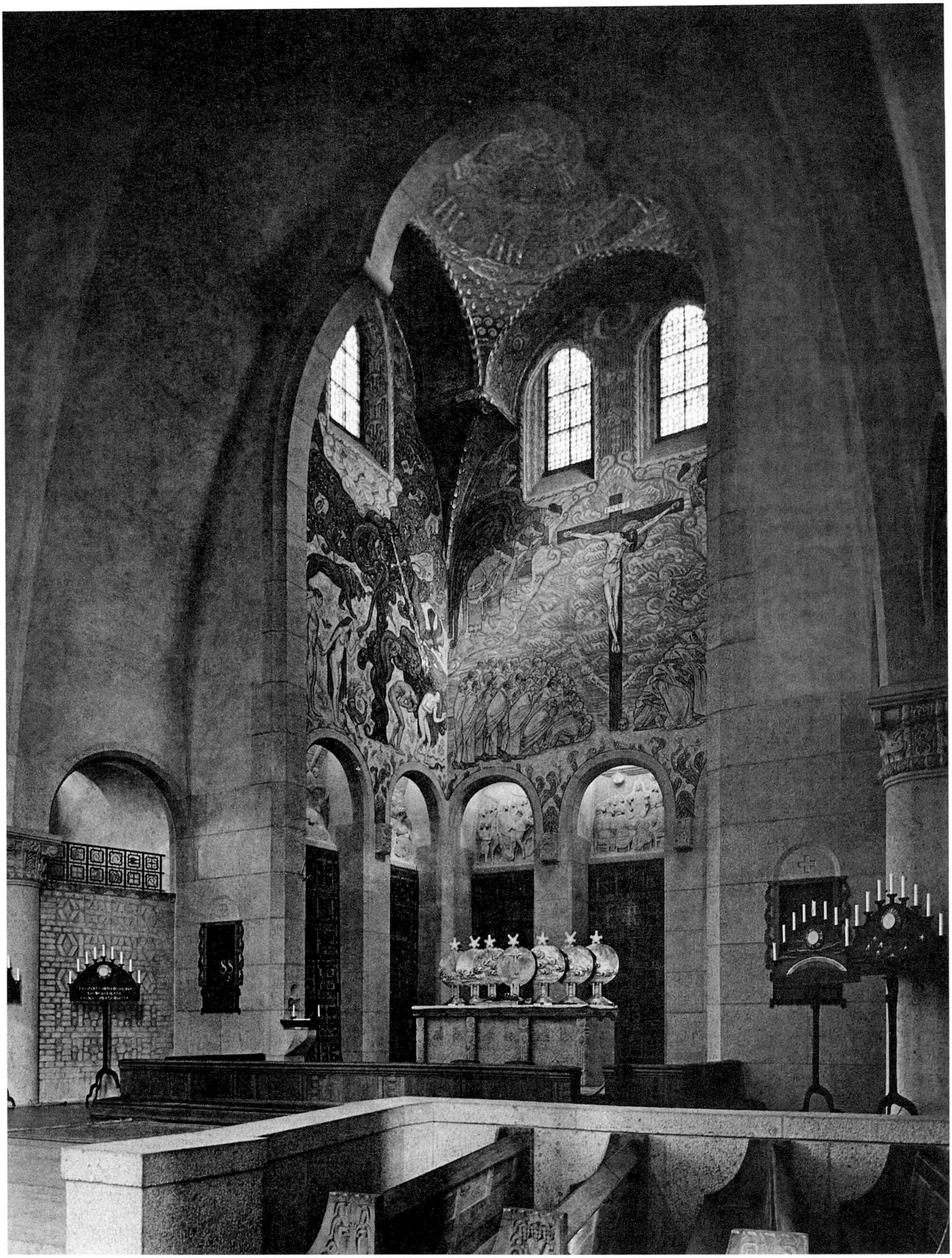

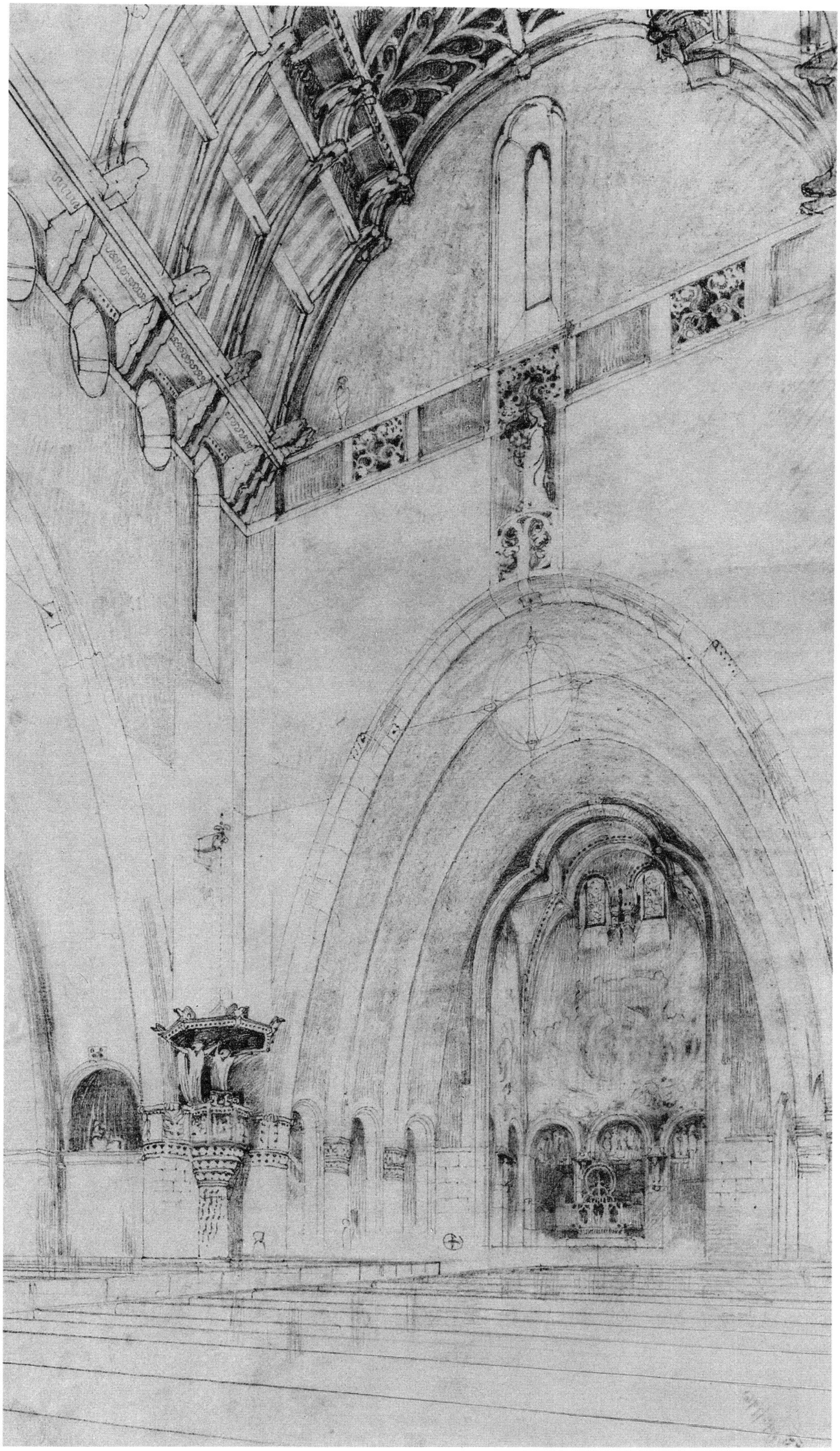

Engelbrektskirche in Stockholm, Zeichnung des Innenraumes von Lars Israel Wahlman

etwa hundert Treppenstufen). Die Höhe des Turmes ist von der obersten Terrasse 65 Meter. Das Innere des Hauptraums steigt bis zu einer Höhe von 30 Metern über dem Boden auf«.

Die Kirche liegt auf einer Höhe und setzt einen Akzent im Stadtbild – ganz so wie es der österreichische Architekt Camillo Sitte in seiner, auch von den skandinavischen Architekten aufmerksam gelesenen Schrift *Der Städtebau nach künstlerischen Gesichtspunkten* 1889 befürwortet hatte. Was aber von der Architektur des 19. Jahrhunderts nicht gesagt werden kann, gilt hier: »eher wachsende Kraft als Ruhe«. Natürlich bewegen sich die Mauern und Dächer der Kirche nicht, aber ihre Formen erwecken in uns die Vorstellung, daß ihr jetziger Zustand das Ergebnis von Wachsen und Bewegung ist und daß dieses Wachsen und Sich-Bewegen auch noch weiter geschehen könnte. Wenn wir bei einem Bau wie der Matthäuskirche Zetterwalls etwa die Nordlängsseite betrachten, wissen wir, wie die Südlängsseite aussieht, denn in den meisten Bauten des 19. Jahrhunderts regiert die Symmetrie; wenn wir ein Fenster der Matthäuskirche studiert haben, können wir sicher sein, daß alle anderen Fenster ebenso geformt sind (möglicherweise mit Variationen der Maßwerke). Das alles gehört zu einer rationalen Sicht der Architektur, die mit einem denkenden Betrachter rechnet. Die Bauten des spätesten 19. und des frühen 20. Jahrhunderts wollen aber Eindruck auf einen fühlenden Betrachter machen.

Zur Rationalität der Architektur des 19. Jahrhunderts gehört die Hervorhebung der Fassade als einer Fläche, die man mit Gesimsen, Fenster- und Portaleinfassungen belebt, die alle linear-geometrisch gezeichnet sind, sozusagen mit dünnem Bleistift. Die neue Architektur betont dagegen den Block, wölbt hier und dort Einzelteile aus ihm heraus, gräbt Fenster und Portale tief in die Mauermasse hinein. Wahlmans Kirche besteht aus aneinandergeschobenen Blöcken, über die der große Mittelblock dominiert; sie sind sozusagen fest ineinander verkeilt. Gegen diese Blöcke kontrastiert der ausgesprochen schlanke, asymmetrisch angebrachte Turm. Asymmetrie bedeutet auch: verschobenes Gleichgewicht, das wiederherzustellen die Phantasie des Betrachters aufgerufen wird.

Während Zettervall das Baumaterial nur auf seine Farbigkeit hin verwendete (die Materialechtheit, wie sie etwa Clason, wohl in der Nachfolge Ruskins, fordern sollte, interessierte ihn nicht), benutzt Wahlman das Material nicht nur in farblicher Absicht, sondern will uns auch seine Tastbarkeit empfinden lassen. Das ist besonders deutlich bei seiner Anwendung des Granits. Die Stützmauern an den Treppenaufgängen sind aus groben, ganz unregelmäßigen Granitblöcken gefügt. Während die Architekten des 19. Jahrhunderts gern an das Bildungswissen des Betrachters appellierten, wenden sich die neuen Architekten an sein Körper- und Naturgefühl. Diese groben Granitblöcke scheinen direkt aus einer Moräne herausgeholt zu sein (für einen mit seiner Heimat vertrauten schwedischen Betrachter erinnern sie an die Mauern mittelalterich Bauernkirchen). Man soll bei ihrem Anblick Tast- und Berührungsassoziationen bekommen. Diesen Appell an den Hautsinn hat es früher nie in der Architektur gegeben.

Am Äußeren des Kirchenbaues selbst ist der Granit grob, im Inneren fein geriefelt. Über diese aufgerauhten Oberflächen hin spielen Licht und Schatten in Kleinverteilung, in einem nie zu fassenden Wechsel. Man kann nie ein bestimmtes Oberflächenmuster entdecken, nie tritt eine dominierende Ornament-Gestalt hervor wie im antiken oder mittelalterlichen oder Renaissance-Ornament.

Die Kirche hat ihren Haupteingang unter der Orgelempore, aber man tritt hier nicht direkt in die Mittelachse des Raumes ein, sondern wird seitlich hineingeführt.

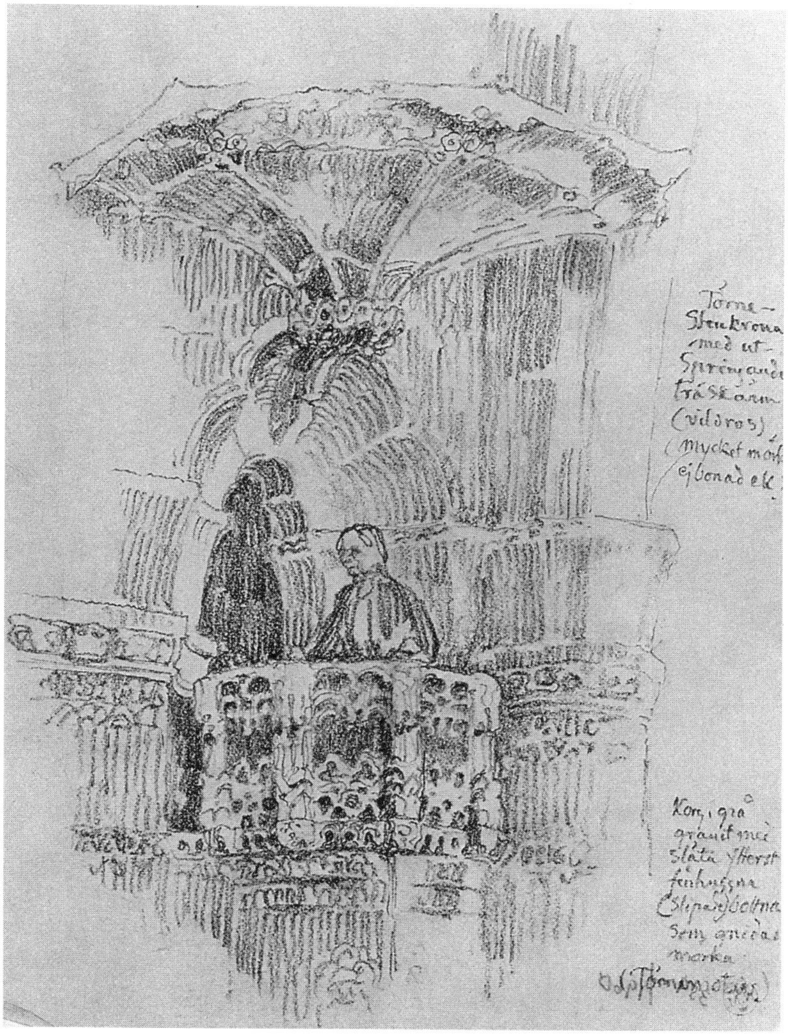

Engelbrektskirche in Stockholm, Entwurfsskizze für die Kanzel von Lars Israel Wahlman

Noch viel deutlicher ist diese Führung bei den übrigen Eingängen, die übereck liegen. Während der Innenraum der Matthäuskirche sich dem Besucher sofort als deutlich meßbar und abschreitbar darbietet, fehlen ihm im Inneren der Engelbrektskirche zunächst alle Anhaltspunkte zum rationalen Erfassen des Raumes.

Parabelbögen in der Engelbrektskirche

Das Hauptmerkmal des Inneren sind die großen Parabelbögen, die den Zentralraum umgeben und verkleinert in Querarmen wiederkehren. Es hat nie vorher etwas Ähnliches in der Architektur gegeben. Sassanidische Hallen – Liwane – haben zwar Parabelwölbungen, aber sie steigen von normal-senkrechten hohen Wänden auf. Die Architekten haben durch die Jahrhunderte hindurch immer mit Rund-, Spitz- oder Korbbögen gearbeitet, die leicht mit dem Zirkel zu konstruieren sind und immer auf Wandstücken, Säulen oder Pfeilern ruhen.

Parabelbögen kurz vor Wahlman gibt es bei dem Spanier (Katalonier) Antonio Gaudí, so in der Kirche der Sagrada Familia in Barcelona (ab 1883) und im Palais Güell in Barcelona, 1885/89 – aber sie beherrschen die Raumbildung nicht so wie bei Wahlman. An und für sich ist der Parabelbogen die statisch sicherste Bogenform. Sie war aber nicht leicht zu zeichnen und widersprach dem Grundgedanken älterer Architektur, daß man einen Bau gliedern und seine Glieder wieder in Unterglieder einteilen müsse, was alles mit einfacher Geometrie zu bewältigen war. Gaudí hat seine Entwürfe mit Hilfe von Modellen hängender Ketten gemacht, die er abzeichnete; die umgedrehte

Zeichnung ergab dann die Gewölbeform (Rainer Graefe, *Zur Formgebung von Bögen und Gewölben Architectura*, 16, 1986).

Rundbogen wie Spitzbogen haben bestimmte Fußpunkte – die Parabel nicht. Rund- und Spitzbogen haben einen deutlichen obersten Punkt. Der Punkt, an dem eine Parabel die Richtung ändert, läßt sich theoretisch fixieren, aber in der Praxis gleitet das Auge auf und ab, um diesen Punkt herum. Rund- und Spitzbogen erheben sich meist von einem Pfeiler, einer Säule, einem Wandstück; diese ihre Stütze steht senkrecht auf dem Boden. Stellt man eine Parabel auf eine deutlich angegebene Stütze, wie es Gaudi mehrfach getan hat, verliert sie den Anschein des Auftauchens aus dem Unendlichen. Tatsächlich hat Wahlman seinen Pfeiler unter der Parabel so wenig wie möglich von ihr geschieden, so daß er einen Teil von ihr zu bilden scheint. Rund- und Spitzbogen geben uns bestimmte Ruhepunkte, durch die man horizontale Ebenen legen kann; das gilt besonders, wenn wir eine Reihe von Bögen vor uns haben, deren Ansatzpunkte wir ebenso wie ihre Höhepunkte in einer zusammenhängenden Linie oder Ebene zu sehen vermögen. Die Parabel bietet uns keine solchen Fixpunkte; mehrere Parabeln von gleicher Höhe hinter- oder nebeneinander laden zur Vorstellung einer Ebene in Höhe ihrer Scheitelpunkte ein; dieser Effekt liegt bei Gaudí vor, Wahlman hat ihn vermieden. In den Querarmen der Engelbrektskirche sitzen Parabeln, aber sie sind kleiner und niedriger als die großen Bögen um den Zentralraum herum. Man bekommt den Eindruck einer perspektivischen Verkleinerung der Bögen in die Tiefe der Querarme hinein. Damit aber wird die genaue Erfassung der Raumtiefe erschwert. So materiell fest die Bögen und Mauern der Kirche auch sind, so ist die Raumauffassung, die sie uns suggerieren, gleitend, unscharf, ständig bewegt, da die Raumgrenzen sich eindeutiger Bestimmbarkeit entziehen (das ist in anderer Weise auch möglich in Räumen mit Glaswänden, vielen Spiegeln, gekachelten und gemusterten oder mosaizierten Wänden). Ältere Architektur appelliert meist an unser Raumgefühl, präsentiert sich uns als klar abschreitbar und erscheint uns als meßbar in Raum und Zeit. Die Kirche Wahlmans lädt aber nicht zur Erfassung der Realität ein, sondern zur Versenkung ins Weite, Hohe, Tiefe – oder Innere.

Hier können wir uns nicht mehr an den festen Raumgrenzen des Baues orientieren und uns keine Bestätigung durch unser eigenes, körperlich erfahrbares Ich holen. Was wir hier empfinden sollen, ist das Räumliche selber, mit seinen Erstreckungen nach oben, nach den Seiten, in die Raumtiefe hinein, ohne bestimmtes Maß. Der Raum erscheint als entgrenzt, wird als Objekt unklar und entgrenzt folglich das Subjekt, hebt den Besucher aus Raum und Zeit, aus dem Jetzt und Hier.

Allgemein gilt für die Architektur, daß sie Raum zwischen Mauern, Boden, Decke oder Dach einfängt. Aber sie kann das für das Raumerlebnis auf zweierlei Weise tun. Entweder werden die Raumgrenzen betont – oder aber der Raum selber. Im ersteren Fall wird die Raumgrenze genau angegeben und gern körperhaft oder körper-analog gestaltet, z. B. durch Halbsäulen und Gebälk. Im letzteren Fall erscheinen die Mauern, Pfeiler usw. als entmaterialisiert, die Wände sind glatt, oft mit dünnen Platten oder Mosaik bedeckt (auch Teppichbehang hat diesen Effekt). Die Gotik nimmt hier eine Sonderstellung ein. Sie macht die seitlichen Raumgrenzen transparent und legt die Gewölbezone in Schatten, sie appelliert nicht an das Körpergefühl, ohne daß sie dabei die Räumlichkeit als solche betonte.

Wahlman sagte, er habe sich an byzantinischer Architektur (Hagia Sophia in Konstantinopel) begeistert; das ist eine Architektur der suggestiven Raumentgrenzung. Aber er hat ihr keine wiedererkennbaren Züge entlehnt.

Es bleibt offen, welche Distanz der Betrachter zur Engelbrektskirche haben soll. Sie bietet interessante Anblicke aus der Ferne wie beim Näher- und Nahekommen. Sie ist auf Fernsicht wie auf Berührungsnähe angelegt. Die Einzelteile des Baues haben keine solche Gestalt, daß sie uns an den eigenen Körper, die eigenen Gliedmaßen erinnerten. Das ist durchaus unklassisch. Der Bau entzieht sich dem rationalen Messen. Er gibt uns keine Anweisung, aus welchem Abstand wir ihn betrachten sollen. Das Ganze besteht aus aneinandergeschobenen Teilblöcken, größeren und kleineren. Aber es fällt uns schwer nachzurechnen, welche Größenverhältnisse zwischen den Teilen bestehen. Während wir auf den Bau zugehen, verschieben sich die Blöcke im Verhältnis zueinander. Es gibt dabei keinen Anblick, der als der beste und gültigste hervorträte. Das weckt aber keine Unlust beim Betrachter. Im Gegenteil, wir empfinden die fließende Veränderung der Massen und Verhältnisse als etwas Positives.

Das Innere ist ähnlich beschaffen. Man erfaßt schnell, daß es aus einem hohen Zentralraum und niedrigeren Kreuzarmen besteht. Aber das gegenseitige Verhältnis dieser Raumteile entzieht sich der exakten Beurteilung. Unser Körpergefühl kommt nicht auf seine Rechnung, denn es gibt keine körperhaften Pfeiler oder Säulen mit Kapitellen oder Basen, keine Halbkreis- oder Spitzbogen mit scharf geschnittenen Profilen. Statt dessen Parabeln, an denen der Blick auf- und abgleitet. Abgesehen von den Reihen der Bänke bekommen wir keine Angaben über die Abstände im Raum. Obendrein sind die Bänke nicht im rechten Winkel zum Mittelgang aufgestellt.

Selbstverständlich ist auch dieser Raum ein Raum, der uns schützt, aber seine Grenzen scheinen zu fließen. Zusammen mit dieser Unbestimmbarkeit des Raumes wird auch die Zeit fließend unbestimmt. Statt uns an unseren Körper, der Materie in Raum und Zeit ist, zu erinnern, ist dieser Raum ein Gleichnis des inneren, seelischen Lebens, des ständigen Flusses der Empfindungen, Gefühle und Vorstellungen.

Plastik und Kunsthandwerk

Per Hasselberg

Der Bildhauer Per Hasselberg stammte aus kleinen Verhältnissen in der Provinz Blekinge. Er war gelernter Möbeltischler und Ornamentschnitzer. Von 1876 bis 1890 lernte und arbeitete er in Paris. Neben dem Broterwerb hat er nur wenige bedeutende freie Arbeiten schaffen können. Es sind vor allem das *Schneeglöckchen* (Gips 1881, Marmor 1883), der *Frosch* (1890) und die *Wasserrose* (1893).

Über Hasselberg liest man in Bonniers *Lexikon för konst* 1958: »Seine harmonische, durch die Ideale des französischen ›Salons‹ stark zeitgebundene Kunst vereint lyrisch-sensuelles Gefühl mit meisterhafter Materialbehandlung und Einzelformung. In einer Reihe von graziösen, von Natur- und Triebsymbolik durchtränkten Werken schilderte er den jungen weiblichen Körper . . .« Henrik Cornell sagt in *Den svenska konstens historie under 1800-talet,* 1946, folgendes über Hasselberg: »Sein Ursprung im Volk schützte ihn wohl davor, der parfümierten Atmosphäre nachzugeben, in der die französchen Kollegen ihre Mädchenstatuen und -gruppen modellierten.«

Die ponderierte Figur

Das ist beides zwar richtig, läßt aber einen wesentlichen Punkt außer acht, nämlich den Realismus und die Verwerfung des Idealismus. Seit die Renaissance das griechische Vorbild für die Wiedergabe der Menschengestalt wiederaufgegriffen hatte, galt als unerläßliche Regel die Ponderation, d. h. der Ausgleich von Bewegung und Gegenbewegung in Rumpf und Gliedern einer Statue. Vorbildlich war der Speerträger des Polykleitos aus der Mitte des 5. Jahrhundert v. Ch., dessen Bronzeoriginal zwar verloren ist, der aber durch zahlreiche römische Marmorkopien bekannt war. Standbein und Spielbein der Figur sind deutlich unterschieden. Wenn das Körpergewicht auf dem linken Fuß und Bein ruht, die also aktiv und angespannt sind, muß der rechte Arm in einer Aktion gezeigt werden; entsprechend sind bei einer solchen Figur das rechte Bein und der linke Arm entspannt, passiv. Eine ponderierte Figur, wie stark sie auch bewegt sein mag, befindet sich in einem Zustand des Gleichgewichts. Sie hat ein ruhendes Zentrum, um das herum sich die Bewegung entfaltet. Bewegung ist ein organisches Geschehen, der Ausgleich zwischen aktiven und passiven Gliedern erfolgt automatisch beim Menschen wie beim Tier. Aber so wie die Künstler durch die Jahrhunderte hindurch die Ponderation behandelt haben, haben sie ihr (absichtlich oder unabsichtlich) einen moralischen Wert verliehen.

Die Herstellung und Beibehaltung der Harmonie in der Bewegung läßt sich als ein moralischer und Willensakt deuten. Die ausgewogene Figur zeigt uns ein Individuum, das sich seiner selbst bewußt ist und seine Haltung wählt, das sich entscheidet und sich beherrscht. Da die Bildhauerei noch mehr als die Malerei das Ideal des schönen und guten Menschen gestalten sollte, war das Ergebnis immer wieder Idealität, Vorbildlichkeit, Heroismus, Verherrlichung der Aktivität und damit auch der Macht des Menschen über sich selbst und die Welt. Als im 19. Jahrhundert der Realismus wuchs, als man durch Wissenschaft, Literatur und Kunst immer mehr von der alltäglichen Wirklichkeit des Menschen erfuhr, wurde dieses ideale Menschenbild immer unwahrscheinlicher.

Man suchte sich in der Kunst zunächst damit zu behelfen, daß man realistische Einzelzüge in die ponderierte Figur einfügte und daß man alternde oder jugendliche, noch nicht gereifte Gestalten wählte – aber immer unter Beibehaltung der Ponderation als Garanten des vollen, bewußten Menschentums, einer in Denken, Wollen, Fühlen integralen Person. – Dieses ideale Rezept galt also von der Renaissance bis weit ins 19. Jahrhundert hinein (und noch länger). Rodin befreite sich von ihm. Es ist hier nicht der Ort nachzuzeichnen, wie das im einzelnen zuging und was es etwa schon an Vorbereitungen vor Rodin und an selbständigen Neuerungen neben ihm gab.

Rodins nichtponderierte Figuren

Rodin war es um die Bewegung zu tun – »le mouvement«. Er kam aus kleinen Verhältnissen und hatte keine klassische Schulbildung genossen. Lange arbeitete er als Handwerker. Was er bei so vielen Skulpturen sah, stimmte nicht mit seiner eigenen Erfahrung des Alltags menschlicher Leiber überein. Er stellte seine Modelle nicht in bestimmten Posen auf, sondern ließ sie frei im Atelier herumgehen. Die Regulierung ihrer Bewegungen geschah automatisch, sie war kein Willensakt, und sie vollzog sich gleitend. Eben das wollte er einfangen, die langsamer oder schneller gleitende Veränderung. Wenn es einen Stillstand gab, dann war er nicht Harmonie, sondern Lähmung. Es kam ihm nicht nur auf die äußere Bewegung an, sondern noch mehr auf die innere, auf Leiden und Leidenschaften – auch sie gleiten, verändern sich, steigen auf, erreichen einen Höhepunkt, fallen ab.

Rodin arbeitete lange an einer stehenden Figur, die er schließlich 1876 unter dem Namen *L'age d'airain* ausstellte. Also: das eherne Zeitalter – nachdem das goldene und auch das silberne Zeitalter der frühen Menschheit vergangen waren und es die Menschheit mit Not und Leid zu tun bekam. Anfänglich hieß die Figur *Der Verwundete* oder *Der Besiegte* (Le vaincu) und bezog sich auf die Niederlage Frankreichs 1870/71. Später dachte Rodin auch an einen Namen wie *Das Erwachen*. Abb. 81

Ursprünglich stützte sich die Figur auf einen Stab oder Speer in der linken Hand. Rodin nahm diese Stütze weg – und die vorher statische Figur schien unstatisch geworden zu sein. Es kam etwas Gleitendes in sie, ein Aufwärtsstreben und zugleich Niedersinken – zu verfolgen am (von uns gesehen) linken Kontur (aufwärts) und am rechten Kontur (abwärts) – links eine einzige große Linie vom Fuß bis zum Ellenbogen des erhobenen Armes – rechts eine durch den ins Leere greifenden Arm zerbrochene Linie. Hätte die Figur ihren Stab behalten, gälte die alte Ponderation. Das linke Bein trägt das Körpergewicht, ist also »tätig«, und der rechte Arm spannt sich zur Bewegung nach oben, um die Hand auf den Kopf zu legen. Das ist nun eine Ausdrucksbewegung, denn man mag sich nicht gern denken, daß dieser Mensch sich am Kopf kratzt; er ist auch nicht dabei, sich einen Kranz oder eine Mütze aufzusetzen. Diese Bewegung der Rechten zum Kopf ist ein Ausdruck der Müdigkeit, vielleicht des Schmerzes, der Ratlosigkeit. Indem Rodin den Stab wegnahm, ließ er die linke Hand ins Leere greifen. Sie ist erhoben, aber ohne Ziel, sie macht eine Ausdrucksgeste – vielleicht ein vergebliches Ballen der Faust – aber schon gleiten die Finger auseinander und der ganze Arm wird sinken.

Die beiden gewinkelten Arme wirken ausdrucksvoll zusammen, beide drücken Vergeblichkeit, Schmerz, ein Ende der Kraft aus. Während der Unterkörper noch eine gewisse Standfestigkeit besitzt, herrscht im Oberkörper mit Kopf und Armen schon die Auflösung, beginnen das Gleiten und der Fall.

Rodin selbst hat durch die spätere Namensgebung *Das Erwachen* eine umgekehrte Bewegung angedeutet: die Figur könnte sich nach oben strecken, im Unterkörper ist schon eine gewisse Sicherheit erreicht, im Oberkörper sehen wir noch Zaudern, Streben, ungewisses Suchen. Jedenfalls: die alte Ponderation, mit ihrer klaren Aussage über Wille und Aktion, gilt hier nicht mehr.

1879 stellte Rodin seinen *Täufer Johannes* aus: er geht und spricht zugleich. Rodin hat nun völlig Abstand von der Ponderation genommen, er hat auf den Unterschied von Standbein und Spielbein verzichtet. Die Figur schreitet vorwärts und das Körpergewicht liegt für einen Augenblick gleichmäßig auf beiden Beinen. Dieses Motiv hat Rodin dann extrem hervorgehoben in dem »Schreitenden« ohne Kopf und Arm.

Das war Rodins große Neuerung. Manche Betrachter sahen sie, faßten sie aber nicht in Worte. Rodin selber bemühte sich, das Wesen seiner Figuren zu erklären; er sprach immer wieder von »le mouvement« (die Bewegung). Einzelne Künstler verstanden die Neuerung. Je weniger sie die klassische Schulung in sich aufgenommen hatten – manche auch, je weiter sie durch ihre Herkunft von der Oberschicht und ihren Idealen entfernt waren –, desto eher konnten sie in ihrer Kunst neue Formen für das neue Lebensgefühl und die neue Auffassung finden, daß der Mensch kein Geistwesen, sondern ein natürlicher Organismus war. Hasselberg gehörte zu den Neuerern. Thematisch blieb er im Rahmen der Pariser Kunst mit ihren zahllosen Bildern nackter Weiblichkeit; aber ihren erotischen, sexuellen oder pornographischen Inhalt griff er nicht auf.

Hasselberg ging dazu über, nicht-ponderierte Figuren zu schaffen. Aber wenn Rodin starke Spannungen in seine Figuren legte und durch äußere Bewegung innere Erregtheit ausdrückte, so sind Hasselbergs Gestalten still. Was bei Rodin starker Ausdruck war, artikulierte Muskeln, aufgewühlte Oberfläche, das wurde bei Hasselberg leiser Ausdruck, tastende Aktion, sensibel-weiche Oberfläche.

Das »Schneeglöckchen« und der »Frosch« von Hasselberg

Hasselbergs *Schneeglöckchen* steht mit geschlossenen Augen da, das Körpergewicht auf dem rechten Bein. Sie hebt den rechten Arm zum Kopf wie um sich eine Locke aus der Stirn zu streichen (wie man es beim Erwachen tut). Mit der Linken faßt sie nach dem Band unter den Brüsten. Hasselberg selbst sagte, dieses Band sei mit den Kelchblättern einer Blume zu vergleichen.

Abb. 79, 80

Als das »Schneeglöckchen« in Gips 1881 in Paris ausgestellt war, konnte man auf der Fußplatte folgendes lesen:

> Fleur du neige, découvre ton sein du lien,
> qui t'empêche de t'épanouir.
> Annonce sur la terre le grand reveil.
> Un baiser du soleil et tout respire.

(Blume aus dem Schnee, befreie deine Brust von dem Band, das dich hindert, dich zu entfalten! Verkünde der Erde das große Erwachen. Ein Kuß der Sonne und alles atmet.)

In diesen Versen wird der Figur eine Aktivität zugeschrieben (»befreie«, »verkünde«), die sie in Wirklichkeit gar nicht zeigt. Es gibt deutliche formale Übereinstimmungen zwischen Hasselbergs Figur und dem *Sterbenden Sklaven* Michelangelos und folglich auch dem *Ehernen Zeitalter* Rodins. Aber Hasselbergs Figur ist ein Mädchen,

78 Per Hasselberg, Der Frosch, 1890
Marmor, Höhe 84 cm; Göteborg, Kunstmuseum

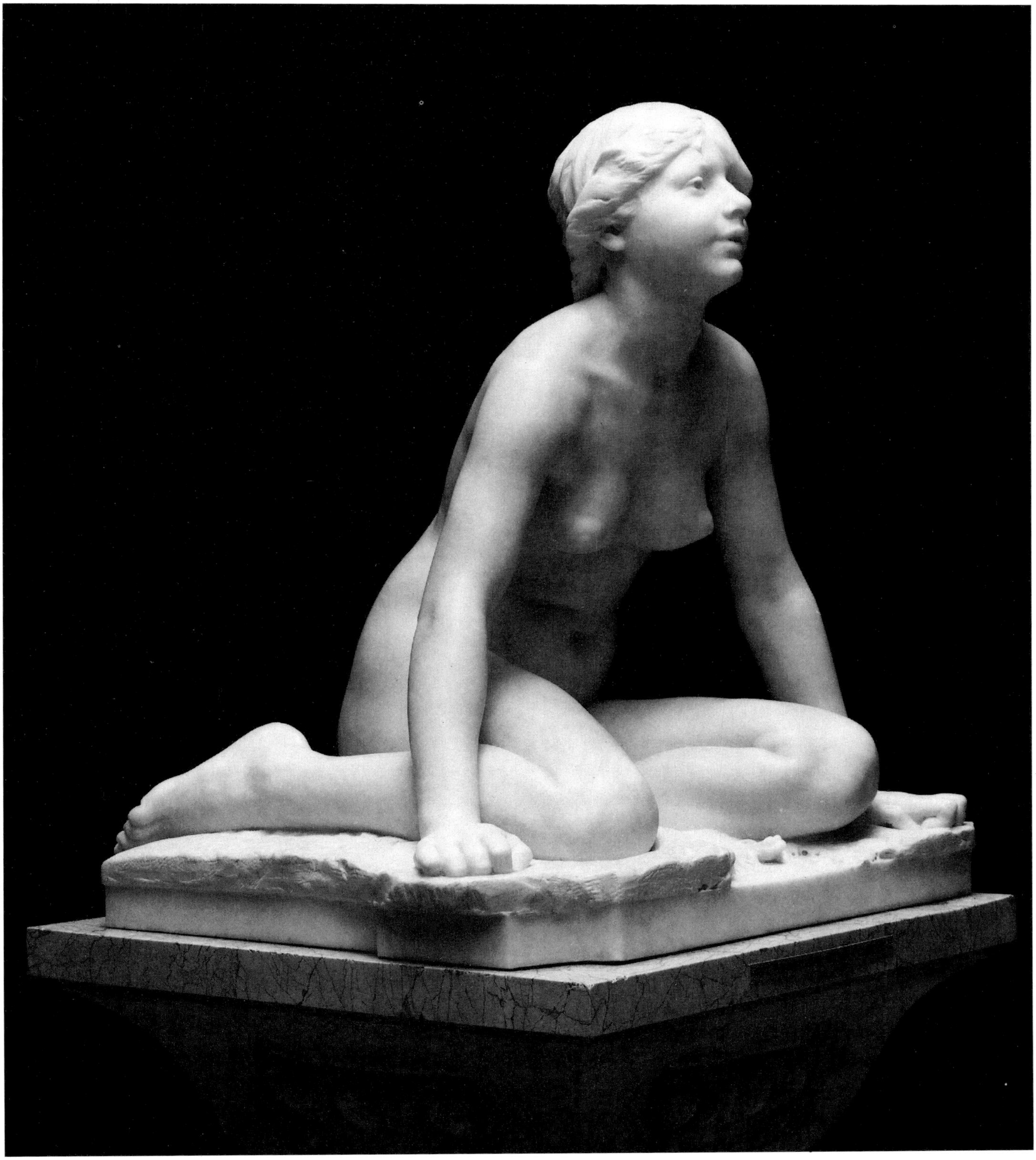

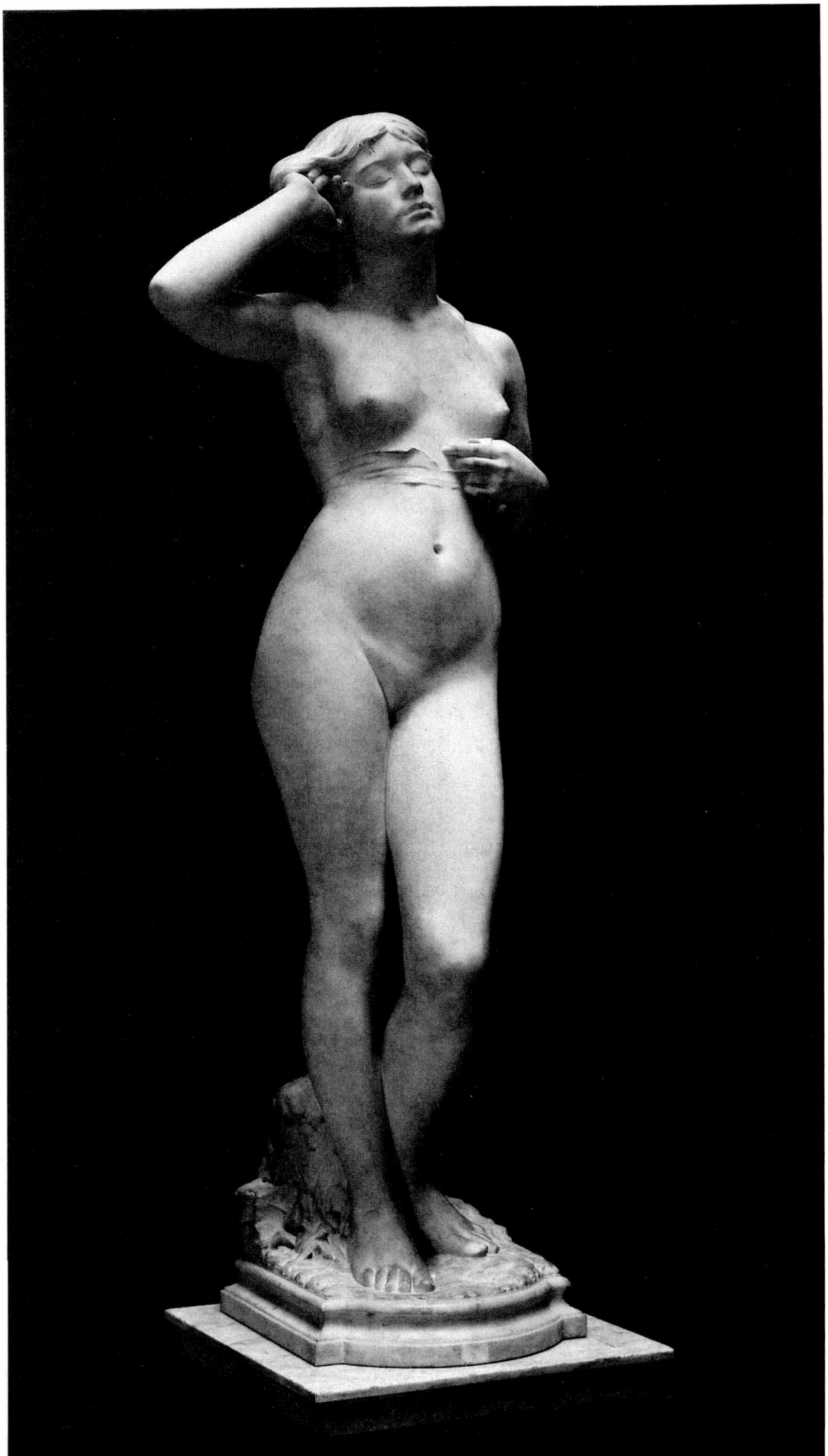

79 Per Hasselberg, Das Schneeglöckchen, 1883
Marmor, Höhe 162 cm;
Stockholm, Nationalmuseum
80 Per Hasselberg, Das Schneeglöckchen, Seitenansicht

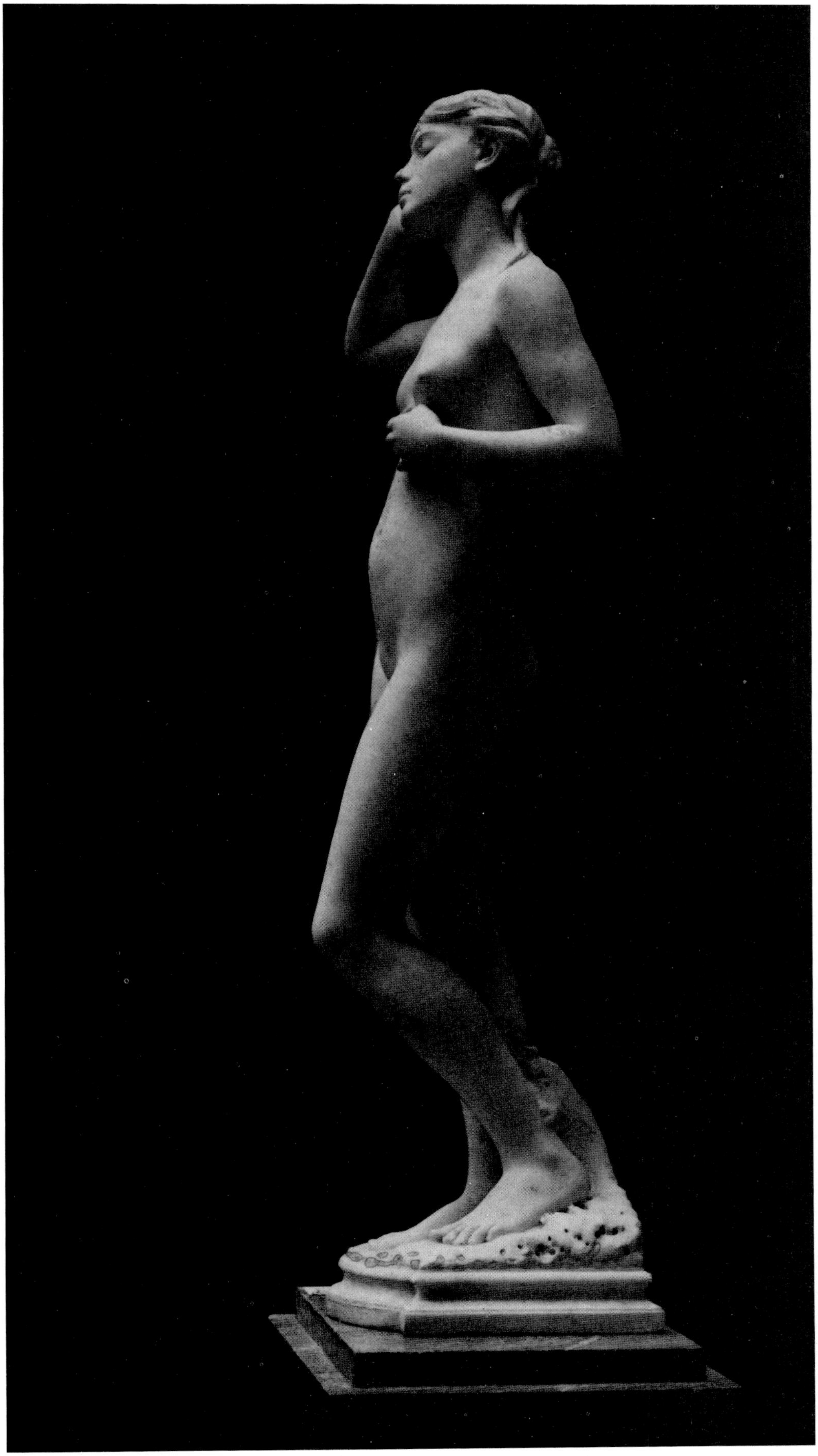

81 Vergleichsbild: Auguste
Rodin, Das eherne Zeitalter, Bronze
82 Carl Milles, Hylas, 1899/1900
Marmor, Höhe 123 cm;
Västerås, Stadshotellet

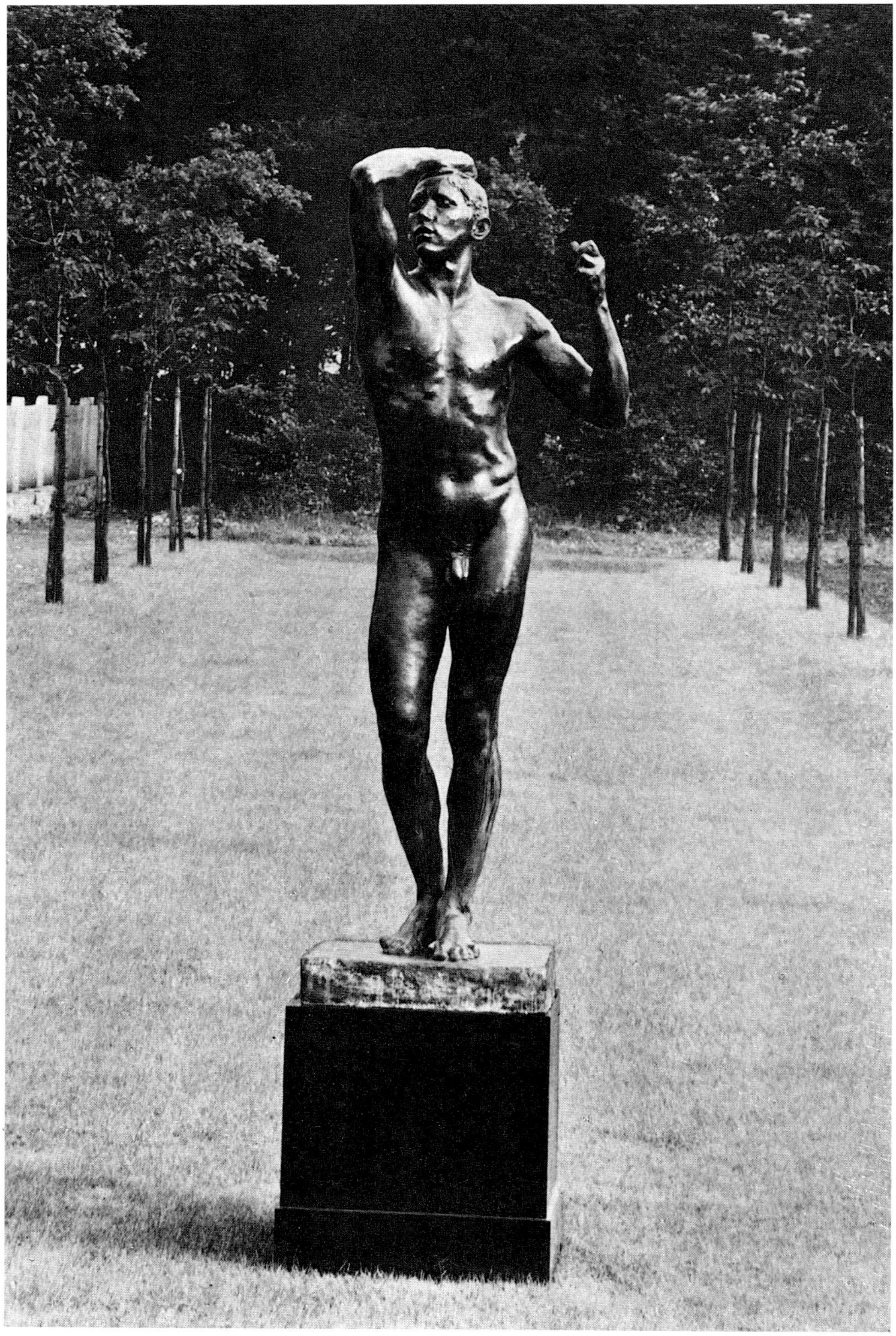

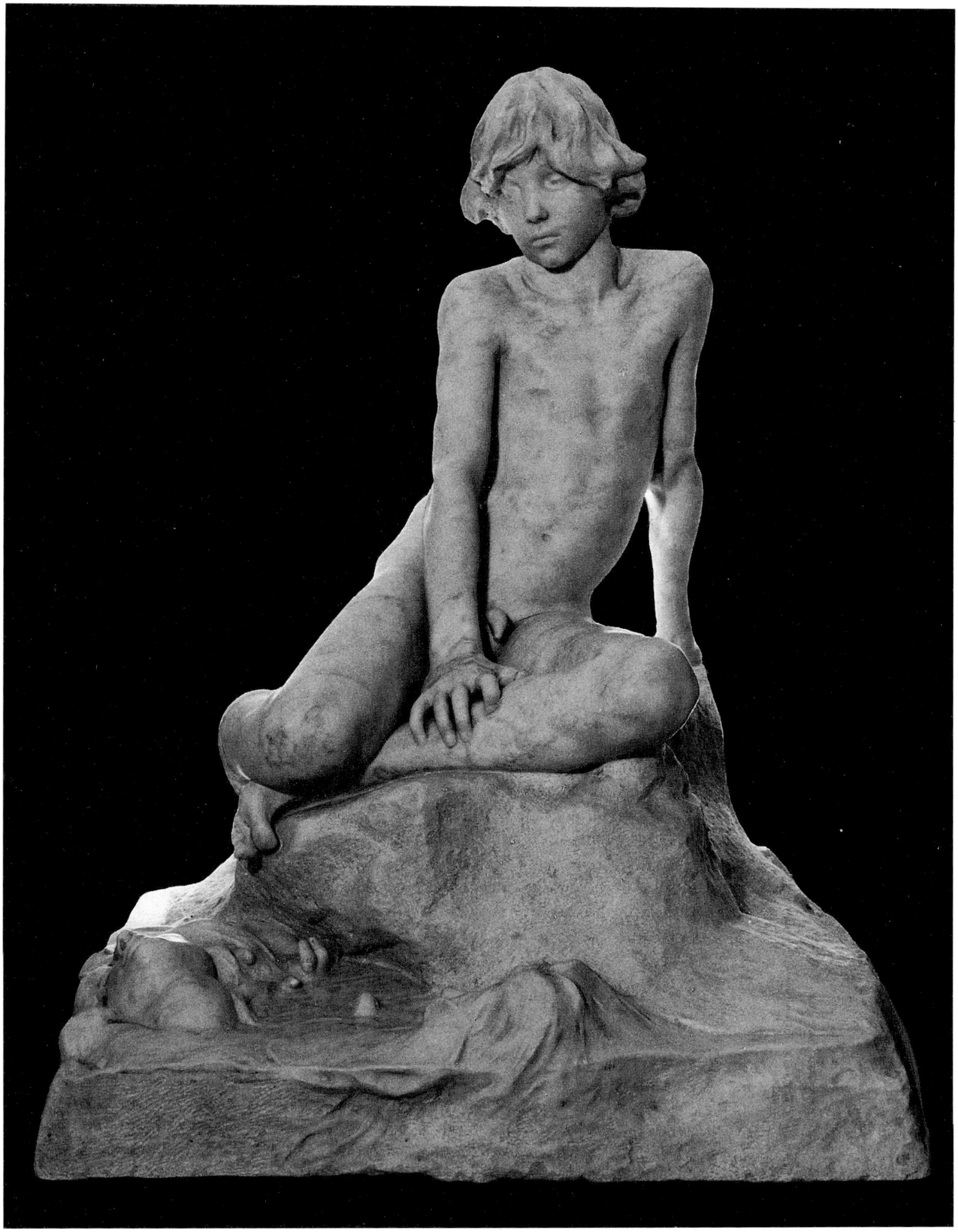

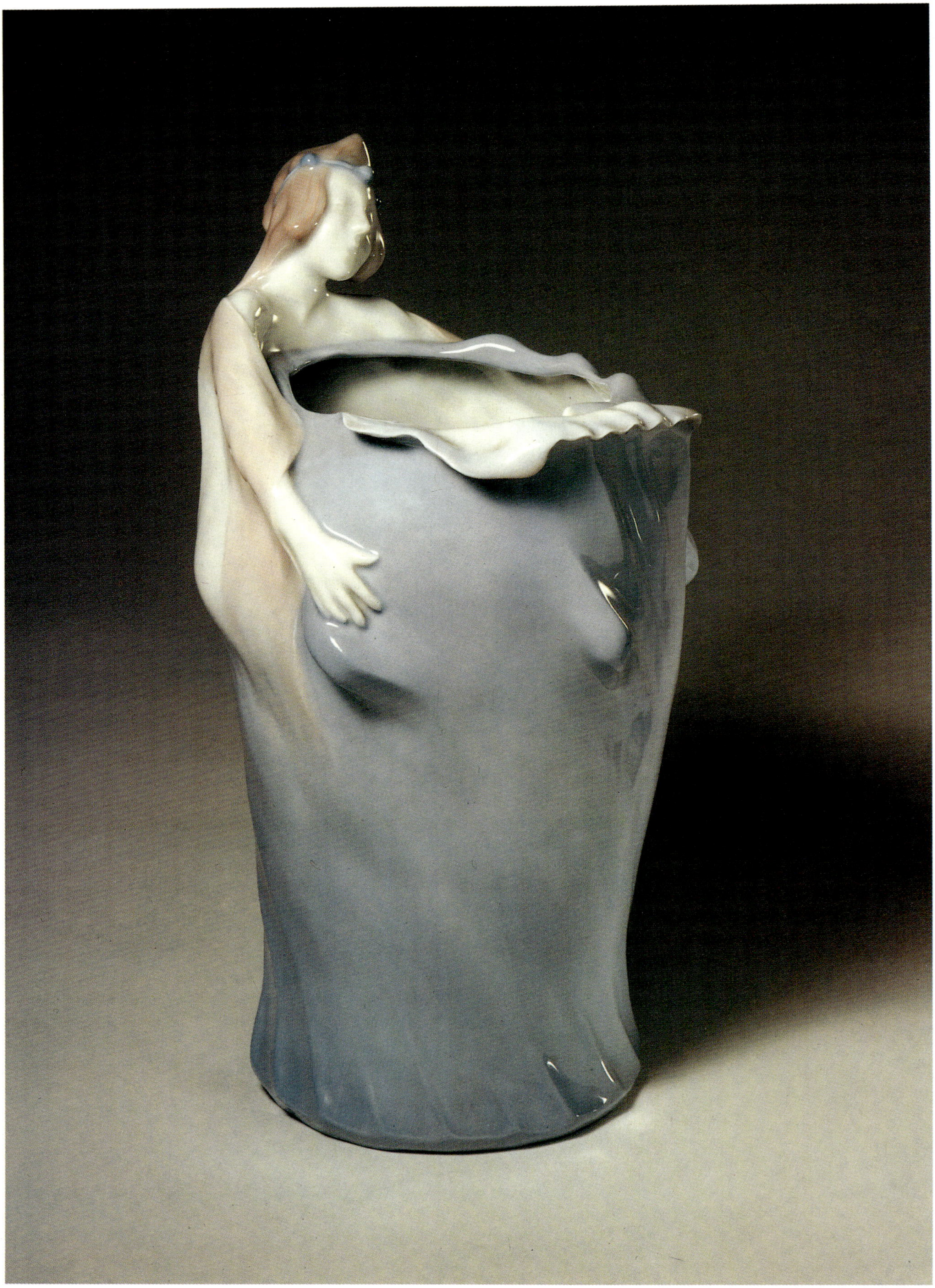

83 Alf Wallander, Vase mit Frauenfigur
Stockholm, Staatliches Kunstmuseum
84 Alf Wallander, Vase mit Pflanzendekor
Stockholm, Staatliches Kunstmuseum

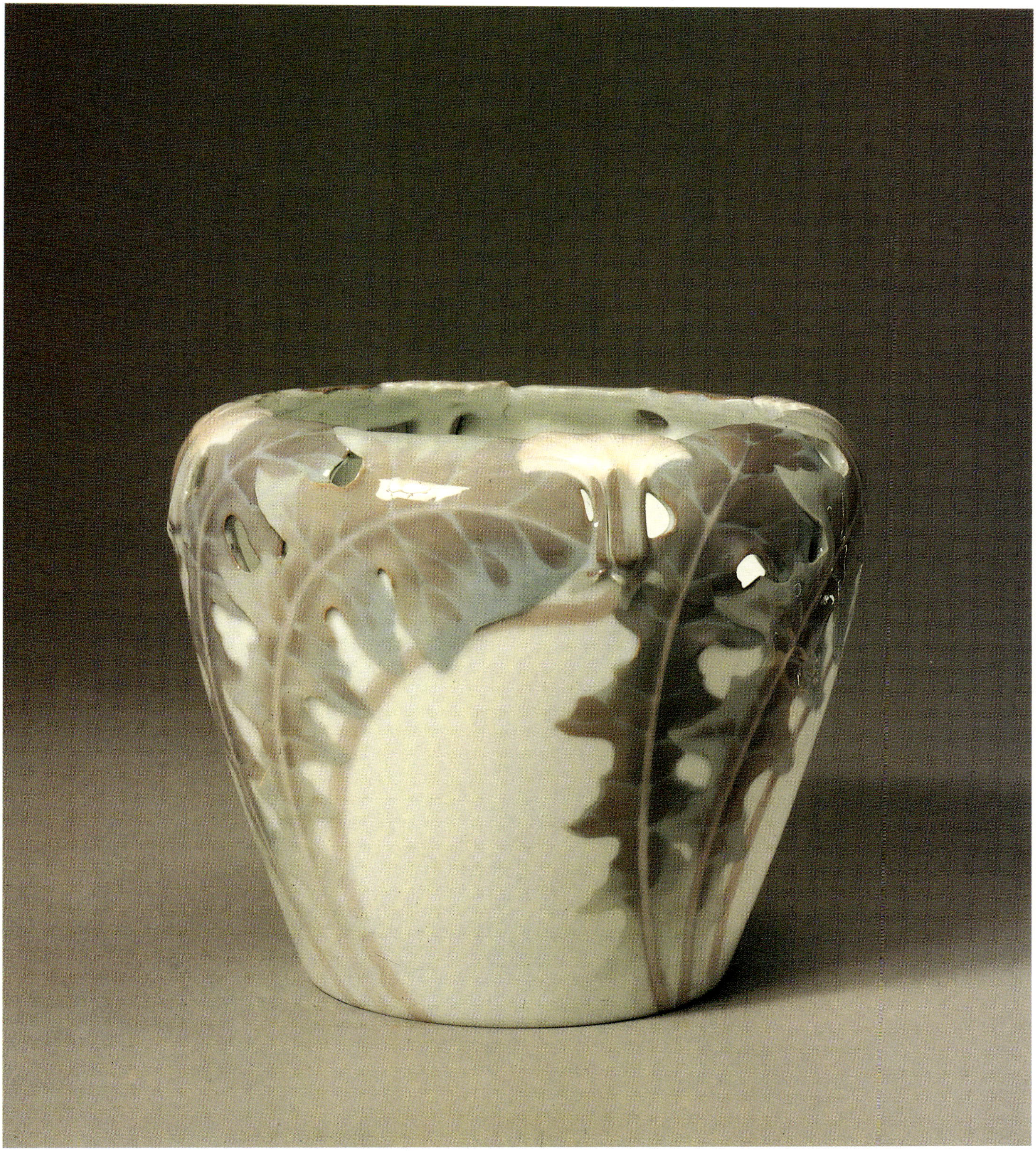

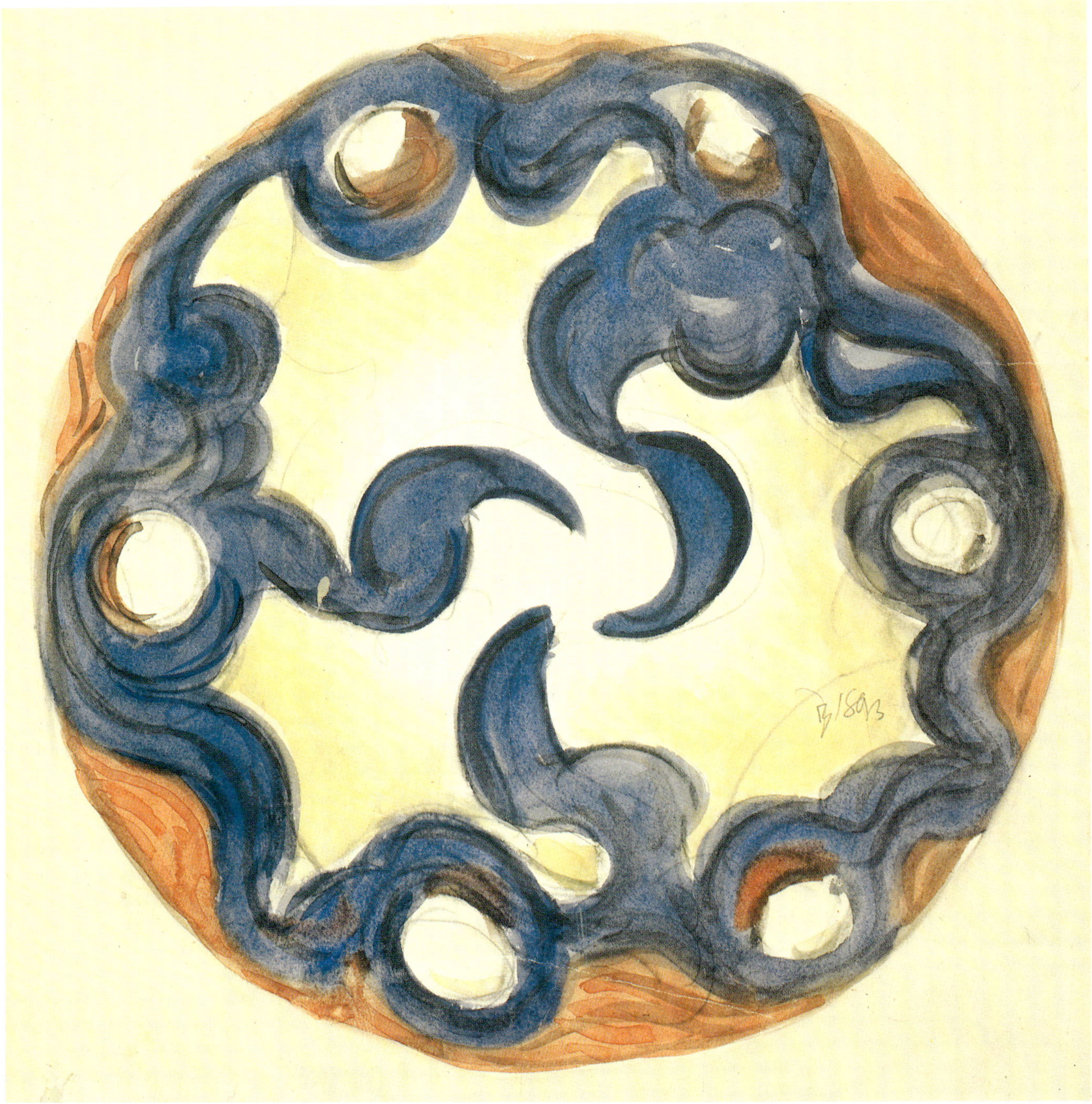

85 Thorwald Bindesbøll, Entwurf einer Schale
Stockholm, Staatliches Kunstmuseum

gerade erwachend, gerade reifend, und kein sterbender oder verwundeter junger Mann. Bei Michelangelo und Rodin herrscht eine tragische Spannung zwischen Jugend und Leiden. Bei Hasselberg dagegen sehen wir reinste Übereinstimmung zwischen Jugend und leisem Erwachen. Hasselberg war kein Plastiker von der Kraft eines Michelangelo oder Rodin; um die Hervorhebung der Muskeln unter der Haut hat er sich wenig gekümmert. Aber zur Gestaltung leiser, aufdämmernder Empfindungen taugen deutlich markierte Muskeln nicht – die drücken Willenhaftigkeit aus.

Während ältere Skulpturen den Betrachter durch ihre Willenshandlung oder Handlungsbereitschaft ansprechen und dadurch an seine ganze Persönlichkeit – mit Denken, Wollen, Fühlen – appellieren, geht es bei Hasselberg vor allem um das Empfinden. Es ist noch keine bestimmte Wahrnehmung einer bestimmten Wirklichkeit, sondern ein Aufwachen aus dem Traum. Er läßt den Betrachter ein noch kaum bewußtes Innenleben sehen und nachfühlen. Nicht Handeln, sondern Lauschen, Warten . . .

Der Maler Richard Bergh, der den Künstler gut kannte, sah das *Schneeglöckchen* als ein Symbol des »erwachenden Liebestriebs, der die Bande der Unbewußtheit zerreißt und die zarte weibliche Brust mit Ahnungen der wärmenden Küsse jener Sonne füllt, die Liebe heißt.« Das ist ganz im Geist jener Zeit gesagt, und Hasselberg mag zugestimmt haben. Aber die Figur selber enthält mehr (sie zerreißt nichts), nicht nur Erotisches, Triebhaftes, Sexuelles, sondern – was man ja unmittelbar sehen kann – Aufwachen, Zurechttasten, Halbbewußtsein, innere Welt, Aufdämmern, Aufhellen, Werden, Körperliches und Seelisches noch ungetrennt.

Ähnlich neu ist auch Hasselbergs *Grodan*, Der Frosch. Das Werk wurde 1890 in Paris geschaffen, und es hieß dort *La grenouille* (der Frosch), was im damaligen Französisch das noch nicht erblühte Mädchen, aber auch das käufliche Mädchen bezeichnete. Hasselberg hat offenbar nicht an die letztere Bedeutung gedacht. Sein Mädchen kauert am Boden und stützt den Oberkörper auf beide Arme. Bei einer solchen Figur ist natürlich keine Ponderation möglich. Sie befindet sich in Ruhe, aber erhebt leicht den Kopf, mit einem Blick, der eher sucht und fragt als auf ein bestimmtes Ziel gerichtet ist. Auch hier ein Erwachen, das sich erst an die Wirklichkeit herantasten wird. Abb. 78

Es war Hasselberg keine lange Zeit als freischaffendem Künstler gewährt. Neben der Brotarbeit hat er, wie gesagt, nur wenige eigene Werke an den Tag bringen können. Aber diese sind eindeutige Zeugnisse der Kunst der 1890er Jahre. Er gestaltete in ihnen leise seelische Regungen – wie ich glaube, mit größerer künstlerischer Bestimmtheit als je ein anderer Bildhauer seiner Zeit.

Der »Hylas« von Carl Milles

In diesem Zusammenhang ist auch ein frühes Werk des schwedischen Bildhauers Carl Milles zu nennen. Es ist der *Hylas*, der 1899–1900 während Milles' Lehrjahren in Paris (1897–1904) entstand.

Milles' Hylas ist ein körperlich noch nicht gereifter Junge, in Übereinstimmung mit der Fassung des antiken Hylas-Mythos, die Theokritos im 13. seiner Gedichte überliefert hat. Der Knabe Hylas folgte als Zögling des Herakles den Argonauten auf ihrer Schiffsreise. Als er bei einer Landung der Schar Wasser aus einer Quelle schöpfen wollte, holten ihn die Quellnymphen zu sich ins Wasser hinab. Man suchte und rief nach ihm, aber nur das Echo antwortete. Abb. 82

Milles' Hylas kauert an einem Ufer, untätig, träumend – also nicht handelnd und Wasser schöpfend. Das Haar hängt ihm in dicken Strähnen um den Kopf und verschattet sein Gesicht. Dadurch bekommt er einen Zug von Naturhaftigkeit und Kulturferne. Sein magerer Körper ist realistisch wiedergegeben. Er befindet sich in Ruhe, ohne

Muskelspannungen in seinem Körper. Vielleicht gibt er sich Tagträumen hin, vielleicht erfüllen ihn unklare sexuelle Ahnungen. Jedenfalls ist er einsam in der Natur. Indessen tauchen unten im Wasser die Häupter zweier Nymphen auf. Sie sind aber bloß eine literarische Zutat, wie der Name der Skulptur *Hylas* auch aus der Literatur geholt ist. Das Todesmotiv, das mit dem Namen Hylas gegeben sein sollte, ist bei Milles nicht wirklich gegenwärtig. Wir haben bloß einen kaum halbwüchsigen Jungen vor uns, der sein Dasein träumend hinnimmt. Er ist ein Stück Natur in der Natur, noch ohne Selbstbewußtsein und ohne Willen.

In der Körperhaltung des Hylas begegnen wir wieder dem Ruhenden und zugleich Gleitenden, nicht zu Fixierenden, das wir bei Hasselberg fanden; aber auch in ein paar Landschaftsbildern der 1890er Jahre sahen wir ein unbestimmbares Gleiten der Empfindung, eine sowohl räumliche wie zeitliche Unschärfe. Und wir hatten es als etwas Neues in der Kunst erfaßt.

Jugendliche Gestalten in Ruhe hat es schon vorher in der Skulptur gegeben. So etwa bei Thorvaldsen, der öfters Jünglinge in gerade erreichter körperlicher Reife und voller Kraft geschaffen hatte, wie das ja ein normales Thema der Skulptur seit der Renaissance und der Antike war. Aber auch wenn Thorvaldsen ein paarmal Jugendliche gebildet hat, die gerade erst dem Knabenalter entwachsen sind, so haben sie doch einen sicheren Wuchs und wirken dementsprechend auch bewußter als der Hylas von Milles. Thorvaldsen füllte zwar seine Figuren mit Stimmung, aber sie sind doch wach, und das heißt auch: handlungsbereit. Gerade das aber ist der Hylas nicht. Milles' *Hylas* steht nicht allein in den 1890er Jahren. In der Kunst und Dichtung erschienen damals öfters junge Gestalten, die gerade im Übergang stehen, träumend, grübelnd, zaudernd vor dem Eintritt ins Leben: so bei Hofmannsthal, so in der nordischen Malerei bei Magnus Enckell. Die Jünglinge der deutschen bildenden Kunst der 90er Jahre – und schon vorher bei Hans von Marées (1837/87) – bei Hans Thoma und Adolf Hildebrand sind körperlich entschieden gefestigter als der Hylas; sie tagträumen auch nicht. – Es sollte übrigens gerade der Einfluß Hildebrands sein, der Milles während seines Münchener Aufenthaltes 1904/06 zu festerer Form und zu seelisch reiferen und körperlich kräftigeren Figuren führte.

Auch wenn ich nur einzelne Werke vorstelle, meine ich, daß uns diese Werke übereinstimmend in ein Dämmerungsland der Seele führen, das es in der Kunst sonst weder vorher noch nachher gegeben hat. Bei der Hauptmasse der Kunstwerke jener Zeit ist nichts von diesem Dämmerungsland zu sehen. Aber das ändert nichts an meiner Beobachtung an einzelnen, in meinen Augen besonders auffälligen Werken.

Zum Kunsthandwerk

Das Kunsthandwerk der nordischen Länder in den Jahren um 1890–1900 unterscheidet sich in seinen wesentlichen Zügen nicht von dem gleichzeitigen europäischen und amerikanischen Jugendstil, dem *Art nouveau*. Dänemark und Schweden entwikkelten einen eher verfeinerten, Finnland und Norwegen einen eher robusten, an alter Volkskunst orientierten Stil. Das Kunsthandwerk hatte damals international überall die gleichen Voraussetzungen, nämlich die Neigung zum privaten (nicht öffentlichen) Luxuskonsum in der damals immer reicher werdenden Oberschicht und den wachsenden Gruppen eines gutsituierten Mittelstandes. Wenn die ersteren, wie schon früher, Unikate bestellten und kauften, konnten die letzteren sich schöne Gegenstände anschaffen, die in kleinen Serien hergestellt wurden.

Auch der Jugendstil war, wie die meisten Stile der europäischen Kunstgeschichte, international. Während aber die Kunst um 1890–1900 in den nordischen Ländern einzelne Leistungen hervorbrachte, die über dem internationalen Niveau standen, hielt sich das Kunsthandwerk nur auf dem durchschnittlichen Niveau der großen Kulturländer.

Bei der Charakteristik der Malerei, Architektur und Skulptur am Ende des 19. Jahrhunderts kam es uns sehr darauf an, die neuen Züge hervorzuheben und sie in einen Zusammenhang mit dem Zeitgeist (der Weltanschauung usw.) jener Jahre zu bringen. Dieselben neuen Züge lassen sich auch an den Erzeugnissen des besten Kunsthandwerks nachweisen. Es sind, summarisch gesehen, die folgenden.

An der »großen« Kunst sahen wir eine kräftige Abkehr von den seit der Renaissance geltenden Formprinzipien. Diese traditionellen Prinzipien besagten, daß ein jedes Kunstgebilde, der Großkunst wie der Kleinkunst, sei es das Bild des Menschen oder ein Ornament, ein Bau oder ein Landschaftsgemälde oder ein Möbel, eine Kanne oder ein Haarkamm, deutlich gegliedert sein müsse. Jedes Gebilde wurde als ein Körper aufgefaßt und dementsprechend eingeteilt. Es hatte einen Fuß, einen Rumpf und einen Kopf. Das Ganze wurde nach Proportionsgesetzen gegliedert; das Ganze wie seine Einzelteile wurden geometrischer Form angenähert und tunlichst um eine Symmetrieachse herum aufgebaut. Eine Kanne hatte immer einen kreisrunden oder einen regelmäßig vier-, sechs- oder mehreckigen Fuß. Ihr Querschnitt war immer zirkelrund, was gleichermaßen für den Körper wie für die Mündung galt (abgesehen von der Tülle). Der Henkel erinnerte an einen Arm; seine Krümmung wurde gern durch den Zirkelschlag bestimmt. Große Bauten wie alltägliche Möbelstücke bekamen gleicherweise einen Sockel und ein vorragendes Dach- oder Deckengesims, man könnte weitere solcher Merkmale nennen.

Durch Jahrhunderte hindurch hob man immer die Dreidimensionalität aller Kunstgebilde hervor. Man unterschied auch bei Ornamenten, die an sich flach sind, Figur und Grund; Gemälde, die auf ebener Malfläche räumliche Illusionen geben, bekamen einen reich gewulsteten und gekehlten Perspektivrahmen.

Das Rokoko brachte eine gewisse Verschleifung der einzelnen Glieder eines Körpers, wagte sich auch von der Symmetrie wenigstens im Ornament weg, aber der neue Klassizismus nahm dieses freie Spiel wieder zurück.

Die erwähnten Prinzipien galten auch für die Neustile des 19. Jahrhunderts, vom Neuklassizismus bis zum Neubarock, also bis in die 80er Jahre hinein. Sie verschwanden auch danach nicht aus der Kunst, aber sie wurden durch neue Kunstwerte zurückgedrängt und bildeten fortan nur Nebenerscheinungen.

Die neue Kunst brach mit der Vorstellung, daß der menschliche Leib die Norm aller Kunst sei. Nun galt als Norm nicht mehr der am höchsten entwickelte Organismus in der Natur, der Mensch, sondern niedrige Lebensformen, im Extremfall Quallen und Algen. Man kann den Bruch mit den traditionellen Prinzipien an jedem besseren Krug, an jeder Vase des Jugendstil-Kunsthandwerks ablesen. Keine Gliederung mehr, keine herkömmlichen Proportionen, keine Beziehung auf einfache Geometrie, Abweichung von der Symmetrie. Die Konturen werden fließend, die dreidimensionale Körperlichkeit ist nicht mehr betont; statt des ganzen runden Körpers bietet sich uns eine durchscheinende Fläche (also keine genau fixierbare Oberfläche, die eine Oberflächenfarbe trägt, sondern eine sog. Flächenfarbe, die eine unbestimmte Tiefe und Dicke besitzt). Während die Werke der Tradition, auch die kunsthandwerklichen Erzeugnisse, uns eine bestimmte Distanz des Betrachtens wählen lassen, was ein rationales Erfassen und Beurteilen erlaubt, wird diese Distanz nun aufgehoben, indem der Gegenstand an unseren Tastsinn appelliert und die räumliche Erfassung erschwert, indem auf dem Vasenkörper unverhältnismäßig große Pflanzenbilder erscheinen, die unten plötzlich auftauchen und oben willkürlich abgeschnitten sind. Früher diente das Ornament der Vase, es war relativ kleinförmig und hob ihre Gliederung hervor. Jetzt widerspricht es der objektiven Gegenständlichkeit der Vase. Ein solcher Gegenstand appelliert weniger an unsere Rationalität als an unsere Empfingungen. Er rundet sich weich (aber nicht in einfachen Kreisbögen), er streckt sich, er schillert, täuscht uns unbestimmte räumliche Tiefe vor, ist translucid. All dieses Fließen, Grenzenverwischen, Schillern und Täuschen läßt unsere eigene Körperlichkeit unbefriedigt, lockt uns zu Tagträumen, verringert unsere genaue Wahrnehmung von Raum und Zeit. Es geht um Sensibilisierung, weg von robuster Sinnlichkeit, um Erotik, nicht um Sexualität.

Die besten Stücke des Kunsthandwerkes des sogenannten Jugendstils, im Norden wie in den anderen Ländern der europäischen Kultur, tragen denselben Ausdruck wie die besten Werke der großen Kunst jener Zeit: Absage an Rationalität und Willen, Tasten und Lauschen in vorher unbekannte Tiefen hinein.

Ein Rückblick

Sehen wir auf die Kunstwerke und Ideen zurück, von denen dieses Buch handelte, erkennen wir eine Geschichte, weniger von Ereignissen und Ideen als von Gefühlen, Stimmungen und Empfindungen, die sich mit Ereignissen und Ideen verbanden, also eine Geschichte des inneren Lebens, das Lauschen auf vorher unbeachtete Regungen der Sinne und der Seele, ein Tasten im Halbdunkel, bei dem Zeit und Raum undeutlich wurden und Ich und Welt ineinander verflossen.

Nicht einmal in Finnland, dessen Freiheit bedroht war, rief man die Freiheitsideen direkt auf – soweit das bei der wenn auch milden Zensur möglich war –, sondern drückte dumpfe Spannung und verschlossenen Trotz aus. Die Norweger strebten in der ganzen hier behandelten Zeit eifrig nach Auflösung der Union mit Schweden, und die politische Rhetorik schäumte über das Land – aber in der großen Kunst und Dichtung ist davon nichts zu merken. Stattdessen wirkt die Natur mit Geschlecht und Tod groß im Menschen oder überwältigt ihn beim Anblick der Landschaft (Munch bzw. Sohlberg). Auch anderwärts in Europa gab es damals eine neue Aufmerksamkeit für die Tiefen des leib-seelischen Lebens, wo Natur und Geist nicht zu unterscheiden waren. Diese Aufmerksamkeit kam gerade in den nordischen Ländern zu deutlicherem künstlerischem Ausdruck als im übrigen Europa.

Gibt es Gründe oder wenigstens plausible Zusammenhänge, aus denen sich die Besonderheit der Kultur der nordischen Länder um 1900 erklären läßt? Zu nennen wären: späte Industrialisierung – Bevölkerungszuwachs – eine gewisse Urbanisierung – bessere materielle Bedingungen für mehr Menschen, vor allem für den Mittelstand und besonders für seine oberste Schicht (Unternehmer, Kaufleute, Ingenieure, Ärzte, Juristen, Lehrer) und hier noch einmal besonders für die Frauen, die von der Haushaltsarbeit entlastet wurden und sich den Kindern und ihrer eigenen Bildung widmen konnten – mit Lektüre, Musizieren, Briefschreiben, Einladungen an Freunde und Kollegen zu Lese- und Musikabenden . . .

Das gab es freilich auch sonst in Europa und trieb auch anderswo einen neuen Lebensstil voran. Ein unterscheidendes Merkmal der nordischen Kultur jener Tage dürfte der Einschlag von Schwermut sein. Es war keine tragische Gesinnung auf Grund großer gesellschaftlicher Konflikte wie in der Zeit um 1800, sondern eine stille Gestimmtheit, in der man sich geborgen fühlte und die Gemeinschaft schuf.

Man war empfänglich für Natureindrücke, und zwar von der einheimischen alltäglichen Natur (hier sei daran erinnert, daß Norwegen, Schweden, Finnland viel weniger dicht besiedelt sind als die großen europäischen Länder). Die Natur war damals soweit gezähmt, daß man sich fürs meiste ungefährdet in ihr aufhalten und bewegen konnte.

Elektrizität und Telephon hatten ihren Weg in die Dörfer und zu manchen Einzelhöfen gefunden, ebenso zu den Sommerhäusern der wohlhabenden Städter auf dem Land und am Meer. Es sieht wie ein Widerspruch aus, aber es wurde als positiv erlebt: man zündete am Sommerabend kein elektrisches Licht an, sondern sah von der Veranda aus dem sinkenden Tageslicht zu (die Dämmerung währt hierzulande an die zwei Stunden), oder man entfachte an kühlen Abenden ein Feuer im offenen Kamin, lauschte dem Knistern der brennenden Scheite und träumte dem Verlöschen der Glut nach. Zugleich wußte man, daß man die Finsternis nicht mehr zu fürchten brauchte und jederzeit das elektrische Licht zu Hilfe rufen konnte.

All das (und noch mehr) läßt sich sagen, aber damit ist noch nicht erklärt, wie Kunst und welche Kunst unter diesen Umständen entstehen konnte ...

Die neue Auffassung hat sich in knappen zehn oder fünfzehn Jahren entfaltet. Man sollte meinen, sie wäre so fruchtbar gewesen, daß sie noch lange weitergewirkt hätte. Aber das geschah nicht. Gegen 1905, spätestens 1910, ebbte sie ab. Keine jüngeren Schriftsteller und Künstler schlossen sich ihr mehr an. Die schöpferischen Anreger selbst führten sie nicht weiter. Prinz Eugen hat nie wieder ein Gemälde wie den *Wald* von 1892 geschaffen, Eugène Jansson wandte sich von seinen einsamen Nachtstücken ab und malte Bilder von badenden Männern im Sonnenschein, Edvard Munch ließ von seinen Grübeleien ab, Lars Israel Wahlman hat kein zweites Bauwerk vom Rang der Engelbrektskirche entworfen. Was war geschehen? Äußerlich gesehen erfreuten sich die nordischen Länder wie das übrige Europa – bei allen sich verschärfenden sozialen Gegensätzen – eines allgemeinen und ungebrochenen Fortschritts. Die neuen biologischen und psychologischen Erkenntnisse des späten 19. Jahrhunderts, die im Bürgertum zunächst einmal Erstaunen, auch Furcht erregt hatten, verflachten zu einem optimistischen Vitalismus. Man trieb Sport und Körperkultur und glaubte an die heilende Kraft von frischer Luft und Sonne. Die olympischen Spiele gewannen große Aufmerksamkeit.

Willumsens großformatiges Gemälde *Sonne und Jugend* von 1910 ist geradezu das Programmbild dieser neuen Lebensauffassung. Während Munchs *Badende Jungen*
Abb. 60 von 1909 still sitzen – kleine Menschenkinder in einer großen Natur – zeigt uns
Abb. 24 Willumsen stärkste körperliche Aktivität. Diese Jungen genießen leiblich Sonne und Meer. Sie könnten die Söhne des Übermenschen sein, wie ihn Nietzsche verkündet hatte. Das Gemälde ist ein Zeichen unter vielen anderen für den großen Verlust an Tiefe, an Staunen und stiller Furcht vor den Lebensmächten, an Zaudern an der Schwelle des Unbekannten, kurz: an Besinnung auf all das, was zum Charakter der Kunst der nordischen Länder um 1900 gehörte.

Literaturverzeichnis

Die Literaturhinweise beschränken sich auf wenige wesentliche Publikationen.
Die wichtigste *Übersicht* gibt der Katalog:
Northern Light, realism and symbolism in Scandinavian painting 1880–1900. Exhibition catalogue by Kirk Varnedoe, Brooklyn Museum, New York, 1982.

Weiterhin sind hervorzuheben:
1880-tal i nordiskt maleri, Ausstellungskatalog Oslo, Stockholm, Helsinki, Kopenhagen 1986.
Im Lichte des Nordens. Skandinavische Malerei um die Jahrhundertwende, Ausstellungskatalog Düsseldorf 1986/87.

An *kunstgeschichtlichen Darstellungen* sind folgende zu nennen:
Danmarks kunsthistorie, Billedkunst og skulptur, Band 4; Friluftstudie og virkelighedsskildring 1850–1900, (af) Knud Voss, København 1974.
Danmarks kunsthistorie, Billedkunst og skulptur, Band 5: Vort eget arhundrede, efter 1900, (af) Henrik Bramsen (og) Knud Voss, København 1975.
Danmarks arkitektur, red. Hakon Lund, 1–6, København 1977, [2]1985. Die Bände behandeln die Bauten nach ihren Funktionen, also Bauten der Arbeit, der Landwirtschaft, der Staatsmacht, der Kirche, der Städte, der Einzelfamilien.
Norges kunsthistorie, Band 5: Nasjonal vekst (= 19. Jh.), von verschiedenen Verfassern, Oslo 1981.
Konsten i Finland från medeltid till nutid, red. Sixten Ringbom, Helsingfors 1978.
Henrik Cornell, *Den svenska konstens historia under 1800-talet*, Stockholm 1946.
Andreas Lindblom, *Sveriges konsthistoria*, Band 3: Från Gustav III till våra dagar, Stockholm 1946.
Sixten Ringbom, *Stone, style and truth:* the vogue for national stone in Nordic architecture 1880–1910 (= Finska fornminnesföreningens tidskrift, 91, 1987).
Salme Sarajas-Korte, *Vid symbolismens källor*, den tidiga symbolismen i Finland, Jakobstad 1981 (die finnische Originalauflage erschien 1966 in Helsinki).

An *Monographien* über einzelne Künstler gibt es nicht viele; genannt seien:
G. Boethius, *Zorn, Tecknaren, målaren, etsaren, skulptören*, Stockholm 1949
Anders Zorn 1860–1920, Gemälde, Gouachen, Radierungen, Zeichnungen, hrsg. von Jens Christian Jensen; Ausstellungskatalog; darin: Hans Henrik Brummer: Anders Zorn, Leben und Werk. Kunsthalle Kiel 1989.
B. Hintze, *Albert Edelfelt*, Bd. I–III, Stockholm 1949.
J. P. Hodin, *Edvard Munch*, London 1972.
Edvard Munch, symbols and images, introd. Robert Rosenblum, (six) essays (by six authors), National Gallery of art, Washington 1978.
Arne Eggum, *Edvard Munch*, Oslo 1983
H. Finsen, J. V. Raaschou-Nielsen, *Vilhelm Hammershøj*, Katalog København 1981

Personenregister